DIREITO PÚBLICO AUSTRÍACO

um esboço apresentado em perspectiva histórica

CONTRA CORRENTE
10 ANOS

Tübingen: J. C. B. Mohr (Paul Siebeck), 1923.

Reimpressões:

Österreichisches Staatsrecht. Ein Grundriß entwicklungsgeschichtlich dargestellt. Reimpressão inalterada da edição de Tübingen, 1923. Aalen: Scientia, 1970.

Österreichisches Staatsrecht. Ein Grundriß entwicklungsgeschichtlich dargestellt. 2ª reimpressão inalterada da edição de Tübingen, 1923. Aalen: Scientia, 1981.

Reimpressão parcial:

"Die Entstehung der Republik Österreich und ihrer Verfassung". *In*: KLECATSKY, Hans R. (Coord.). *Die Republik Österreich*: Gestalt und Funktion ihrer Verfassung. Viena: Herder, 1968, pp. 9–74.

Hans Kelsen

DIREITO PÚBLICO AUSTRÍACO

um esboço apresentado em perspectiva histórica

Tradução de Rodrigo G. Cadore

Coleção Áustria-Brasil

AVARÉ
2025

CONTRA CORRENTE
10 ANOS

idp

Copyright © EDITORA CONTRACORRENTE
Travessa Vergílio de Araújo Valim, 167
Avaré – SP – Brasil | CEP 18707 815
www.editoracontracorrente.com.br
contato@editoracontracorrente.com.br

EDITORES
Camila Almeida Janela Valim
Gustavo Marinho de Carvalho
Rafael Valim
Walfrido Warde
Silvio Almeida

EQUIPE EDITORIAL
COORDENAÇÃO DE PROJETO: Erick Facioli
PREPARAÇÃO DE TEXTO E REVISÃO TÉCNICA: Amanda Dorth
REVISÃO: Douglas de Magalhães
REVISÃO TÉCNICA: Beatriz Duarte Lopes
DIAGRAMAÇÃO: Pablo Madeira
CAPA: Maikon Nery

EQUIPE DE APOIO
Carla Vasconcelos
Regina Gomes
Geovanna Sales
Julia Falanghe

Dados Internacionais de Catalogação na Publicação (CIP)
(Câmara Brasileira do Livro, SP, Brasil)

Kelsen, Hans
Direito público austríaco : um esboço apresentado em perspectiva histórica / Hans Kelsin ; tradução Rodrigo G. Cadore. -- Avaré, SP : Editora Contracorrente, 2025. -- (Coleção Áustria-Brasil)

Título original: Österreichisches Staatsrecht
ISBN 978-65-5396-301-6

1. Direito constitucional 2. Direito público 3. Estado de Direito I. Título.

24-223288 CDD-299.673

Índices para catálogo sistemático:

1. Direito público 342
Livia Dias Vaz - Bibliotecária - CRB-8/9638

@editoracontracorrente_
Editora Contracorrente
@ContraEditora
Editora Contracorrente

SUMÁRIO

NOTA DE EDIÇÃO E TRADUÇÃO

A tradução brasileira de *Österreichisches Staatsrecht* é uma edição histórico-crítica do original de Hans Kelsen (1881-1973), a ser publicado em alemão no volume 10 das obras completas de Kelsen (HKW 10). Ela se baseia no trabalho editorial do Centro de Pesquisas Hans Kelsen da Universidade de Freiburg, dirigido por Matthias Jestaedt. A presente edição opta por não traduzir o índice remissivo original.

1.1 Anotações Bibliográficas e Contextuais

Esta edição se destaca pela verificação rigorosa das citações de Kelsen, complementadas com referências bibliográficas completas. O objetivo é garantir a exatidão das citações, oferecer contexto ao leitor contemporâneo e facilitar a pesquisa, fornecendo dados que auxiliem na localização das fontes.

1.2 Duplo Aparato de Notas

Há dois tipos de notas: 1. Notas de rodapé em romanos – correspondem às originais de Kelsen, preservadas na tradução e reiniciadas a cada parte do livro (no original, numeradas em arábicos e reiniciadas a cada página). Quando necessário, incluem observações do tradutor [N.T.] com atualização de referências, adaptação de paginação e informações adicionais. 2. Notas finais em arábicos – elaboradas pelo tradutor, apresentam referências normativas completas, dados biográficos e contextuais, além de correções pontuais de imprecisões do original.

1.3 Preservação da Paginação Original

A paginação da edição de 1923 (Tübingen: J.C.B. Mohr) foi mantida e é indicada no corpo da tradução entre colchetes (ex.: "[V]" para o início da página V do prefácio). O mesmo se aplica às páginas originais das notas. Isso permite localizar com facilidade a passagem no texto original alemão, possibilitando a verificação de citações e o cotejo terminológico, ainda que a correspondência seja apenas aproximada devido a diferenças estruturais entre os idiomas alemão e português.

1.4 Termos Originais e Abreviaturas

Em passagens específicas, incluiu-se o termo alemão original entre parêntesis, aplicado, ou sistematicamente, na primeira ocorrência, em cada parte do livro, de conceitos desafiadores, ou contextualmente, conforme a necessidade, para evitar confusões entre termos de tradução similar (ex.: "Governo de Estado" (Staatsregierung) e "Governo Estadual" (Landesregierung)). Algumas abreviaturas foram mantidas no original alemão por serem designações consagradas na literatura jurídico-histórica, como por ex.: BGBl (Bundesgesetzblatt), LGBl (Landesgesetzblatt), RGBl (Reichsgesetzblatt), StGBl (Staatsgesetzblatt), StProtPNV (Stenographische Protokolle der Provisorischen Nationalversammlung), StProtKNV (Stenographische Protokolle der Konstituierenden Nationalversammlung). A tradução destes termos pareceu contraprodutiva, já que para localizar informações relevantes é necessário usar a abreviatura original.

APRESENTAÇÃO DA COLEÇÃO

Firmissima est inter pares amicitia
(Quintus Curtius Rufus)

A mais sólida das amizades é aquela que nasce entre iguais, e a relação entre Brasil e Áustria, oriunda do matrimônio de D. Pedro com D. Leopoldina, comprova o dito.[1] No contexto dos embates com as Cortes Gerais de Lisboa,[2] a princesa Habsburgo detectou, com argúcia, o irromper de uma identidade coletiva brasileira; a seu aviso, isso tanto inviabilizava a pretensão da metrópole de rebaixar o Brasil do *status* de reino unido para o de colônia, quanto tornava mandatório que D. Pedro declarasse a independência.[3] Num tempo em que o legitimismo do chanceler-príncipe Klemens von Metternich exercia larga influência na ordem europeia posterior às Guerras Napoleônicas,[4] as ligações familiares de D. Leopoldina ainda se mostraram decisivas para a construção do reconhecimento do Brasil pelo concerto de nações.[5]

De lá para cá, a relação entre Áustria e Brasil deslocou-se dos vínculos de sangue para assentar-se em fundamentos de ordem "espiritual", do que são exemplos arte e literatura.[6] Também o Direito.

A *Coleção Áustria-Brasil* insere-se nesse quadro. Basta mencionar que sua idealização é cooriginária à fundação do *Centro Hans Kelsen de Estudos sobre a Jurisdição Constitucional* (IDP/Brasília), em 2023. Para nossa felicidade, um grande homem de Estado e de letras, Stefan Scholz, era o Embaixador da Áustria no Brasil, à época. Além de incansável na promoção de eventos sobre o bicentenário da Independência brasileira, *Herr* Scholz mostrou entusiasmo semelhante com a possibilidade de divulgação do pensamento kelseniano no Brasil, pelo *Centro* e por esta *Coleção*.

Nada mais adequado, portanto, que a *Coleção Áustria-Brasil* comece por Kelsen. *Direito Público Austríaco: um esboço apresentado em perspectiva histórica*, de 1923, permanecia sem tradução para qualquer língua latina até Rodrigo Cadore aceitar tão hercúleo desafio. O longo período no qual tem colaborado com seu orientador, Professor Matthias Jestaedt (Freiburg), na edição das obras completas de Hans Kelsen,[7] conferiu a Cadore lastro para brindar o público de língua portuguesa com zelosa *tradução histórico-crítica* apoiada em mais de 1.400 notas explicativas.[8] Temos o gáudio, ainda, de contar com o *prefácio* de um distinto conhecedor do normativismo kelseniano, o Professor Clemens Jabloner – que para além da docência na Universidade de Viena funcionou como Vice-Chanceler da Áustria e Presidente do Supremo Tribunal Administrativo da Áustria. A Editora Contracorrente, por fim, presenteou seus assinantes com um *guia de leitura* confeccionado por Matthias Jestaedt; sendo Diretor do Centro de Pesquisas Hans Kelsen na Albert Ludwigs-Universität, de Freiburg, e organizador das referidas obras completas, é difícil cogitar pessoa mais qualificada para essa empresa.

A obra acadêmica de Hans Kelsen certamente será objeto de interesse preferencial da *Coleção*. Um outro consistirá na publicação de livros e coletâneas de artigos dedicados à maior contribuição de Kelsen no plano institucional (sua "filha favorita"),[9] a jurisdição constitucional especializada[10] – peça essencial do constitucionalismo europeu pós-1945 e, depois, da retomada democrática em países latino-americanos e asiáticos nos anos 1980-1990,[11] inclusive o Brasil.[12] A *Coleção* se ocupará, por fim, de traduzir obras representativas da tradição jurídica da Áustria. Assim o fará por motivos em tudo distintos à postura de tecer loas a um passado glorioso.

Muito ao contrário. Vista de cá, a experiência histórica austríaca nos transmite o talento singular daquele país para o aperfeiçoamento institucional;[13] para a criação de arranjos políticos voltados à composição de diferenças;[14] para a feitura de aparatos que conjugam limitação do poder público com capacidade de atuação.[15] O surgimento da justiça constitucional expressa, a propósito, essas três vertentes. Erguida sob os escombros do multiétnico Império Austro-Húngaro, a "A Constituição de 1º de outubro de 1920 fez da Áustria, até então um Estado unitário muito descentralizado, um Estado federal particularmente centralizado";[16] para isso acontecer, foi necessário superar a profunda divergência que grassava entre as forças pró-*Länder* e os partidários da centralização num ente central,[17] o que foi possível quando se apresentou a Corte Constitucional como um desenvolvimento orgânico do modelo de arbitragem política praticado desde 1867 pelo *Reichsgericht*.[18]

Assim opera o *modus austriacus* de pensamento jurídico.[19] Um estilo vocacionado para cultivar a separação entre política e direito, a partir da perspectiva do próprio direito (*Denken vom Recht her*).[20] Um estilo que é forjado pela necessidade de gestar um espaço jurídico comum para uma realidade política heterogênea, ao mesmo tempo em que expressa aquela efervescência cultural *fin-de-siècle* austríaca que, por sua vez, é bem tributária do pluralismo multiétnico que esse *modus* possibilitava.[21]

Não é difícil identificar o quanto a ciência jurídica austríaca se revela necessária no tempo presente. Num momento em que se experimenta a maior recessão democrática desde o fim da II Guerra, com recrudescimento dos níveis de proteção das liberdades fundamentais e instrumentalização abusiva da normatividade constitucional para fins de perseguição política, a tradição austríaca recorda das possibilidades que assistem à técnica jurídica para fomentar a paz,[22] para cultivar a unidade sem eliminar as diferenças, para criar estabilidade nas relações sociais. No ponto, seria possível afirmar que a Áustria possui lastro suficiente para se apresentar às nações tal como o Brasil se mostrou a Stefan Zweig: um país do futuro. É com essa perspectiva que a *Coleção* se debruça sobre a tradição jurídica austríaca: com os olhos postos para o futuro, na busca de aprimorar nosso presente.

GILMAR MENDES

Doutor em Direito pela Universidade de Münster, Alemanha. Doutor *honoris causa* pela Universidade de Buenos Aires. Professor do Instituto Brasileiro de Ensino, Desenvolvimento e Pesquisa (IDP), onde é Diretor do Centro Hans Kelsen de Estudos sobre a Jurisdição Constitucional. Ministro do Supremo Tribunal Federal.

PAULO SÁVIO MAIA

Doutorando (USP), Mestre (UnB) e Bacharel (UnB) em Direito. Professor do Instituto Brasileiro de Ensino, Desenvolvimento e Pesquisa (IDP), onde é Coordenador-Executivo do Centro Hans Kelsen de Estudos sobre a Jurisdição Constitucional. Advogado.

NÃO SEM PAIXÃO

DIREITO PÚBLICO AUSTRÍACO DE KELSEN[1]

I. Ator e cronista

> Minha diretriz consistiu em preservar tudo o que fosse aproveitável da Constituição anterior, manter, tanto quanto possível, a continuidade das instituições jurídico-constitucionais, incorporar o princípio federal ao que já era existente e consolidado e, nesse processo – na medida em que isso fosse viável, considerando os distintos pressupostos histórico-políticos –, orientar-me pela Constituição suíça, mas ainda mais pela nova Constituição do Reich alemão.[2]

Com estas passagens, frequentemente citadas, Hans Kelsen descreveu tanto os estreitos limites impostos pelas circunstâncias a uma futura Constituição austríaca quanto o seu próprio papel como técnico do Direito, como o "arquiteto" dessa Constituição. É certo que a formulação de Kelsen deixa em aberto se ele mesmo havia se imposto essa diretriz ou se seguia as instruções do chanceler federal Karl Renner.[3] De todo modo, a missão dificilmente poderia ter sido formulada de maneira mais concisa.

Não se podia falar de um "momento constitucional" repleto de confiança num futuro que agora se avizinhava e era saudado com alegria. Como tantas vezes na história austríaca, os pais da Constituição reuniram-se num palco em que se acumulavam os fragmentos de impérios desmoronados, tanto do ponto de vista ideal quanto real: assim já havia sido em 1804, quando o Império Austríaco surgiu diante do moribundo Sacro Império Romano-Germânico; em 1867, após Königgrätz; e agora, em 1918/1919, após a derrota na guerra mundial e o colapso da monarquia. Mesmo já profundamente dentro da Segunda República, a fundação da república em 12 de novembro de 1918 continuava longe de ser vista como um dia de júbilo.[4] O que estava em pauta era uma "bricolagem"[5] constitucional, e não pathos e entusiasmo.

O método de trabalho de Kelsen sempre se caracterizou pela mais rigorosa disciplina metodológica: quando se tratava do Direito, as normas constitutivas da Constituição exigiam uma exposição "rigorosamente lastreada nas fontes", que, "sempre que possível, preserva[sse] a literalidade dessas fontes".[6] No entanto, por mais que Kelsen descrevesse o Direito Constitucional austríaco positivo em sua autonomia normativa, de modo algum se limitava a essa única perspectiva.

Afinal, a extraordinária perícia técnico-jurídica de Kelsen, os desdobramentos históricos e uma boa dose de fortuna fizeram com que ele – como que guiado por uma mão superior – se deslocasse para o centro dos acontecimentos, no fim da monarquia e no início da república. Ele não foi apenas um cronista do passado, mas também um ator ativo. Não causa, pois, surpresa que o Grundriss contenha também passagens autobiográficas. Mesmo à parte de seu papel pessoal, Kelsen observou e descreveu os eventos políticos em torno da transição como uma espécie de "testemunha perita". Assim, Kelsen avaliava que o manifesto com o qual o último imperador renunciou "*a qualquer participação nos assuntos do Estado*"[7] provavelmente tenha se apresentado a todos os observadores lúcidos como uma tentativa vã de manter unidas as forças divergentes daquele Estado: em primeiro lugar, porque foi "inserida no texto do manifesto sob a implacável pressão do governo magiar" a cláusula de que "a integridade dos territórios da sagrada Coroa húngara não deveria, de forma alguma, ser afetada pela reestruturação planejada".[8] Isso teria implicado o desprezo pelas exigências tchecas e sul-eslavas por uma unificação nacional dentro do novo Estado federal a ser criado. E, em segundo lugar, a intenção absolutamente irrealizável do imperador de efetuar a reorganização por meio de uma emenda constitucional votada pelo Conselho Imperial teria sido, diante das circunstâncias, "um ato de falta de juízo e desespero".[9]

II. Um manual didático

Desde o semestre de verão de 1919, portanto já pouco antes de sua nomeação como professor titular de Ciências Jurídicas e do Estado na Universidade de Viena, em 19 de julho de 1919,[10] Hans Kelsen ficou incumbido de ministrar o curso principal de:"Direito Público Austríaco". Kelsen cumpriu regularmente essa obrigação até sua saída de Viena após o semestre de inverno de 1930.[11] Para a transmissão da nova Constituição Federal, que entrou em vigor em 1º de outubro de 1920, fazia-se, naturalmente, necessário um manual, e assim o autor destaca em seu "Prefácio" que a obra se destina, "principalmente, como ferramenta de apoio para ensino e aprendizagem".[12] De fato, havia uma notável carência de introduções minimamente consistentes ao novo Direito Público. A obra *Direito Constitucional Austríaco*,[13] publicada por Leo Wittmayer no mesmo ano, abrangia apenas algumas poucas páginas. Também uma obra publicada por Ludwig Adamovich[14] no mesmo ano, com o mesmo título, era apenas um pequeno livro de bolso que, após uma breve introdução histórica, seguia quase à risca o roteiro do texto legal promulgado.[15]

Naturalmente, também não se desenvolveu, no período posterior, uma dogmática constitucional mais aprofundada, pois não houve nem mesmo tempo suficiente para isso: a vigência dessa primeira "Constituição Federal" nem bem alcançou os treze anos e já veio a ruptura constitucional.[16] O manual dominante passou a ser o "Esboço de Direito Público Austríaco (Direito Constitucional e Administrativo)", elaborado por Ludwig Adamovich sênior a partir do volume conciso de 1923, publicado pela primeira vez em 1927 e, posteriormente, em segunda edição, em 1931.[17]

De acordo com o ideal juspositivista da escola de Kelsen, seria de se esperar justamente desse círculo uma obra extensa e ambiciosa. Adolf Julius Merkl, que, em 1923, mais propriamente apresentou o Grundriss de Kelsen do que o resenhou,[18] também escreveu uma resenha sobre o já mencionado livro de bolso de Ludwig Adamovich. Na ocasião, Merkl anunciou que um "sistema abrangente do Direito Constitucional austríaco, de autoria do resenhista (...), estaria para sair em breve".[19] Essa obra, no entanto, jamais foi publicada – talvez Merkl tenha sido absorvido por outras tarefas, em especial por sua "Lehre von der Rechtskraft".[20] Essa lacuna se torna ainda mais lamentável, quando se considera que Merkl havia se habilitado com um trabalho sobre a Constituição provisória de 1918-1920,[21] participou da elaboração da Constituição Federal e – além do comentário[22] – publicou também diversos escritos menores sobre a Constituição Federal.[23]

Assim, o "Adamovich"[24] permaneceu sendo o que tinha durante muito tempo já Segunda República adentro. Somente com o "*sistema*" fundamental de Robert Walter, publicado em 1972, foi apresentada uma obra dogmática de Direito Constitucional – elaborada explicitamente com base na Teoria Pura do Direito.[25]

Retornando ao Grundriss*:* já no subtítulo, Kelsen apresenta a obra como uma exposição histórico-evolutiva. No prefácio, lê-se a esse respeito:

> O espaço relativamente extenso dedicado à Constituição da Áustria pré-republicana se justifica não apenas pela importância de seu conhecimento para um estudo do Direito Público da República da Áustria, já por razões de erudição histórico-jurídica, mas, sobretudo, porque instituições constitucionais de grande relevância da Monarquia Austríaca foram incorporadas à república. Além disso, mesmo ao criar novas instituições para atender às condições de sua nova realidade, a república frequentemente fez recurso, de modo consciente, a estruturas jurídicas análogas àquelas da antiga Áustria.[26]

As proporções da obra refletem esse conceito: até a página 73, trata-se do Direito Público da Monarquia Austríaca. Na segunda parte, mais extensa, dedicada à república, o Direito Constitucional do período de transição de 1918 a 1920 ocupa um espaço considerável (pp. 74-146). À Constituição Federal são então reservadas apenas cerca de 80 páginas. Além da Constituição Federal de 1920, são ainda tratados os "Protocolos de Genebra" de 4 de outubro de 1922 e as Constituições estaduais.[27]

O fato de Kelsen apresentar com tanto detalhe a transição constitucional rumo à república mostra o quanto esses anos de um desenvolvimento constitucional abrupto ainda eram sentidos como presente: "a Constituição austríaca ainda está em processo de desenvolvimento e só pode ser plenamente compreendida dentro do contexto desse processo",[28] escreve Kelsen já na primeira frase do prefácio. Na exposição que se segue da Constituição Federal, muitas passagens soam familiares, e em parte trechos do comentário à Constituição de Kelsen são até repetidos literalmente. Tal como prometido no prefácio e de modo não diverso ao de Adamovich, Kelsen segue aqui de forma bastante minuciosa o texto legal. Apenas as disposições gerais com ligações à Teoria do Estado, o Direito Eleitoral bem como a jurisdição constitucional são tratados de forma mais extensa – temas que eram muito caros a Kelsen.

III. Monarquia e república

Comecemos com um retrospecto da monarquia: Kelsen encontrava-se na posição singular de servir à Monarquia Austro-Húngara literalmente até o último minuto e participar das tentativas fracassadas de salvamento do Estado.[29] No entanto, já no dia seguinte, estava ao lado do chanceler federal Karl Renner para ajudar a lançar as bases do novo Estado.[30] Isso pode parecer uma mudança brusca de lado, como se Kelsen, sem convicção própria, houvesse sido servo de visões políticas completamente opostas, como expressão de seu positivismo jurídico ou até mesmo por puro oportunismo. Naturalmente, seu engajamento visava também ao seu próprio avanço pessoal, por que não? A Kelsen nunca faltou ambição ardente. Para compreender sua postura, que, aliás, não era isolada, é preciso ter em mente o seguinte: à revolução austríaca de 1918 faltava o pathos republicano. Um "republicanismo", isto é, uma vontade política dirigida contra o sistema monárquico enquanto tal, não se fazia sentir na era francisco-josefina. Ele apareceu de forma rudimentar na Revolução de 1848, mas as tendências então manifestadas desaguaram em correntes liberais, sociais e nacionais.[31]

Peter Judson observa, a propósito da Revolução de 1848, que

> muitos revolucionários se apresentavam como guardiões da verdadeira ideia imperial dos Habsburgo tal como ela deveria ser praticada, empregando uma linguagem que enfatizava seu desejo de *retornar* a uma legalidade imperial que, segundo afirmavam, havia sido abandonada no passado recente.[32]

Durante muito tempo, nem mesmo os social-democratas colocaram em questão a monarquia,[33] e nem entre os tchecos de orientação nacional havia movimentos republicanos dignos de nota.[34] E não se deve perder de vista que uma agitação propriamente republicana era punida como "alta traição" com a mais severa sanção penal, inclusive sob ameaça de pena de morte.[35]

Não era, portanto, a monarquia como tal que havia se esgotado, mas concretamente o governo da Casa de Habsburgo-Lorena.[36] Acima de tudo, o último imperador Carlos (Karl) e sua entourage já não eram capazes de conduzir a Áustria-Hungria para fora da devastação da Guerra Mundial. Tentativas levadas a cabo de forma amadora[37] culminaram numa submissão absoluta ao ainda beligerante Reich Alemão. A monarquia morreu e a república teve início – essa foi a revolução austríaca.[38]

No que diz respeito a Hans Kelsen, sua ascensão, longe de ter ocorrido sem atritos, deveu-se em grande medida às condições liberais instauradas com a Constituição de Dezembro de 1867, que, ao eliminar barreiras, permitiu a filhos talentosos de famílias judaicas a possibilidade de ascensão.[39] Além disso, considerando a aproximação de Francisco José (Franz Joseph) com a comunidade judaica austríaca, Kelsen não teria razão para guardar ressentimento em relação à monarquia.[40]

Ainda assim, sua crítica é contundente. Ela se apresenta disfarçada sob a forma de uma desqualificação técnico-jurídica da Constituição de Dezembro: esta não teria conseguido conferir ao Estado austríaco uma forma adequada.[41] Kelsen permanece completamente imerso nos problemas estruturais não resolvidos que marcaram aquela Constituição: tudo começa com a relação constitucionalmente não resolvida entre as duas metades do Império (o Ausgleich "não foi concretizad[o] do ponto de vista técnico--jurídico ou, na melhor das hipóteses, apenas de maneira muito imperfeita"), prossegue com a repartição de competências no lado cisleitano ("[e]ssa divisão de competências legislativas entre Reich e província apresenta duas falhas graves") e culmina na crítica à duplicação da administração nas províncias ("um dos males mais irritantes do antigo Império Austríaco").[42]

Não se percebe aqui nostalgia alguma, mas, sim, talvez até uma pitada de amargura pelo fato de que as coisas poderiam ter sido feitas de modo melhor. Por outro lado, também não se pode dizer que Kelsen tenha saudado com alegria a república "enquanto tal", ela simplesmente se tornara a nova realidade.

IV. Descontinuidade e continuidade

Que a ruptura de novembro de 1918 se tratava de uma revolução austríaca era algo – ao menos do ponto de vista jurídico – fora de questão,[43] ainda que, como Kelsen expõe no "capítulo da revolução", essa ruptura tenha se dado "sem luta externa, sem derramamento de sangue" e que "toda a estrutura do antigo Estado se colo[que] a serviço da nova Constituição sem resistência ou até mesmo de bom grado". Com isso, a revolução – continua Kelsen – teria criado "um abismo intransponível"[44] entre a antiga e a nova Áustria, dois Estados completamente distintos, "entre os quais, portanto, não se pode presumir, ipso jure, uma sucessão jurídica geral".[45] Kelsen esforçou-se para ancorar essa concepção, que já havia desenvolvido para fins das negociações de paz, no Direito Internacional geral:[46] trata-se, segundo ele, da "consequência necessária de uma perspectiva que entende o Estado como uma ordem soberana, última e não derivável de outra instância – e na medida em que essa perspectiva seja jurídica: – como uma ordem jurídica soberana"; trata-se da "hipótese do primado da ordem jurídica estatal".[47] Chama a atenção o fato de que Kelsen, que de resto considerava as concepções do primado do Estado e do primado do Direito Internacional como epistemologicamente equivalentes e apenas decidíveis a partir de critérios ideológicos,[48] aqui se identifique sem reservas com o primado do Direito estatal. Ele justifica isso psicologicamente pelo fato de que a República da Áustria Alemã (Deutschösterreich) estava disposta a assumir encargos, mas apenas sob a condição de uma "divisão justa dos ativos e passivos do antigo Estado entre *todos* os novos Estados surgidos em seu território".[49] Politicamente, contudo, a doutrina estatal defendida pela Áustria no plano do Direito Internacional não conseguiu se impor perante as potências vitoriosas da guerra mundial. Em Saint-Germain, estas viam aquela "Áustria Alemã" como o único sucessor jurídico da monarquia dual e corresponsável pela Guerra Mundial.[50]

Em nítido contraste com isso estava a continuidade material do Direito Constitucional, da qual Kelsen já falava em sua introdução. No que dizia respeito ao Estado de Direito e aos direitos fundamentais, a monarquia projetava uma longa sombra: os direitos fundamentais foram recepcionados pela Constituição Federal enquanto tais.[51] Assim, quando Kelsen os apresenta com certo detalhe na parte "histórica" de sua obra, ele está a tratar, de todo modo, do Direito Constitucional vigente. O aparato do Estado de Direito, com as linhas gerais da organização judiciária, a separação entre Justiça e Administração, bem como a jurisdição administrativa, foi em grande medida herdado da Constituição de Dezembro. A novidade estava na transformação do Tribunal de Justiça do Império (Reichsgericht) em Tribunal Constitucional (Verfassungsgerichtshof), com a então singular competência de anular leis federais e estaduais por inconstitucionalidade.[52]

V. Centralismo e federalismo

A diretriz de Kelsen[53] previa que o princípio federal deveria ser "incorporado" à nova Constituição. Em conformidade com isso, o art. 2º da Constituição Federal de 1920 declara a Áustria como um Estado federal. Cético em relação a tais declarações, Kelsen deseja, para verificar o caráter federal do Estado, submeter as "disposições materiais"[54] da Constituição Federal a um exame à luz das diferentes concepções sobre a essência de um Estado federal. Kelsen contesta que todo Estado federal surja da união de estados soberanos. Pelo menos o "Estado federal" austríaco – do ponto de vista da organização jurídica – não teria se originado dessa forma, mas, sim, de um Estado unitário. O Estado federal seria, portanto, apenas um tipo específico de descentralização.[55]

Essas considerações devem ser lidas em conexão com aquelas que Kelsen dedica à "estrutura interna" do novo Estado. A estrutura de condicionalidade jurídica, em matéria constitucional, que se estende até a Constituição Federal, confirma o diagnóstico da Teoria do Direito, ou, melhor, este é consequência daquela estrutura: o ponto de partida é a resolução da Assembleia Nacional Provisória de 30 de outubro de 1918 como momento revolucionário. Somente com a Lei de 14 de novembro de 1918, referente à assunção do poder estatal pelos estados federados, é que teria ocorrido a descentralização.[56] As declarações de adesão dos estados federados foram, de fato, acolhidas pela Assembleia Nacional Provisória, mas, segundo Kelsen, essas declarações teriam apenas relevância política, e não constitucional.

O conflito resultante desse descompasso, contudo, é percebido de forma bastante clara por Kelsen:

> *A contradição entre um princípio centralista e um princípio extremado do federalismo*, que marcou todo o desenvolvimento político do jovem Estado da Áustria Alemã, foi uma espécie de defeito de nascimento cujos efeitos nefastos ameaçaram continuamente a própria existência dessa comunidade estatal.[57]

A fundação do Estado como estado unitário, no entanto, teve pouca influência sobre a estrutura e o conteúdo da Constituição Federal de 1920. Pelo contrário, a Constituição Federal enfatiza a estatalidade dos estados federados, justamente no sentido de um Estado de estados.[58] Os estados federados são dotados de legislação e execução próprias; a Constituição Federal não conhece qualquer primado da legislação federal sobre a legislação estadual, salienta a paridade dos órgãos legislativos perante o Tribunal Constitucional, cuja competência para o controle da constitucionalidade das leis serve, num primeiro momento, principalmente para a solução de conflitos de competência, confere ao Conselho Federal (Bundesrat) uma estabilidade institucional particularmente elevada e concede aos estados federados, por meio da figura da Administração federal indireta, uma influência considerável sobre a execução das leis federais.

No que diz respeito à fundação do Estado, a teoria de Kelsen acabou por se impor em larga medida.[59] Ainda que não tenha se tornado uma doutrina oficial de Estado, como a tese da descontinuidade, acabou por tornar-se ela própria um fato histórico – e foi até mesmo objeto de crítica sarcástica como "filosofia oficial do Estado".[60] Somente na década de 1970, desenvolveu-se uma interpretação alternativa da fundação do Estado, de cunho federalista – oriunda da Teoria do Estado nos estados federados do oeste austríaco.[61] Na concepção que remonta a Kelsen, os críticos veem uma decorrência da Teoria Pura do Direito, que teria "desqualificado todos os critérios materiais de sentido e valor do Direito Positivo como 'política', 'história', 'Direito Natural', mas também como 'sociologismo' e afins".[62]

O ponto de referência dessa crítica foi – à parte da distribuição de competências favorável à federação – menos a própria Constituição Federal do que a concepção de Constituição atribuída à Teoria Pura do Direito. Particular indignação causou a interpretação restritiva da autonomia constitucional dos estados federados (art. 99 da Constituição Federal de 1920) como mera execução da Constituição Federal, em vez de nela enxergar o reconhecimento da estatalidade originária dos estados federados e, com isso, abrir-lhes um maior espaço de conformação.[63]

Com isso, torna-se evidente que a interpretação puramente jurídica da fundação do Estado, proposta por Kelsen, só pode ser superada mediante uma mudança de método – ou seja, quando não mais se parte das conexões normativas, mas, sim, de acontecimentos históricos mais ou menos definidos ou de aspectos "psicológico-estatais", aos quais se atribui significado normativo.[64]

Justamente no plano político, no entanto, revelou-se, e ainda se revela, que o enfraquecimento do federalismo – atribuído à doutrina centralista – é altamente relativo, sobretudo porque, com o tempo, as correlações de forças se modificaram. Se, em 1920, tratava-se ainda da tensão entre os estados federados, dominados por forças agrárias e burguesas, e Viena, de maioria social-democrata, sendo que os estados federados defendiam a posição federalista, e Viena, a centralista,[65] em 1929, por sua vez, essa constelação se inverteu, quando uma maioria parlamentar burguesa, propensa a uma reforma radical do Estado, passou a explorar o centralismo contra a "Viena vermelha".[66]

VI. Áustria Alemã e Áustria

> *Entretanto*: mais forte do que tudo isso, mais forte do que o curso da história recente – que afronta toda razão e toda moralidade – e cujo produto é a atual Áustria, mais forte do que a própria Áustria é o seu desejo: dissolver-se na pátria alemã. Certamente, ainda há um abismo que nos separa desse objetivo; mas também sobre esse abismo conduz, ao lado da vontade persistente: a *paciência*. "Paciência" – já clamava, em tempos mais felizes, desde a Suíça alemã, Konrad Ferdinand Meyer (...).[67]

E segue-se a citação literal de um poema desse escritor suíço-alemão. Com essas frases, que hoje soam perturbadoras – ao menos ao público austríaco –, encerra-se o livro. Ao investigar o desconforto que elas provocam, percebe-se que este se assenta em três elementos: o tom patético e evocativo de Kelsen, sua limitada estima pelo Estado para o qual acabara de ser criada uma nova Constituição e a inevitável contaminação retrospectiva da ideia nacional-alemã pelo nacional-socialismo.

Esse tom elevado só pode causar surpresa se se enxergar em Kelsen apenas o sempre sóbrio, distante e seco homem das letras. E ele o foi, sem dúvida, quando se tratava da exposição do Direito Positivo. Com toda razão, Ewald Wiederin intitulou sua introdução ao comentário de Kelsen à Constituição com as palavras: "com toda a sobriedade: o primeiro comentário à Constituição da Áustria".[68] Isso também vale para grandes porções da obra aqui apresentada.

Mas, ao ler os escritos do "outro Kelsen", o defensor da democracia em tempos difíceis, revela-se uma paixão incomum. Certamente, o tom elevado também se deve ao espírito da época, ao som expressionista dos anos que se seguiram à Grande Guerra. Kelsen era, como mostram seus poemas ocasionais, uma pessoa sensível.[69] Exemplos de pathos encontramos em número suficiente. O mais famoso talvez seja o final de sua "Defesa da Democracia", escrita em 1932:

> É preciso permanecer fiel à sua bandeira, mesmo que o navio afunde; e pode-se apenas levar para as profundezas a esperança de que o ideal da liberdade é indestrutível e de que, quanto mais fundo houver afundado, tanto mais apaixonadamente renascerá.[70]

A identificação de Kelsen com o novo Estado, que, quando existente, se mostra apenas parcial e pouco convicta, só pode ser compreendida à luz da humilhação sofrida no plano do Direito Internacional com o Tratado de Saint-Germain. Não apenas foi atribuída à Áustria a culpa pela guerra – contrariando a tese da descontinuidade – e se perderam importantes territórios sobre os quais se considerava ter direito,[71] mas também a anexação ao Reich Alemão foi tornada praticamente impossível,[72] a independência passou a constituir uma obrigação jurídico-internacional[73] e até mesmo a escolha do nome do novo Estado lhe foi negada, ao se recusar o reconhecimento da denominação pretendida.[74] Em vez de "Áustria Alemã", o Estado deveria se chamar doravante apenas "Áustria".[75] Kelsen observa, em relação a isso, com amargura, que o direito à autodeterminação dos povos aparentemente não inclui o direito de um povo de dar a si próprio um nome.[76]

Assim nasceu um Estado sem autoconfiança e com uma identidade apenas fragmentária.[77] Nesse contexto, se esclarece que Kelsen só tenha podido reconhecer a Constituição, em parte elaborada por ele próprio, como expressão do "instinto de autopreservação da forma jurídica". Somente por isso – prossegue Kelsen – alguém que "participou da construção laboriosa de tais formas jurídicas" nutriria o desejo de preservar essa obra, "uma construção imposta pela amarga necessidade".[78] Kelsen ainda viveu o bastante para ver essa Constituição entrar novamente em vigor após a Segunda Guerra Mundial. Mas não deixa de ser irônico que esse provisório, em 2020, tenha sido celebrado por sua qualidade e resiliência por ocasião de seu centenário.[79]

Quanto ao terceiro elemento, ou seja, a avaliação do pangermanismo contemporâneo, é preciso, ainda que isso seja difícil, distinguir a orientação pangermanista da época do nacional-socialismo que viria depois. A relação multifacetada entre a Monarquia Austro-Húngara e o Reich alemão constitui um vasto topos da historiografia austríaca.[80] Após a guerra perdida, todas as forças políticas – à exceção de um núcleo legitimista – tinham orientação nacional, inclusive os social-democratas; basta pensar em Otto Bauer.[81] Karl Renner defendeu a anexação em 1938[82] e lamentou ainda em 1945 que, diante dos acontecimentos precedentes, ela já não fosse mais possível.[83] Deve-se também considerar que a fundação da Primeira República – ao contrário da Segunda – se deu com a participação do chamado "terceiro campo" ("Dritter Lager").[84]

Mas o antissemitismo pangermanista não era uma razão para se posicionar contra a anexação?[85] Não exatamente, pois, nos anos que se seguiram à Primeira Guerra Mundial, o antissemitismo era quase um denominador comum de todos os movimentos políticos – o dos pangermanistas era apenas consideravelmente mais virulento.[86] Acima de tudo, porém, a anexação prometia a incorporação a uma democracia liberal, tal como instituída pela Constituição de Weimar, independentemente do annus horribilis de 1923, em que se encontrava justamente a jovem república alemã.

Nesse sentido, Kelsen se ocupou intensamente com a questão de como a adesão da Áustria ao Reich Alemão deveria ser realizada do ponto de vista técnico-jurídico. Ele via na estrutura federal da

Áustria um obstáculo a esse objetivo e foi também esse o mote que moldou seu relativo ceticismo em relação ao federalismo.[87] A insistência de Kelsen nesse ponto ainda é perceptível até 1927,[88] não se manifesta mais a partir de então e se encerra definitivamente com a tomada do poder pelos nacional-socialistas em 1933.

VII. A título de conclusão

O Grundriss certamente não era um "manual didático" nos moldes atuais. No entanto, é provável que tenha sido estudado com afinco – ao menos é o que sugere o exemplar antiquário pertencente ao autor do presente texto, repleto de marcações e anotações típicas de estudante, feitas à caneta de tinta. No Grundriss, o papel de Kelsen como técnico constitucional se manifesta de maneira particularmente nítida, enriquecido por elementos autobiográficos. Essa autoconsciência lhe permitiu engajar-se tanto pela monarquia que se despedia quanto pela nova república, inserindo com habilidade elementos federalistas na elaboração da Constituição. Inabalável, porém, era a identificação de Kelsen com a democracia e seu empenho em aperfeiçoar o Estado de Direito. A ferida causada pelo Tratado de Saint-Germain, que Kelsen parece ter sentido quase como um ultraje pessoal – sobretudo porque a doutrina estatal da descontinuidade, por ele formulada, não surtiu o efeito esperado –, doeu fundo. De modo geral, Kelsen se mostra no Grundriss mais aberto e emocional do que de costume. Por isso, sua declaração, apresentada com certa paixão, em favor da anexação ao Reich Alemão deve ser compreendida dentro do seu contexto histórico. No conjunto, o Grundriss de Kelsen é muito mais do que uma exposição das condições jurídico-constitucionais da Áustria – a obra é, ela própria, parte da história.

CLEMENS JABLONER

Diretor do Instituto Hans Kelsen de Viena desde 1993. De 1998 a 2003, presidiu a Comissão de Historiadores da República da Áustria. Desde 2008, preside o Conselho Consultivo para Restituição de Obras de Arte. De 2014 a 2019, ocupou a "Cátedra Hans Kelsen" na Universidade de Viena. Em 2019/2020, foi Ministro Federal da Justiça. Desde 2020, dirige o centro de pesquisa "Hans Kelsen e seu círculo" na Universidade de Viena.

[V] PREFÁCIO

A Constituição austríaca[1] ainda se encontra em processo de desenvolvimento e só pode ser plenamente compreendida dentro do contexto desse processo. Assim se justifica o formato escolhido para este esboço, que combina abordagem histórica e sistemática, embora com ênfase no aspecto histórico em detrimento do sistemático.

Como o objetivo deste trabalho não é oferecer uma história *política* da Áustria, mas apresentar as transformações nas normas do chamado Direito Público – especificamente, nas normas que compõem a *Constituição* –, foi necessário excluir, em princípio, tudo aquilo que não se tornou parte das disposições jurídicas que integram a Constituição, em que pese a íntima conexão entre esta e a história política. Por isso, a exposição é rigorosamente lastreada nas fontes; e, sempre que possível, preserva a literalidade dessas fontes.

O espaço relativamente extenso dedicado à Constituição da Áustria pré-republicana se justifica não apenas pela importância de seu conhecimento para um estudo do Direito Público da República da Áustria, já por razões de erudição histórico-jurídica, mas, sobretudo, porque instituições constitucionais de grande relevância da Monarquia Austríaca foram incorporadas à república. Além disso, mesmo ao criar novas instituições para atender às condições de sua nova realidade, a república frequentemente fez recurso, de modo consciente, a estruturas jurídicas análogas àquelas da antiga Áustria. Reconhecendo-se, por um lado, a especificidade [VI] do fundamento jurídico formal e o funcionamento peculiar da nova ordem jurídica austríaca – o que implica reconhecer a autonomia da Constituição em seu sentido lógico-jurídico –, não se pode, por outro lado, ignorar ou negligenciar o contexto do desenvolvimento jurídico material.

Este escrito se entende, principalmente, como ferramenta de apoio para ensino e aprendizagem. Em função disso, buscou-se a maior concisão possível, inclusive por motivos econômicos. Ainda assim, algumas repetições foram inevitáveis, especialmente visando a destacar o desenvolvimento de uma mesma instituição constitucional em diferentes períodos históricos. As numerosas referências e o índice remissivo, compilado pelo *Dr. Ludwig Adamovich*,[2] Secretário Ministerial da Chancelaria Federal, também foram elaborados com esse propósito.

Viena, janeiro de 1923
HANS KELSEN

[1] PRIMEIRA PARTE

O DIREITO PÚBLICO DA MONARQUIA AUSTRÍACA[I,3]

I Fundamental para a descrição do desenvolvimento constitucional pré-republicano: BERNATZIK, Die österreichischen Verfassungsgesetze. 2ª ed., 1911.

[1] I. Da Revolução de Março de 1848 ao diploma de outubro de 1860

A Revolução de 1848 tinha o objetivo de transformar a Áustria – até então um Estado unitário que incluía a Hungria sob a regência de um monarca absoluto – em uma *monarquia constitucional*, na qual as várias nacionalidades esperavam autonomia mais ou menos ampla. Para acomodar o movimento revolucionário, foi promulgada a "*Constituição austríaca de 25 de abril de 1848*" (Politische Gesetzsammlung LXXVI, nº 49) – como uma lei do monarca absoluto, sem qualquer envolvimento de representantes do povo.[4] Ela é chamada de Constituição de *Pillersdorf*, em homenagem ao então ministro do Interior.[5] Somente os territórios da Cisleitânia, com exclusão da Lombardo-Venécia e da Hungria, são reunidos por essa Constituição para formar uma monarquia constitucional sob o nome de "Estado Imperial Austríaco".[6] A legislação haveria de ser exercida pelo imperador em conjunto com o Parlamento.[7] Este consiste em: Senado, composto pelos príncipes adultos da Casa imperial, pelos membros nomeados pelo [2] imperador e por 150 membros eleitos entre os principais proprietários de terras; e Câmara dos Deputados, composta por 383 membros eleitos.[8] Toda lei requer aprovação de ambas as Câmaras e sanção do imperador.[9] O imperador é responsável pela integral aplicação da lei. Entretanto, suas ordens exigem a assinatura de um ministro. A pessoa do imperador é considerada sacrossanta e irresponsável, e a Coroa é declarada hereditária na casa de Habsburgo-Lorena, de acordo com o princípio da Sanção Pragmática de 19 de abril de 1713. Os ministros nomeados pelo imperador são responsáveis.[10] A Constituição contém um catálogo de "direitos cívicos e políticos dos habitantes do Estado".[11] Os territórios individuais, como Boêmia e Galícia, recebem certo grau de autogoverno por meio do estabelecimento de "corporações provinciais" ("Provinzialständen"), que não possuem poderes legislativos.[12] Na Constituição emitida com a patente imperial de 8 de maio de 1848 (Pol. Ges.-Sammlg. nº 57),[13] a composição do Senado foi alterada em um sentido democrático, na medida em que o número de seus membros foi limitado a 200, restringindo significativamente o poder de nomeação do monarca. Além disso, nem todos os príncipes imperiais maiores de idade, mas apenas aqueles nomeados pelo imperador caso a caso, passaram a ser considerados membros. A Câmara dos Deputados passaria a ser eleita por delegados, ou seja, indiretamente.[14] Excluídos da eleição dos delegados – que, de resto, não era restringida por qualquer censo fiscal – estavam trabalhadores com salários diários ou semanais, empregados e pessoas que se qualificavam para receber apoio de instituições públicas de assistência.[15] Já com a proclamação imperial de 16 de maio de 1848 (Pol. Ges.-Sammlg. nº 65),[16] com a qual o primeiro Parlamento foi declarado assembleia constituinte, o sistema seria abandonado. Somente a Câmara dos Deputados passaria a ser eleita. O regulamento eleitoral anterior foi substituído pelo regulamento eleitoral provisório de 30 de maio de 1848 (Pol. Ges.-Sammlg. nº 75),[17] em que os trabalhadores que recebiam salários diários e semanais (mas não os empregados e os que tinham direito a auxílio) também passaram a ter o direito de votar.[18]

O Parlamento, eleito com base nos regulamentos eleitorais vigentes [3], reuniu-se inicialmente em Viena e, posteriormente, em Kremsier.[19] A comissão parlamentar, criada com o objetivo de elaborar uma Constituição, já havia concluído um "*Esboço de Documento Constitucional para os Estados Austríacos*" quando o imperador – *Franz Joseph*,[20] que ascendera ao trono em 2 de dezembro de 1848 após a abdicação do imperador *Ferdinand*[21] – dissolveu o Parlamento e, por meio de uma patente imperial datada de 4 de março de 1849 (RGBl. nº 150), impôs uma "*Constituição Imperial para o Império da Áustria*",[22] ato que foi imediatamente precedido por um *manifesto solene de 4 de março de 1849* (RGBl. nº 149).[23]

O *Esboço Parlamentar de Kremsier* (assim como a Constituição de *Pillersdorf*) aplicava-se apenas à Cisleitânia.[24] De acordo com seu conteúdo, que embora nunca tenha entrado em vigor foi decisivo para o desenvolvimento constitucional futuro em diversos aspectos (observem-se, em particular, as semelhanças – ainda que não intencionais – entre o Esboço de Kremsier e a Constituição Federal definitiva!), a legislação seria distribuída entre o Império e as Províncias.[25] A competência para legislar em âmbito imperial caberia conjuntamente ao imperador e ao Parlamento. O Parlamento seria composto por duas câmaras: a Câmara do Povo e a Câmara das Províncias. A Câmara do Povo seria formada por 360 deputados, eleitos pelo povo em geral. O direito ativo ao voto dependeria de um censo fiscal. O mínimo estabelecido pela lei eleitoral não poderia exceder 5 florins. A Câmara das Províncias seria composta por 6 representantes de cada província, eleitos pela respectiva Assembleia Legislativa Provincial e, em províncias divididas em distritos, cada Conselho Distrital também enviaria 1 representante à Câmara. As províncias maiores seriam subdivididas em distritos, preferencialmente delimitados de forma nacionalmente uniforme.[26] Toda lei imperial exigiria aprovação favorável de ambas as câmaras e sanção do imperador. Contudo, a sanção não poderia ser recusada em caso de repetição qualificada da resolução legislativa. Assim, a sanção assumiria características de um veto meramente suspensivo. O veto absoluto estaria restrito a emendas constitucionais que diminuíssem os direitos do monarca.[27] A competência legislativa [4] em âmbito provincial caberia às Assembleias Legislativas Provinciais ou aos Conselhos Distritais, em conjunto com o imperador atuando como chefe de Estado. As restrições ao direito de voto nas eleições provinciais não poderiam exceder aquelas estipuladas para a Câmara do Povo. A divisão de competências entre a legislação imperial e a provincial seria estabelecida na Constituição Imperial. A Constituição Provincial, que deveria se manter dentro dos limites da Constituição do Império, é matéria de legislação provincial. No entanto, uma lei constitucional provincial haveria de ser confirmada por meio de uma lei imperial.[28] Embora a aplicação das leis fosse, em princípio, atribuída integralmente ao imperador, ela acabaria por ser dividida entre o Império e as Província, uma vez que a administração provincial seria conduzida por governadores nomeados pelo imperador, responsáveis perante o Ministério Imperial apenas pela execução das leis imperiais, mas que prestariam contas às Assembleias Legislativas Provinciais no que concerne à aplicação das leis provinciais. As Constituições Provinciais poderiam prever que os governadores fossem acompanhados por conselhos também nomeados pelo imperador, responsáveis pela execução das leis provinciais.[29] Os ministros do Império seriam nomeados pelo imperador e responderiam perante o Parlamento, enquanto o imperador não teria qualquer responsabilidade pelo exercício do poder governamental. Todo ato do governo imperial exigiria a assinatura de um ministro imperial responsável.[30] A jurisdição seria exercida de forma independente por tribunais instituídos pelo Estado.[31] Um ponto de especial interesse é o plano de criação de um Supremo Tribunal Imperial na sede no governo central: [“] o presidente e metade dos conselheiros seriam nomeados pelo imperador; o vice-presidente e a outra metade dos conselheiros seriam eleitos pela Câmara das Províncias. Esse Tribunal Imperial não poderia funcionar dividido em mais de um Senado[”].[32] [“]O Supremo Tribunal Imperial atuaria como instância única nos seguintes casos: 1. Ações de reparação por violação de direitos constitucionais decorrentes de atos oficiais de funcionários do Estado; 2. Remoção, suspensão ou transferência de juízes; 3. Disputas entre Províncias Imperiais e conflitos de competência entre os governos central e provincial; 4. Acusações contra ministros, governadores [5] de províncias e conselheiros de governo; 5. Conspirações ou assassinatos contra o chefe de Estado, o Parlamento ou uma Assembleia Legislativa[”].[33] Sobre o “Esboço dos Direitos Fundamentais do Povo Austríaco”, elaborado por uma comissão especial, é importante destacar que ele iniciava com a proclamação da soberania popular: “todos os poderes do Estado emanam do povo”;[34] que a pena de morte para crimes políticos foi abolida, e que este esboço serviu como modelo em muitos aspectos para a Lei Fundamental sobre os Direitos Gerais dos Cidadãos de 21 de dezembro de 1867.[35]

A Constituição Imperial outorgada em 4 de março de 1849[36] deveria se aplicar a todos os Estados governados pela dinastia

Habsburgo, incluindo a Hungria, que era tratada como uma província do Império Austríaco. A legislação se dividia entre o Império e os "Territórios da Coroa" ("a Coroa do Império e de cada Território da Coroa é, de acordo com a Sanção Pragmática e as Regras da Casa Austríaca, hereditária na Casa de Habsburgo-Lorena"). A competência legislativa imperial seria exercida em conjunto pelo imperador e pelo Parlamento, enquanto a competência legislativa provincial caberia ao imperador em conjunto com as Assembleias Legislativas Provinciais.[37] O Parlamento Geral Austríaco era composto pela Câmara Alta e pela Câmara Baixa.[38] A Câmara Alta era formada por deputados eleitos em cada Território da Coroa pelas respectivas Assembleias Legislativas. Cada Assembleia Legislativa teria o direito de enviar pelo menos dois membros para a Câmara Alta; o restante das cadeiras, cujo número total corresponderia à metade do número de membros da Câmara Baixa, seria distribuído proporcionalmente à população dos Territórios.[39] A Câmara Baixa seria constituída por meio de eleições populares diretas;[40] para o direito de voto, seria exigido um censo fiscal com valores que não poderiam ser inferiores a 5 florins para o campo e para cidades com até 10.000 habitantes, e a 10 florins para cidades com mais de 10.000 habitantes, em nenhum caso, contudo, podendo exceder 20 florins.[41] As eleições tanto para a Câmara Baixa quanto para a Câmara Alta seriam orais e públicas.[42]

A composição das Assembleias Legislativas Provinciais deveria ser determinada por meio de eleição popular direta, levando em conta as circunstâncias específicas dos Territórios da Coroa.[43] A competência das legislaturas [6] provinciais é estabelecida de modo que uma série de "assuntos provinciais" é listada taxativamente na Constituição;[44] todos os demais assuntos são declarados como "assuntos imperiais", sendo, portanto, de competência legislativa do Parlamento.[45] O catálogo de assuntos provinciais posteriormente serviu de modelo para a Patente de Fevereiro de 1861 e para as ordenanças provinciais que se seguiram a ela.[46] A aplicação do Direito é definida como uniforme e indivisível, sendo de responsabilidade exclusiva do imperador, que a exerce por meio de ministros responsáveis e das autoridades subordinadas a eles. A aplicação das leis provinciais também é confiada a essa mesma instância.[47] De fato, a administração dos Territórios da Coroa é conduzida diretamente por governadores, que têm o direito de comparecer à Assembleias Legislativas e fazer uso da palavra;[48] no entanto, esses governadores são nomeados pelo imperador e respondem exclusivamente ao imperador ou ao Ministério Imperial correspondente.[49] Caso o Parlamento ou as Assembleias Legislativas não estejam reunidos e medidas urgentes se façam necessárias, o imperador está autorizado a emitir decretos com força legal provisória, sob responsabilidade do Ministério, havendo obrigação de apresentar as razões e os resultados ao Parlamento ou à Assembleia Legislativa assim que possível.[50] Essa disposição, com modificações leves, reaparece no § 14 da Lei Fundamental sobre Representação Imperial de 21 de dezembro de 1867[51] como base legal para o poder de emitir decretos de emergência, que mais tarde assumiria importância crucial. Um *Conselho Imperial* (*Reichsrat*), que atuará junto à Coroa e ao Poder Executivo imperial, deve ser instituído com o objetivo de exercer influência consultiva em todos os assuntos para os quais o Poder Executivo imperial solicitar seu parecer. Os membros do Conselho Imperial serão nomeados pelo imperador.[52]

De modo semelhante ao esboço de Kremsier e à Constituição de *Pillersdorf*, a jurisdição é transferida para tribunais independentes, que devem administrar a justiça em nome do imperador.[53] É digno de nota que a Constituição imperial outorgada em 4 de março de 1849 também pretendia estabelecer um "Supremo Tribunal Imperial" com os seguintes poderes: ["]1. como um tribunal de arbitragem: em disputas [7] entre o Império e os Territórios da Coroa ou dos Territórios da Coroa entre si, na medida em que o assunto não se enquadre no escopo do Poder Legislativo do Império. 2. como instância suprema: em casos de violações de direitos políticos. 3. como autoridade investigadora e instância julgadora suprema: a) em casos de acusações contra os ministros e governadores, e b) em casos de conspirações e assassinatos contra o monarca ou regente e em casos de alta traição e traição contra províncias[”].[54]

Com a patente imperial de 4 de março de 1849 (RGBl. nº 151),[55] “*os direitos políticos garantidos pela forma constitucional de governo*” foram codificados para os Territórios da Coroa, mas não para a Hungria. Esse catálogo se inspira amplamente no Esboço dos Direitos Fundamentais do Povo Austríaco do Parlamento de Kremsier[56] e muitas de suas formulações se tornaram exemplares para a Lei Fundamental sobre os Direitos Gerais dos Cidadãos de 21 de dezembro de 1867.[57]

De acordo com a disposição da Constituição imperial segundo a qual, enquanto as leis orgânicas exigidas pela Constituição imperial não fossem aprovadas por meios constitucionais, as resoluções correspondentes deveriam ser emitidos por decreto,[58] uma série de *Constituições provinciais*, incluindo *regulamentos eleitorais provinciais*, foram emitidos com a patente datada de 30 de dezembro de 1849.[59] Essas Constituições Provinciais coincidiam em pontos essenciais com aquelas que foram emitidas em 1861 com a Patente de Fevereiro. No entanto, dessas Constituições Provinciais, somente as de Trieste e da fronteira militar entraram em vigor.[60]

Da própria Constituição Imperial, que viria a ser *revogada* pela chamada *Patente Silvester de 1851*,[61] apenas o “*Conselho Imperial*” ganhou existência concreta. Por meio da patente imperial de 13 de abril de 1851 (RGBl. nº 92),[62] foi emitido um estatuto para regulamentar o Conselho. De acordo com esse estatuto, o Conselho Imperial deveria ser ouvido em todas as questões de legislação, e sua consulta deveria ser mencionada na promulgação das leis. No entanto, sua função era estritamente *consultiva*; sem o direito de iniciativa para a proposição de leis ou decretos.[63] O Conselho era composto por um presidente [8], conselheiros imperiais e membros temporários, todos nomeados pelo imperador. Especialistas poderiam ser convocados temporariamente como membros para deliberar sobre propostas e questões legislativas específicas. Importante destacar que as deliberações do Conselho Imperial não eram públicas.[64] Com a circular do mais alto Gabinete de 20 de agosto de 1851 (RGBl. nº 196),[65] a posição do Conselho Imperial foi de tal modo alterada, que ele passava a ser tratado apenas como "meu Conselho e Conselho da Coroa" pelo monarca – a partir desse momento, consequentemente, os assuntos deixaram de ser apresentados pelo Ministério[66] – como antes – e passaram a ser trazidos pessoalmente pelo monarca ou discutidos sob sua supervisão direta ou a do presidente do Conselho. Na mesma data, com outra circular do mais alto Gabinete (RGBl. nº 194),[67] alterou-se de tal modo a posição do Ministério – em aparente contradição com a "Constituição Imperial"[68] – que ele passou a ser responsável exclusivamente perante o monarca e a Coroa, ficando isento de qualquer responsabilidade perante qualquer outra autoridade política.

Esse foi apenas o primeiro passo rumo à abolição completa da Constituição Imperial, que se concretizou com a patente imperial de 31 de dezembro de 1851 (RGBl. nº 2 para 1852).[69] Os "*Princípios para Instituições Orgânicas nos Territórios da Coroa do Estado Imperial Austríaco*" (incluindo a Hungria) foram emitidos por meio de uma circular do Gabinete, datada de 31 de dezembro de 1851 (RGBl. nº 4 para 1852).[70] Esses princípios representam as diretrizes organizacionais para o Estado unitário, fortemente centralizado, que foi restabelecido como uma monarquia absoluta. Com a legislação sob a responsabilidade exclusiva do monarca absoluto, tais princípios restringem-se à estruturação da aplicação do Direito, ou seja, da administração e da justiça nos Territórios da Coroa. A autoridade executiva central suprema é atribuída ao Ministério Imperial, diretamente subordinado ao imperador e responsável apenas perante ele. No topo da organização de cada Território da Coroa está o governador, que atua como chefe da província, e o seu Gabinete, denominado Gabinete de governo. Abaixo dele, nas províncias maiores, divididas em distritos, há autoridades distritais designadas com os nomes provinciais usuais. Subordinados a essas autoridades distritais, e, na falta delas, diretamente subordinados às autoridades provinciais (e designados com os nomes provinciais usuais) estão os Ofícios Distritais do Principado [9]. Essas instituições devem ser criadas em áreas estratégicas, integrando o maior número possível de funções administrativas.[71] Importante destacar que – em contraste com o princípio da separação entre Judiciário e Administração – essas instituições também desempenham funções jurisdicionais. A separação entre Administração e Justiça ocorre apenas nos tribunais colegiados de segunda e terceira instâncias, de forma geral, e em primeira instância apenas em casos excepcionais. Fora isso, os tribunais individuais de primeira instância permanecem vinculados à Administração, operando no âmbito do ofício distrital.[72] Os municípios são reconhecidos como o órgão administrativo de menor hierarquia, embora sua autonomia seja severamente limitada, na medida em que os conselhos municipais estão sujeitos à confirmação e, em certas circunstâncias, até à nomeação pelo governo.[73] A judicatura é exercida em todo o Império pelas autoridades e tribunais designados para esse fim, de acordo com as leis vigentes e em nome do imperador.[74] Não há previsão de independência judicial. Os princípios processuais para casos cíveis e criminais também são regulamentados. De forma geral, são estabelecidas três instâncias judiciais; além disso, vale destacar que os procedimentos em casos criminais são declarados não públicos, e o tribunal de júri foi abolido.[75]

Com os "Princípios para Instituições Orgânicas nos Territórios da Coroa do Estado Imperial Austríaco" foram lançadas as bases para a organização judicial e administrativa que permaneceria vigente na Áustria até a reviravolta de 1918 e, em parte, até mesmo depois. Entre as medidas tomadas nesse período de absolutismo reacionário, que sucedeu à abolição da Constituição de março, destacam-se dois decretos imperiais de 18 de abril de 1850 (RGBl. nº 156 e 157),[76] que introduziram a supervisão eclesiástica das escolas. A concordata foi firmada com a cúria em 18 de agosto de 1855 (promulgada pela patente imperial de 5 de novembro de 1855, RGBl. nº 195).[77] Por meio da patente imperial de 8 de outubro de 1856 (RGBl. nº 185),[78] o direito matrimonial canônico foi reintroduzido como parte da implementação dessa concordata, "com o objetivo de alinhar as disposições do Direito [10] Civil sobre o casamento dos católicos com as ordens da Igreja Católica", e a jurisdição eclesiástica em disputas matrimoniais envolvendo católicos foi restabelecida.

II. Do diploma de outubro de 1860 à Constituição de Dezembro de 1867

A era do absolutismo não durou muito tempo. Já em 1860, a situação da política externa forçou um retorno às formas constitucionais. Nesse processo, foi resgatado o "*Conselho Imperial*", criado pela Constituição de março de 1849, a única instituição dessa Constituição que havia se materializado. Por patente imperial de 5 de março de 1860 (RGBl. nº 56),[79] ficou decretado que o *Conselho Imperial* seria *reforçado* por *conselheiros imperiais extraordinários*, a serem convocados pessoalmente pelo monarca. Como conselheiros imperiais extraordinários, seriam nomeados: 1. Arquiduques da Casa Imperial; 2. Alguns dos mais altos dignitários eclesiásticos; 3. Certas pessoas que se destacaram no serviço civil, militar ou de outra forma (todas as três categorias de caráter vitalício); e 4. 38 membros das assembleias provinciais. Esses 38 membros seriam distribuídos entre os Territórios da Coroa, proporcionalmente ao seu tamanho e importância. Para cada cadeira do Conselho Imperial atribuída a um Território da Coroa, a Assembleia Provincial deveria eleger três de seus membros. Essa eleição constituía uma lista tríplice,[80] com base na qual o imperador nomeava os membros do Conselho Imperial extraordinário para um mandato de seis anos. Os seguintes temas seriam submetidos exclusivamente à *deliberação* no Conselho Imperial Reforçado: 1. Determinação do orçamento do Estado, exame das contas públicas e propostas da Comissão da Dívida Pública; 2. Todos os projetos mais relevantes relacionados à legislação geral; 3. As propostas das assembleias provinciais. O Conselho Imperial Reforçado não estava autorizado a tomar a iniciativa de apresentar propostas de leis e decretos.[81] As disposições do antigo Estatuto do Conselho Imperial (Patente Imperial de 13 de abril de 1851, RGBl. nº 92)[82] que [11] se referiam aos "membros temporários" foram expressamente revogadas.[83] Por Decreto Imperial da mesma data (5 de março de 1860, RGBl. nº 57),[84] determinou-se que, nos Territórios Individuais da Coroa, as assembleias provinciais realizassem imediatamente as eleições para o Conselho Imperial Reforçado, logo após sua ativação. No entanto, até que os conselheiros imperiais extraordinários, nomeados sob indicação das representações provinciais, fossem convocados, eles seriam eleitos em quantidade estabelecida na patente imperial de 5 de março de 1860 (RGBl. nº 56)[85] e, nas proporções especificadas na mesma, os membros de cada um dos Territórios da Coroa seriam incluídos nas deliberações do Conselho Imperial Reforçado, independentemente da indicação do imperador.[86] Do regimento interno elaborado para o Conselho Imperial Reforçado, destaca-se que suas deliberações foram declaradas como não públicas.[87] – Após apenas algumas semanas, já se sentiu a necessidade de ampliar consideravelmente os poderes do "Conselho Imperial Reforçado". Por meio de uma carta solene, datada de 17 de julho de 1860 (RGBl. nº 181),[88] ficou determinado que a introdução de novos impostos e taxas, bem como o aumento das alíquotas e impostos existentes sobre impostos diretos, consumo e transações legais, escrituras, documentos e atos oficiais, e, por fim, a obtenção de novos empréstimos, só poderiam ocorrer com a *aprovação do Conselho Imperial Reforçado* (exceto em caso de ameaça de guerra).

O Conselho Imperial Reforçado, de fato, deliberou (de maio a setembro de 1860). Com base em um parecer[89] emitido por esse órgão, foi redigido o "*Diploma Imperial de 20 de outubro de 1860*" (RGBl. nº 225),[90] que regulamenta as relações constitucionais internas da monarquia.[91] Em sua introdução, o monarca faz referência à ordem sucessória, fixada de forma definitiva e irrevogável pelo imperador *Carlos VI* em 19 de abril de 1713[92]

– conhecida como "*Sanção Pragmática*",[93] aceita pelos Estados legais dos diversos reinos e territórios –, reafirma a *indivisibilidade* e a *inseparabilidade* dos diferentes componentes [12] dos reinos e territórios sob o domínio da dinastia e proclama, com o objetivo de garantir aos súditos participação na legislação e na administração, com fundamento na *Sanção Pragmática* e em sua plenitude de poderes, como lei fundamental do Estado, permanente e irrevogável: "I. O direito de *fazer, alterar e revogar leis* será exercido por Nós e por Nossos sucessores *somente com a cooperação das assembleias provinciais reunidas na forma da lei, ou do Conselho Imperial*, para o qual as assembleias provinciais enviarão o número de membros determinado por Nós. II. Todos os assuntos de legislação relacionados a direitos, deveres e interesses que sejam comuns a todos os Nossos Reinos e Províncias, a saber: legislação sobre cunhagem, dinheiro e crédito; sobre alfândega e questões comerciais, além dos princípios de banco de cartões; legislação sobre os princípios de serviços postais, telegráficos e ferroviários; a forma e a organização das obrigações militares, serão futuramente negociados e despachados em conformidade com a Constituição no e com o *Conselho Imperial*, bem como a introdução de novos impostos e taxas, e o aumento dos impostos e taxas existentes, em particular o aumento do preço do sal e a obtenção de novos empréstimos, de acordo com Nossa Resolução de 17 de julho de 1860;[94] do mesmo modo, a conversão de dívidas estatais existentes e a venda, conversão ou oneração de propriedade estatal imóvel só poderão ser ordenadas com a aprovação do Conselho Imperial; – Finalmente, o exame e a aprovação das estimativas de despesas estatais para o próximo ano, bem como o exame das contas estatais e dos resultados da gestão financeira anual, deverão ser realizados com a participação do Conselho Imperial. III. *Todos os outros assuntos* de legislação não incluídos nos pontos anteriores devem ser tratados em conformidade com a Constituição nas e com as respectivas *assembleias provinciais*, mais precisamente nos reinos e províncias pertencentes à Coroa Húngara, de acordo com suas Constituições anteriores, mas, em Nossos outros [13] reinos e províncias, de acordo com suas respectivas Constituições provinciais. – Contudo, considerando que, com exceção dos territórios pertencentes à Coroa Húngara, também em relação a matérias legislativas que não estão sob a competência exclusiva do *Conselho Imperial Pleno*, há muitos anos tem prevalecido, para os demais territórios, um tratamento e uma decisão comuns, reservamo-nos o direito de tratar também dessas matérias com a participação constitucional do Conselho Imperial, incluindo os *conselheiros imperiais desses territórios*".[95]

Se, por trás da literalidade do diploma que concede ao Conselho Imperial o direito de "aprovação" apenas para a introdução de novos impostos e taxas, para o aumento de impostos e taxas existentes, bem como para a conversão de dívidas estaduais já existentes, entre outros, mas que, de resto, apenas lhe atribui um direito de "participação", possivelmente compreendido como uma função meramente consultiva (no caso das assembleias provinciais, menciona-se exclusivamente participação), esconde-se a intenção de reconhecer o princípio constitucional apenas com essa abrangência extremamente limitada, trata-se de algo questionável. De qualquer modo, tal intenção estaria em contradição com a forma solene com que o Diploma de Outubro anunciou um avanço significativo em relação à situação anterior. No mesmo dia do Diploma de Outubro, *o número de conselheiros imperiais a serem enviados pelas assembleias provinciais foi elevado para cem*, conforme a circular do mais alto Gabinete de 20 de outubro de 1860 (publicada no Wiener Zeitung).[96] Além disso, existem quatro estatutos provinciais da mesma data, promulgados por patentes imperiais de 20 de outubro de 1860 (*RGBl. nº 227* para a Estíria,[97] *nº 232* para a Caríntia,[98] *nº 238* para Salzburgo[99] e *nº 254* para o Tirol).[100] Contudo, esses estatutos provinciais não entraram em vigor. As assembleias provinciais foram constituídas apenas com base nos decretos provinciais emitidos pela Patente de Fevereiro de 1861.[101]

O Conselho Imperial mencionado no Diploma de Outubro, que deveria ser constituído por uma câmara única, também não se tornou realidade [14]. Isso porque, poucos meses após o Diploma de Outubro, que possuía um caráter federalista, foi emitida a *Patente Imperial de 26 de fevereiro de 1861* (RGBl. nº 20),[102] com um espírito mais centralista. Em sua introdução, essa patente se apresenta apenas como uma implementação do Diploma de Outubro, mas, na verdade, representa uma modificação radical dele; trata-se, basicamente, de uma ruptura constitucional em relação ao Diploma de Outubro, uma vez que – embora fosse uma lei – foi criada sem a participação do Conselho Imperial ou das assembleias provinciais. A Patente de Fevereiro apresenta-se essencialmente como nada mais do que uma lei-quadro, com a qual uma série de leis especiais relacionadas à organização da legislação imperial e provincial são promulgadas de forma solene, declaradas como *Leis Fundamentais do Estado* e, em sua totalidade, como Constituição do Império.[103] Os seguintes itens foram publicados como anexos à patente: a *Lei Fundamental sobre Representação Imperial*,[104] *15 ordenanças provinciais*[105] (aplicáveis apenas às províncias da Cisleitânia; na Hungria, a antiga Constituição Provincial deveria ser restaurada na medida em que pudesse ser harmonizada com o Diploma de Outubro e a Patente de Fevereiro), *15 ordenanças eleitorais para as assembleias provinciais*[106] e *15 "apêndices"*,[107] nos quais é feita a distribuição dos mandatos do Conselho Imperial alocados às províncias individuais para as cúrias provinciais respectivas.

A alteração mais significativa em relação ao Diploma de Outubro é a disposição da Lei Fundamental sobre Representação Imperial[108] segundo a qual o *Conselho Imperial* instituído para representar o Império deve consistir em *duas Câmaras*, a Câmara dos Lordes e a Câmara dos Deputados. A *Câmara dos Lordes* é composta pelos príncipes maiores de idade da Casa Imperial, pelos chefes maiores de idade daquelas famílias nobres nacionais que se destacam por sua vasta propriedade fundiária e às quais o imperador concede a dignidade hereditária de conselheiros imperiais, por todos os arcebispos e pelos bispos que possuem título de príncipe, e, por fim, por aqueles homens que se destacaram pelos seus méritos em relação ao Estado e à Igreja, à ciência ou às artes, sendo nomeados pelo imperador como membros vitalícios da Câmara dos Lordes.[109] Para a *Câmara dos Deputados* [15], as assembleias provinciais (incluindo a Assembleia Provincial húngara) enviarão juntas 343 membros por eleição direta, que serão distribuídos entre as províncias individuais proporcionalmente ao tamanho delas;[110] no entanto, o imperador se reserva o direito de ordenar que a eleição seja realizada indiretamente pelos eleitores primários se, em circunstâncias excepcionais, surgirem situações que impeçam que a Câmara dos Deputados seja preenchida por uma Assembleia Provincial.[111] O imperador nomeará os presidentes e vice-presidentes dentre os membros de cada Casa. Os demais funcionários serão eleitos pelas própria Câmaras.[112] O Conselho Imperial será convocado anualmente pelo imperador.[113] A Lei Fundamental sobre Representação Imperial distingue entre um *Conselho Imperial mais restrito* e um *mais amplo*; o primeiro é formado sem a participação dos representantes das Províncias da Coroa Húngara, e o segundo, com a participação desses representantes.[114] A esfera de atividade do Conselho Imperial mais amplo ou pleno é demarcada por meio de uma clausula generalis: "todos os assuntos de legislação relacionados a direitos, deveres e interesses comuns a todos os reinos e províncias".[115] No entanto, a lista de assuntos que se segue a essa cláusula (assuntos militares, dinheiro, crédito, cunhagem, bancos de guerra, alfândega, comércio, correios, ferrovias, telégrafos, finanças imperiais)[116] deve ser entendida como taxativa, embora ela se apresente como exemplificativa. Uma vez que não se pode determinar a priori quais assuntos serão comuns a todas as províncias, o círculo de tais assuntos pode ser traçado de forma mais ou menos ampla nos termos do Direito Positivo. A competência das assembleias provinciais também é enumerada em uma lista exaustiva – contudo, nas ordenanças provinciais[117] e não na própria Lei Fundamental sobre Representação Imperial; a competência do Conselho Imperial mais restrito inclui, portanto, todos os assuntos que não se enquadram na competência do Conselho Imperial mais amplo ou das assembleias provinciais. Nesse ponto, há uma diferença entre a Assembleia Provincial dos Territórios da

Coroa Húngara e as assembleias provinciais cujos representantes formam o Conselho Imperial mais restrito, no sentido de que tudo o que não for da competência do Conselho Imperial pleno pertence à competência da primeira, sendo que o Conselho Imperial mais restrito não se interpõe entre ela e o Conselho Imperial. – A aprovação de uma [16] lei requer o acordo de ambas as Casas do Conselho Imperial e a sanção do imperador.[118] Se, em um momento em que o Conselho Imperial não estiver reunido, medidas urgentes tiverem que ser tomadas em um assunto dentro de sua esfera de competência, o ministério é obrigado a explicar as razões e os resultados do decreto adotado nesse contexto.[119] Dessa forma, o *regime dos decretos de emergência vigente* sob a Constituição Imperial de 1849[120] foi incorporado à Constituição de Fevereiro de 1861. – A Lei Fundamental[121] estabelece o princípio do mandato livre. O Conselho Imperial é suspenso e a Câmara dos Deputados é dissolvida por decreto do imperador.[122] As sessões de ambas as Casas são públicas.[123]

As *ordenanças provinciais* emitidas como apêndices da Patente de Fevereiro – com exceção das ordenanças de Trieste[124] – são idênticas em todos os pontos essenciais. A Assembleia Provincial é composta pelos chamados virilistas[125] (os bispos e os reitores das universidades da província) e por um número de deputados variável de acordo com tamanho da província, que são eleitos por um eleitorado dividido em quatro classes eleitorais ou cúrias.[126] Essas cúrias são: a cúria dos grandes proprietários de terras ou dos maiores contribuintes, das cidades, das câmaras de comércio e negócios e das comunidades rurais. Nessas cúrias se preservam remanescentes das antigas "castas".[127] Sem exceção, o direito de voto está vinculado a um censo fiscal.[128]A votação é pública, oral[129] e, em sua maior parte, indireta.[130] – A legislatura da Assembleia Provincial é de 6 anos.[131] Os membros da assembleia não podem aceitar instruções e devem exercer seu direito de voto pessoalmente.[132] Como regra geral, a assembleia deve se reunir uma vez por ano na capital da província, sob convocação do imperador.[133] A assembleia pode ser dissolvida pelo imperador.[134] O presidente da Assembleia Provincial é um marechal provincial,[135] também denominado marechal provincial supremo, ou, em pequenas províncias, governador provincial,[136] sendo nomeado pelo imperador dentre os membros da própria assembleia. A assembleia não é apenas o órgão legislativo da província, mas também o órgão supremo da *administração autônoma da província*, que existe juntamente com a administração imperial ou real. O órgão executivo da província em sua capacidade de órgão administrativo supremo é o Comitê Provincial, que é eleito [17] pela assembleia entre seus próprios membros e presidido pelo marechal ou governador provincial.[137] Os membros do Comitê Provincial devem ser eleitos, não em sua totalidade, pela sessão plenária da assembleia. Para a eleição de três membros do Comitê Provincial, os membros da assembleia são divididos nas mesmas cúrias que aquelas que os elegeram. A cúria dos grandes proprietários, a cúria de vilas e cidades juntamente com a cúria de câmaras de comércio e negócios, e a cúria de comunidades rurais elegerão, cada uma, um membro do Comitê Provincial. Um suplente também é eleito para cada membro do comitê. O mandato dos membros do Comitê Provincial será o mesmo da assembleia que os elegeu; entretanto, ele persistirá após o término do mandato da assembleia e, no caso de dissolução da assembleia, até que outro comitê tenha sido nomeado pela nova assembleia.[138]

As propostas legislativas em assuntos provinciais são submetidas à assembleia como projetos do governo; entretanto, a própria assembleia também tem o direito de iniciativa. Toda *lei provincial* requer a aprovação da assembleia e a sanção do imperador. As moções de promulgação de leis que tenham sido rejeitadas pelo imperador ou pela assembleia não podem ser apresentadas novamente na mesma sessão (a legislatura de seis anos é dividida em sessões anuais).[139] ["]Os seguintes itens são declarados como assuntos provinciais: I. Todas as ordens relacionadas a: 1. cultura da província; 2. edifícios públicos financiados com fundos da província; 3. instituições de caridade dotadas com fundos da província; 4. estimativas e contas da província, tanto a) com relação à receita da província proveniente da administração de bens pertencentes à província, da tributação para fins da província e do uso do crédito da província, quanto b) com relação às despesas ordinárias e extraordinárias da província. II. Os regulamentos mais detalhados, dentro dos limites das leis gerais, com relação a: 1. assuntos municipais; 2. assuntos eclesiásticos e escolares; 3. abastecimento e alojamento do exército. Finalmente, III. os regulamentos referentes a outros assuntos relacionados ao bem-estar ou às necessidades da província que sejam atribuídos à Assembleia Provincial por [18] decretos especiais (§ 18)[”].[140]

[“]A Assembleia Provincial é incumbida: 1. de deliberar e apresentar moções a) sobre leis gerais já promulgadas e instituições já estabelecidas, no que diz respeito à sua repercussão particular sobre o bem-estar da província, e b) sobre a promulgação de leis gerais e instituições a serem estabelecidas em função de necessidades e do bem-estar da província; 2. de formular propostas sobre todas as matérias acerca das quais for consultada pelo governo (§ 19)[”].[141]

Com relação aos assuntos provinciais listados no § 18, a Assembleia Provincial atua como legislador em conjunto com o imperador. A administração “autônoma” exercida pela assembleia por meio do Comitê Provincial tem como principal objetivo a gestão econômica, consistindo sobretudo na administração dos bens provinciais que remontam à época dos estamentos. No entanto, a assembleia também delibera e decide sobre a arrecadação dos recursos necessários para a efetiva realização de fins estatais, sempre que a receita proveniente dos ativos originais existentes não for suficiente. Para esse fim, a assembleia tem competência para impor e cobrar sobretaxas de até 10% sobre os impostos reais diretos. Sobretaxas superiores sobre um imposto direto, assim como outras taxas provinciais, requerem autorização imperial. A mesma autorização é necessária para resoluções da assembleia que envolvam a venda, o ônus permanente ou o penhor dos ativos originais.[142]

O orçamento provincial é adotado por resolução da Assembleia Provincial, não por lei provincial.[143] – As sessões parlamentares geralmente são abertas ao público.[144] Uma resolução da Assembleia Provincial exige a presença de mais da metade de todos os membros e uma maioria absoluta de votos dos presentes. A presença de pelo menos três quartos de todos os membros e uma maioria de dois terços dos presentes é necessária para aprovar uma resolução sobre uma proposta de emenda à ordenança provincial – as ordenanças provinciais são baseadas na premissa de que sua emenda só é possível por meio de lei provincial.[145] A Assembleia Provincial não pode estabelecer relações com qualquer representação provincial de outro Território da Coroa[146] [19] – uma disposição que tinha a intenção de evitar a reunião de várias ou até mesmo de todas as representações provinciais nas chamadas dietas gerais, algo bastante desconfortável para a Coroa na época dos estamentos. O Comitê Provincial deve negociar e resolver em deliberações colegiadas os assuntos a ele submetidos. Se o marechal ou governador da província considerar que uma decisão do Comitê Provincial é contrária ao bem público ou às leis existentes, ele está autorizado e obrigado a suspender sua implementação e levar a questão imediatamente à decisão do imperador por meio do regente.[147] O regente (chamado presidente do governo em províncias menores)[148] é o chefe da chamada administração estatal denominada administração provincial sob a autoridade imperial (em oposição à autônoma); ele é nomeado pelo imperador e está subordinado ao ministério.[149] Ele representa o governo imperial perante a Assembleia Provincial e, portanto, tem o direito de comparecer à assembleia ou de ser representado por comissários delegados e de fazer uso da palavra a qualquer momento.[150] Ele não é responsável perante a assembleia.

O Conselho Imperial criado pela patente imperial de 13 de abril de 1851 (RGBl. nº 92)[151] e fortalecido pela patente imperial de 5 de março de 1860 (RGBl. nº 56)[152] foi dissolvido pela patente imperial de 26 de fevereiro de 1861 (RGBl. nº 22)[153] e substituído por um *Conselho de Estado* (*Staatsrat*), cuja finalidade, posição e composição foram reguladas por um estatuto específico.[154] Este Conselho de Estado, que deveria ser composto por um presidente nomeado pelo imperador e por conselheiros de Estado também nomeados, com status equivalente ao de ministros,[155] foi concebido como um órgão consultivo auxiliar do imperador e do Ministério. A ele deveriam ser submetidas, em especial, as propostas governamentais destinadas ao Conselho Imperial ou às Assembleias Provinciais. Reservava-se ainda a possibilidade de lhe atribuir competência para a resolução de conflitos de jurisdição e para decidir sobre questões contenciosas de Direito Público.[156]

A Constituição pretendida pela Patente de Fevereiro não foi plenamente realizada. Embora as assembleias provinciais e o Conselho Imperial em sua totalidade tenham sido convocados, este último jamais chegou a se constituir efetivamente, uma vez que a assembleia húngara se recusou a enviar representantes ao Conselho Imperial reunido em Viena [20]. Dessa forma, o Conselho Imperial reuniu-se em abril de 1861 apenas em sua forma restrita. De todo modo, a Assembleia da Transilvânia enviou representantes ao Conselho Imperial em Viena no ano de 1863. Entretanto, é mais do que duvidoso que isso, por si só, já permitisse considerá-lo um Conselho Imperial pleno, no sentido da Constituição de Fevereiro. Dentre as leis constitucionais aprovadas pelo Conselho Imperial, destacam-se a Lei de 3 de outubro de 1861 (RGBl. nº 98),[157] relativa à inviolabilidade e irresponsabilidade dos membros do Conselho Imperial e das assembleias provinciais, cujo conteúdo foi posteriormente incorporado à versão revisada da Lei Fundamental sobre a Representação Imperial, de 1867;[158] em seguida, a Lei de Proteção da Liberdade Individual, de 27 de outubro de 1862 (RGBl. nº 87)[159] e a Lei de Proteção do Direito à Inviolabilidade do Lar, de 27 de outubro de 1862 (RGBl. nº 88),[160] ambas as quais foram posteriormente incorporadas como partes integrantes da Lei Fundamental do Estado sobre os Direitos Gerais dos Cidadãos do Estado, promulgada em 21 de dezembro de 1867[161] e ainda vigente.

A obstinada resistência da Hungria contra uma Constituição que instituísse uma monarquia unificada forçou a Coroa a negociar a questão constitucional com os representantes do Reino da Hungria. Considerando que seria juridicamente impossível tratar uma mesma Constituição, em uma parte do Império, como objeto de negociação, enquanto nos demais territórios ela continuasse a ser considerada lei imperial vinculante, a Coroa viu-se compelida a suspender, por meio da patente imperial de 20 de setembro de 1865 (RGBl. nº 89)[162] – anunciada pelo manifesto imperial de 20 de setembro de 1865 (RGBl. nº 88)[163] –, a Lei Fundamental sobre a Representação Imperial, proclamada pela patente imperial de 26 de fevereiro de 1861;[164] essa suspensão foi acompanhada da declaração expressa de que a Coroa se reservava o direito de submeter os resultados das negociações com os representantes das províncias da Coroa Húngara, caso estes implicassem uma modificação da Constituição de Fevereiro compatível com a unidade e a posição de poder do Império, aos representantes legais dos demais reinos e províncias, a fim de colher e avaliar o parecer deles, de igual valor, antes de qualquer resolução final da Coroa. Do ponto de vista da Patente de Fevereiro, essa suspensão da Lei Fundamental sobre a [21] Representação Imperial por um ato unilateral da Coroa representa uma violação – ainda que inevitável – da Constituição e, portanto, uma nova quebra da continuidade jurídica.

As negociações com a Hungria chegaram, de fato, a um resultado: a relação entre as províncias da Coroa Húngara e as províncias cisleitânicas foi estruturada segundo o chamado "dualismo". A Hungria deveria constituir ao lado da Áustria – ou seja, dos reinos e províncias representados no Conselho Imperial restrito – um Estado autônomo, com sua própria legislação e governo, ligado necessariamente à Áustria apenas pela dinastia comum e pela administração conjunta de certas matérias de interesse estratégico para a posição de grande potência de ambos os Estados; além dessas ligações necessárias, haveria apenas conexões eventuais, por meio de acordos periódicos sobre o conteúdo de determinadas leis econômicas e militares. Esse resultado foi formalizado no Artigo de Lei XII húngaro de 1867[165] (sancionado e promulgado em 12 de julho de 1867),[166] sem que, no entanto, a promessa contida no manifesto de 20 de setembro de 1865 – de consultar previamente a posição das províncias cisleitânicas – tivesse sido cumprida. Havia, de fato, a intenção de submeter os acordos com a Hungria a uma "Assembleia Extraordinária do Conselho Imperial", mas essa assembleia extraordinária, para a qual os representantes das províncias cisleitânicas deveriam ter sido convocados por meio da Patente Imperial de 2 de janeiro de 1867 (RGBl. nº 1),[167] nunca chegou a se reunir. Por meio da resolução suprema de 4 de fevereiro de 1867,[168] foi determinado que o "Conselho Imperial Extraordinário" deveria ser transformado em um Conselho Imperial constitucional, ou seja, que, em vez da Assembleia Extraordinária do Conselho Imperial, deveria ser convocado o Conselho Imperial restrito, conforme previsto na Patente de Fevereiro, a fim de que lhe fossem apresentados para deliberação os projetos de emenda constitucional tornados necessários pelo acordo estatal com a Hungria. É evidente que todo esse procedimento foi, do ponto de vista constitucional, altamente questionável. Em primeiro lugar, a Lei Fundamental sobre a Representação Imperial, que servia de base jurídica tanto para o Conselho Imperial restrito quanto para [22] o Conselho Imperial pleno, havia sido suspensa. Além disso, o Conselho Imperial restrito era tão pouco competente para a reforma constitucional que lhe foi imposta quanto a Assembleia Húngara, agora denominada Parlamento Imperial. Se se partisse do pressuposto de que a Patente de Fevereiro continuava a ser a base constitucional, então a única instância competente para ratificar a alteração constitucional já promulgada como lei na Hungria[169] teria sido, evidentemente, o Conselho Imperial pleno. Apesar disso, esse Parlamento, que segundo os critérios da Patente de Fevereiro só poderia ser considerado um Conselho Imperial restrito, aprovou os projetos de lei que lhe foram apresentados pelo governo, além de outras leis constitucionais que, em conjunto, formaram a Constituição de 1867 e, dessa forma, a base da Monarquia Austríaca na estrutura dualista com o Reino da Hungria, que vigorou até a ruptura em 1918.

III. Da Constituição de Dezembro de 1867 à Revolução de Novembro de 1918

Antes mesmo que o Conselho Imperial deliberasse sobre as leis constitucionais tornadas necessárias pelo acordo estatal com a Hungria, ele aprovou diversas outras leis que se tornaram relevantes para a Constituição da Áustria (no sentido de Cisleitânia). Em primeiro lugar, a Lei de 16 de julho de 1867 (RGBl. nº 98), que alterou o § 13 da Lei Fundamental sobre a Representação Imperial de 26 de fevereiro de 1861.[170] A nova redação desse parágrafo, que estabelecia o direito de expedir decretos de emergência, foi posteriormente incorporada ao § 14 da versão revisada da Lei Fundamental sobre a Representação Imperial;[171] em seguida, foi aprovada a Lei de 25 de julho de 1867 (RGBl. nº 101), sobre a responsabilidade dos ministros pelos reinos e províncias representados no Conselho Imperial.[172] O conteúdo essencial dessa lei será analisado no contexto da Constituição de Dezembro.[173] Também foram promulgadas a Lei de 15 de novembro de 1867 (RGBl. nº 134), sobre o direito de associação,[174] e a Lei de 15 de novembro de 1867 (RGBl. nº 135), sobre o direito de reunião,[175] cujas disposições serão tratadas em outro contexto.[176] O núcleo da Constituição é formado pelas cinco leis fundamentais estatais que foram sancionados em 21 de dezembro de 1867: a [23] Lei de 21 de dezembro de 1867 (RGBl. nº 141), que altera a Lei Fundamental sobre a Representação Imperial de 26 de fevereiro de 1861;[177] a Lei Fundamental de Estado de 21 de dezembro de 1867 (RGBl. nº 142), sobre os direitos gerais dos cidadãos dos reinos e províncias representados no Conselho Imperial;[178] a Lei Fundamental de Estado de 21 de dezembro de 1867 (RGBl. nº 143), sobre a criação de um Tribunal de Justiça do Império (Reichsgericht);[179] a Lei Fundamental de Estado de 21 de dezembro de 1867 (RGBl. nº 144), sobre o Poder Judiciário;[180] e ainda a Lei Fundamental de Estado de 21 de dezembro de 1867 (RGBl. nº 145), sobre o exercício do poder governamental e executivo.[181] Além disso, foi promulgada a Lei de 21 de dezembro de 1867 (RGBl. nº 146), referente às questões comuns a todos as províncias da Monarquia Austríaca e ao seu tratamento.[182] Esta não é uma lei fundamental estatal no sentido material, a exigir quórum aumentado ou maioria qualificada para ser alterada,[ii] uma vez que não é mencionada no § 15 da Lei Fundamental sobre a Representação Imperial,[183] que enumera estas leis.

A base da Constituição de Dezembro de 1867 foi constituída – apesar das repetidas rupturas na continuidade jurídica – pela *Patente de Fevereiro* de 1861,[184] segundo a qual a legislação deveria ser dividida entre o Conselho Imperial e as assembleias provinciais. A principal modificação introduzida pela Lei de 21 de dezembro de 1867,[185] que alterou a Lei Fundamental sobre a Representação Imperial de 26 de fevereiro de 1861, consistiu na eliminação do Conselho Imperial ampliado, mantendo-se apenas o Conselho Imperial restrito da Patente de Fevereiro, que passou a ser denominado simplesmente Conselho Imperial.

A legislação

Esse *Conselho Imperial*, conforme a versão revisada da Lei Fundamental sobre a Representação Imperial, é composto pela *Câmara dos Pares* e pela *Câmara dos Deputados*, sendo vedada a dupla filiação a ambas simultaneamente.[186] A *norma de incompatibilidade* foi posteriormente [24] modificada pela Lei de 26 de janeiro de 1907 (RGBl. nº 15),[187] promulgada no contexto da grande reforma eleitoral de 1907, de tal forma que membros nomeados para a Câmara dos Pares podem ser eleitos para a Câmara dos Deputados, mas, caso aceitem tal eleição, sua afiliação à Câmara dos Pares ficará suspensa enquanto durar o mandato na Câmara dos Deputados. No inverso caso de um deputado vir a ser nomeado para a Câmara dos Pares, sua afiliação a esta permanecerá suspensa enquanto ele não renunciar ao mandato na Câmara dos Deputados. A *Câmara dos Pares* é composta da

---

ii [23] Cf. p. 28. [N.T. Cf., abaixo, p. 63].

mesma forma como previsto nas disposições da Lei Fundamental sobre a Representação Imperial de 1861.[iii,188] Sua composição permaneceu inalterada até que, no contexto da reforma eleitoral de 1907, a Lei de 26 de janeiro de 1907 (RGBl. nº 16)[189] determinou que (para restringir a influência do governo na composição da Câmara dos Pares e, assim, fortalecer sua relevância política) o número de membros vitalícios nomeados não poderia ultrapassar 170 nem ser inferior a 150. Para a *Câmara dos Deputados* são escolhidos por meio de *eleição* 203 membros, distribuídos entre os diversos reinos e províncias, de acordo com um critério fixo proporcional à respectiva população.[190] O número de assentos de cada província era preenchido por meio de eleições diretas conduzidas pela *respectiva assembleia provincial.* Assim como já estava previsto na Patente de Fevereiro, o imperador manteve o direito de ordenar a realização *direta* das eleições pelo colégio eleitoral de cada Assembleia Provincial, caso excepcionalmente uma determinada assembleia não pudesse proceder à escolha dos representantes para a Câmara dos Deputados.[191]

Já pela chamada Lei Eleitoral de Emergência de 29 de junho de 1868 (RGBl. nº 82),[192] essa disposição foi detalhada e, com base nessa lei, já em 1870 foram convocadas *eleições parcialmente diretas* para a Câmara dos Deputados (Patente Imperial de 5 de outubro de 1870, RGBl. nº 119,[193] para a Boêmia, adotada diante da recusa da Assembleia Provincial da Boêmia em realizar eleições para o Conselho Imperial). Com a Lei de 13 de março de 1872 (RGBl. nº 24),[194] foi então determinado que o imperador, em caso de um mandato de [25] deputado se tornar vago durante a sessão parlamentar, poderia ordenar *eleição direta* também para *esse mandato individual*, independentemente do motivo da vacância. Com a Lei de 2 de abril de 1873 (RGBl. nº 40),[195] que alterou a Lei Fundamental sobre a Representação Imperial de 21 de dezembro de 1867 (RGBl. nº 141), *a eleição dos representantes do Conselho*

---

iii [24] Cf. p. 14. [N.T. Cf., acima, pp. 48-49].

Imperial pelas assembleias provinciais foi completamente abolida, determinando-se que os membros da Câmara dos Deputados, cujo número foi aumentado para 353, seriam eleitos – distribuídos entre as diversas províncias da Coroa – pelas categorias eleitorais estabelecidas nas ordenanças provinciais: grandes proprietários de terra (ou os maiores contribuintes fiscais), cidades (mercados e centros industriais), câmaras de comércio e indústria e comunidades rurais. Os mandatos atribuídos a cada província deveriam ser distribuídos entre as categorias eleitorais. Na categoria eleitoral das *comunidades rurais*, os deputados eram eleitos por *delegados*, previamente escolhidos pelos eleitores. Com a Lei de 2 de abril de 1873 (RGBl. nº 41),[196] foi promulgado um regulamento eleitoral para a Câmara dos Deputados do Conselho Imperial. Por meio da Lei de 4 de outubro de 1882 (RGBl. nº 142)[197] – conhecida como a reforma eleitoral de *Taaffe*, em referência ao primeiro-ministro (Ministerpräsident)[198] –, o *censo eleitoral* exigido para a categoria eleitoral das cidades, que até então consistia em 10 florins (Gulden) em impostos diretos, *foi reduzido para 5 florins*. Com a Lei de 14 de junho de 1896 (RGBl. nº 168), que alterou e complementou a Lei Fundamental sobre a Representação Imperial de 21 de dezembro de 1867 (RGBl. nº 141), bem como as Leis de 2 de abril de 1873 (RGBl. nº 40) e 12 de novembro de 1886 (RGBl. nº 162),[199] foram adicionados 72 novos membros, a serem eleitos por uma *categoria eleitoral geral*, aos 353 deputados previamente eleitos pelas quatro categorias eleitorais estabelecidas nas ordenanças provinciais. Na categoria eleitoral geral, o direito ao voto não estava vinculado a nenhum censo tributário, conforme estabelecido pela Lei de 14 de junho de 1896 (RGBl. nº 169), que alterou e complementou o regulamento eleitoral do Conselho Imperial;[200] no entanto, ficou determinado que o eleitor deveria *estar* [26] *residindo* há pelo menos seis meses na comunidade onde exerceria o voto no dia da convocação da eleição. Além disso, por meio da Lei de 5 de dezembro de 1896 (RGBl. nº 226),[201] o *censo eleitoral* para as categorias eleitorais das cidades e comunidades rurais foi *reduzido para 4 florins*. Essa foi a reforma eleitoral nomeada *Badeni* em referência ao então primeiro-ministro.[202] Ela aproximadamente triplicou o número de eleitores habilitados.[iv]

Pela Lei de 26 de janeiro de 1907, RGBl. nº 15[203] (alteração da Lei Fundamental do Estado sobre a Representação Imperial), e pela Lei de 26 de janeiro de 1907, RGBl. nº 17[204] (novo regimento eleitoral do Conselho Imperial) – trata-se da reforma eleitoral denominada segundo o primeiro-ministro *Beck*[205] –, o direito de voto para a Câmara dos Deputados foi alterado de forma mais radical. *As classes eleitorais foram abolidas*, o número de deputados foi aumentado para 512 e foi introduzido *o sufrágio universal, igual, secreto e direto para todos os cidadãos austríacos do sexo masculino que tivessem completado 24 anos*[206] *e com residência no município onde viessem a exercer o direito de voto há pelo menos um ano no dia da convocação da eleição.*[207] O direito de elegibilidade foi condicionado à idade mínima de 30 anos e à titularidade da cidadania austríaca por pelo menos três anos.[208] Para fins de realização da eleição, todo o território do Estado foi dividido em distritos eleitorais, respeitando-se as fronteiras das províncias, de tal modo que a cada distrito eleitoral foi atribuído, em princípio, um mandato parlamentar a ser preenchido pelo *princípio da maioria absoluta*. Somente em 34 distritos eleitorais da Galícia, onde poloneses e rutenos conviviam, foram designados dois mandatos para cada distrito.[209] Mesmo nesses distritos, cada eleitor podia indicar na cédula apenas um candidato para o mandato parlamentar;[210] contudo, seria eleito tanto aquele que obtivesse a maioria absoluta como aquele que reunisse mais de um quarto dos votos computados (*sistema de representação das minorias*, vote limité).[211] A igualdade do direito [27] de voto ficava garantida na medida em que cada eleitor possuía apenas um voto[212] (o que anteriormente não era o caso, pois na classe eleitoral geral também participavam como eleitores aqueles que, com base

iv [26] BERNATZIK, obra mencionada acima, p. 750. [N.T. *BERNATZIK, Edmund* (Coord.). *Die österreichischen Verfassungsgesetze mit Erläuterungen.* 2ª ed. Viena: Manz, 1911, p. 750].

na classe tributária, já possuíam direito de voto em outras classes eleitorais).[213] No entanto, o princípio da igualdade acabava por ser significativamente restringido em função do tamanho variável dos distritos eleitorais, uma vez que, ao definir suas delimitações, não se considerava apenas o número de habitantes ou de eleitores, mas também a arrecadação fiscal, atribuindo-se mais mandatos às regiões economicamente mais fortes do que o número que resultaria da relação proporcional entre o total de mandatos disponíveis e o total de eleitores. Além disso, a universalidade do direito de voto era limitada pelo fato de que todas as mulheres ficavam excluídas do sufrágio e a exigência de um ano de residência fixa era um critério obrigatório.

O regimento eleitoral do Conselho Imperial concedia ainda à legislação provincial a prerrogativa de estabelecer para as eleições à Câmara dos Deputados a *obrigatoriedade do voto* para os eleitores da província e de garantir o cumprimento dessa obrigação mediante a imposição de penalidades, aplicáveis por meio de um procedimento administrativo.[214]

A verificação dos atos eleitorais ou da *legitimidade* dos membros eleitos compete, conforme a Lei do Regimento Interno de 12 de maio de 1873 (RGBl. nº 94),[215] à própria Câmara dos Deputados, seguindo um procedimento definido pelo regimento interno.[216] O regulamento eleitoral do Conselho Imperial de 1907[217] determina que a Câmara dos Deputados deve decidir sobre a validade de cada eleição no prazo máximo de um ano após sua realização.

Os servidores e funcionários públicos eleitos para a Câmara dos Deputados não necessitam de licença para o exercício de seu mandato.[218] Assim como estipulado pela Patente de Fevereiro, o *presidente* e os *vice-presidentes* da *Câmara dos Pares* são *nomeados pelo imperador* dentre seus membros para a duração da sessão;[219] no entanto, diferentemente da Patente da Fevereiro, a alteração da Lei Fundamental sobre a Representação Imperial determina que a *Câmara dos Deputados eleja*, dentre seus próprios membros, o *presidente* e os *vice-presidentes.*[220] [28] Os demais funcionários de cada uma das Casas legislativas são eleitos por seus respectivos membros.[221] O Conselho Imperial é *convocado* anualmente pelo imperador, preferencialmente nos meses de inverno.[222] A *suspensão* das sessões do Conselho Imperial, assim como a *dissolução* da Câmara dos Deputados, ocorre por decreto do imperador; em caso de dissolução, devem ser realizadas novas eleições.[223]

Enquanto a Câmara dos Deputados era composta por membros eleitos pelas assembleias provinciais, o mandato de seus membros estava vinculado ao período de funcionamento da respectiva Assembleia Provincial e terminava no dia da posse de uma nova assembleia.[224] Com a Lei de 2 de abril de 1873 (RGBl. nº 40),[225] que introduziu as eleições diretas para o Conselho Imperial, ficou estabelecido que os membros da Câmara dos Deputados são eleitos por um período de *seis anos.* A atividade do Conselho Imperial, que desde então possui uma *legislatura de seis anos*, é dividida em períodos anuais, denominados *sessões.* No início de cada sessão, o processo parlamentar deve ser reiniciado e ocorre uma nova eleição ou nova nomeação dos funcionários de ambas as Casas legislativas.[226]

O *processo legislativo* é regulamentado da seguinte forma: as propostas de lei chegam ao Conselho Imperial na forma de projetos do governo ou como moções de iniciativa dos membros de uma das duas Casas. Para a aprovação de qualquer lei, é necessária a concordância de ambas as Casas e a sanção do imperador.[227] Para que uma decisão do Conselho Imperial seja válida, é necessário um quórum de 100 membros na Câmara dos Deputados e de 40 membros na Câmara dos Pares, além da maioria absoluta dos votos dos presentes em ambas as Casas. *Alterações às Leis Fundamentais do Estado* (entre as quais não está incluída, conforme a lista correspondente na Lei Fundamental sobre a Representação Imperial de 1867, a lei relativa aos assuntos comuns a todos as províncias da Monarquia Austríaca)[228] só podem ser validamente aprovadas com uma maioria de pelo menos dois terços dos votos (segundo a Lei de 2 de abril de 1873 [RGBl. nº 40][229] na Câmara dos Deputados apenas se pelo menos metade de seus membros estiver presente). As sessões de ambas as Casas do Conselho Imperial são *públicas*. No entanto, cada Casa tem o direito de excluir [29] o público em casos excepcionais, se tal for requerido pelo presidente ou por pelo menos 10 membros e decidido pela Casa após a retirada dos ouvintes.[230]

Até esse ponto, a Lei Fundamental sobre a Representação Imperial regula o procedimento parlamentar legislativo. Disposições adicionais são estabelecidas no *regimento interno* do Parlamento. Inicialmente, tal regimento foi promulgado pelo governo logo após a Patente de Fevereiro, em 2 de maio de 1861.[231] Contudo, logo em seguida, foi aprovada pelo Conselho Imperial a Lei sobre o Regimento Interno de 30 de junho de 1861 (RGBl. nº 78),[232] com base na qual foram adotados regimentos autônomos tanto para a Câmara dos Pares[233] quanto para a Câmara dos Deputados.[234] A Lei do Regimento Interno regulamentava a relação entre as duas Casas e as interações externas do Conselho Imperial;[235] as disposições sobre os procedimentos internos foram incorporadas nos regimentos autônomos de cada Câmara. Após a promulgação da Constituição de Dezembro de 1867, foi aprovada a Lei do Regimento Interno de 5 de maio de 1868 (RGBl. nº 42),[236] e, após a introdução das eleições diretas para o Conselho Imperial, a Lei de 12 de maio de 1873 (RGBl. nº 94),[237] que tratava do regimento do Conselho Imperial. No que se refere aos caminhos do processo legislativo, essa regulamentação estabelecia que o governo poderia apresentar suas propostas em qualquer uma das Casas, à sua escolha, com exceção das propostas financeiras e da lei de recrutamento, que deveriam ser apresentadas primeiro à Câmara dos Deputados. Destaca-se, no regimento autônomo da Câmara dos Deputados (aprovado em 2 de março de 1875),[238] a exigência de que todos os projetos de lei devem passar por *três leituras*. Após a primeira leitura, o projeto é encaminhado a uma comissão, cujo relatório é então discutido em uma segunda leitura, dividida em um debate geral e um debate específico. A terceira leitura consiste na votação final. Entre as *medidas disciplinares* previstas no regimento autônomo da Câmara dos Deputados estão: a *chamada à ordem sobre a matéria em discussão*, a *chamada à ordem disciplinar*, a *retirada da palavra* e a *emissão de uma censura por um comitê disciplinar*.[239] Em 1897, o regimento autônomo foi temporariamente [30] alterado para incluir, entre as medidas disciplinares, a exclusão de um deputado de uma ou mais sessões.[240] No entanto, como essa decisão foi tomada de forma contrária ao próprio regimento, ela foi rapidamente revogada e declarada nula.[241]

Com a aprovação conjunta de ambas as Câmaras do Conselho Imperial e a sanção do monarca (a qual, como qualquer ato do monarca, requer a assinatura de um ministro responsável), o processo legislativo, contudo, não está de modo algum concluído. É necessária a *promulgação* da lei sancionada. A Lei Fundamental do Estado sobre o Exercício do Poder Governamental e Executivo[242] estabelece, a esse respeito, que a promulgação das leis – não apenas das leis do Reich, mas também das leis provinciais – deve ocorrer em *nome do imperador*, com *referência à aprovação dos órgãos representativos constitucionais* e com a *assinatura conjunta de um ministro responsável*. No que diz respeito à promulgação das leis do Reich, foi promulgada a Lei de 10 de junho de 1869, RGBl. nº 113, sobre a publicação de leis e decretos no Diário Oficial (Reichsgesetzblatt)[243] (o próprio Diário Oficial já havia sido instituído pelo Decreto Imperial de 4 de março de 1849 [RGBl. nº 153], que ordenava a criação de um boletim oficial geral do Império para leis e decretos governamentais, bem como boletins provinciais de leis e decretos).[244] Segundo essa lei, o *Diário Oficial* é destinado à publicação oficial e vinculante das leis aprovadas com a participação do Conselho Imperial, dos tratados internacionais sujeitos à divulgação pública e dos decretos promulgados com base nas leis do Reich.[245] O efeito vinculante das publicações contidas no Diário Oficial inicia-se, salvo disposição expressa em contrário no próprio texto, no início do 45º dia após o término do dia em que a edição em língua alemã – que continha o texto autêntico (o Diário Oficial do Império era publicado em todas as línguas usuais das províncias do Império, mas a versão alemã era considerada como [31] texto autêntico)[246] – foi publicada e enviada.[247] A promulgação das leis do Reich geralmente seguia a fórmula padrão, inserida após o título da lei (datado no dia da sanção imperial): "com a aprovação de ambas as Câmaras do Conselho Imperial, ordeno o seguinte"; em seguida, era apresentado o texto da lei, ao final do qual apareciam a assinatura do monarca e a assinatura do ministro responsável. De forma análoga, a promulgação das leis provinciais ocorria nos *boletins oficiais das províncias* (*Landesgesetzblätter*). Assim, a publicação da lei assumia a forma de uma ordem do monarca, o que não correspondia nem à posição de igualdade do Parlamento formalmente estabelecida pela Constituição, nem à disposição expressa da Lei Fundamental do Estado sobre o Exercício do Poder Governamental e Executivo, segundo a qual a lei deveria ser promulgada apenas "em nome" do imperador (assim como as sentenças judiciais), e não como uma ordem imperial.

Quanto *à posição pessoal dos membros de ambas as Casas do Conselho Imperial*, a Lei Fundamental alterada sobre a Representação Imperial[248] determina – assim como já o fazia a Patente de Fevereiro [249] – que os membros da Câmara dos Deputados não estão obrigados a seguir *quaisquer instruções* de seus eleitores. Aos membros de ambas as Câmaras do Conselho Imperial é concedido o privilégio da *imunidade*[250] – algo que ainda não havia sido previsto na Patente de Fevereiro. As disposições pertinentes foram extraídas da Lei de 3 de outubro de 1861 (RGBl. nº 98),[251] relativa à inviolabilidade e irresponsabilidade dos membros do Conselho Imperial e das assembleias provinciais, que, após essa alteração, continuou em vigor apenas para os membros das assembleias provinciais. Os membros do Conselho Imperial, portanto, jamais podem ser responsabilizados pelas votações realizadas no exercício de suas funções. No que diz respeito às declarações feitas no exercício de seu mandato, só podem ser chamados a prestar contas pela Casa à qual pertencem. Além dessa chamada "imunidade funcional", existe também uma imunidade extrafuncional, segundo a qual nenhum membro do Conselho Imperial pode ser preso ou processado judicialmente por um ato criminoso – exceto no caso [32] de flagrante delito – sem a autorização da Casa a que pertence. Mesmo no caso de prisão em flagrante, o Tribunal deve comunicar imediatamente a detenção ao presidente da respectiva Casa. Se a Casa assim o exigir, a prisão deve ser revogada e o processo suspenso por toda a duração da sessão parlamentar. Essa imunidade, que se aplica somente a processos judiciais, tem validade apenas durante a sessão parlamentar e não no intervalo entre o encerramento de uma sessão e o início da seguinte. Se um membro do Conselho Imperial for preso fora do período de sessões ou se for iniciada uma investigação contra ele nesse intervalo, a Câmara pode igualmente solicitar a revogação da prisão ou a suspensão do processo enquanto durar a sessão parlamentar.[252] A prescrição do delito cuja investigação for impedida pela imunidade não é interrompida. Todos os membros do Conselho Imperial devem exercer pessoalmente o seu direito de voto.[253]

A *competência legislativa do Conselho Imperial* é regulamentada pelos §§ 11 e 12 da Lei Fundamental alterada sobre a Representação Imperial.[254] A Patente de Fevereiro havia enumerado de forma exaustiva – em suas ordenanças provinciais – as competências das assembleias provinciais, deixando à competência do Conselho Imperial (restrito) todas as matérias que não pertenciam à competência das assembleias provinciais (ou à competência igualmente taxativa do Conselho Imperial ampliado).[255] A Lei Fundamental alterada sobre a Representação Imperial, de 21 de dezembro de 1867, inverte a relação entre o Conselho Imperial e as assembleias provinciais. Agora, a competência do Conselho Imperial é definida de maneira exaustiva e abrange as seguintes matérias: ["]a) a análise e aprovação dos tratados comerciais e dos tratados internacionais que onerem o Reich ou partes dele, que imponham obrigações a cidadãos individuais ou que impliquem mudanças territoriais nos reinos e províncias representados no Conselho Imperial; b) todas as questões relativas à forma, regulamentação e duração do serviço militar, em particular a aprovação anual do número de recrutas a serem incorporados, bem como as disposições gerais sobre transporte militar, provisões [33] e alojamento das tropas; c) a definição dos orçamentos do Estado, especialmente a aprovação anual da arrecadação de impostos, taxas e receitas públicas; o exame das contas estatais e dos resultados da administração financeira; a concessão da quitação fiscal (Absolutorium); a contratação de novos empréstimos, a conversão da dívida pública existente, a alienação, transformação e oneração dos bens imóveis do Estado; a legislação sobre monopólios e direitos régios, bem como todas as questões financeiras comuns aos reinos e províncias representados no Conselho Imperial; d) a regulamentação do sistema monetário, da cunhagem e do sistema bancário de notas; das questões alfandegárias e comerciais; bem como dos serviços de telégrafos, correios, ferrovias, navegação e demais meios de comunicação do Reich; e) a legislação sobre crédito, bancos, privilégios e comércio, com exceção da legislação sobre os direitos de produção e venda exclusivos de produtos alcoólicos (Propinationsrechte),[256] bem como a legislação sobre pesos e medidas e a proteção de marcas e modelos industriais; f) a legislação sanitária, bem como a legislação relativa à proteção contra epidemias e epizootias (doenças infecciosas do gado); g) a legislação sobre cidadania e direito de domicílio, sobre a polícia de estrangeiros e o sistema de passaportes, bem como sobre censos populacionais; h) a legislação sobre relações confessionais, sobre o direito de associação e reunião, sobre a imprensa e sobre a proteção da propriedade intelectual; i) a definição dos princípios da organização do ensino fundamental e do ensino secundário (Gymnasien), bem como a legislação sobre as universidades; k) a legislação penal e processual penal, bem como a legislação civil, exceto no que diz respeito à organização interna dos registros públicos e às matérias que, com base nas ordenações regionais e nessa Lei Fundamental, pertencem à competência das assembleias provinciais; além disso, a legislação sobre direito comercial e cambial, direito marítimo, direito minerário e direito de vassalagem

(Lehenrecht); l) a legislação sobre os princípios fundamentais da organização do sistema judiciário e das autoridades administrativas; m) as leis destinadas à implementação das Leis Fundamentais do Estado sobre os direitos gerais dos cidadãos, sobre o Tribunal de Justiça do Império, sobre o Poder Judiciário, o governo e a Administração Pública; n) a legislação sobre matérias que dizem respeito às obrigações e relações entre [34] as diferentes províncias do Reich; o) a legislação sobre a forma de tratamento das matérias determinadas como comuns na convenção celebrada com os países pertencentes à Coroa húngara[“].[257] – Todas as demais matérias legislativas pertencem à competência das assembleias legislativas. O § 12[258] estabelece: [“]Todos os demais assuntos legislativos que não forem expressamente reservados ao Conselho Imperial por esta lei pertencem à esfera de competência das assembleias provinciais dos reinos e províncias representados no Conselho Imperial e serão resolvidos constitucionalmente por meio e em conjunto com essas assembleias provinciais[”].

No decorrer da reforma eleitoral de 1907, o artigo III da Lei de 26 de janeiro de 1907 (RGBl. nº 15)[259] introduziu no § 12 as seguintes disposições: [“]Nas matérias que, conforme este Estatuto Fundamental do Estado e as ordenanças provinciais, pertencem à esfera de competência da legislação provincial, esta poderá adotar as disposições necessárias para regulamentar tais matérias também no âmbito da legislação penal, do Direito Penal Administrativo e do Direito Civil. A competência da legislação provincial abrange igualmente aquelas disposições relativas à organização das autoridades administrativas estatais, cuja regulamentação seja determinada pela competência legislativa dos estados na organização das autoridades administrativas autônomas, desde que permaneçam dentro dos princípios gerais reservados à legislação do Reich, conforme § 11, alínea l, deste Estatuto Fundamental do Estado[”].[260] O § 12 já continha, em sua redação de 1867, a seguinte disposição: [“] Caso uma Assembleia Provincial decida que determinada matéria legislativa de sua competência deve ser tratada ou regulamentada pelo Conselho Imperial, tal matéria passará, nesse caso e com relação à respectiva Assembleia Provincial, à esfera de competência do Conselho Imperial[”].[261]

Essa divisão de competências legislativas entre Reich e província apresenta duas falhas graves. Em primeiro lugar, a enumeração constante do § 11 é introduzida por uma cláusula que dá a impressão de que a listagem subsequente não tem caráter exaustivo, mas apenas exemplificativo, e que a competência do Conselho Imperial seria definida por uma cláusula geral. Essa introdução tem a seguinte redação: [“]A esfera de atuação [35] do Conselho Imperial abrange todas as matérias que dizem respeito aos direitos, deveres e interesses comuns a todos os reinos e províncias representados no Conselho Imperial, na medida em que estas não devam, em virtude do acordo com as províncias da Coroa húngara, ser tratadas conjuntamente entre estas e as demais províncias da monarquia[”].[262] – Essa cláusula se ampara na disposição da Lei Fundamental sobre a Representação Imperial de 1861[263] referente à esfera de atuação do Conselho Imperial pleno e apresenta o mesmo problema: quais matérias são comuns a todas as províncias da Coroa é algo que não decorre da natureza das coisas, mas exige uma determinação expressa por parte do Direito Positivo. Portanto, aquilo que não está incluído na enumeração do § 11 ou não foi expressamente colocado sob a competência do Conselho Imperial na Lei Fundamental alterada sobre a Representação Imperial não pode ser considerado como matéria comum a todas as províncias da Coroa. Essa também é, evidentemente, a premissa subjacente ao § 12 subsequente. Além disso, a Lei Fundamental alterada sobre a Representação Imperial de 1867 parte inquestionavelmente da premissa de que as ordenanças provinciais da Patente de Fevereiro permanecem em vigor. No entanto, essas ordenanças determinam a competência das assembleias provinciais por meio de uma enumeração exaustiva, o que está em evidente contradição com o § 12 da Lei Fundamental sobre a Representação Imperial de 1867. Dessa contradição surge a questão de saber se as disposições sobre competência contidas nas ordenanças provinciais de 1861 foram revogadas pelos §§ 11 e 12. Se as ordenanças provinciais de 1861, bem como a própria Patente de Fevereiro, que lhes serviu de base, devem ser consideradas o fundamento da Constituição de 1867 – e esse é, de fato, o ponto de vista subjacente às leis de 1867 –, então uma revogação dessas ordenanças deve ser descartada, pois nelas se estabelece que qualquer alteração só pode ocorrer por meio de uma lei provincial.[264] Na prática, porém, as ordenanças provinciais foram consideradas modificadas pelos §§ 11 e 12 da Lei Fundamental sobre a Representação Imperial de 1867, o que significa que se adotou, do ponto de vista jurídico, a premissa fundamental de que o Conselho Imperial reunido em 1867, juntamente [36] com o imperador, é autoridade constituinte suprema; e que as leis constitucionais anteriores só continuam em vigor na medida em que sejam compatíveis com as leis aprovadas por esse Conselho Imperial e sancionadas pelo imperador, ou na medida em que tenham sido mantidas em vigor por uma delegação explícita ou tácita.

Além da legislação, o Conselho Imperial também *participa*, em certa medida, *da execução*. Já nos pontos a-c do § 11[265] estão enumerados: a *autorização de determinados tratados internacionais*, a *aprovação anual do recrutamento militar* e a *aprovação anual do orçamento* (os dois últimos atos deviam ser aprovados em forma de lei), bem como a concessão da *quitação fiscal* (*Absolutorium*). No que diz respeito à aprovação de tratados internacionais – que, conforme o artigo 6 da Lei Fundamental sobre o Exercício do Poder Governamental e Executivo,[266] devem ser "concluídos" pelo imperador –, apenas os tratados comerciais e aqueles que impõem encargos ao Reich ou a partes dele, que criam obrigações para cidadãos individuais ou que resultam em alterações territoriais estão sujeitos ao exame e à aprovação do Conselho Imperial. Embora a Lei Fundamental sobre o Exercício do Poder Governamental e Executivo (que, nesse ponto, contradiz o § 11 da Lei Fundamental sobre a Representação Imperial ao omitir os tratados que alteram territórios)[267] exija a aprovação do Conselho Imperial para a *validade* dos tratados, a doutrina constitucionalista sustentou que esses tratados seriam, ao menos *do ponto de vista do Direito Internacional*, válidos mesmo sem a aprovação do Parlamento, desde que tenham sido concluídos pelo imperador na qualidade de representante do Estado em conformidade com o Direito Internacional.[268] Todos os outros tratados internacionais são celebrados pelo imperador sem a participação do Parlamento, sendo exigida somente a contra-assinatura do ministro – conjunto – das Relações Exteriores.[269]

Além do direito de aprovar o orçamento (as receitas e despesas anuais do Estado), o Parlamento também tem a função de fiscalizar se a lei orçamentária, por meio da qual o orçamento é aprovado, foi efetivamente observada pelos órgãos executivos. Para esse fim, existe o *Tribunal de Contas Superior* (*Oberster Rechnungshof*), já instituído por um Decreto Imperial de [37] 21 de novembro de 1866 (RGBl. nº 140).[270] Com base em todos os documentos contábeis que lhe devem ser disponibilizados pelas autoridades administrativas, esse Tribunal elabora o balanço financeiro do Estado e o submete ao Conselho Imperial. Com base nesse relatório, o Conselho Imperial pode conceder ou negar a quitação fiscal (Absolutorium) ao governo. Diferente dessa auditoria orçamentária é o controle sobre a dívida pública. Para exercer essa função, o Conselho Imperial elege, dentre seus membros, a *Comissão de Controle da Dívida Pública*, composta por seis membros – sendo quatro da Câmara dos Deputados, dois da Câmara dos Pares e três suplentes –, cuja principal função é garantir que a contração de dívidas pelo Estado ocorra apenas em conformidade com a Constituição. Essa comissão tem caráter permanente, ou seja, continua funcionando mesmo após a dissolução do Conselho Imperial, até que o novo Congresso eleja uma nova comissão. Durante todo o período em que exercem sua função, seus membros gozam de imunidade.[271]

Além disso, ambas as Casas do Conselho Imperial exercem o *controle político sobre o governo*. Os ministros e chefes dos órgãos centrais têm o direito de participar de todas as deliberações do Parlamento e de apresentar pessoalmente suas propostas ou designar um deputado para representá-los. Cada uma das câmaras pode exigir a presença dos ministros. Eles devem ser ouvidos sempre que solicitarem.[272] Cada uma das duas Casas do Conselho Imperial tem o direito de *interpelar* os ministros sobre todas as questões dentro de sua esfera de competência; examinar os atos administrativos do governo; exigir do governo esclarecimentos sobre *petições* apresentadas; nomear *comissões*, às quais os ministérios devem fornecer as informações necessárias; e expressar suas posições por meio de comunicados ou resoluções.[273]

No que diz respeito à forma da *legislação provincial*, as disposições das ordenanças provinciais da Patente de Fevereiro de 1861 permaneceram em vigor: aprovação da Assembleia Provincial, sanção do monarca,[274] contra-assinatura de um ministro responsável[275] e promulgação no Diário Oficial Provincial (Landesgesetzblatt) (esta última etapa foi regulamentada por um Decreto Imperial de 17 de fevereiro de 1863 [RGBl. nº 19],[276] referente à promulgação e à entrada em vigor das leis estaduais). Desde a Patente de Fevereiro, as [38] ordenanças provinciais sofreram relativamente poucas alterações. As modificações mais significativas referem-se ao regime eleitoral das assembleias provinciais, mas mesmo essas mudanças foram bastante modestas em comparação com a reforma radical do regime eleitoral do Conselho Imperial. O *sistema de votação por curias* foi mantido em todas as províncias; apenas foi acrescentada às quatro classes eleitorais previstas nas ordenanças provinciais uma *classe eleitoral geral*, na qual o direito ativo de voto não dependia de um censo tributário, mas, sim, de um período mais longo de *residência fixa* no local de votação.[277] Em algumas províncias, foi introduzida a *obrigatoriedade do voto* para a classe eleitoral geral ou para a classe das comunas rurais.[278] De acordo com o regimento eleitoral para Assembleia Provincial da Morávia, os eleitores da classe eleitoral geral foram separados em *corpos eleitorais nacionalmente distintos*, ou seja, um corpo eleitoral alemão e um corpo eleitoral tcheco.[279] Um aspecto notável consiste em que, na cúria dos grandes proprietários de terra, as mulheres também tinham direito de voto.[280]

Quanto à relação entre as leis do Reich e as leis provinciais, apesar da divisão quase federalista das competências legislativas entre Reich e província, não havia uma disposição expressa de Direito Positivo que estabelecesse o princípio: o direito do Reich prevalece sobre o direito das províncias. As leis do Reich e as leis provinciais possuíam, a princípio, o mesmo status jurídico. Como não existia um controle de constitucionalidade das leis do Reich ou das leis provinciais e, portanto, tampouco a possibilidade de declaração de nulidade de leis inconstitucionais ou que ultrapassassem os limites de competência, e como as leis devidamente promulgadas, tanto do Reich como das províncias, haviam de ser aplicadas pelos tribunais, no caso de um conflito entre uma lei do Reich e uma lei provincial, aplicava-se a máxima: lex posterior derogat priori. Com isso, diante da questão de saber quem contava com competência prioritária, era de se responder que a competência legislativa prioritária pertencia tanto ao Reich quanto às províncias, ainda que não se possa ignorar que a Lei Fundamental sobre a Representação Imperial de 1867[281] pretendia claramente atribuir essa soberania de competência exclusivamente ao Reich – mas não logrou implementar essa intenção do ponto de vista técnico-constitucional.

[39] *Decretos*, ou seja, normas jurídicas gerais que não emanam do Conselho Imperial ou de uma Assembleia Provincial em conjunto com o monarca, podem ser promulgados por qualquer autoridade estatal dentro de sua esfera de competência oficial, mas somente *com base em leis*, conforme estabelecido pela Lei Fundamental do Estado sobre o Exercício do Poder Governamental e Executivo.[282] Embora a Constituição conceda, dessa forma, uma autorização geral para a emissão de decretos, a restrição de que estes só podem ser promulgados com base em leis significa, sem dúvida, que se trata exclusivamente de decretos destinados a especificar e implementar leis – seja por determinação explícita

da própria lei, seja sem tal determinação expressa. A Constituição de Dezembro não permite decretos que alterem leis. A tese frequentemente sustentada pela doutrina juspublicista, segundo a qual seriam admissíveis os chamados decretos praeter legem, encontra ainda menor respaldo nessa Constituição, na medida em que um decreto que não contraria a lei, mas também não implementa uma lei, e que existe independentemente da lei, não seria executável. Se um decreto cria obrigações jurídicas que antes não existiam – e, portanto, estabelece restrições onde antes havia liberdade –, deve-se considerar que a matéria sobre a qual recaem essas novas obrigações pertence, segundo a divisão exaustiva dos §§ 11 e 12 da Lei Fundamental sobre a Representação Imperial,[283] ou à competência legislativa do Reich ou à das províncias e, além disso, que a disposição do Diploma de Outubro, expressamente reconhecida pela Patente de Fevereiro, segundo a qual as leis, no futuro, só poderão ser criadas por meio de colaboração entre o Parlamento e o monarca,[284] só pode ser interpretada no sentido de que normas jurídicas gerais só podem ser emitidas na forma de lei, a mesmo que a própria lei, em sua redação formal, delegue a outras instâncias que não as autoridades legislativas a competência para emitir normas jurídicas para a implementação detalhada da lei.

A Constituição faz uma exceção muito significativa à regra de que normas juridicamente vinculantes primariamente só podem ser promulgadas na forma de lei, no § 14 da Lei Fundamental alterada sobre a Representação Imperial. Esse [40] parágrafo representa uma modificação do *regime de decretos de emergência* já previsto na Lei Fundamental sobre a Representação Imperial de 1861[285] e, ainda antes, na Constituição Imperial de 4 de março de 1849.[286] Ele determina: ["]Se surgir uma necessidade urgente de adoção de medidas para as quais, constitucionalmente, é[287] necessária a aprovação do Conselho Imperial, em um momento em que este não estiver reunido, tais medidas poderão ser promulgadas por meio de decretos imperiais, sob a responsabilidade do Conselho de Ministros, desde que não tenham por objetivo modificar a Lei Fundamental do

Estado, não imponham um ônus permanente ao Tesouro Público e não envolvam a alienação de bens do Estado. Tais decretos terão força provisória de lei, desde que sejam assinados por todos os ministros e expressamente promulgados com referência à[288] disposição da Lei Fundamental do Estado. A força de lei desses decretos expira caso o governo deixe de submetê-los para aprovação ao Conselho Imperial na sua primeira reunião após a publicação dos decretos – e, prioritariamente, à Câmara dos Deputados –, dentro do prazo de quatro semanas a partir do início dessa sessão, ou caso esses decretos não obtenham a aprovação de uma das duas câmaras do Conselho Imperial. O Conselho de Ministros é responsável por garantir que tais decretos sejam imediatamente revogados assim que perderem sua força provisória de lei[”].[289]

Foi um abuso – ainda que imposto pela incapacidade funcional do Conselho Imperial austríaco – o fato de que o governo austríaco frequentemente criava artificialmente as condições para a promulgação desses decretos de emergência, prorrogando as sessões do Conselho Imperial ou encerrando-as deliberadamente. A força provisória de lei desses decretos imperiais, que substituíam uma lei ordinária, era entendida no sentido de que tais decretos, assim como leis, não podiam ser submetidos a controle judicial de constitucionalidade pelos tribunais. A perda dessa força de lei ocorre somente nos casos em que o governo não cumpre sua obrigação de submeter o decreto ao Parlamento, ou em que uma das duas Casas do Conselho Imperial recusa expressamente autorização ao decreto por meio de uma decisão formal (mas não [41] caso o Parlamento simplesmente não se pronunciasse sobre o decreto). Mesmo após a perda *ipso iure* da força provisória de lei, o decreto permanece válido como tal, isto é, como um decreto ordinário, o que significa que sua conformidade com a lei e a Constituição pode ser analisada pelos tribunais ao aplicá-lo. No entanto, o Conselho de Ministros, no âmbito de sua responsabilidade constitucional, tem a obrigação de revogar explicitamente qualquer Decreto Imperial que tenha perdido sua força provisória de lei por meio de um ato constitutivo. Também merece destaque o fato de que o regime dos decretos de emergência se aplicava apenas à legislação do Reich, ao contrário da Constituição do Reich de 4 de março de 1849, que também permitia tais decretos no âmbito da legislação provincial.

A execução

De acordo com o princípio da *separação de Poderes*, que a Constituição de Dezembro de 1867 ao menos em princípio reconhece, a *execução das leis é confiada ao monarca.*[290]

Sua *ascensão* ao trono ocorre conforme as disposições da *Sanção Pragmática*,[291] que foi pressuposta ou expressamente recepcionada pelo Diploma de Outubro e pela Patente de Fevereiro, bem como pelo Artigo XII húngaro de 1867.[292] Segundo a ordem de sucessão ao trono ali estabelecida, têm primariamente direito à sucessão apenas os descendentes do sexo masculino, desde que sejam gerados legitimamente por linha masculina em casamento de igualdade social (agnados), sendo que, dentro da ordem de sucessão por linhas de agnados, isto é, da ordem da linha de descendentes, aplica-se o princípio da sucessão linear, ou seja, a prioridade é dada primeiro à linha de descendência do último monarca, seguindo-se, progressivamente, as linhas de seus ascendentes, e, dentro de cada linha, aplica-se o princípio da primogenitura. Secundariamente, caso o ramo agnático masculino se extinga, a sucessão passa às descendentes femininas da dinastia.

A Lei Fundamental do Estado sobre o Exercício do Poder Governamental e Executivo confere ao monarca um *status jurídico pessoal* privilegiado. O imperador é sagrado, inviolável e irresponsável.[293] O predicado de sacralidade não tem [42] conteúdo juridicamente relevante. A chamada inviolabilidade significa apenas uma proteção penal reforçada, concedida à vida, à saúde e à honra do monarca; nesse contexto, devem-se observar as disposições do Código Penal relativas ao crime de alta traição (Hochverrat) e ao crime de lesa-majestade (Majestätsbeleidigung).[294]

A irresponsabilidade do monarca significa que ele está isento de qualquer responsabilidade penal, inclusive daquela que, embora designada como "responsabilidade política", ainda enseja sanções penais, isto é, a pessoa do monarca está excluída do âmbito de validade de todas as normas sancionadas com pena. Em contraposição a isso, existe uma responsabilidade civil, que, no entanto, só pode ser reivindicada perante um tribunal especial, o Tribunal do Gabinete do Marechal da Corte Suprema (Obersthofmarschallamt).[295] Além disso, o monarca está excluído do âmbito de validade de diversas outras leis, com base em disposições legais especiais. Por exemplo, ele goza de isenção do imposto sobre a renda pessoal,[296] isenção alfandegária,[297] isenção de taxas postais,[298] entre outras prerrogativas.

De acordo com a disposição expressa da Lei Fundamental do Estado sobre o Exercício do Poder Governamental e Executivo,[299] o monarca deve exercer todas as funções executivas que lhe foram atribuídas ("poder governamental") *por meio de ministros responsáveis*. Esse Poder Executivo pode ser exercido ou diretamente, por meio de atos do próprio monarca, ou indiretamente, por meio dos ministros nomeados por ele e dos órgãos subordinados a esses ministros. No primeiro caso, todo ato do monarca precisa, para sua validade, da contra-assinatura de um ministro responsável, conforme § 1 da Lei de 25 de julho de 1867 (RGBl. nº 101),[300] sobre a Responsabilidade Ministerial para os Reinos e Províncias representados no Conselho Imperial. A doutrina e a prática do Direito Constitucional, segundo as quais o imperador realizava certos atos sem a contra-assinatura de um ministro responsável – os chamados direitos reservados da Coroa, como declaração de guerra, celebração de tratados de paz,[301] concessão de títulos, ordens e outras distinções estatais[302] –, não encontram fundamento na Constituição de Dezembro de 1867, especialmente em vista da disposição expressa da Lei da Responsabilidade Ministerial citada acima. O imperador nomeia e exonera os ministros e, mediante indicação do respectivo ministro, ocupa todos os cargos em todos os [43] ramos do serviço público, exceto se a lei dispuser de forma diferente.[303] No que se refere aos funcionários públicos em sentido estrito, a tradição estabelece que apenas os altos funcionários são nomeados diretamente pelo imperador, enquanto as categorias inferiores são nomeadas pelos ministros ou por órgãos subordinados.

Os *ministros* são responsáveis perante o Conselho Imperial por todos os atos e omissões dentro de sua esfera de competência oficial, quando estes forem praticados com dolo ou negligência grave e violarem a Constituição do Reich ou a Constituição de uma província, ou outra lei (mas não um decreto);[304] essa *responsabilidade* ministerial é reclamada por meio de um ato de acusação, que deve ser aprovado por uma das duas Casas do Conselho Imperial, com uma maioria de dois terços dos votos.[305] A decisão sobre essa acusação cabe ao *Tribunal de Responsabilidade do Estado* (*Staatsgerichtshof*). Para esse Tribunal, cada uma das duas Câmaras do Conselho Imperial elege 12 cidadãos independentes e com conhecimento jurídico, que não podem pertencer a nenhuma das duas Casas do Congresso, por um período de 6 anos. Os membros do Tribunal elegem entre si o presidente.[306] Para decidir um caso específico, o Tribunal de Responsabilidade Estado é composto por apenas 12 membros, pois o ministro acusado e a Casa que apresentou a acusação, representada por seus delegados, podem recusar até 6 juízes cada. Se esse direito não for utilizado ou não for exercido totalmente, a composição do Tribunal será reduzida a 12 membros por sorteio. Em qualquer caso, dentre os 12 juízes restante o número de nomeados por cada Casa deve ser igual.[307] Para uma condenação por parte do Tribunal de Responsabilidade do Estado, é necessária uma maioria de pelo menos dois terços dos votos.[308] As penas que o Tribunal de Responsabilidade do Estado pode impor são sempre a destituição do condenado do Conselho da Coroa; além disso, dependendo da gravidade das circunstâncias, pode ser imposta também a exoneração do condenado do serviço público e a suspensão temporária dos direitos políticos. Como a acusação também pode se estender a delitos cobertos pela lei penal geral, na medida em que estejam relacionados às funções públicas [44] do ministro, o Tribunal de Responsabilidade Estado pode, além das sanções específicas mencionadas acima, aplicar as disposições da lei penal geral, caso acusação também esteja relacionada a delitos sob essa lei.[309] A perseguição penal de um ministro perante o Tribunal de Responsabilidade do Estado deixará de ser admissível caso a acusação não tenha sido apresentada na sessão do Conselho Imperial imediatamente à prática do ato ilegal ou, se a ilegalidade for revelada somente por meio do exame das contas do Estado, na sessão do Conselho Imperial em que essas contas forem submetidas à análise.[310] Em favor de um ministro condenado, o imperador só pode exercer o direito de indulto se houver um pedido da Casa que apresentou a acusação.[311]

O *número e a delimitação dos ministérios* não estão regulamentados por lei. A instituição de um novo órgão central de governo foi tradicionalmente realizada por meio de decreto. Por último, existiam as seguintes autoridades centrais de administração, organizadas segundo o sistema real, com competência para todo o território do Estado, cada uma liderada por um ministro: Ministério do Interior; Ministério do Culto e da Instrução Pública; Ministério do Comércio; Ministério da Agricultura; Ministério das Ferrovias; Ministério das Obras Públicas; Ministério da Defesa Nacional; Ministério da Justiça; Ministério das Finanças; Ministério da Assistência Social; Ministério da Saúde Pública; Ministério do Abastecimento Popular.[v]

Para fins de administração, o Estado é dividido *em distritos administrativos* que, em princípio, coincidem com as fronteiras das províncias. À frente dessa *administração política nos reinos e províncias*, encontram-se, de acordo com a Lei de 19 de maio de 1868 (RGBl. nº 44), sobre a Organização das Autoridades Administrativas

v [44] A respeito dos ministérios compartilhados com a Hungria, veja p. 69. [N.T. Veja, abaixo, p. 106].

Políticas, os chamados *chefes das províncias* (*Landeschefs*),[312] que ostentam o título de "regente" (Statthalter) nas províncias maiores, enquanto recebem o título de "presidente da província" (Landespräsident) nos estados menores.[313] As províncias são subdivididas em *distritos* (*Bezirke*), à frente dos quais está o *chefe distrital* (*Bezirkshauptmann*).[314] Os regentes (Statthalter) e presidentes das províncias (Landespräsidenten) são nomeados pelo imperador, enquanto os chefes distritais (Bezirkshauptmänner) são nomeados pelo ministro do Interior.[315] O chefe distrital está subordinado ao [45] regente assim como o regente responde diretamente ao ministro. Na governadoria (Statthalterei) e na chefia distrital (Bezirkshauptmannschaft), toda a administração estatal está concentrada, seguindo, fundamentalmente, o princípio territorial.[316] Entretanto, além dessas autoridades gerais de administração estadual, que funcionam como órgãos intermediários e subordinados, existem também autoridades administrativas especializadas nas áreas de educação,[317] finanças,[318] mineração,[319] correios, telégrafos,[320] ferrovias,[321] administração das florestas e domínios estatais.[322]

Ao lado da administração estatal, denominada administração sob a autoridade do monarca (landesfürstliche Verwaltung), existe a administração *autônoma*, cuja organização é determinada pelas ordenanças provinciais: o Comitê Provincial eleito pela Assembleia Provincial dentre seus próprios membros, tendo à sua frente o governador provincial, nomeado pelo imperador, como instância superior. Abaixo dessa instância situam-se as comunas locais, dotadas de representação municipal. A extensão da *administração* autônoma provincial é determinada pelas ordenanças provinciais, enquanto a da *legislação* provincial é definida pelos §§ 11 e 12 da Lei Fundamental sobre a Representação Imperial de 1867.[323] Esses dois âmbitos, portanto, não se sobrepõem: a execução das leis provinciais pode ser responsabilidade do Reich, ou seja, da administração estatal ("estatal", em oposição à administração "autônoma", embora esta última também seja uma administração estatal em sentido amplo, apenas de caráter democrático e descentralizado, enquanto a administração sob a autoridade do monarca ou "estatal", em sentido estrito, é de natureza autocrática e centralizada). As comunas também são encarregadas, em certas matérias, de funções administrativas estatais no chamado "âmbito de competência delegada" e, dessa forma, funcionam simultaneamente como instância inferior da administração estatal e da administração autônoma. No caso da administração estatal, a hierarquia de instâncias segue uma linha que passa por chefe distrital e regente indo até os ministérios; já no caso da administração autônoma, ela culmina no Comitê Provincial. Em alguns estados, entre o Comitê Provincial e a representação municipal local, intercalam-se as representações distritais municipais.

A Constituição trata a *jurisdição* como não pertencente à execução (Poder Executivo). De acordo com a Lei Fundamental do Estado sobre o Poder Judiciário,[324] a Administração da Justiça é separada da Administração Pública em todas as instâncias. [46] Toda a jurisdição é exercida em nome do imperador[325] por juízes autônomos e independentes no exercício de sua função judicial,[326] nomeados pelo imperador vitaliciamente.[327] A independência dos juízes consiste no fato de que, no exercício de sua função judicial, diferentemente das autoridades administrativas, estão vinculados apenas à lei e não a ordens de uma autoridade superior. Essa independência é garantida na medida em que os juízes só podem ser destituídos de seus cargos nos casos previstos em lei e com base em uma decisão judicial formal. A suspensão temporária de um juiz só pode ser decretada pelo presidente do Tribunal ou por uma autoridade judiciária superior, devendo o caso ser encaminhado ao tribunal competente. A transferência para outro cargo ou a aposentadoria compulsória só podem ocorrer por decisão judicial, nos casos e formas previstos na lei. Entretanto, essas disposições não se aplicam às remoções e transferências para a aposentadoria que se tornem necessárias em razão de alterações na organização judiciária.[328] Como o juiz está vinculado apenas à lei, os tribunais têm competência para decidir sobre a validade de decretos, dentro da instância legalmente prevista, e – se um tribunal considerar que um decreto é ilegal – deverá decidir no caso concreto como se o decreto não tivesse sido emitido (sem, no entanto, poder anulá-lo, o que significa que outro tribunal, caso considere o decreto legal, deve continuar a aplicá-lo enquanto a autoridade que o emitiu não o revogar). No entanto, o controle de leis devidamente promulgadas – sejam elas leis do Reich ou leis provinciais – não cabe aos tribunais.[329] O que for formalmente promulgado como lei, na forma prescrita pela Constituição, deve ser aplicado pelos tribunais como tal, independentemente de saber se todas as demais condições constitucionais foram cumpridas, como, por exemplo, se a lei foi devidamente aprovada pelo Parlamento. Por outro lado, a devida promulgação de uma lei deve ser verificada.

O Estado ou seus servidores judiciais podem ser responsabilizados por violações de direitos causadas por estes últimos no exercício de suas funções oficiais [47], além dos recursos judiciais previstos no procedimento regular, também por meio de ação judicial. Esse direito de ação foi regulamentado pela Lei de 12 de julho de 1872 (RGBl. nº 112) (Lei da Sindicância);[330] segundo essa lei, existe uma responsabilidade solidária entre o Estado e o funcionário judicial responsável, caso este tenha causado dano a uma parte no exercício de suas funções, por violação de um dever oficial.[331]

No que se refere ao procedimento judicial, a Lei Fundamental do Estado sobre o Poder Judiciário determina que os processos perante o juiz competente, tanto em matérias civis quanto criminais, devem ser orais e públicos e que, no *processo penal*, aplica-se o processo acusatório.[332] Nos crimes puníveis com penas severas, que a lei deve definir, bem como em todos os crimes políticos ou delitos e crimes cometidos por meio de publicações impressas, os jurados decidem sobre a culpa (mas não sobre a pena).[333] Para todo o Estado, existe o Supremo Tribunal de Justiça e de Cassação, com sede em Viena.[334] A organização e a competência dos tribunais são estabelecidas por lei.[335] O imperador tem o direito de conceder anistia, de remitir ou atenuar penas impostas pelos tribunais, bem como de extinguir os efeitos jurídicos de uma condenação, respeitadas as restrições previstas na Lei sobre a Responsabilidade Ministerial.[336] De acordo com as disposições do Código de Processo Penal,[337] o imperador também tem o direito de ordenar que um processo penal não seja iniciado ou que um processo já instaurado seja arquivado.

Os direitos e liberdades fundamentais

Seguindo o modelo das Constituições francesa[338] e belga[339] e em clara referência ao projeto de direitos fundamentais do Parlamento de Kremsier,[340] bem como à codificação dos direitos políticos garantidos pela Constituição do Império de 4 de março de 1849,[341] a Constituição de Dezembro de 1867 estabelece, na Lei Fundamental do Estado sobre os Direitos Gerais dos Cidadãos,[342] um *catálogo de direitos* [48] *fundamentais e liberdades*. Esta Lei Fundamental do Estado, que permanece em vigor até hoje como lei constitucional, conforme as disposições do artigo 149 da Constituição Federal[343] (salvo onde tenha sido revogada por leis constitucionais da república), começa por instituir um *direito* geral de *cidadania* austríaca para todos os súditos dos reinos e províncias representados no Conselho Imperial,[344] remetendo a uma legislação específica que deve definir as condições de aquisição, exercício e perda da cidadania austríaca. No entanto, tal legislação ainda não foi promulgada. A aquisição e perda da cidadania austríaca eram reguladas por normas anteriores, especialmente pelas disposições do Código Civil Geral.[345] Assim, a cidadania austríaca é adquirida por descendência legítima de um cidadão austríaco e por descendência ilegítima de uma cidadã austríaca, bem como por legitimação. A adoção não confere cidadania austríaca. Além disso, a cidadania pode ser adquirida pelo casamento de uma estrangeira com um cidadão austríaco. Ao lado desses vínculos de direito familiar, a cidadania austríaca também pode ser adquirida pela admissão à comunidade estatal (naturalização); a admissão ocorre somente mediante solicitação e com a comprovação da capacidade de sustento e da idoneidade política, sendo concedida discricionariamente a critério das autoridades políticas provinciais. Uma vez que, segundo as disposições da Lei de Residência de 3 de dezembro de 1863 (RGBl. nº 105) e da emenda à Lei de Residência de 5 de dezembro de 1896 (RGBl. nº 222),[346] apenas cidadãos do Estado podem obter o direito de residência e, por outro lado, todos os cidadãos do Estado devem possuir esse direito em algum município, a naturalização só é concedida sob a condição de que o requerente apresente a garantia de um município austríaco de que, caso seja admitido na comunidade estatal, também será admitido na comunidade de residência (Heimatsverband). Essa garantia pode ser adquirida por um estrangeiro mediante residência voluntária, contínua e ininterrupta de dez anos. Além disso, a opção, usualmente prevista nos tratados internacionais em casos de mudanças territoriais, constitui outro fundamento para a aquisição da cidadania. A cidadania austríaca é perdida [49] pelo casamento de uma cidadã austríaca com um estrangeiro, pela legitimação de filhos ilegítimos de uma cidadã austríaca por parte do pai estrangeiro[347] e, conforme a Patente de Emigração de 24 de março de 1832 (JGS. nº 2557),[348] pela renúncia à cidadania austríaca com o propósito de emigração (isto é, ao deixar o território nacional com a intenção de não retornar). Em contraste com a Patente de Emigração, que ainda previa a perda da cidadania como punição para a emigração não autorizada, o artigo 4º da Lei Fundamental do Estado sobre os Direitos Gerais dos Cidadãos[349] garante a liberdade de emigração, restringindo-a apenas pelo dever militar. Consequentemente, o cancelamento punitivo da cidadania não é mais admitido. Não há base legal para a perda da cidadania por renúncia expressa ou tácita (a ser deduzida de atos concludentes), hipótese por vezes admitida pela doutrina e pela prática. A renúncia à comunidade estatal ocorre, na prática, quando o emigrante informa sua intenção de abdicar da cidadania à autoridade política provincial, que então emite um certificado de exoneração. Assim, como a opção pode ser um fundamento para a aquisição da cidadania, também pode ser considerada um motivo para sua perda. Os efeitos da cidadania incluem, sobretudo, certos direitos exclusivos dos cidadãos, como o direito de residência irrestrita no território nacional (sendo a deportação aplicável apenas a estrangeiros), os direitos políticos, que garantem aos cidadãos participação na formação da vontade estatal, como o direito de voto para órgãos de representação política, e a elegibilidade para cargos públicos e o direito à proteção diplomática no exterior. Entre os deveres que têm a cidadania como requisito, destaca-se o serviço militar obrigatório, que, no antigo Império Austríaco, era de caráter geral.

Apesar dos elementos de organização federal contidos na Constituição de Dezembro de 1867, esta estabelece apenas *uma* cidadania como cidadania imperial e não reconhece, além desta, uma cidadania provincial (razão pela qual o artigo 1º da Lei Fundamental [50] do Estado[350] foi revogado pelo artigo 6º da Constituição Federal).[vi,351]

O artigo 2º da Lei Fundamental do Estado sobre os Direitos Gerais dos Cidadãos dispõe: "*perante a lei,* todos os cidadãos são *iguais*".[352] Este lugar-comum do liberalismo político é, do ponto de vista do Direito Constitucional, extraordinariamente impreciso. Se com essa disposição se pretende afirmar que todos os cidadãos devem ser tratados pelos órgãos aplicadores das normas jurídicas sem consideração por diferenças de religião, nacionalidade, classe etc., tal só seria correto com a ressalva de que as próprias normas jurídicas aplicáveis não levem em conta tais diferenças, por exemplo, na legislação tributária, no reconhecimento da nobreza como instituição jurídica ou no tratamento diferenciado entre os sexos no que diz respeito aos direitos políticos etc.; nesse caso, porém, a norma expressaria, de modo supérfluo, algo redundante e óbvio: a conformidade ao Direito da aplicação do Direito (visto que por "lei" se deve entender qualquer norma juridicamente vinculante).

---

vi [50] Cf. pp. 92, 147 e 167. [N.T. Cf., abaixo, pp. 131-132, 191-192, 213-214].

Além disso, trata-se de um princípio que não se aplicaria apenas aos cidadãos, mas a todos os que estão submetidos às normas jurídicas. Se, no entanto, a igualdade "perante a lei" significar que todos os cidadãos devem ser tratados de forma igual nas próprias leis, isso só poderia ser compreendido no sentido de que a consideração da origem social e da confissão religiosa – e mesmo assim, apenas em determinadas direções, nomeadamente no que se refere aos direitos políticos e à elegibilidade para cargos públicos – deve ser excluída. Contudo, não apenas os limites da aplicação desse princípio da igualdade perante a lei permanecem incertos, mas também se coloca a dúvida fundamental sobre se ele constitui mais do que uma mera declaração programática para a futura legislação. O princípio recebe uma concretização adicional através da disposição do artigo 3º: "*os cargos públicos são igualmente acessíveis* a todos os cidadãos".[353] A viabilidade desse princípio, segundo o qual na nomeação para cargos públicos apenas a qualificação objetiva deve ser determinante, e não a origem social, a religião ou a orientação política [51], deve, no entanto, ser considerada altamente problemática, sem mencionar que a formulação da ideia pretendida – também extraída da fraseologia política do liberalismo – é juridicamente muito deficiente. "Para os estrangeiros, o acesso aos cargos públicos depende da aquisição da cidadania".[354] Assim, a prática, derivada de uma disposição revogada do Código Civil Geral,[355] segundo a qual a aquisição de determinados cargos públicos (especialmente de cátedras universitárias) implicava automaticamente a aquisição da cidadania, deve ser considerada inconstitucional.

De acordo com o artigo 4º, a *liberdade de locomoção das pessoas e dos bens* dentro do território do Estado não está sujeita a qualquer restrição.[356] No entanto, isso não exclui de forma alguma medidas que, por determinadas circunstâncias, tornem-se necessárias e restrinjam direta ou indiretamente a liberdade de locomoção. Tais medidas apenas requerem uma lei que altere a Constituição. Isso se aplica, em geral, a todas as liberdades garantidas pela Lei Fundamental do Estado, a menos que esta própria lei remeta sua modificação a leis ordinárias. Para evitar também qualquer restrição indireta à liberdade de locomoção, o artigo 4º dispõe ainda: [“]Todos os cidadãos que residem em um município e ali pagam impostos sobre sua propriedade imobiliária, atividade econômica ou renda (os chamados “companheiros de município”), têm o direito de voto ativo e passivo para a representação municipal nas mesmas condições que os membros do município (isto é, aqueles com direito de residência no município)[”].[357] Essa disposição da Lei Fundamental do Estado tornou-se obsoleta com o artigo 119 da Constituição Federal,[358] que estabelece que o direito de voto para a representação municipal não pode ser mais restrito do que o direito de voto para a Assembleia Estadual e, consequentemente, para a Câmara dos Deputados (Nationalrat), devendo, portanto, ser independente tanto do direito de residência quanto do pagamento de qualquer imposto. Como já destacado em outro contexto, o artigo 4º também estabelece que a *liberdade de emigração* só pode ser restringida pelo estado em virtude do serviço militar obrigatório.[359] As antigas taxas de saída (Abfahrtsgelder) só podem ser cobradas com base no princípio da reciprocidade.

[52] De acordo com o artigo 5º,[360] a *propriedade* é *inviolável*. No entanto, o real significado desse princípio só é definido na frase seguinte, que estabelece um limite às intervenções do Estado: a expropriação contra a vontade do proprietário, entendida como a desapropriação da propriedade, mas também de outros direitos patrimoniais, só pode ocorrer nos casos e na forma estabelecidos por lei. Com isso, não se pretende afirmar que cada caso individual de expropriação deva ser autorizado por um ato legislativo, mas apenas que as condições e o procedimento da expropriação devem ser determinados por uma lei especial para que tal intervenção possa ocorrer. A Lei Fundamental do Estado não prevê expressamente uma indenização. A situação é diferente de acordo com o § 365 do Código Civil Geral (allgemeines bürgerliches Gesetzbuch),[361] que estabelece que a expropriação só pode ocorrer mediante “indenização adequada” e quando “exigida pelo bem

comum". Desde então, diversas leis especiais passaram a regular a expropriação em diferentes áreas da Administração Pública (por exemplo, a Lei de Expropriação Ferroviária de 18 de fevereiro de 1878 [BGBl. nº 30]).[362] Em geral, a questão sobre a necessidade de expropriação em um caso concreto é decidida pela autoridade administrativa, com base em sua discricionariedade, já a questão do valor da indenização, se as partes não chegarem a um acordo sobre o valor da indenização, é decidida pelo tribunal. Distinto da expropriação, mas semelhante a ela, é o chamado "direito de necessidade do Estado", que confere às autoridades o poder de destruir bens pertencentes a particulares em caso de emergência, se isso for necessário para evitar um risco ao bem público (exemplos incluem o sacrifício forçado de gado infectado por epidemias; a destruição de roupas e utensílios pertencentes a pessoas infectadas por doenças contagiosas).[363]

O artigo 6[364] estabelece o princípio da *liberdade de residência*: "Todo cidadão do estado pode estabelecer sua residência e domicílio em qualquer local do território estatal, adquirir bens imóveis de qualquer natureza e dispor livremente deles, bem como exercer qualquer ramo de atividade econômica, nos termos da lei". Enquanto a liberdade de locomoção e a inviolabilidade da propriedade não são expressamente garantidas apenas aos cidadãos, a liberdade de residência é concedida exclusivamente aos cidadãos [53]. Embora o título da Lei Fundamental do Estado refira-se apenas aos direitos dos cidadãos, ela consagra certos direitos que indiscutivelmente devem ser garantidos também a estrangeiros. Isso deve ser presumido sempre que suas disposições não se restringirem explicitamente aos cidadãos. Por outro lado, mesmo nos casos em que a lei se refere apenas aos cidadãos, pode-se argumentar que também inclui os estrangeiros, como na garantia da igualdade perante a lei. Além disso, a Lei Fundamental do Estado garante certos direitos explicitamente a "todas as pessoas" (jedermann).[365] Pode-se questionar se, com essa expressão, ela pretendia incluir também os estrangeiros.

A Lei de 27 de julho de 1871 (RGBl. nº 88) – ainda em vigor – sobre a regulamentação da remoção policial e do sistema de deportação, determina – impondo restrições significativas à liberdade de locomoção e à liberdade de residência – que: [“]A *expulsão* de uma determinada localidade ou região, com *encaminhamento ao município competente*[366] ou, no caso de pessoas que não pertençam ao território de aplicação desta lei (ou seja, estrangeiros), para além da fronteira desse território, só pode ocorrer por razões policiais contra as seguintes categorias de pessoas: a) mendigos e outras pessoas avessas ao trabalho, que dependam da caridade pública; b) indivíduos sem documentos de identidade e sem destino definido, que não possam comprovar renda ou ocupação legal; c) prostitutas públicas, que não cumpram a ordem oficial de deixar a localidade; d) indivíduos que acabam de sair da prisão ou de estabelecimentos de correção, na medida em que representem um risco para a segurança pessoal e patrimonial. No caso de expulsões reiteradas, pode ser imposta a proibição de retorno[”] (§ 1).[367] [“]A *remoção* policial de uma ou várias localidades, com proibição de retorno permanente ou por um período determinado, só pode ser aplicada às pessoas mencionadas no § 1, nos termos desta lei. – Ela deve ser decretada quando o risco para os interesses públicos, cuja proteção justifica a expulsão (§ 1), for predominantemente específico da localidade da qual a [54] pessoa deve ser removida. – A expulsão ou remoção de uma pessoa do município onde possui direito de residência não é permitida. – Com a obtenção do direito de residência em determinada localidade, extingue-se o efeito da remoção dessa localidade. – Além disso, pessoas que não possuam direito de residência no território abrangido por esta lei (ou seja, apenas estrangeiros), caso sua permanência seja considerada inaceitável por razões de ordem ou segurança pública, podem ser removidas de todo o território abrangido por esta lei (ou seja, do território do Estado em questão) ou de uma parte específica dele[”] (§ 2).[368]

O direito de adquirir bens imóveis e dispor livremente deles é restrito para a chamada “mão morta”, ou seja, para as corporações eclesiásticas enquanto proprietárias de bens imóveis, na medida em que restrições a esse direito podem ser declaradas admissíveis por lei por razões de bem-estar público.[369] Aquilo que pode ser imposto à "mão morta" por meio de uma simples lei (embora essa possibilidade até o momento não tenha sido utilizada), requer, para outras pessoas, uma lei constitucional.

De acordo com o art. 7,[370] todas as antigas *relações de servidão e sujeição feudal* (*Untertänigkeits- und Obrigkeitsverbände*) estão definitivamente *abolidas*. A expressão "para sempre" tem um significado técnico-jurídico, indicando que qualquer alteração dessa disposição deve ser impossível. Isso, no entanto, contradiz a norma geral da Lei Fundamental sobre a Representação Imperial,[371] segundo a qual as Leis Fundamentais do Estado podem ser alteradas, ainda que somente com maioria qualificada e quórum elevado. Além disso, o artigo 7 determina:[372] "qualquer obrigação ou encargo decorrente do direito de propriedade dividida sobre bens imóveis pode ser resgatado, e, no futuro, nenhum imóvel poderá estar sujeito[373] a um encargo desse tipo que não seja resgatável".

Art. 8:[374] "*a liberdade pessoal* é garantida". O conteúdo dessa disposição é definido pela Lei de 27 de outubro de 1862 (RGBl. nº 87) para a proteção da liberdade pessoal,[375] que foi declarada parte integrante da Lei Fundamental do Estado[376] e que, de acordo com o artigo 149 Constituição [55] Federal,[377] ainda hoje tem status de lei constitucional. Essa lei foi promulgada, conforme indicado em seu preâmbulo, com o objetivo de proteger a liberdade pessoal contra abusos por parte dos órgãos do poder. Ela determina, essencialmente, o seguinte: ["]Ninguém pode ser privado de seu juiz natural["]; ["]a prisão de uma pessoa só pode ocorrer por meio de uma ordem judicial fundamentada; essa ordem deve ser entregue ao preso no momento da detenção ou, no máximo, dentro das 24 horas seguintes["]; ["]os órgãos do poder público autorizados realizar detenções (autoridades policiais)[378] podem, nos casos previstos em lei, prender uma pessoa, mas devem, no prazo máximo de 48 horas, ou libertá-la ou entregá-la à autoridade competente. A autoridade competente é aquela a quem cabe legalmente dar prosseguimento ao procedimento em relação à pessoa detida, conforme a natureza do caso[”]; [“]ninguém pode ser obrigado a permanecer em determinada localidade ou território sem uma obrigação juridicamente fundamentada (internamento ou confinamento); igualmente, ninguém pode ser expulso de uma determinada localidade ou território, exceto nos casos expressamente previstos por lei[”][379] (como tal lei deve ser considerada a Lei de 27 de julho de 1871 [RGBl. nº 88] sobre a regulamentação da remoção policial e do sistema de deportação. Cf. p. 53).[380] [“]Qualquer restrição à liberdade pessoal, imposta no exercício de função pública ou serviço oficial em violação das disposições acima, deve ser tratada, em caso de dolo, como crime de abuso de autoridade, em outros casos, deve ser punida como infração, com pena de detenção de até 3 meses e, em caso de reincidência, com prisão de igual duração[”].[381] De resto, a lei contém disposições sobre fiança, permitindo que a prisão decretada por suspeita de fuga possa ser revogada a pedido da parte, mediante certas garantias.[382] O artigo 8 da Lei Fundamental do Estado[383] acrescenta ainda: [“]toda prisão decretada ou prolongada de forma ilegal obriga o estado a indenizar o lesado[”].

Art. 9[384] estabelece a *inviolabilidade do* [56] *domicílio*. O conteúdo desse artigo é definido pela Lei de 27 de outubro de 1862 (RGBl. nº 88),[385] para a proteção do direito ao domicílio, que foi declarada parte integrante da Lei Fundamental do Estado[386] e que, de acordo com o artigo 149 da Constituição Federal, ainda hoje tem status de lei constitucional.[387] Essa lei foi promulgada, conforme indicado em seu preâmbulo, para proteger o direito ao domicílio contra abusos por parte dos órgãos do Poder Público. Ela determina, essencialmente, o seguinte: [“]Uma busca domiciliar, ou seja, a inspeção de uma residência ou de outros espaços pertencentes ao domicílio, só pode ser realizada, em regra, com base em uma ordem judicial fundamentada. Essa ordem deve ser entregue ao envolvido no momento da busca ou, no máximo, dentro das 24 horas seguintes[”].[388] [“]Para fins de investigação criminal, em casos de urgência, uma busca domiciliar também pode ser ordenada, sem necessidade de ordem judicial, por funcionários do tribunal, por agentes da autoridade de segurança ou por chefes municipais; o agente encarregado da execução deve portar uma autorização escrita, que deve ser apresentada ao envolvido[”].[389] Sob certas condições, os órgãos de segurança podem realizar uma busca domiciliar por iniciativa própria, para o mesmo fim. Em ambos os casos, se o envolvido vier a solicitar, deve-lhe ser fornecido uma comprovação da realização da busca e dos motivos que a justificaram.[390] Toda busca domiciliar realizada de maneira ilegal deve desencadear punição do funcionário responsável pela infração.[391] Em toda busca domiciliar na qual nada suspeito for encontrado, deve-se emitir uma confirmação deste fato, caso solicitada pelo envolvido.[392]

O art. 10 tem o seguinte conteúdo:[393] “o *sigilo de correspondência* não pode ser violado e a apreensão de cartas, salvo nos casos de prisão legal ou busca domiciliar, só pode ocorrer em tempos de guerra ou com base em uma ordem judicial, conforme as leis vigentes”. Entre essas leis aplicáveis, além das disposições do Código de Processo Penal,[394] destacam-se especialmente a Lei de 6 de abril de 1870 (RGBl. nº 42), para a proteção do sigilo de cartas e escritos, e a Lei de 6 de maio de 1879 (RGBl. nº 79).[395] Essas disposições ainda estão em vigor, mas não como disposições constitucionais. De acordo com [57] a primeira dessas leis, a violação intencional do sigilo da correspondência e de outros documentos lacrados, seja por abertura ilegal ou apropriação indevida, deve ser punida tanto no caso de funcionários responsáveis pela infração quanto no caso de particulares que cometam tal delito, sendo que, neste último caso, a punição ocorre apenas mediante denúncia da parte prejudicada. Já a Lei de 6 de maio de 1879 permite a abertura de cartas por razões sanitárias para fins de desinfecção. Além disso, a abertura de correspondência pode ocorrer também de acordo com a Lei de Falências,[396] bem como no caso de cartas não entregáveis, conforme previsto no regulamento postal.[397]

Art. 11:[398] ["]O *direito de petição* (o direito de dirigir requerimentos aos órgãos públicos, especialmente aos legislativos, relativos ao exercício de suas funções) é garantido a todos. Petições coletivas só podem ser apresentadas por corporações ou associações legalmente reconhecidas["]. Por meio dessa norma – embora sem sanções explícitas – pretendiam-se proibir as chamadas "petições de massa" (Sturmpetitionen), como aquelas que usavam fórmulas genéricas do tipo "o povo de Viena exige" e similares.

Conforme o art. 12:[399] ["]os cidadãos austríacos têm o direito de *se reunir* e formar *associações*["]. O exercício desses direitos é regulado principalmente pela Patente de 26 de novembro de 1852 (RGBl. nº 253),[400] bem como pela Lei de 15 de novembro de 1867 (RGBl. nº 134),[401] sobre o direito de associação, e pela Lei de 15 de novembro de 1867 (RGBl. nº 135),[402] sobre o direito de reunião. A própria Lei Fundamental do Estado não contém disposições sobre a regulamentação desses direitos, deixando sua definição a cargo de leis especiais, que podem ser promulgadas e alteradas como leis ordinárias. A Patente de 26 de novembro de 1852 continua válida sob a Constituição de Dezembro de 1867, mas apenas para associações com fins lucrativos.[403] A constituição dessas associações está sujeita a autorização estatal prévia (sistema de concessão).[404] Já a Lei de Associação de 15 de novembro de 1867 aplica-se às demais associações (na medida em que não sujeitas à legislação específica, como sociedades religiosas e corporações profissionais).[405] Essa lei liberaliza a constituição de associações, exigindo apenas o registro junto à autoridade administrativa (sob [58] apresentação do estatuto da associação),[406] e permita que seja proibida a formação de associação, mas apenas por motivos específicos previstos na lei, isto é, caso sua finalidade ou estrutura sejam contrárias à ou ao direito ou perigosas para o Estado.[407] Uma associação também pode ser dissolvida pela autoridade se adotar resoluções ou expedir decretos que violem o Código Penal, usurpar, pelo conteúdo ou forma de suas atividades, uma competência legislativa ou executiva, exceder o escopo definido em seus estatutos, ou deixar de cumprir os requisitos legais para sua existência.[408] Para associações *políticas*, existem regras adicionais. Assim, estrangeiros, mulheres e menores de idade não podem admitidos como membros; a essas associações fica proibido que criem filiais ou formem federações entre si; também se proíbe o uso de distintivos ou insígnias associativas.[409] (Por meio de resolução da Assembleia Nacional Provisória de 30 de outubro de 1918 [StGBl. nº 3][410] que atualmente tem status de lei constitucional segundo o artigo 149 da Constituição Federal,[411] determinou-se: "a plena liberdade de associação e reunião, sem distinção de gênero, está estabelecida". As disposições da Lei Fundamental do Estado e das leis então vigentes sobre associações e reuniões provavelmente foram alteradas por essa resolução, conforme a intenção do legislador, apenas na medida em que a exclusão das mulheres das associações políticas foi abolida).[vii] A Lei de 15 de novembro de 1867 distingue, no que diz respeito ao direito de reunião, entre reuniões públicas, ou seja, aquelas abertas ao público em geral e não restritas a convidados, e reuniões privadas. Apenas as primeiras, quando realizadas em espaços fechados, devem ser previamente comunicadas por escrito às autoridades.[412] Reuniões privadas – bem como reuniões públicas de eleitores durante o período eleitoral[413] – são completamente livres. Para a realização de reuniões ao ar livre, é necessária autorização prévia da autoridade competente; tais reuniões não podem ocorrer nas proximidades do congresso [59] imperial ou de uma Assembleia Estadual enquanto estiverem em sessão.[414] Pessoas armadas não podem participar de reuniões públicas.[415] Estão excluídas das disposições da lei entretenimentos públicos, cortejos de casamento, festividades ou procissões populares e assim por diante, especialmente reuniões para a prática de um culto legalmente permitido, desde que ocorra de forma tradicional.[416] – Para a proteção da liberdade de reunião (especialmente no contexto de reuniões eleitorais) valem as disposições penais da Lei de 26 de janeiro de 1907 (RGBl. nº 18)[417] (cujo

vii [58] Cf. pp. 91 e ss. [N.T. Cf., abaixo, pp. 130-132].

conteúdo foi essencialmente incorporado à Lei de 9 de janeiro de 1919 [StGBl. nº 17]).[418]

O art. 13 regula a *liberdade de expressão*:[419] "toda pessoa tem o direito de expressar livremente sua opinião, por meio da palavra, da escrita, da imprensa ou de representações gráficas, dentro dos limites da lei". No entanto, ao estabelecer que restrições a essa liberdade podem ser impostas por meio de uma lei ordinária, a garantia *constitucional* dessa liberdade é, na prática, anulada na mesma frase em que é proclamada. Uma disposição específica refere-se à *liberdade de imprensa*: ["]a imprensa não pode ser submetida à censura (entendendo-se censura prévia) nem restringida por um sistema de concessão["].[420] Isso significa que infrações cometidas por meio da imprensa só podem ser punidas de forma repressiva, e não preventiva, ou seja, apenas por meio de apreensão posterior das publicações, punição dos responsáveis etc. (Com o despacho da Assembleia Nacional Provisória de 30 de outubro de 1918 [StGBl. nº 3],[421] "*toda e qualquer*"[422] forma de censura foi abolida e a "plena liberdade de imprensa"[423] foi estabelecida. No entanto, essa disposição provavelmente não vai além do disposto no art. 13, parágrafo 2. Dado que o texto do despacho proíbe toda e qualquer censura, pode-se interpretar que isso incluiria também a censura de peças teatrais e filmes, ainda que essa não tenha sido a intenção do legislador. A Lei Fundamental do Estado, ao referir-se apenas à censura da imprensa, não impede que uma lei ordinária estabeleça censura prévia para o teatro e o cinema). As proibições administrativas de envio postal (Postverbote), isto é, a proibição do transporte [60] de certas publicações pelos correios, não se aplicam a impressos nacionais. (Por meio da citada Resolução de 30 de outubro de 1918, determinou-se que: "a proibição da circulação de publicações e a imposição de restrições postais contra elas não mais ocorrerão".[424] Isso modifica claramente a Lei Fundamental do Estado, pois, a partir de então, as proibições administrativas de envio postal não podem mais ser aplicadas nem mesmo a publicações estrangeiras, assim como também deixa de ser permitido estabelecer, por meio de uma lei ordinária, o confisco posterior de publicações como uma sanção legal por infrações cometidas pela imprensa, medida que até então era compatível com a Lei Fundamental do Estado).[viii]

O art. 14[425] garante a plena *liberdade de crença e de consciência* a todas as pessoas. Isso significa que qualquer indivíduo pode escolher livremente sua religião, mudar de crença conforme desejar ou se declarar não pertencente a nenhuma comunidade religiosa. [“]O gozo dos direitos civis e políticos é independente da confissão religiosa; no entanto, a confissão religiosa não pode servir de justificativa para a recusa no cumprimento dos deveres cívicos (por exemplo, a obrigação do serviço militar não pode ser dispensada com base em convicções religiosas que impeçam o uso de armas contra outras pessoas). Ninguém pode ser forçado a participar de uma cerimônia religiosa ou a tomar parte em celebrações religiosas, salvo se estiver legalmente sujeito à autoridade de outra pessoa[”][426] – por tal autoridade pode-se entender somente o poder legal de educação exercido pelos pais ou tutores.[427] Para regulamentar esse artigo, foi promulgada a Lei de 25 de maio de 1868 (RGBl. nº 49), que disciplina as relações interconfessionais entre os cidadãos do estado dentro dos limites nela estabelecidos.[428] Essa lei impõe certas restrições à liberdade religiosa tal qual garantida pela Lei Fundamental do Estado; assim, especialmente o direito dos pais de determinar a confissão religiosa de seus filhos passa a ser limitado. Os filhos seguem, como regra geral, a religião dos pais. No caso de casamentos mistos, os filhos homens seguem a religião do pai, enquanto as filhas seguem a religião da mãe; entretanto, pode-se convencionar [61] por acordo que a regra seja invertida ou que todos os filhos sigam a religião do pai ou da mãe.[429] Caso os pais mudem de religião, os filhos devem ser tratados como se tivessem nascido após essa mudança, contudo, entre os 7 e os 14 anos de idade da criança, qualquer mudança de religião é

viii [60] Cf. pp. 91 e ss. [N.T. Cf., abaixo, pp. 130-132].

proibida.[430] Essa disposição, em particular, dificilmente pode ser considerada compatível com a Lei Fundamental do Estado. Aos 14 anos, a criança adquire o direito à livre escolha de religião.[431] A Lei do Ensino Popular do Império, de 14 de maio de 1869 (RGBl. nº 62),[432] estabelece que a educação moral e religiosa das crianças é uma atribuição da escola primária; essa disposição também entra em conflito com a Lei Fundamental do Estado se for interpretada no sentido de tornar o ensino religioso ou práticas religiosas obrigatórios nas escolas primárias. – De acordo com as disposições da Lei Interconfessional,[433] apenas os membros de uma determinada comunidade religiosa podem ser chamados a prestar atividades de culto dessa comunidade ou a contribuir financeiramente com os ministros religiosos da respectiva confissão.

O art. 15[434] dispõe: ["]Toda *igreja e comunidade religiosa legalmente reconhecida*[435] tem o direito de exercer publicamente e em conjunto sua religião, organiza e administra seus assuntos internos de forma autônoma, mantém a posse e usufruto de suas instituições, fundações e fundos destinados ao culto, ensino e caridade, mas, assim como qualquer outra associação, está sujeita às leis gerais do Estado["].

Art. 16:[436] ["]Aos adeptos de uma *confissão religiosa não legalmente reconhecida* é permitido o exercício doméstico da religião, desde que não seja contrário ao direito ou aos bons costumes["]. A Lei Fundamental do Estado, portanto, distingue entre comunidades religiosas legalmente reconhecidas e confissões não legalmente reconhecidas. O reconhecimento ocorre conforme a Lei de 20 de maio de 1874 (RGBl. nº 68),[437] sendo concedido pelo Ministério da Cultura e Educação, desde que a doutrina religiosa, os cultos, a constituição interna e a denominação da comunidade não sejam contrários ao Direito ou aos bons costumes e a existência de pelo menos uma congregação [62] religiosa (Kultusgemeinde) esteja assegurada. Apenas as comunidades religiosas legalmente reconhecidas possuem direito à autonomia e, conforme a Lei de 20 de maio de 1874[438] citada anteriormente, o privilégio da execução política das contribuições determinadas com a anuência do Estado. Isso significa que elas gozam do status de corporações de direito público. Segundo a Lei Fundamental do Estado, somente a elas é conferido o direito ao culto público coletivo. Todas as associações religiosas legalmente reconhecidas são, em princípio, tratadas de forma igual pelo Estado. Qualquer privilégio específico concedido a uma delas não seria compatível com a Constituição, a menos que fosse expressamente previsto pela própria Constituição, por exemplo, na composição da Câmara dos Pares e das assembleias provinciais, onde apenas arcebispos e bispos católicos têm assento ex officio, enquanto nenhum ministro religioso das comunidades protestantes ou israelitas possui esse direito[439] (com as disposições da Seção V da Parte III do Tratado de Saint-Germain, de 10 de setembro de 1919,[440] sobre a proteção das minorias, que atualmente têm status constitucional conforme o artigo 149 da Constituição Federal,[441] a distinção entre comunidades religiosas legalmente reconhecidas e confissões não legalmente reconhecidas foi abolida, e, assim, os adeptos de confissões não reconhecidas passaram a ter os mesmos direitos das comunidades religiosas reconhecidas, desde que suas atividades não contrariem a ordem pública ou os bons costumes. Isso se aplica especialmente ao direito ao culto público).[ix]

Art. 17[442] tem o seguinte conteúdo: [“]A *ciência e seu ensino são livres*. Todo cidadão do Estado tem o direito de fundar instituições de ensino e educação e de ministrar ensino nessas instituições, desde que tenha comprovado sua qualificação conforme os requisitos legais. O ensino domiciliar não está sujeito a tais restrições. A responsabilidade pelo ensino religioso nas escolas cabe à respectiva igreja ou comunidade religiosa. O Estado detém o direito de supervisão e direção suprema sobre todo o [63] sistema de ensino e educação[”]. Os dois últimos princípios são detalhados na Lei de 25 de maio de 1868 (RGBl. nº 48), que estabelece disposições fundamentais sobre a relação entre escola e igreja.[443]

---

ix [62] Cf. pp. 150-151. [N.T. Cf., abaixo, pp. 195-196].

Com essa lei, o direito de supervisão da igreja sobre a escola, que existia anteriormente,[444] foi revogado.

Segundo o art. 18[445] ["]toda pessoa é livre para *escolher sua profissão* e se *preparar* para ela como e onde desejar["].

O art. 19[446] regula a *questão das nacionalidades*. Ele contém o seguinte conteúdo: ["]Todos os grupos étnicos do estado possuem os mesmos direitos, e cada um tem um direito inviolável à preservação de sua nacionalidade e de sua língua. O estado reconhece a igualdade de todas as línguas tradicionais em relação à escola, à administração e à vida pública. Nas províncias onde convivem diversos grupos étnicos, as instituições de ensino público devem ser organizadas de modo a garantir a cada um desses grupos os meios necessários para sua educação em sua própria língua, sem que seja imposta a obrigação de aprender um segundo idioma oficial["]. – Com esses três princípios foram estabelecidas apenas diretrizes políticas gerais, destinadas a fundamentar uma legislação específica que regulamentaria os direitos das diferentes nacionalidades que compunham a população do antigo Império Austríaco. No entanto, o problema nunca foi efetivamente resolvido durante o Império. Já na nova Áustria, um Estado nacionalmente homogêneo, essa questão não se coloca mais, ou se apresenta de forma insignificante. Ainda assim, com as disposições do Tratado de Saint-Germain sobre a proteção das minorias,[447] foram estabelecidas várias normas para garantir a igualdade de direitos a todas as nacionalidades residentes na Áustria, que, no entanto, não vão além do que já estava previsto no artigo 19 e, em alguns aspectos, representam até um retrocesso, uma vez que o tratado permite expressamente a introdução de uma língua oficial do Estado.[x]

O art. 20[448] (que foi expressamente revogado pelo art. 149 da Constituição Federal)[xi,449] prevê a possibilidade de [64]

x [63] Cf. pp. 150 e ss. [N.T. Cf., abaixo, pp. 195-197].

xi [63] Cf. p. 220. [N.T. Cf., abaixo, pp. 268-269].

suspensão temporária e local *dos artigos* da Lei Fundamental do Estado *relativos à liberdade pessoal, inviolabilidade do domicílio, sigilo da correspondência, direito de associação e reunião, bem como à liberdade de expressão* (8, 9, 10, 12 e 13). Para a implementação desse dispositivo foi promulgada a Lei de 5 de maio de 1869 (RGBl. nº 66) – agora também revogada[450] – que, com base no artigo 20 da Lei Fundamental do Estado de 21 de dezembro de 1867 (RGBl. nº 142), determinava os poderes da autoridade governamental responsável para decretar exceções temporárias e locais às leis vigentes.[451] De acordo com essa lei, a suspensão dos artigos acima mencionados da Lei Fundamental do Estado sobre os Direitos Gerais dos Cidadãos, assim como a adoção de medidas policiais restritivas da liberdade, só poderia ocorrer nos casos de guerra, perigo iminente de guerra, distúrbios internos, assim como diante de ações em grande escala de alta traição ou atividades que ameaçassem a Constituição ou a segurança pessoal dos cidadãos (*imposição de "estado de exceção"*). As disposições excepcionais só poderiam ser decretadas por meio de decreto do Conselho de Ministros (Gesamtministerium), após a prévia aprovação do imperador.[452] Em hipótese de adoção de tal decreto, o Conselho de Ministros tem a obrigação de prestar contas ao Conselho por meio da submissão exposição de motivos e de solicitar a deliberação do Conselho Imperial, caso o Conselho Imperial esteja reunido, imediatamente, e, caso o Conselho Imperial não esteja em sessão, na primeira sessão seguinte, dando prioridade ao debate na Câmara dos Deputados, sob pena de perda automática de validade (ipso jure!) do decreto.[453]

O controle jurídico da Administração

Já no projeto constitucional de Kremsier,[454] estava previsto um Supremo Tribunal do Império (oberstes Reichsgericht), que teria competência para julgar ações de indenização por violações de direitos constitucionais cometidas por funcionários públicos em atos administrativos, decidir sobre destituição, suspensão ou transferência de juízes, bem como em todas [65] as disputas das províncias entre si e em conflitos de competência entre órgãos centrais do governo, e, por fim, atuar como Tribunal de Responsabilidade do Estado. Também na Constituição Imperial de março de 1849,[455] estava previsto um Tribunal de Justiça do Império, que deveria atuar como corte arbitral em disputas entre o Reich e as províncias do Império, além de decidir sobre violações de direitos políticos e atuar como Tribunal de Responsabilidade do Estado. Esse Tribunal de Justiça do Império, no entanto, assim como a própria Constituição de março de 1849, nunca foi implementado. Mais tarde, o Conselho de Estado (Staatsrat), instituído pela Patente de 26 de fevereiro de 1861,[456] deveria receber competência para decidir sobre conflitos de competência e litígios de Direito Público. A lei correspondente nunca foi promulgada, e o Conselho de Estado foi, após a promulgação da Constituição de Dezembro de 1867, abolido pela Lei de 12 de junho de 1868 (RGBl. nº 60).[457] Por outro lado, com a Constituição de Dezembro de 1867, foi criado, por meio da Lei Fundamental sobre a Criação do *Tribunal de Justiça do Império*,[458] um tribunal de Direito Público, ao qual foram atribuídas as seguintes competências: 1. decisão sobre conflitos de competência entre autoridades judiciais e administrativas, entre uma representação provincial e os órgãos superiores do governo imperial (neste último caso, apenas em conflitos positivos de competência) e entre órgãos provinciais autônomos de diferentes províncias do Império; 2. decisão sobre demandas das províncias contra o Reich e vice-e-versa, sobre demandas das províncias entre si e sobre demandas contra as províncias ou contra o Reich, quando tais demandas não puderem ser resolvidas pela via judicial ordinária; 3. decisão sobre queixas de cidadãos por violação dos direitos políticos garantidos pela Constituição, desde que tenham sido esgotados os recursos administrativos legalmente previstos. Com a Lei de 22 de outubro de 1875 (RGBl. nº 37) (ex 1876),[459] a competência do Tribunal de Justiça do Império foi ampliada, na medida em que lhe foi atribuída também a decisão sobre conflitos de competência entre o recém-criado Supremo Tribunal Administrativo (Verwaltungsgerichtshof) e os tribunais ordinários. Para decidir sobre conflitos de competência entre o Tribunal Administrativo e o próprio Tribunal de Justiça do Império, foi designado [66] um Senado especial, composto por quatro membros de cada um dos tribunais, sob a presidência do presidente do Supremo Tribunal de Justiça (oberster Gerichtshof). As decisões do Tribunal do Império como tribunal de demandas e tribunal de conflitos de competência possuíam força vinculativa. Quanto às suas decisões sobre queixas de cidadãos, a Lei de Organização do Tribunal de Justiça do Império, de 18 de abril de 1869 (RGBl. nº 414),[460] determinava que: Ao decidir sobre queixas por violação de direitos políticos, a sentença deve declarar se e em que medida a violação do direito político do recorrente ocorreu no caso concreto. – Como não estava expressamente determinado que a decisão do Tribunal do Império deveria anular o ato administrativo contestado, em caso de violação de direitos, interpretou-se que essas decisões não tinham efeito cassatório, devendo limitar-se à constatação da violação do direito.[67] [xii] Provavelmente, de forma equivocada. Trata-se, ao que parece, de um erro técnico legislativo; o efeito cassatório não foi expressamente previsto, presumivelmente por ter sido considerado óbvio.

Quanto à organização do Tribunal de Justiça do Império, a Lei Fundamental do Estado determina: ["]O Tribunal de Justiça do Império tem sua sede em Viena e é composto por um presidente e seu vice-presidente, nomeados pelo imperador vitaliciamente, além de 12 membros e 4 suplentes (todos exercendo a função de forma honorária), nomeados igualmente pelo imperador a partir de proposta do Conselho Imperial. Para isso, a Câmara dos Deputados propõe 6 membros e 2 suplentes, e a Câmara dos Pares propõe 6 membros e 2 suplentes, cabendo ao imperador nomeá-los também vitaliciamente. A proposta deve ser apresentada de modo que, para cada cargo a ser preenchido, sejam indicados três especialistas qualificados["].[461] A Lei Fundamental do Estado foi posteriormente regulamentada pela já mencionada Lei de 18 de abril de 1869 (RGBl. nº 44),[462] sobre

---

xii [66] Cf. p. 108. [N.T. Cf., abaixo, pp. 148-149].

a organização do Tribunal de Justiça do Império, o procedimento perante o mesmo e a execução de suas decisões.

[67] Na Lei Fundamental do Estado sobre o Poder Judiciário, estava contida a disposição de que, se alguém alegasse ter sido prejudicado em seus direitos por uma decisão ou medida de uma autoridade administrativa, seria livre para reivindicar seus direitos perante o *Supremo Tribunal Administrativo*, em um processo público e oral contra um representante da autoridade administrativa.[463] Esse Supremo Tribunal Administrativo, no entanto, só foi instituído pela Lei de 22 de outubro de 1875 (RGBl. nº 36 ex 1873),[464] referente à criação do Supremo Tribunal Administrativo.[465] Essa lei foi posteriormente modificada em alguns pontos pelas Leis de 19 de março de 1894 (RGBl. nº 53),[466] e de 21 de setembro de 1905 (RGBl. nº 149).[467] A competência do Tribunal Administrativo foi determinada de forma geral: ["]O Supremo Tribunal Administrativo deve decidir em todos os casos em que alguém alegue ter sido prejudicado em seus direitos por uma decisão ou medida contrário ao direito de uma autoridade administrativa["].[468] Excluem-se de sua competência: a) assuntos cuja decisão cabe aos tribunais ordinários; b) assuntos pertencentes à competência do Tribunal de Justiça do Império; c) assuntos administrados que, em conformidade com o Compromisso Constitucional (Ausgleich) com a Hungria seriam administrados conjuntamente; ou d) assuntos administrados segundo os mesmos princípios, caso a decisão ou medida contestada tenha sido tomada em comum acordo com uma autoridade administrativa conjunta ou com uma autoridade administrativa da outra metade do Império, ou se baseie em um acordo realizado da mesma forma; e) assuntos nos quais e na medida em que as autoridades administrativas estejam autorizadas a agir com discricionariedade; f) reclamações contra nomeações para cargos públicos, exceto nos casos em que se alegue violação de um direito de indicação ou nomeação; g) assuntos disciplinares; h) reclamações contra decisões administrativas que, em última instância, tenham sido proferidas pelo Supremo Tribunal de Justiça, bem

como contra decisões proferidas por uma instância composta por funcionários administrativos e juízes; i) reclamações contra decisões e medidas das comissões de avaliação fiscal.[469] No que diz respeito a infrações administrativas (policiais), a competência do Supremo Tribunal Administrativo encontra-se suspensa até a promulgação de uma regulamentação [68] geral sobre sanções administrativas (policiais).[470] ["]O Supremo Tribunal Administrativo age apenas mediante provocação das partes. O recurso ao tribunal só pode ser interposto quando a questão tenha sido esgotada na via administrativa["].[471] As decisões do Supremo Tribunal Administrativo têm, diretamente, apenas efeito cassatório. A decisão ou medida contestada é anulada – seja por razões formais ou materiais.[472] As razões formais para anulação consistem em que os fatos tenham sido tomados pela instância administrativa final de forma incompatível com os autos ou necessitem de complementação substancial ou que formalidades essenciais do procedimento administrativo tenham sido desconsideradas.[473] Nesses casos, a decisão é tomada em sessão secreta e o ato administrativo impugnado é anulado por defeitos processuais. Caso a anulação ocorra por razões de direito material, a decisão é proferida após um julgamento público.[474] As autoridades administrativas são obrigadas a corrigir os vícios formais constatados pelo Supremo Tribunal Administrativo e, em seguida, proferir uma nova decisão ou medida administrativa; se a anulação for baseada em razões materiais, as autoridades administrativas são ["]obrigadas a tomar novas providências no caso, vinculadas à interpretação jurídica adotada pelo Supremo Tribunal Administrativo em sua decisão["].[475] Assim, as decisões do Supremo Tribunal Administrativo possuem, indiretamente, um efeito reformador, apenas não podendo o Tribunal decidir diretamente sobre o mérito da questão. O Supremo Tribunal Administrativo é composto por um primeiro e, posteriormente, também por um segundo[xiii] presidente e pelo número necessário de presidentes do

---

xiii [68] Cf. p. 106. [N.T. Cf., abaixo, pp. 146-147].

senado e conselheiros.[476] O serviço no Supremo Tribunal Administrativo é um cargo estatal remunerado. Os membros do Supremo Tribunal Administrativo serão nomeados pelo imperador, mediante recomendação do Conselho de Ministros, com base em um parecer especializado do presidente. Pelo menos metade dos membros deve possuir qualificação para ocupar um cargo de juiz.[477] Como regra, os processos são divididos em um procedimento preliminar escrito e [69] uma audiência pública principal oral perante senados compostos por um presidente e 4 (6 no caso de uma decisão sobre a validade de um decreto) membros.[478]

O relacionamento entre a Áustria e a Hungria

A relação entre a Áustria e a Hungria é regulada pela lei relativa aos assuntos comuns a todas as províncias da Monarquia Austríaca e à forma de sua Administração.[479] A premissa dessa lei é a Sanção Pragmática[480] de *Carlos VI*, que foi aceita tanto pelas províncias austríacas quanto pelos estamentos húngaros, e pela qual foi estabelecida a comunhão dinástica. Contudo, o texto da Sanção Pragmática Austríaca de 1713 difere significativamente daquele da Sanção Pragmática Húngara, adotada como artigo de Lei II de 1722/23.[481] Assim, por exemplo, segundo Sanção Pragmática Húngara, a sucessão ao trono é restrita apenas aos descendentes de *Leopoldo I*,[482] enquanto a austríaca não previa tal limitação; ademais, a versão húngara estabelecia expressamente a confissão católica-romana como requisito para a sucessão ao trono, exigência inexistente na versão austríaca. O caso de os Habsburgos governarem na Áustria, enquanto na Hungria o direito de eleição do rei fosse restaurado, não estava, portanto, completamente excluído. A lei referente aos assuntos comuns[483] destaca, primeiramente, três áreas a serem administradas conjuntamente: relações exteriores, assuntos militares e finanças relativas às despesas conjuntas. No que se refere a esses chamados assuntos pragmáticos (denominados assim porque sua comunhão supostamente decorreria da Sanção Pragmática), a comunhão consiste em uma administração conjunta por meio de ministros conjuntos nomeados pelo imperador.[484] Os membros do Ministério Comum são, a princípio, declarados responsáveis[485] (fundamentalmente perante as chamadas delegações a serem mencionadas adiante), no entanto, nunca [70] foi promulgada uma lei que efetivasse concretamente essa responsabilidade. As ordens relativas à liderança, comando e organização interna do exército são "exclusivamente" reservadas ao imperador.[486] Dessa disposição concluiu-se que os atos de comando sobre o exército e a marinha comuns não estavam sujeitos à contra-assinatura do ministro da Guerra, cabendo a este, constitucionalmente, apenas a administração militar propriamente dita. Na prática, porém, mesmo essa administração militar – na medida em que dizia respeito ao exército e à marinha comuns – foi colocada fora de qualquer sistema constitucional. Além do exército comum, cada um dos dois Estados possuía suas próprias forças armadas, subordinadas ao comando supremo do monarca comum, mas administradas separadamente por um ministro austríaco e um ministro húngaro (ministro da Defesa Territorial na Áustria e um ministro do Honved na Hungria) sob o título de exército territorial (Landwehr), chamado na Húngria de honved. Entretanto, a aprovação anual do número de recrutas para o exército comum era de competência tanto do Parlamento austríaco quanto do Parlamento húngaro (ainda que esse número já estivesse predeterminado para vários anos pelas leis militares pactuadas).[487] O sistema militar adotado era o da obrigatoriedade universal do serviço militar.[488] A legislação sobre os assuntos administrados em conjunto deveria ser exercida pelas delegações, compostas por membros enviados pelo Conselho Imperial austríaco e pelo Parlamento húngaro. Cada delegação era composta por 60 membros, dos quais 40 eram eleitos pela Câmara Baixa e 20 pela Câmara Alta de cada Parlamento nacional. Para a aprovação de uma lei, eram necessários votos concordantes de ambas as delegações ou em caso de divergência, uma votação conjunta em sessão plenária de ambas as delegações, em qualquer caso sendo necessária a sanção do imperador.[489] No entanto, as delegações nunca exerceram função legislativa conjunta para ambos os Estados, pois o artigo de Lei XII de 1867 da Hungria, correspondente à legislação austríaca sobre as delegações, não lhes conferia qualquer competência legislativa.[490] Na prática, o campo de atuação delas limitava-se à [71] aprovação do orçamento comum e à implementação da responsabilidade política (mas não jurídica) dos ministros comuns. Os custos dos assuntos administrados em conjunto deviam ser cobertos por ambos os estados conforme uma cota proporcional de contribuição, a qual era determinada periodicamente por um acordo entre os órgãos representativos (Conselho Imperial e Parlamento), sujeito à sanção do imperador. Para isso, cada Parlamento elegia uma delegação de cotas (Quotendeputation) de igual tamanho, cujos membros negociavam entre si e apresentavam uma proposta conjunta para aprovação pela respectiva representação. Se não houvesse acordo, o imperador determinava a cota, mas apenas por um ano.[491] A arrecadação das receitas necessárias para cobrir a cota determinada era, contudo, de responsabilidade exclusiva de cada Estado. Inicialmente, a proporção foi fixada em 70% (para a Áustria) e 30% (para a Hungria).[492] Como não existiam receitas comuns, a única função do ministro das Finanças Comum era receber dos ministros das Finanças da Áustria e da Hungria os valores estipulados no orçamento comum e utilizá-los para cobrir as despesas conjuntas. Após a ocupação da Bósnia e Herzegovina pela Áustria, conforme estabelecido pelo Tratado de Berlim de 13 de julho de 1878,[493] a administração desse território foi transferida para o Ministério das Finanças Comum por Decreto Imperial de 26 de fevereiro de 1879.[494] Esse arranjo foi mantido mesmo após a anexação oficial do território em 5 de outubro de 1908.[495] Sobre o território anexado, ambos os Estados da monarquia exerciam um regime de condomínio.

Além dos assuntos pragmáticos, a Lei das Delegações distingue os chamados assuntos dualistas, ou seja, aqueles que não são administrados conjuntamente, mas devem ser tratados segundo princípios comuns a serem acordados periodicamente. Esses assuntos são: [“]1. questões comerciais, especialmente a legislação alfandegária; 2. legislação sobre impostos diretos[496] intimamente ligados à produção industrial; 3. regulamentação do sistema monetário e do padrão monetário; [72] 4. disposições relativas às linhas ferroviárias de interesse de ambas as partes do Império; 5. determinação do sistema militar[”].[497] A legislação sobre esses assuntos é de competência de ambos os Parlamentos, no entanto, as leis devem – mas não necessariamente precisam – ser acordadas periodicamente entre os dois Estados quanto ao seu conteúdo (as chamadas “leis pactuadas”). Esse acordo periódico – exceto no caso da lei militar – era denominado compromisso econômico (wirtschaftlicher Ausgleich); ele era celebrado, em princípio, por um período de 10 anos. No entanto, sua renovação tornou-se cada vez mais difícil devido à resistência constante da Hungria ao compromisso. Com base no compromisso econômico, Áustria e Hungria formavam um espaço alfandegário e monetário unificado. Entretanto, do ponto de vista teórico, teria sido possível, e do ponto de vista político, nada improvável que um compromisso econômico não fosse alcançado, o que resultaria na dissolução da união alfandegária e monetária. Quão problemática era a situação de Direito Público estabelecida pelo Ausgleich de 1867 é algo que se evidencia já pelo fato de que a legislação sobre os assuntos pragmáticos, a qual, segundo a Lei das Delegações Austríaca, deveria ser competência conjunta, não era sequer considerada dualista pelo texto do Ausgleich húngaro,[498] neste ponto contraditório a ela, e de que, além disso, o sistema militar da Força Armada Comum baseava-se apenas em leis pactuadas, cuja renovação não era obrigatória. A resistência húngara contra o Exército Comum crescia constantemente. Ela era fundamentada na literalidade do Ausgleich húngaro, que diferia substancialmente do austríaco também nesse aspecto, na medida em que não falava de um Exército Comum, mas, sim, de um Exército Húngaro, tratando-o como uma parte complementar da força militar total.[499] O conflito entre os dois textos legais do Ausgleich – cuja harmonização deveria ter sido o primeiro requisito para um relacionamento frutífero entre os dois Estados – expressa-se, além das numerosas contradições em detalhes, de forma mais evidente na peculiaridade que a Lei Austríaca das Delegações assumia a existência de um “Estado superior”, situado acima [73] dos dois Estados e vinculando-os como Estados-membros, que possuía governo distinto dos governos nacionais de ambos os Estados e legislação autônoma, o que conferia à estrutura toda um caráter similar ao de um Estado federal. A Lei Austríaca das Delegações denominava em seu título esse Estado que englobava a Hungria como Estado-membro de "Monarquia Austríaca", referindo-se repetidamente às "duas metades do Império" ("Reichshälften").[500] Em oposição a isso, o artigo de Lei XII Húngaro de 1867 evitava tudo aquilo que pudesse sugerir que a união entre os dois Estados constituísse um "Estado superior" datado de Poder Legislativo e Executivo.[501]

No que diz respeito à questão amplamente debatida sobre se o compromisso de 1867 de Direito Público estabelecido nas duas leis correspondentes deveria ser considerado um tratado ou não e, consequentemente, se poderia ser alterado ou mesmo dissolvido apenas com o consentimento de ambos os Estados ou já unilateralmente por lei de apenas um dos Estados – posição esta principalmente defendida pelo lado húngaro –, pode-se hoje constatar que a intenção da Coroa e de seu governo nas negociações com a Hungria provavelmente visava estabelecer uma relação que não pudesse ser alterada ou dissolvida unilateralmente, mas que essa intenção não foi concretizada do ponto de vista técnico-jurídico ou, na melhor das hipóteses, apenas de maneira muito imperfeita. Como o compromisso foi formalizado por meio de uma lei austríaca e uma lei húngara separadas, teria sido necessário, para que aquele desejado efeito fosse alcançado, adotar em ambas as leis uma cláusula estipulando que qualquer modificação só poderia ocorrer por meio de uma lei aprovada por um Parlamento conjunto ou por meio de leis idênticas aprovadas simultaneamente pelos Parlamentos de ambos os Estados. No entanto, nem uma nem outra coisa aconteceu. Dessa forma, a única garantia real para a manutenção do sistema criado em 1867 era o monarca comum, uma vez que nenhuma lei, seja austríaca ou húngara, poderia entrar em vigor sem a sua sanção.

[74] SEGUNDA PARTE

O DIREITO PÚBLICO DA REPÚBLICA AUSTRÍACA[I,502]

I [74] Literatura: KELSEN, Die Verfassungsgesetze der Republik Deutschösterreich. Partes I-V, Viena, 1919 e ss. (Ein Kommentar). – MERKL, Die Verfassung der Republik Deutschösterreich, Viena, 1919. – Zeitschrift für öffentliches Recht, editada por Kelsen, vol. I e ss. (continuação da Oesterr. Zeitschrift für öffentl. Recht). – Zeitschrift für Verwaltung, editada por Merkl.

A CONSTITUIÇÃO PROVISÓRIA

I. A Revolução de Novembro de 1918

O colapso do Estado imperial austríaco no outono de 1918 foi, sem dúvida, um efeito imediato da derrota na guerra mundial, no entanto, ele já estava preparado muito antes da guerra, e em uma medida muito maior do que se havia imaginado. A velha Áustria não conseguiu oferecer às numerosas nações que abrangia uma forma política que as satisfizesse; além disso, a união da Áustria com a Hungria havia se transformado há muito tempo em um jugo sentido como opressivo por ambas as partes – com ou sem razão. Apenas o monarca e o poder militar à sua disposição mantinham à força a unidade de algo que cada vez mais tendia à separação, e que somente uma reforma constitucional radical, garantindo a independência das nações, poderia ter mantido unido de forma voluntária [75]. Em vez disso, sobreveio uma derrota que destruiu tanto o exército quanto sua dinastia. Por essa razão, o colapso militar e da política externa teve necessariamente de se transformar também em um colapso interno, que não pegou nenhuma das nações austríacas desprevenidas. Todas estavam preparadas para, mais cedo ou mais tarde, se estabelecerem como Estados independentes.

Nenhuma resistência séria era esperada, especialmente porque o completo colapso militar havia eliminado a última possibilidade de deter o processo de dissolução.

Diante do avanço rápido do movimento de independência entre os tchecos e os eslavos do sul, os alemães da Áustria também foram obrigados a garantir sua segurança o mais rapidamente possível e a construir uma casa própria, ainda que precária. Já nos primeiros dias de outubro, os partidos nacionalistas alemães da Câmara dos Deputados austríaca discutiram um plano para convocar todos os membros alemães do Conselho Imperial (Reichsrat) austríaco para uma Assembleia Nacional alemã, e, em 10 de outubro de 1918, todos os partidos alemães da Câmara dos Deputados austríaca chegaram a um acordo baseado em uma resolução aprovada pelo grupo social-democrata,[503] na qual se exigia a formação de um Estado *austro-alemão* que englobasse todas as regiões alemãs da Áustria, além da disposição em negociar com os representantes dos povos tcheco e eslavo do sul a transformação da Áustria em uma federação de comunidades nacionais livres.[504] Vale destacar que, naquele momento, os alemães ainda não pensavam em uma dissolução completa da Áustria, mas apenas em sua reorganização.

O mesmo ou, pelo menos, pensamento semelhante foi expresso no *manifesto imperial de 16 de outubro*,[505] no qual o monarca anunciou sua decisão de transformar a Áustria em um *Estado federal*, de acordo com a vontade de seus povos, no qual cada grupo étnico (Volksstamm) formaria sua própria comunidade estatal dentro de seu território de assentamento. Hoje é [76] evidente que esse manifesto chegou tarde demais, pois, naquele momento, apenas os alemães ainda estavam dispostos a aceitar tal programa. No entanto, já no dia de sua promulgação, ele deve ter parecido, a qualquer observador perspicaz, uma tentativa inútil de reunir as forças centrífugas do Estado – e isso por dois motivos que já estavam contidos no próprio manifesto. Primeiramente, o manifesto declarava que a integridade dos territórios da sagrada Coroa húngara não deveria, de forma alguma, ser afetada pela reestruturação planejada. Essa cláusula, inserida no texto do manifesto sob a implacável pressão do governo magiar, significava que nem as exigências tchecas nem as eslavas do sul por unidade nacional dentro do novo Estado federativo poderiam ser plenamente atendidas. O Reino da Hungria, cujas fronteiras foram declaradas intocáveis, incluía uma grande parte da nação eslovaca, que, embora há relativamente pouco tempo, vinha sendo reivindicada com grande energia pelos tchecos como parte do próprio povo, denominado "tcheco-eslovaco"; uma reivindicação que já havia sido reconhecida pela Entente e cuja realização era praticamente certa, diante da vitória, àquela altura já inquestionável, dos nossos adversários. A questão dos eslavos do sul, que, afinal, havia sido a causa imediata da guerra, era, porém, simplesmente insolúvel sem a abolição da fronteira arbitrária entre a Áustria e a Hungria ao sul da monarquia, sem que a maior parte dos eslavos do sul, que viviam na Hungria e na Bósnia, se juntasse aos eslavos do sul da Áustria em uma unidade política comum. Assim como a Hungria sempre representou o principal obstáculo para uma discussão racional das questões nacionais dentro da Monarquia Austro-Húngara, ela também impôs, desde o início, o selo da condenação ao fracasso a essa última tentativa de reorganização. O segundo motivo que privou o manifesto imperial de 16 de outubro de qualquer perspectiva de implementação foi sua intenção de realizar a reestruturação da Áustria por meios legais, ou seja, por meio de uma emenda constitucional aprovada pelo Parlamento Imperial austríaco com uma maioria de dois terços. A composição parlamentar tornava essa alternativa absolutamente inviável [77], mesmo que os membros poloneses do Parlamento Imperial austríaco já tivessem sido removidos previamente. No entanto, segundo as intenções do manifesto, isso sequer deveria ocorrer, pois o documento limitava-se a assegurar que a pretendida reestruturação da Áustria não interferiria na futura união dos territórios poloneses da Áustria com o Estado polonês. Resta a dúvida se o manifesto realmente levava a sério a observância do caminho legal, especialmente porque, logo após enfatizar a legalidade, ele convocava a formação de "conselhos nacionais" completamente inconstitucionais – compostos pelos deputados de cada nação do Conselho Imperial –, que deveriam participar do grande projeto de reorganização. O manifesto visava, evidentemente, conter de alguma forma um movimento revolucionário que já estava em formação ou, pelo menos, atenuar seu impacto desagregador. Que essa tentativa foi empreendida com meios inadequados, é algo que já na época ficou claro em função do fracasso total dos esforços da Coroa para formar um governo de coalizão com todos os partidos nacionais, conforme programa divulgado pela primeira vez no próprio manifesto. O manifesto só teria tido algum sentido caso tivesse sido publicado simultaneamente com a formação de tal governo de coalizão e com o apoio deste. Do jeito que foi apresentado, tornou-se um ato de falta de juízo e desespero. Poucos anos antes, um manifesto como esse poderia ter representado o início de um desenvolvimento benéfico, que talvez até tivesse evitado a guerra mundial e levado à consolidação da Áustria; no entanto, sob as circunstâncias daquele momento, ele não passou de um sinal, vindo da mais alta instância, para a dissolução geral.

No mesmo dia em que o manifesto foi publicado, os partidos alemães da Câmara dos Deputados austríaca decidiram convocar uma *assembleia plenária de todos os deputados alemães*.[506] Essa assembleia plenária constituiu-se como "Assembleia Nacional" em 21 de outubro. De acordo com as três grandes correntes partidárias que a compunham (nacionalistas alemães, cristãos sociais e social-democratas), foram eleitos três presidentes [78] com direitos e deveres absolutamente iguais.[507] A assembleia decidiu constituir-se como "Assembleia Nacional Provisória da Áustria Alemã" e elegeu um comitê executivo de 20 membros, encarregado de apresentar propostas à Assembleia Nacional sobre a Constituição do Estado austro-alemão;[508] em outras palavras: a assembleia deliberou pela fundação de um *Estado independente*, a "*Áustria Alemã*". Essa fundação estatal foi efetivada na sessão seguinte da Assembleia Nacional Provisória, realizada em 30 de outubro, quando foi aprovada uma "Resolução sobre as disposições fundamentais do poder estatal".[509] Com essa sua primeira Constituição, surgiu o novo

Estado da Áustria Alemã. Essa Constituição foi imediatamente implementada, sem encontrar qualquer resistência.

Em 11 de novembro, o imperador *Carlos*[510] emitiu uma proclamação[511] (aliás, sem data) assinada por seu último primeiro-ministro, *Lammasch*,[512] na qual declarou antecipadamente *reconhecer a decisão que a Áustria Alemã tomaria sobre sua futura forma de Estado e renunciar a qualquer participação nos assuntos do Estado*. Essa declaração, que se referia apenas à Áustria Alemã e não ao Estado tcheco-eslovaco e ao Estado eslavo do sul, que também estavam em processo de formação, foi formulada, evidentemente, de maneira deliberada como uma mera renúncia à administração do governo. Apenas indiretamente essa declaração pode ser interpretada como uma renúncia à posição monárquica – e não apenas em relação à pessoa do monarca vigente, mas como uma aceitação geral da mudança na forma de governo –, uma vez que o monarca declarou reconhecer a decisão que a Áustria Alemã tomaria – referindo-se, claramente, à deliberação de uma assembleia constituinte do Estado austro-alemão sem a participação do monarca. No entanto, isso não tem qualquer relevância jurídica. Com base na antiga Constituição austríaca, nem uma abdicação parcial nem uma renúncia incondicional ao trono seriam juridicamente possíveis. De acordo com essa Constituição, havia apenas um único motivo para a extinção do direito ou da posição institucional do monarca, qual seja, a morte.[513] Como a Constituição não estabelecia expressamente a abdicação do trono como um motivo de extinção [79], também não se poderia presumir tal possibilidade – com base, por exemplo, na natureza das coisas. Uma mudança na forma de governo – como emenda constitucional – só seria possível, do ponto de vista da antiga Constituição, por meio de uma decisão sancionada pelo Parlamento Imperial austríaco. Se, no entanto, a declaração de renúncia do monarca for avaliada não segundo a antiga Constituição austríaca, mas, sim, de acordo com a nova Constituição da Áustria Alemã, tal declaração de vontade torna-se irrelevante desde o princípio, pois, segundo esta nova ordem, um monarca como órgão do Estado simplesmente já não existia. A primeira Constituição provisória da Áustria Alemã era, mesmo sem declará-lo expressamente, uma Constituição republicana.[i] Em particular, não é possível considerar a Assembleia Nacional Provisória da Áustria Alemã como um daqueles conselhos nacionais mencionados no manifesto imperial de 16 de outubro.[ii] Afinal, na condição de Conselho Nacional, a Assembleia Nacional Austro-Alemã não estaria autorizada a constituir a Áustria Alemã como um Estado independente. Ao fazê-lo, e na medida em que o faz, ela rompe a continuidade jurídica em relação à antiga Constituição austríaca e se coloca conscientemente sobre uma base revolucionária. Do ponto de vista jurídico, revolução nada mais é do que a quebra da continuidade do Direito. E tal ruptura continua sendo uma revolução mesmo quando ocorre, como no caso da Áustria Alemã, sem luta externa, sem derramamento de sangue, e mesmo quando toda a estrutura do antigo Estado se coloca ao serviço da nova Constituição sem resistência ou até de bom grado.

---

i [79] A proclamação solene da república não ocorreu até 12 de novembro de 1918. [N.T. Cf. StProtPNV 68 e s. StProtPNV é a abreviação de *Stenographische Protokolle der Provisorischen Nationalversammlung*, isto é, as protocolos estenográficas oficiais das sessões da Assembleia Nacional Provisória (1918-1919)].

ii [79] Essa interpretação foi amplamente defendida. Um exemplo disso pode ser encontrado na comunicação do marechal da Baixa Áustria à Assembleia Nacional Provisória (apresentada no início da segunda sessão da Assembleia Nacional Provisória em 30 de outubro de 1918, [N.T. Cf. StProtPNV 17 e s.] impressa na: *Sammlung der von der Provisorischen Nationalversammlung für den Staat Deutschösterreich erlassenen Gesetze e etc.*, do *Dr. Ferd Kadečka* e do *Dr. Hugo Suchomel*, 1ª edição de 1918, p. 26). [N.T. Zuschrift des Landmarschalls von Niederösterreich an die Provisorische Nationalversammlung [Comunicação do Marechal do Estado da Baixa Áustria à Assembleia Nacional Provisória], reimpressa em: KADEČKA, Ferdinand; SUCHOMEL, Hugo (Coord.). *Sammlung der von der Provisorischen Nationalversammlung für den Staat Deutschösterreich erlassenen Gesetze und der im Staatsgesetzblatt kundgemachten Beschlüsse der Nationalversammlung*. Viena: Tempsky, 1919, pp. 26-27].

Que revolução tenha criado um abismo intransponível entre a antiga Constituição austríaca e a Constituição da Áustria Alemã, *que a antiga Áustria e a* [80] *Áustria Alemã sejam dois Estados completamente distintos*, entre os quais, portanto, não se pode presumir ipso jure uma sucessão legal geral, é a consequência necessária de uma perspectiva que entende o estado como uma ordem soberana, última e não derivável de outra instância – e na medida em que essa perspectiva seja jurídica –, como uma ordem jurídica soberana. Trata-se da hipótese do primado da ordem jurídica estatal, que, aplicada ao caso da Constituição da Áustria Alemã, leva à conclusão de uma descontinuidade em relação à ordem estatal da Áustria. É compreensível que tanto a teoria quanto a prática, e especialmente a legislação da Áustria Alemã, tenham rapidamente adotado essa posição. Não apenas por um motivo psicológico, porque se tinha a profunda necessidade de passar uma régua sobre a triste e, particularmente nas últimas décadas, dolorosa história da antiga Áustria e iniciar um novo capítulo com a Áustria Alemã, mas, acima de tudo, porque, se se considerasse a continuidade jurídica *apenas* para a Áustria Alemã e, portanto, identidade da personalidade estatal com a antiga Áustria, ela também teria que ser considerada, *sozinha* – na ausência de acordos específicos –, como a única responsável por todas as obrigações da antiga Áustria. Isso não significa que aqueles que assumiram a liderança da Áustria Alemã quisessem simplesmente se livrar de todas as obrigações herdadas da política anterior. Desde o início, a Áustria Alemã esteve disposta a uma divisão justa dos ativos e passivos do antigo Estado entre *todos* os novos Estados surgidos em seu território. No entanto, os outros Estados nacionais rejeitaram desde o princípio qualquer sucessão legal e, sob a égide da Entente, conseguiram até impor, em parte, a visão de que deviam ser considerados Estados vitoriosos inimigos de guerra da Áustria. Dado que a divisão da Áustria em vários novos Estados e a correspondente repartição pro rata parte[514] dos ativos e passivos, conforme os princípios do Direito Internacional, estavam excluídas, a Áustria Alemã teve – na medida em que não queria [81] se deixar colocar na posição de *única* representante da antiga Áustria – que reivindicar o reconhecimento como um Estado novo e independente, perante o qual a antiga Áustria passaria a ser considerada um Estado estrangeiro, assim como havia sido reconhecido no caso da Tchecoslováquia e do Estado eslavo do sul. Uma construção jurídica desse tipo – e trata-se apenas disso – só é possível se forem assumidas todas as consequências da hipótese jurídica do primado da própria ordem jurídica estatal. No entanto, se levássemos em conta o Direito Internacional e o concebêssemos como uma ordem superior às ordens jurídicas estatais individuais, que delimita essas ordens entre si e, assim, constitui os Estados como uma comunidade de sujeitos coordenados, ou seja, se assumíssemos o primado do Direito Internacional, então a consequência necessária seria uma continuidade jurídica entre a Áustria Alemã – e também os outros Estados surgidos no território da antiga Áustria, como a Tchecoslováquia – e a antiga Áustria, e, nesse caso, restaria apenas decidir a questão já mencionada anteriormente consistente em saber até que ponto a Áustria Alemã, junto com os outros Estados nacionais formados no território da antiga Áustria, deveria ser considerada sucessora jurídica da Áustria. Sob essa perspectiva, a sucessão jurídica ocorreria ipso jure, enquanto sob o ponto de vista do primado da própria ordem jurídica estatal e da descontinuidade entre a antiga Áustria e a Áustria Alemã, esta última só assumiria as obrigações da antiga Áustria voluntariamente, por meio de um ato jurídico específico – um tratado internacional. Como a Áustria Alemã, de fato, fez isso no Tratado de Saint-Germain, o problema como um todo perdeu grande parte de sua relevância prática – isto é, em relação à questão da *sucessão jurídica*.

Sem prejuízo da *descontinuidade formal* em relação à antiga Áustria, que foi afirmada tanto na Constituição da Áustria Alemã quanto nas Constituições dos demais Estados nacionais, a *continuidade material do Direito* se manteve amplamente, por razões evidentes [82], não apenas na Áustria Alemã, mas em todos os Estados surgidos no território austríaco. A Resolução Constitucional de 30 de outubro de 1918 determina, em seu § 16,[515] que todas as leis e instituições em vigor na Áustria permaneceriam provisoriamente em vigor na Áustria Alemã, a menos que fossem revogadas ou modificadas por essa decisão. Dessa forma, a maior parte do Direito vigente na Áustria foi recepcionada pela Áustria Alemã. Cabe apenas observar que a formulação *da cláusula de recepção* não foi particularmente feliz, precisamente devido à posição adotada quanto à descontinuidade constitucional formal. Sob essa perspectiva, as normas do Direito austríaco, na medida em que são compatíveis com a decisão constitucional, não permanecem simplesmente válidas, mas são tornadas válidas – formalmente como novo Direito.

II. A Constituição de 30 de outubro de 1918

Pelo § 1 da Resolução de 30 de outubro de 1918,[516] o poder supremo do Estado da Áustria Alemã foi transferido, salvo decisões de uma futura Assembleia Nacional Constituinte, à *Assembleia Nacional Provisória*, ou seja, precisamente àquela assembleia plenária composta pelos 210 deputados alemães do Parlamento Imperial austríaco que haviam emitido a resolução constitucional. Dessa forma, essa assembleia deixou de ser uma assembleia constituinte para se tornar uma assembleia constituída em conformidade com a Constituição. No que diz respeito ao exercício direto do poder, reservou-se a ela apenas a função legislativa, enquanto a autoridade executiva e administrativa foi confiada a um comitê executivo eleito dentro da própria Assembleia Nacional Provisória, que recebeu o título de *Conselho de Estado*.[517]

O primeiro órgão legislativo da Áustria Alemã foi denominado Assembleia Nacional "Provisória" e recebeu apenas uma função temporária, enquanto as decisões definitivas foram reservadas a uma futura Assembleia Nacional "Constituinte"; no entanto, a própria Constituição da Áustria Alemã foi realizada a partir dessa Assembleia Nacional Provisória. Que esta assembleia [83] tenha demonstrado claramente a intenção de se tornar supérflua o mais rapidamente possível deve-se ao fato de que seus membros possuíam apenas uma legitimidade bastante precária para representar o povo. Como, *formalmente*, não foram eleitos por sufrágio popular, mas apenas nomeados com base em uma lei promulgada por eles próprios, sua justificativa *política* teve que se fundamentar *materialmente* na eleição para a Câmara dos Deputados austríaca realizada em 1911.[iii,518] O período legislativo da Câmara dos Deputados já havia expirado constitucionalmente em 1917.[519] No entanto, devido à impossibilidade política de realizar novas eleições, os mandatos dos deputados foram prorrogados até 31 de dezembro de 1918 pela Lei de 16 de julho de 1917 (RGBl. nº 300).[520] A Resolução Constitucional de 30 de outubro, que nomeava um grupo específico de indivíduos como membros do primeiro Parlamento da Áustria Alemã, não estabelecia nenhuma disposição sobre os motivos pelos quais a filiação poderia ser encerrada, nem mencionava explicitamente a imunidade parlamentar. Talvez isso tenha ocorrido porque se presumiu tacitamente que as disposições correspondentes da Constituição austríaca[521] haviam sido recepcionadas. No entanto, essa suposição deve ser considerada errônea, pois as disposições em questão se aplicavam apenas aos membros do Parlamento Imperial austríaco, o qual, para a nova Constituição da Áustria Alemã, já não existia. A instituição do Parlamento Imperial não foi recepcionada; em vez disso, foi criado um novo órgão legislativo para a Áustria Alemã, também em termos materiais: a Assembleia Nacional.[iv]

---

iii [83] O § 1 da resolução constitucional transfere o poder supremo para a "Assembleia Nacional Provisória eleita com base no sufrágio igualitário de todos os cidadãos". [N.T. § 1 Resolução poder estatal 1918 (nota final 509, p. 404)]. Mas a eleição mencionada aqui nunca ocorreu na *Áustria Alemã*! Ela é a eleição para o Parlamento de um Estado estrangeiro].

iv [83] No entanto, deve-se admitir que o processo constituinte se baseou também em outros aspectos na suposição de que a Assembleia Nacional era – com certas modificações – o recepcionado Parlamento Imperial austríaco. [N.T. Art. 8 Gesetz vom 12. November 1918 über die Staats- und Regierungsform von Deutschösterreich [Lei de 12 de novembro de 1918 sobre a forma e o

A resolução constitucional permanece em silêncio quanto [84] à organização da Assembleia Nacional, assim como em relação ao seu procedimento. Antes da adoção da resolução constitucional, a assembleia plenária dos deputados alemães havia decidido, em sua primeira sessão, em 21 de outubro, aplicar, de maneira análoga, o regimento interno da Câmara dos Deputados austríaca.[522] No entanto, essa decisão, assim como uma outra resolução adotada em 22 de novembro pela Assembleia Nacional Provisória para reduzir o quórum para o número de 50 membros,[523] e ainda uma terceira Resolução de 24 de novembro,[524] que modificava o regimento interno da Câmara dos Deputados austríaca,[525] nunca foram oficialmente promulgadas. Que a Assembleia Nacional, com base na resolução da assembleia plenária dos deputados alemães de 21 de outubro, teria três presidentes com direitos e deveres iguais, além de um número determinado de secretários e organizadores, já era algo pressuposto pela Resolução Constitucional de 30 de outubro.[526]

No que diz respeito à *competência da Assembleia Nacional Provisória* no campo da legislação, ela era exclusiva e ilimitada, de acordo com a redação da resolução constitucional.[527] Na verdade, isso teria abolido o direito dos Estados de legislar de acordo com a antiga Constituição austríaca, que era exercido nas assembleias provinciais.[528] Entretanto, nos Estados, via facti, ou seja, pelos mesmos meios revolucionários que levaram à Assembleia Nacional Provisória, foram criadas *Assembleias Estaduais Provisórias* no lugar das antigas assembleias provinciais, que de fato reivindicavam o mesmo direito de legislar que havia sido concedido anteriormente às assembleias provinciais. Em geral, essas Assembleias Estaduais eram compostas por representantes dos partidos políticos

---

governo da Áustria Alemã], StGBl. 1918/5 (doravante: Lei Forma Governo 1918)]. Essa é a única maneira de explicar o estranho fato de que, na Lei de 12 de novembro de 1918 (StGBl. nº 5) sobre a forma de Estado e governo da Áustria Alemã (§ 8), [84] as delegações e a Câmara dos Pares do Parlamento Imperial Austríaco, mas não sua Câmara dos Deputados, foram abolidas, como se tal abolição fosse necessária!

alemães no Estado[v] nomeados de acordo com os resultados da votação da última eleição para o Parlamento Imperial austríaco [85] (1911). Não se quis simplesmente declarar que os membros de cada antiga Assembleia Provincial austro-húngara formariam a respectiva nova Assembleia Estadual, pois as assembleias provinciais haviam sido eleitas com base em regulamentos eleitorais curiais,[529] que estabeleciam uma pluralidade direta e indireta em favor da classe proprietária. Já a eleição para o Conselho Imperial, cujos resultados serviram de base para as nomeações, era, por outro lado, geral e igualitária.[530] Apenas duas semanas após a resolução constitucional, a situação de fato criada nas províncias foi reconhecida juridicamente por meio de uma lei *nacional*, a Lei de 14 de novembro de 1918 (StGBl. nº 24), relativa à assunção do poder estatal nos estados federados.[531] Ao estabelecer que, em lugar das antigas assembleias provinciais, até a entrada em vigor de novos regulamentos locais promulgados por lei, entrariam em vigor Assembleias Estaduais provisórias,[532] essa lei – assim deve-se supor – também recepcionou as antigas ordenanças provinciais que constituíam a base legal das assembleias provinciais,[533] em especial suas disposições sobre competências. Essa suposição pode também ser fundamentada no fato de que a referida lei sobre a assunção do poder estatal nos estados federados revoga expressamente certas disposições dessas ordenanças provinciais, como aquelas que proibiam qualquer Assembleia Provincial de manter relações com outra representação provincial[vi] –, o que só pode significar que essas ordenanças provicionais foram recepcionadas com tais modificações. Dessa forma, conferiu-se também, por via legal estatal, às Assembleias Estaduais provisórias a competência legislativa das antigas assembleias provinciais.[vii]

---

v [84] Em algumas das antigas terras da Coroa que agora formam a Áustria Alemã partidos não alemães também estavam representados nas assembleias provinciais. Por exemplo, italianos no Tirol, eslovenos na Estíria e na Caríntia.

vi [85] Cf. p. 18. [N.T. Cf., acima, pp. 52-53].

vii [85] Cf. p. 17. [N.T. Cf., acima, p. 51].

Como as disposições da Resolução Constitucional de 30 de outubro quanto às competências da Assembleia Nacional se limitam à declaração de que o Poder Legislativo seria exercido pela própria Assembleia Nacional Provisória (§ 2),[534] também faltam normas expressas sobre o direito orçamentário do Parlamento e sobre sua participação na celebração de tratados internacionais.

Quanto ao *processo de legislação estatal*, a Resolução Constitucional de 30 de outubro[535] mencionava apenas uma iniciativa do Conselho de Estado. Aparentemente, partia-se [86] do pressuposto, tido como evidente, de que também os membros da Assembleia Nacional poderiam apresentar propostas legislativas. Toda deliberação legislativa da Assembleia Nacional requeria a promulgação pelo Conselho de Estado[536] e – de acordo com a Lei de 12 de novembro de 1918 sobre a promulgação de leis e decretos por meio do Diário Oficial do Estado (Staatsgesetzblatt) (StGBl. nº 7)[537] – sua publicação no Diário Oficial do Estado. Segundo as disposições dessa lei, que se baseia essencialmente na Lei de 10 de junho de 1869 (RGBl. nº 113),[viii,538] o Diário Oficial do Estado é destinado à promulgação vinculativa das leis, das deliberações da Assembleia Nacional destinadas à divulgação pública e das instruções executivas do Conselho de Estado. Chama a atenção que tratados internacionais não sejam mencionados. O fato de se referir apenas às instruções executivas do Conselho de Estado, e não às dos departamentos estatais (Staatsämter), corresponde ao monopólio de regulamentação atribuído expressamente ao Conselho de Estado pela resolução constitucional.[ix] Apesar disso, o Diário Oficial do Estado passou, muito cedo, a publicar também instruções executivas dos departamentos estatais.[539]

Quanto ao *processo legislativo estadual*, nem a resolução constitucional nem a lei relativa à assunção do poder estatal nas

viii [86] Cf. p. 30. [N.T. Cf., acima, p. 65].

ix [86] Cf. p. 87. [N.T. Cf., abaixo, pp. 126-127].

províncias continham disposições expressas. Deve-se presumir que foram recepcionadas as normas correspondentes da antiga Constituição austríaca: iniciativa legislativa por parte da Assembleia Provincial ou do governo, deliberação da Assembleia Provincial, sanção do monarca,[540] cuja função, segundo a Constituição da Áustria Alemã, passou a ser exercida pelo Conselho de Estado,[541] e promulgação no Diário Oficial Estadual (Landesgesetzblatt).[542] Contudo, justamente nesse campo da Constituição não havia ainda se consolidado uma concepção jurídica clara. Em muitos estados acreditava-se possuir um direito de legislar completamente independente do governo central, e mesmo o Conselho de Estado não parecia reivindicar um verdadeiro direito de sanção frente às deliberações legislativas estaduais. Houve – quando muito – apenas uma espécie de "adesão" do Conselho de Estado às deliberações [87] das Assembleias Estaduais. Isso se aplica especialmente ao orçamento estadual, que tradicionalmente não era aprovado por meio de uma lei formal provincial, mas por simples deliberação da Assembleia Provincial, e que, anteriormente, necessitava da aprovação do imperador.[543] Em toda essa área reinava, inicialmente, arbitrariedade.

Muito mais detalhada do que a legislação foi a regulamentação, na resolução constitucional, da *organização do Poder Executivo*. O *Conselho de Estado*, ao qual foi transferido todo o poder de governo e de execução, era composto, além dos três presidentes da Assembleia Nacional, por 20 membros e outros 20 suplentes, eleitos proporcionalmente pela própria Assembleia.[544] Os três presidentes da Assembleia Nacional exerciam a presidência do Conselho de Estado de forma rotativa. De seu seio, o Conselho de Estado elegia o chefe de sua Chancelaria, responsável pela redação das atas do Conselho, e o *notário do Conselho de Estado*, encarregado de autenticar seus atos.[545] Desde o início, o *chefe da Chancelaria de Estado* passou, na prática – embora em contradição com a letra da Constituição –, a usar o título e a exercer a função de "chanceler de Estado". O Conselho de Estado foi inicialmente concebido como o verdadeiro Governo do Estado. As propostas do governo, elaboradas previamente no âmbito do Conselho, eram encaminhadas à Assembleia Nacional como propostas do próprio Conselho de Estado. Os atos legislativos da Assembleia deviam ser por ele autenticados. Segundo o texto da Constituição, cabia exclusivamente ao Conselho de Estado o direito de expedir decretos com base nas deliberações legislativas da Assembleia Nacional, sob a forma de "instruções de execução",[x,546] na prática, porém, esse monopólio regulamentar do Conselho de Estado jamais se consolidou, por razões facilmente compreensíveis.

Ao Conselho de Estado deveria caber apenas a direção suprema do Executivo [88], ou seja, o governo. A administração estatal propriamente dita não deveria ser exercida diretamente por ele, mas por meio dos *secretários de Estado*, que atuavam como delegados do Conselho de Estado e que, em sua totalidade, formavam o *Gabinete*, ou, como expressava a Constituição, em contradição com suas próprias intenções, o *Governo do Estado.*[547] Os secretários de Estado eram nomeados pelo Conselho de Estado.[548] Cada secretário de Estado chefiava uma *repartição de Estado (Staatsamt).*[549] As repartições de Estado foram constituídas com base nos antigos ministérios austríacos.[550] Na prática, simplesmente continuaram funcionando os antigos ministérios austríacos, dos quais os funcionários não germânicos haviam sido excluídos, sob a nova denominação de repartições de Estado. Os secretários de Estado, mas não os membros do Conselho de Estado e, portanto, tampouco o chanceler de Estado, estavam sujeitos à responsabilidade ministerial. As normas da Lei austríaca de 25 de julho de

---

x [87] A terminologia segundo a qual os decretos (Verordnungen) eram designados como "instruções de execução" (Vollzugsanweisungen) foi, no entanto, logo abandonada. Cf. abaixo, p. 104. [N.T. Cf., abaixo, pp. 144-145]. É, aliás, revelador que a Lei de 12 de novembro de 1918 (StGBl. nº 7), com a qual essa terminologia foi introduzida no Diário Oficial, traga o seguinte título: "sobre a promulgação de leis e *decretos* por meio do Diário Oficial do Estado" (über die Kundmachung von Gesetzen und *Verordnungen* durch das Staatsgesetzblatt). [N.T. Lei Diário Oficial Estado 1918 (nota 537 , p. 405)].

1867 (RGBl. nº 101), sobre a responsabilidade dos ministros,[xi,551] foram expressamente recepcionadas. Naturalmente, só se podia aplicar essa lei de forma adaptada. Ela foi modificada no ponto em que, no lugar do Tribunal de Responsabilidade do Estado (Staatsgerichtshof), que anteriormente decidia sobre acusações contra ministros e cujos membros eram eleitos pelas duas Câmaras do Parlamento Imperial austríaco – mas não a partir de seus próprios membros –, passou a funcionar uma comissão de vinte membros da Assembleia Nacional Provisória.[552] De acordo com as disposições da resolução constitucional, a Presidência do Governo deveria ser exercida por um secretário de Estado designado para isso pelo Conselho de Estado.[553] Na prática, no entanto, isso nunca ocorreu. Desde o início, a Presidência do Gabinete, e, com ela, as funções de primeiro-ministro, foi assumida pelo chanceler de Estado, que, nota bene, inicialmente nem sequer era formalmente responsável. A relação entre o Conselho de Estado e o Gabinete era análoga à de um chefe de Estado em relação aos seus ministros. Na Lei de 12 de novembro de 1918 (StGBl. nº 5),[554] sobre a forma de Estado e de governo da Áustria Alemã (Deutschösterreich), determinou-se expressamente que todos os direitos que, segundo a Constituição da Áustria, cabiam ao imperador, passavam para o Conselho de Estado. Merece [89] destaque o fato de que, segundo a Constituição original, os atos de governo do Conselho de Estado, órgão não responsável, não estavam sujeitos à contra-assinatura (Gegenzeichnung) de um secretário de Estado responsável.[555]

Os três presidentes do Conselho de Estado, o chefe da Chancelaria e o notário do Conselho formavam o chamado *diretório executivo do Conselho de Estado* (geschäftsführendes Staatsratsdirektorium).[556] No entanto, nenhuma competência específica havia sido atribuída a esse órgão pela decisão constitucional. Pelo visto, imaginava-se esse órgão – inserido entre o corpo legislativo e o Conselho de Estado como uma espécie de chefe de Estado.

---

xi [88] Cf. pp. 42 e ss. [Cf., acima, pp. 77-81].

No mais, o aparato administrativo burocrático do antigo Império Austríaco foi mantido sem alterações. Ocorreu uma reforma significativa apenas na organização das *autoridades intermediárias* (Mittelbehörde). Cada um dos chamados Territórios da Coroa que compunham a Monarquia Austríaca constituía, como se sabe, o território de uma autoridade administrativa intermediária, chefiada por um regente nomeado pelo imperador e subordinado ao governo central (nos territórios menores, o título era presidente da província).[557] Paralelamente, porém, os estados também constituíam corpos autônomos de administração própria para certas matérias fora do âmbito da administração estatal. A autonomia era exercida pela Assembleia Provincial, por meio de um Comitê Provincial eleito em seu seio e presidido por um presidente da Assembleia Estadual nomeado pelo imperador.[xii,558] A coexistência e a concorrência entre a administração autônoma e a administração estatal (sob a autoridade do monarca) nas províncias era um dos males mais irritantes do antigo Império Austríaco. Para eliminá-la, a Lei de 14 de novembro de 1918 (StGBl. nº 24),[559] relativa à assunção do poder estatal nos estados, determinou a unificação, em princípio, da antiga administração sob a autoridade do monarca com a administração autônoma, submetendo toda a administração estadual a um *Governo Estadual* (*Landesregierung*) eleito pela Assembleia Estadual provisória em seu seio, composto por um chefe do Governo Estadual e de 2 a 4 vice-chefes.[560] Em lugar do antigo Comitê Provincial, passou a atuar, para as questões anteriormente autônomas [90], um *Conselho Estadual* (*Landesrat*) eleito pela Assembleia Estadual, presidido pelo chefe do Governo Estadual e seus vice-chefes, que, como Governo Estadual, também assumiram as funções da antiga governadoria.[561] Essa unificação entre a administração estatal e a administração autônoma, porém, teve de se restringir, até novo aviso, a essa união pessoal entre os cargos. Os aparatos da antiga administração autônoma e os da antiga administração

---

xii [89] Cf. pp. 44, 45. [N.T. Cf., acima, pp. 81 e s.].

sob a autoridade do monarca continuaram, em todos os estados, a funcionar separadamente e lado a lado. Embora, por disposição expressa da lei, os governos estaduais estivessem obrigados, em toda sua atuação, inclusive na presidência do Conselho Estadual, órgão máximo da antiga administração autônoma, a seguir as instruções da administração central e fossem considerados responsáveis perante esta[562] (nenhuma responsabilidade jurídica dos governos estaduais perante as assembleia estaduais tivesse sido estipulada, nem na lei sobre a assunção do poder estatal nos estados, nem em qualquer das Constituições estaduais provisórias), e embora fosse clara a intenção da lei de estatizar toda a administração estadual, o efeito da lei acabou sendo justamente o oposto. Como a Constituição não continha garantias de que as determinações da administração central seriam efetivamente executadas pelos governos estaduais, e como também não havia meios previstos para fazer valer a responsabilidade dos governos estaduais, eleitos pelas Assembleias Estaduais, perante o governo central, a submissão da antiga administração estatal, anteriormente chefiada por regentes nomeados, aos governos estaduais, que, na prática – mas não juridicamente –, respondiam apenas às respectivas Assembleias Estaduais, significou a completa *desestatização*, ou seja, a *regionalização* de toda a administração intermediária; e não apenas dela, mas também da administração distrital e municipal subordinada diretamente ao Governo Estadual. Com o controle de toda a administração, os estados passaram a deter um poder político diante do governo central que ameaçava continuamente o equilíbrio estatal, um poder que não podia ser enfraquecido nem mesmo pelo fato de que os estados não eram capazes de cobrir os custos de sua administração [91] com receitas próprias e dependiam de repasses financeiros da união.

Para o exercício do controle sobre toda a administração da dívida pública, foi instituída, pela Lei de 5 de dezembro de 1918 (StGBl. nº 88),[563] uma *Comissão de Controle da Dívida Pública.*[xiii]

---

xiii [91] Cf. p. 37. [N.T. Cf., acima, pp. 72-73].

Essa comissão era composta por três pessoas competentes, eleitas pela Assembleia Nacional Provisória, que, no entanto, não podiam pertencer nem à própria Assembleia Nacional, nem a qualquer Ministério de Estado, nem a qualquer instituição bancária vinculada ao Ministério das Finanças na realização de operações de crédito, na qualidade de membros da diretoria.[564] Do restante do conteúdo da lei, que, em termos técnicos, falha em muitos aspectos, vale mencionar que os membros da comissão, para que lhes fosse concedida *proteção por imunidade*,[565] conforme indicado na exposição de motivos, foram colocados sob *responsabilidade ministerial*![566]

A relação entre *súdito e poder estatal* foi regulada pela Resolução Constitucional de 30 de outubro por meio da recepção da Lei Fundamental de Estado austríaca sobre os Direitos Gerais dos Cidadãos do Estado, de 21 de dezembro de 1867 (RGBl. nº 142),[567] da mesma forma que ocorria na Constituição austríaca. Até mesmo o decreto do ministério colegiado (Gesamtministerium) austríaco de 25 de julho de 1914 (RGBl. nº 158),[568] que se baseava na igualmente recepcionada Lei de 5 de maio de 1869 (RGBl. nº 66)[569] (relativa à decretação do estado de exceção por meio de um decreto do ministério colegiado mediante a suspensão de certos artigos da Lei Fundamental sobre os Direitos Gerais dos Cidadãos do Estado),[xiv] – portaria essa que suspendia determinados artigos da referida Lei Fundamental e impunha várias medidas policiais restritivas da liberdade individual por ocasião da guerra – teve de ser inicialmente considerada como válida em Deutschösterreich (Áustria Alemã), com base na cláusula geral de recepção. Por "resolução" da Assembleia Nacional Provisória de 30 de outubro de 1918 (StGBl. nº 3)[570] (promulgada como uma "lei" no sentido formal!), determinou-se: "1. Toda censura é, por contrariar [92] os direitos fundamentais dos cidadãos, declarada juridicamente inválida. 2. A suspensão de publicações e a imposição de proibição postal contra elas deixam de ocorrer. As suspensões e proibições

xiv [91] Cf. p. 64. [N.T. Cf., acima, pp. 99-100].

postais anteriormente decretadas estão revogadas, a plena liberdade de imprensa está restabelecida. 3. As disposições excepcionais relativas ao direito de associação e de reunião estão revogadas. A plena liberdade de associação e de reunião, sem distinção de sexo, está restabelecida". Essa lei (que atualmente, conforme o art. 149 da Constituição Federal,[571] é considerada uma lei constitucional) combina, com a revogação parcial do estado de exceção (para a qual não seria necessária uma lei, mas apenas um decreto do governo colegiado ou do Conselho de Estado), determinadas alterações da Lei Fundamental sobre os Direitos Gerais dos Cidadãos do Estado, às quais já se havia feito referência anteriormente.[xv] Ressalte-se aqui apenas que é muito obscuro até que ponto essa alteração realmente pretendia ir. Aliás, essa "resolução" é, sob outros aspectos também, um exemplo de técnica legislativa falha. Assim, por exemplo, quando na primeira frase a censura é "por contrariar o direito fundamental dos cidadãos (qual direito fundamental?) declarada juridicamente inválida (ora, ela só se torna inválida por força da própria lei!) e revogada"![572] Quanto à revogação das disposições de exceção, o texto legal, devido à sua redação ambígua, suscita grandes dúvidas sobre se a resolução visava apenas às disposições concretas de exceção relativas à liberdade de imprensa, de associação e de reunião, ou se pretendia também revogar qualquer possibilidade futura de tais medidas excepcionais. Na totalidade de seu alcance, o estado de exceção recepcionado só foi revogado pela instrução executiva de 18 de abril de 1919 (StGBl. nº 249).[573] A revogação de toda possibilidade de decretar o estado de exceção (art. 20 da Lei Fundamental sobre os Direitos Gerais dos Cidadãos do Estado)[574] só ocorreu com a promulgação da Constituição Federal.[xvi,575]

---

xv [92] Cf. pp. 58 e ss. [N.T. Cf., acima, pp. 94-97].

xvi [92] Cf. pp. 64, 220. [N.T. Cf., acima, p. 101, abaixo pp. 268-269].

Também as normas jurídicas austríacas relativas à aquisição e *perda da cidadania* foram, em geral, recepcionadas sem alterações.[xvii] Somente a necessidade de delimitar o círculo das pessoas que deveriam pertencer, como [93] cidadãos, ao *novo* Estado, ou que pudessem adquirir a cidadania por um procedimento abreviado, imposto pelas circunstâncias especiais, bem como a necessidade de criar uma base segura para a eleição da Assembleia Nacional Constituinte, conduziram à promulgação de uma lei especial de 5 de dezembro de 1918 (StGBl. nº 91) sobre a cidadania austro-alemã.[576] Nessa lei foi primeiramente estabelecido o seguinte princípio: ["] Cidadãos austro-alemães são todas as pessoas que, no momento da promulgação desta lei, possuem direito de domicílio em um município da República Austro-Alemã["].[577] Já antes, pela Lei de 22 de novembro de 1918 (StGBl. nº 40),[578] haviam sido fixadas as fronteiras do território estatal.[xviii] Às pessoas que, dessa maneira, haviam se tornado ex lege cidadãos da República Austro-Alemã, foi concedida a possibilidade de renunciar à cidadania por meio de *declaração unilateral*, na qual o interessado se declarava vinculado a outro Estado ao qual pertencessem territórios da antiga Monarquia Austro-Húngara. Tal declaração, no entanto, deveria ser apresentada até 30 de junho de 1919.[579] O acesso facilitado à cidadania austro-alemã, por meio de uma simples declaração

---

xvii [92] Cf. p. 48. [N.T. Cf., acima, pp. 83-85].

xviii [93] Desenvolvidas em detalhes apenas pela instrução executiva do Conselho de Estado Austro-Alemão de 3 de janeiro de 1919, relativa aos distritos judiciais, municípios e localidades que compunham o território austro-alemão (StGBl. nº 4). [N.T. Vollzugsanweisung des deutschösterreichischen Staatsrates vom 3. Jänner 1919 über die das deutschösterreichische Staatsgebiet bildenden Gerichtsbezirke, Gemeinden und Ortschaften [Instrução de execução do Conselho de Estado austro-alemão de 3 de janeiro de 1919 sobre os distritos judiciais, municípios e localidades que formam o território austro-alemão], StGBl. 1919/4].

de vontade de pertencer fielmente à república como cidadão, foi concedido às seguintes categorias de pessoas:[xix]

1. Pessoas que tivessem residência habitual no território da República Austro-Alemã desde pelo menos 1º de agosto de 1914, isto é, desde o início da guerra, especialmente estrangeiros no sentido da antiga Constituição austríaca. 2. Pessoas que tivessem transferido sua residência habitual para a República Austro-Alemã apenas após 1º de agosto de 1914, ou que a transferissem até a entrada em vigor de uma nova lei que regulamentasse de forma definitiva a cidadania, desde que [94] tivessem direito de domicílio em um município do antigo território austríaco situado fora da República Austro-Alemã, ou seja, fossem antigos cidadãos austríacos. Ficaram excluídos desse benefício, sendo equiparados a estrangeiros nos termos antigos, apenas cidadãos da antiga Áustria cujo direito de domicílio se encontrava na Dalmácia, Istria ou Galícia.[580] O objetivo era impedir que os numerosos refugiados de guerra, sobretudo os judeus da Galícia, ingressassem no corpo político da República Austro-Alemã. Assim como a saída daqueles que se tornaram cidadãos austro-alemão por força de lei, também o ingresso das pessoas acima mencionadas na comunidade estatal ocorria por declaração *unilateral* de vontade,[581] o que merece destaque como um modo não usual de aquisição de cidadania.

A organização do *Poder Judiciário* foi regulamentada pela Lei Fundamental de 22 de novembro de 1918 (StGBl. nº 38).[582] Essa Lei Fundamental, levando em conta as mudanças ocorridas nas

---

xix [93] Esse modo de aquisição foi revogado pela Lei de 17 de outubro de 1919 (StGBl. nº 481), [N.T. Gesetz vom 17. Oktober 1919 über die Abänderung des Gesetzes über das deutschösterreichische Staatsbürgerrecht und über die zeitweise Unzulässigkeit von Aufnahmen in den Heimatverband [Lei de 17 de outubro de 1919 sobre a alteração da lei sobre a cidadania austro-alemã e sobre a inadmissibilidade temporária de admissão comunidade de origem], StGBl. 1919/481] conforme as disposições do Tratado de Saint-Germain]. [N.T. Art. 64, 65 Saint-Germain 1919 (nota final 440, p. 398)]. Cf. pp. 147 e ss. [N.T. Cf., abaixo, pp. 191-195].

condições constitucionais, recepcionou, em linhas gerais, as normas da antiga Lei Fundamental austríaca sobre o Poder Judiciário, de 21 de dezembro de 1867 (RGBl. nº 144).[xx,583] Dentre as modificações introduzidas pela nova Lei Fundamental, destaca-se: ["]toda jurisdição emana do Estado; as sentenças e decisões são proferidas e lavradas em nome da República Austro-Alemã["].[584] Em lugar do direito do imperador de nomear livremente os juízes, passa a vigorar a nomeação dos juízes pelo Conselho de Estado ou – por delegação deste – pelo Secretário de Justiça, com base em listas *vinculantes* de candidatos elaboradas pelos senados competentes conforme a organização judiciária. Essas listas devem conter ao menos duas pessoas a mais do que o número de cargos a serem preenchidos.[585] O princípio, já contido na antiga Lei Fundamental de Estado sobre o Poder Judiciário,[586] de que os juízes são autônomos e independentes no exercício de suas funções, é agora assim precisado: ["]O juiz se encontra no desempenho de todos os atos jurisdicionais que lhe forem atribuídos por lei e pelo regimento interno [95] de distribuição de serviço no exercício de sua função jurisdicional, incluindo aqueles *atos relativos à administração* da justiça, que, conforme a lei, devem ser realizados por senados ou comissões["].[587] Além disso, estabelece-se que os juízes devem ser aposentados obrigatoriamente, no mais tardar, ao completarem 65 anos de idade.[588] Com a fixação legal de um limite etário, rejeitou-se a recepção do art. 5 da antiga Lei Fundamental de Estado,[589] segundo o qual os juízes eram nomeados vitaliciamente. Tal como a antiga, a nova Lei Fundamental veda aos juízes o controle de leis devidamente promulgadas.[590] No entanto, com relação ao controle de decretos, a competência dos tribunais é ampliada, na medida em que lhes é atribuída a faculdade de examinar a validade de decretos de *qualquer natureza*, em especial a verificação da constitucionalidade dos chamados decretos imperiais baseados no § 14 da Lei Fundamental sobre a Representação Imperial, de 21 de

---

xx [94] Cf. pp. 45 e s. [N.T. Cf., acima, p. 81].

novembro de 1867 (RGBl. nº 141)[591] (direito de expedir decretos de emergência pela Coroa, em substituição à legislação parlamentar).[xxi,592] Precisamente no que diz respeito a esses decretos imperiais, que tinham força de lei provisória, o direito de fiscalização judicial era, segundo a antiga Constituição austríaca, bastante controverso. A nova Constituição não estatuiu qualquer direito de decretar medidas provisórias com força de lei. Por isso, a ampliação do direito de fiscalização judicial teve importância prática apenas em relação aos numerosos decretos imperiais *recepcionados* pela cláusula geral da resolução constitucional. – A responsabilidade civil do Estado e dos juízes por violações do Direito causadas por estes no exercício de suas funções é – com modificação parcial da Lei de Sindicância –[xxii] precisada pelo princípio: "o Estado responde por toda culpa do juiz, este apenas se lhe couber dolo ou culpa grave".[593] – O direito de anistia anteriormente conferido ao imperador foi – constituindo exceção à regra do art. 3º da Lei sobre a forma de Estado e de governo[594] – transferido não ao Conselho de Estado, mas à Assembleia Nacional.[595] Por outro lado, foi conferido ao Conselho de Estado o direito de conceder indultos individuais [96] e atenuações de pena, além do direito de dispensar consequências jurídicas, apagar condenações e arquivar processos penais. Contudo, o Conselho de Estado só podia exercer esses direitos mediante requerimento do secretário de Estado da Justiça.[596]

Já pelas disposições da Resolução Constitucional de 30 de outubro e das leis constitucionais que imediatamente a seguiram, aparece a Áustria Alemã como uma *democracia representativa com nítido predomínio do Parlamento*. Foi, portanto, apenas um ato de solenidade política quando,[597] pela Lei de 12 de novembro de 1918 sobre a forma de Estado e de governo, se proclamou solenemente: "a Áustria Alemã é uma república democrática. Todos os poderes públicos emanam do povo".[598] Igualmente supérfluo, do ponto de

---

xxi [95] Cf. pp. 39 e ss. [N.T. Cf., acima, p. 74].

xxii [95] Cf. pp. 46 e ss. [N.T. Cf., acima, p. 82].

vista jurídico, foi, em sentido estrito, que essa lei tenha declarado expressamente revogadas todas as leis e disposições legais que conferiam prerrogativas ao imperador da Áustria e aos membros da Casa imperial, que tenham dispensado os funcionários, oficiais e soldados do juramento de fidelidade prestado ao imperador da Áustria e que tenham abolido expressamente a Câmara dos Pares do Parlamento Imperial austríaco (mas não sua Câmara dos Deputados!), as antigas assembleias provinciais e as delegações.[599] Pois todas essas instituições não poderiam, de modo algum, ser consideradas como recepcionadas, de modo que sua revogação nem sequer era juridicamente possível. Igualmente problemática do ponto de vista técnico-legislativo era também a disposição da lei sobre a forma de Estado e de governo segundo a qual a *Áustria Alemã* seria *parte integrante da república alemã*.[600] De fato, uma tal norma jurídica seria perfeitamente admissível, do ponto de vista unilateral da Constituição austríaca – pressupondo-se o primado da ordem jurídica estatal própria. No entanto, enquanto faltasse uma norma correspondente na Constituição do Reich alemão, a Áustria Alemã era, do ponto de vista de sua própria Constituição, apenas parte do Reich alemão, mas, do ponto de vista da Constituição do Reich alemão, um Estado soberano e não parte dele. Também essa disposição da lei sobre a forma de Estado e de governo [97] só podia ter o caráter de uma demonstração política.[xxiii]

No que diz respeito à *estrutura interna*, a Áustria Alemã era, segundo a Resolução Constitucional de 30 de outubro, um *Estado unitário* centralizado. Pela lei relativa à assunção do poder estatal nos estados federados, foi-lhes conferida – embora apenas na qualidade de *províncias* – ampla competência legislativa e administrativa

---

[xxiii] [97] Essa disposição foi expressamente revogada pelo art. 3º da lei sobre a forma de Estado, promulgada nos termos do Tratado de Estado de Saint-Germain, de 21 de outubro de 1919 (StGBl. nº 484). [N.T. Art. 3 Gesetz vom 21. Oktober 1919 über die Staatsform [Lei de 21 de outubro sobre a forma de Estado], StGBl. 1919/484 (doravante: Lei Forma Estado 1919)]. Cf. p. 147. [N.T. Cf., abaixo, p. 191 e s.].

própria. Mas, por mais clara que seja a posição jurídica dos estados do ponto de vista da Constituição estatal, essa relação se mostra complicada e contraditória pelo fato de que os estados – com certas exceções – outorgaram a si próprios Constituições por meio de resoluções de suas Assembleias Estaduais revolucionárias e, com base nessas Constituições, reivindicaram o estatuto de sujeitos da soberania. Curiosamente, a formação das Assembleias Estaduais provisórias e suas resoluções constitucionais basearam-se numa iniciativa do governo central. As Constituições provisórias da Estíria,[601] da Caríntia[602] e de Salzburgo[603] fazem referência expressa a uma "ordem" do comitê executivo instituído pela "Assembleia Nacional Constituinte" em 29 de outubro de 1918.[604] Mas esse comitê executivo não estava de modo algum autorizado a emitir tal "ordem" – dirigida a *quem*, afinal? – e muito menos *antes* de apresentar à Assembleia Nacional, em 30 de outubro, o projeto da Constituição do Estado. Assim, tudo o que se fez nos estados "com base" nessa ordem não pode ser juridicamente compreendido à luz da Constituição estatal de 30 de outubro. Conforme se depreende das resoluções das Assembleias Estaduais provisórias, a ordem do comitê executivo referia-se ao modo de constituição das Assembleias Estaduais e à Constituição provisória a ser por elas adotada, que também deveria conter uma solene "declaração de adesão" ao Estado da Áustria Alemã. Nos [98] estados, contudo, essa "ordem" não foi de modo algum considerada como norma vinculante, mas apenas como um bom conselho. Pois nem todos os estados se constituíram da mesma maneira, nem todos adotaram Constituições provisórias; e, na medida em que isso ocorreu, essas Constituições diferem entre si e também da Constituição estatal que as precedeu. Em especial, o texto da declaração de adesão não é idêntico em toda parte. Dois estados – Alta Áustria e Vorarlberg – apresentaram apenas declarações de adesão,[605] enquanto outros – Tirol e Baixa Áustria – não adotaram nem declaração de adesão nem Constituição provisória.[606] A maioria das Constituições provisórias dos estados e das declarações de adesão foi promulgada antes da lei estatal relativa à assunção do poder nos estados; em dois estados – Alta Áustria e Sudetenland – isso só ocorreu posteriormente, o que é interessante tendo em vista a contradição entre o teor dessas declarações e o da referida lei estatal. A situação torna-se particularmente complicada pelo fato de que nem a resolução constitucional nem a lei dos estados designam quais estados compõem o Estado da Áustria Alemão. Certos estados – Boêmia Alemã e Sudetenland – também precisaram ser constituídos materialmente como novos. Enquanto, por resolução constitucional própria, Boêmia Alemã se constituiu em 29 de outubro[607], e Sudetenland, em 16 de novembro de 1918[xxiv,608] (Alta Áustria em 18 de novembro,[609] Estíria em 6 de novembro,[610] Caríntia em 11 de novembro,[611] Tirol e Baixa Áustria, nenhuma Constituição), somente em lei *estatal* em 22 de novembro (pela lei sobre a extensão, os limites e as relações do território estatal da Áustria Alemã [StGBl. nº 40])[612] veio-se a declarar que a Áustria Alemã se compõe dos estados: Áustria Inferior, incluindo o distrito da Morávia do Sul alemã e o território alemão em torno de Raubistritz, [99] Áustria Superior, incluindo o distrito do Sul da Boêmia Alemã, Salzburgo, Estíria, Caríntia com exclusão dos territórios de povoamento iugoslavo homogêneo, o condado (!) do Tirol com exclusão dos territórios de povoamento italiano homogêneo, Vorarlberg, *Boêmia Alemã* e *Sudetenland*, bem como os territórios de povoamento alemão de *Brünn*, *Iglau* e *Olmütz*. Com relação a Brünn, Iglau e Olmütz – três ilhas cercadas por território estrangeiro – não se chegou sequer a estabelecer a ficção de que fossem "estados" autônomos. O "distrito" da Morávia do Sul alemã – pertencente ao estado da Baixa Áustria – apresentou, ao contrário, uma declaração de adesão própria.[613] Dois estados

---

xxiv [98] Já em 30 de outubro de 1918, portanto antes mesmo da entrada em vigor da Resolução Constitucional, os deputados alemães da Morávia do Norte e da Silésia haviam se reunido em assembleia regional e declarado o "Sudetenland" como uma província autônoma da Áustria Alemã. [N.T. Cf. Die provisorische Verfassung beschlossen. Einsetzung eines Staatsrates – Die Note an Wilson und Protesterklärung gegen Graf Andrassy, em: Reichspost nº 503 de 31 de outubro de 1918, pp. 2-4 (3)].

– Boêmia alemã e Estíria – modificaram, após curto intervalo, sua Constituição provisória e a substituíram por uma nova. Isso ocorreu na Boêmia alemã por meio da Lei de 28 de novembro de 1918,[614] e na Estíria por meio da Lei de 6 de dezembro de 1918.[615]

Partindo do pressuposto de que a Resolução Constitucional de 30 de outubro de 1918 constitui a base jurídica do estado da República da Áustria Alemã – e praticamente não há outro pressuposto viável –, a Constituição dos estados federados deveria ter se dado por meio de *lei estatal* ou com base em *delegação legislativa de origem estatal*. Por isso, para a questão da organização dos estados, só podem ser considerados a lei sobre a assunção do poder estatal nos estados e as antigas ordenações provinciais austríacas recepcionadas por essa lei, inclusive com as modificações introduzidas pela recepção. Em especial, não se pode reconhecer às Assembleias Estaduais a competência para alterar, por lei estadual, as Constituições que lhes foram outorgadas por lei estatal. Mesmo que as antigas ordenações provinciais contivessem a disposição de que poderiam ser alteradas apenas por lei estadual,[616] essa disposição em particular não pode ser considerada recepcionada, pois a lei sobre a assunção do poder estatal nos estados estabelece que as antigas ordenações provinciais "permanecem em vigor até a entrada em vigor de novas ordenações provinciais promulgadas por *lei*",[617] sendo que por "lei" – já que não se fala de "leis estaduais" – só se pode entender uma lei estatal ou uma delegação estatal. [100] (Admite-se, contudo, que a redação da lei sobre a assunção do poder estatal nos estados é extremamente infeliz – como, aliás, a integralidade dessa lei consiste num dos piores produtos da Assembleia Nacional Provisória). Essa interpretação – e com ela a unidade do Estado austro-alemão – foi, entretanto, desde o início colocada em questão pela própria autoridade central ainda em formação, que deu ensejo a uma Constituição *revolucionária* dos estados, ou seja, juridicamente falando: a uma revolução dos estados federados contra o Estado recém-criado, permitindo a aparência de que os estados federados surgiriam, por assim dizer, "em virtude de um Direito próprio". Não surpreende, portanto, que os estados federados se vissem a si mesmos como Estados soberanos, e a Áustria Alemã apenas como uma união voluntária de estados. Essa ideia foi, aliás, fortemente sugerida aos setores federalistas nos estados federados pela exigência governamental de "declarações de adesão" ("Beitrittserklärungen"). Consideremos: os estados federados deveriam, por meio dessas declarações, aderir a um Estado – e, portanto, só assim constituí-lo –, quando este Estado, que só poderia existir a partir dos estados federados, já tinha de ser considerado como constituído mesmo antes dessas declarações de adesão![xxv] Do ponto de vista da Resolução Constitucional de 30 de outubro e da lei sobre os estados de 14 de novembro, essas declarações de adesão não eram apenas inconstitucionais – eram propriamente sem sentido! Ainda assim, a Assembleia Nacional Provisória, por meio de lei estatal, ou seja, pela Resolução de 12 de novembro de 1918 (StGBl. nº 23),[618] reconheceu formalmente as "declarações solenes de adesão dos estados, distritos e regiões do território estatal" – e isso *antes* mesmo da promulgação da lei que instituía as Constituições estaduais![xxvi] Conforme se depreende da

---

xxv [100] O fato de alguns estados se denominarem "províncias" da Áustria Alemã [N.T. Primeiro Capítulo, nº 1 Declaração Adesão Estíria 1918 (nota final 610, p. 411); I. Parte Principal, nº 1 Constituição Provisória Caríntia 1918 (nota final 603, p. 408); Capítulo I, nº 1 Promulgação ref. Constituição Salzburg 1918 (nota final 603, p. 409); art. 1 Declaração Adesão Boêmia Alemã 1918 (nota final 607, p. 411); I § 1 Constituição Provisória Boêmia-Alemã 1918 (nota final 614, p. 411); § 1 Constituição Provisória Sudetenland 1918 (nota final 608, p. 411)] nas declarações de adesão apenas contribui para aumentar a confusão jurídica.

xxvi [100] Essa resolução da Assembleia Nacional Provisória foi adotada *antes* que todos os estados federados tivessem apresentado suas declarações formais de adesão. A da Alta Áustria só foi apresentada em 18 de novembro; a da Baixa Áustria e a do Tirol nunca foram apresentadas. [101] Na sessão da Assembleia Nacional Provisória de 12 de novembro de 1918, o chanceler de Estado justificou a resolução com as seguintes palavras: "a base da nossa atividade estatal são os estados e distritos, que, *por decisão livre, consumaram sua adesão ao Estado Áustria Alemã*. Assim, os estados Baixa Áustria, Alta Áutria, Salzburg, Estíria, Caríntia, Tirol e Vorarlberg realizaram sua adesão, submeteram-se às resoluções da Assembleia Nacional Provisória e declararam que se subordinam às autoridades e às decisões administrativas

declaração de adesão da Alta Áustria[619] [101] – ainda que *apenas* desta – parece ter influenciado todo esse processo a concepção totalmente equivocada, tanto do ponto de vista histórico quanto jurídico, de que o antigo Império Austríaco teria se baseado na Sanção Pragmática de *Carlos VI*; que essa Sanção Pragmática, por ter sido aceita pelos estratos das diversas províncias, teria constituído uma espécie de tratado; e que, com a deposição da dinastia, essa sanção teria perdido sua vigência, sendo então necessário um novo tratado, caso os estados – ou pelo menos alguns deles – quisessem formar uma nova união. As declarações de adesão aqui analisadas têm, de fato, o caráter de manifestações contratuais de vontade. Assim se expressa, por exemplo, a resolução correspondente da Assembleia Estadual da Caríntia: "O estado da Caríntia une-se, *com iguais direitos e iguais deveres*, aos demais estados que se constituíram no Estado da Áustria Alemã, prometendo partilhar seu destino em comunhão indissolúvel e fraterna unanimidade, e *espera que suas representações legais aceitem esse compromisso* e o retribuam com o mesmo espírito".[620] [102] Essa concepção de um tratado entre os estados federados como fundamento constitutivo do próprio Estado representa um elemento confederativo absolutamente incompatível com o Estado unitário pretendido pela resolução constitucional. *A contradição entre um princípio centralista e um princípio extremado do federalismo*, que marcou todo o desenvolvimento político do jovem Estado da Áustria Alemã, foi uma espécie de defeito de nascimento cujos efeitos nefastos ameaçaram continuamente a própria existência dessa comunidade estatal.

---

do Estado Áustria Alemã. Além disso, já se constituiu a província da Boêmia alemã e também a de Sudetenland. *Esses estados ou províncias* enviaram seus documentos constitutivos à Assembleia Nacional Provisória. Ademais, o distrito da Morávia do Sul, com sede em Znaim, constituiu-se de forma autônoma e, por decisão própria, deliberou aderir ao estado Baixa Áustria. Igualmente, a região do Böhmerwald (Böhmerwaldgau) se constituiu e decidiu unir-se ao estado Alta Áustria (...)". [N.T. StProtPNV 77 – ênfase de Kelsen]. Evidentemente, foi a ideia do *direito à autodeterminação* que sugeriu esse caminho de Constituição do estado.

III. A Emenda Constitucional de 19 de dezembro de 1918

As circunstâncias extraordinárias sob as quais foi adotada a Resolução Constitucional de 30 de outubro justificam suas numerosas deficiências. Para corrigir as mais graves entre elas e, assim, atender às necessidades práticas mais urgentes da vida constitucional, uma emenda constitucional teve de ser promulgada poucas semanas depois: a Lei de 19 de dezembro de 1918 (StGBl. nº 139), pela qual algumas disposições da resolução da Assembleia Nacional Provisória para a Áustria Alemã sobre as instituições fundamentais do poder estatal de 30 de outubro de 1918 (StGBl. nº 1), foram modificadas ou complementadas.[621]

A princípio, a emenda trouxe a até então ausente regulamentação legal da *relação recíproca entre os três presidentes* da Assembleia Nacional. Ao mesmo tempo que se estabelece o princípio da igualdade entre eles, determina-se que devem alternar semanalmente, em ordem acordada, na Presidência da Assembleia Nacional, do Conselho de Estado e do Gabinete (governo estatal).[622]

O *processo legislativo* sofreu uma mudança essencial. O sistema unicameral vigente já havia conduzido, mesmo durante o curto período de sua existência, a decisões legislativas da Assembleia Nacional precipitadas e tecnicamente mal concebidas, para as quais não havia correção possível por via constitucional.[623] Por isso, a emenda [103] constitucional introduziu um *veto suspensivo por parte do Conselho de Estado*. Após estabelecer expressamente a iniciativa legislativa dos membros da Assembleia Nacional, ao lado do direito de iniciativa do Conselho de Estado, a emenda determinava que o Conselho de Estado, caso tivesse objeções à execução de uma decisão tomada pela Assembleia Nacional, poderia submetê-la novamente a esta, antes da promulgação, no prazo de dez dias e com exposição de motivos, com um pedido de modificação ou revogação. Tal decisão do Conselho de Estado requeria, para sua validade, a presença de pelo menos 15 membros e uma maioria de dois terços dos votos emitidos. No entanto, se a Assembleia Nacional insistisse em sua decisão original, esta deveria ser imediatamente promulgada pelo Conselho de Estado. As decisões da Assembleia Nacional promulgadas pelo Conselho de Estado deveriam ser publicadas pelo chanceler de Estado.[624]

Além disso, a *competência da Assembleia Nacional Provisória* foi ampliada ao lhe ser atribuída a aprovação de *tratados comerciais* e daqueles *tratados estatais* que implicassem *alteração do território nacional.*[xxvii] Os demais tratados internacionais passaram a ter sua validade condicionada à aprovação pelo Conselho de Estado.[625] Para a celebração de determinados tratados econômicos provisórios com os governos dos demais Estados nacionais fundados no território do antigo Império Austro-Húngaro, foi autorizado o Diretório do Conselho de Estado. A *ratificação dos tratados internacionais* deveria, por disposição expressa da emenda constitucional, ser realizada por aquele presidente da Assembleia Nacional que estivesse presidindo o Gabinete. O ato de ratificação necessitava da contra-assinatura do chanceler de Estado, do secretário de Estado para as Relações Internacionais e do secretário de Estado competente quanto à matéria.[626]

[104] O *monopólio de emitir decretos* (*Verordnungsmonopol*) conferido ao Conselho de Estado pela Resolução Constitucional de 30 de outubro foi expressamente revogado, e todos os atos do Conselho – cuja autenticação incumbia ao notário – passaram a depender da *contra-assinatura* do chanceler de Estado ou de um secretário de Estado.[627] A posição do chanceler de Estado foi regulada constitucionalmente conforme a evolução real desse órgão.

---

xxvii [103] Cf. a disposição análoga da Lei Fundamental sobre Representação Imperial de 21 de junho de 1867, [N.T. § 11 (2) lit LF Representação Imperial 1867 (nota 51)] p. 36. [N.T. Cf., acima, pp. 71-72]. Tratados que sobrecarregam o Estado ou partes dele ou que vinculam cidadãos individuais são deixados de fora. Mas veja também as pp. 120, 121, 138, 141, 186. [N.T. Cf., abaixo, pp. 161 e s., 182, 185-186, 232-233

O chefe da Chancelaria de Estado passou a ostentar também de direito o título de *chanceler de Estado*,[628] sendo-lhe confiada a Vice-Presidência do Gabinete.[629] Na prática, porém, jamais um presidente da Assembleia Nacional exerceu a Presidência do Gabinete – sempre foi o chanceler de Estado quem o representou. De maior relevância foi o fato de que o chanceler de Estado, enquanto membro e presidente do Gabinete, passou a estar sujeito à *responsabilidade ministerial*.[630] À Chancelaria de Estado, subordinada ao chanceler, foram atribuídas as seguintes competências de assegurar a cooperação unificada entre todos os órgãos estatais, zelar pelos interesses comuns a todos os ramos da administração, tratar dos assuntos administrativos relacionados ao Conselho de Estado, preparar as proposições constitucionais do Conselho de Estado e, por fim, administrar os tribunais superiores de Direito Público.[631] O cargo de *notário de Estado*, que agora recebia esse título por força de lei e igualmente passou a estar sujeito à responsabilidade ministerial,[632] foi dotado de uma competência própria e estável sob a designação de "Ofício do Selo de Estado": autenticar os atos do Conselho de Estado, guardar o selo de Estado, os emblemas e as insígnias oficiais.[633] Cabe mencionar, nesse contexto, que o notário de Estado, segundo a lei sobre o controle da dívida pública, deveria contra-assinar todos os documentos relativos à dívida estatal.[634] Por ordem especial do Conselho de Estado, também lhe foi atribuída a administração dos antigos bens da Coroa.[635] [636]

O *Diretório do Conselho de Estado*, já instituído pela Resolução Constitucional de 30 de outubro de 1918, recebeu agora uma nova composição e – o que até então lhe faltava – uma esfera de competência legalmente definida. Passou a ser composto pelos três presidentes da Assembleia Nacional [105], sendo excluídos o chanceler de Estado e o notário de Estado, que antes dele faziam parte, já que de outro modo um colegiado composto por dois órgãos responsáveis e três irresponsáveis teria sido formado. A Presidência do Diretório deveria ser exercida, em cada semana, por aquele presidente da Assembleia Nacional que estivesse presidindo o Gabinete naquela semana. A participação do chanceler de Estado e do notário de Estado nas decisões do Diretório foi assegurada por meio da exigência de que a validade de tais decisões dependesse da contra-assinatura do chanceler de Estado e sua autenticação pelo notário de Estado.[637] Foram atribuídas ao Diretório as seguintes competências: todas as deliberações que caberiam ao Conselho de Estado, quando este não estivesse reunido, mas apenas em casos de especial urgência e com aprovação posterior do Conselho;[638] a direção e o uso das forças armadas;[639] a nomeação dos funcionários públicos – e como a lei mencionava genericamente "funcionários", entendeu-se que isso abarcava todos os funcionários do Estado da classe VI em diante;[640] os funcionários e servidores até a classe VII, inclusive, eram nomeados pelos secretários de Estado;[641] por fim, o Diretório do Conselho de Estado foi autorizado a celebrar tratados com os governos dos demais Estados nacionais surgidos no território da antiga Monarquia Austro-Húngara, para regular provisoriamente as relações econômicas recíprocas.[642] A necessidade de concluir com rapidez tais tratados econômicos justificava essa disposição.

Em seguida à Emenda Constitucional de 19 de dezembro de 1918, a Assembleia Nacional Provisória promulgou, mediante uma série de leis especiais, disposições que completaram e aprimoraram a Constituição provisória em diversas direções. Em lugar do Tribunal de Contas Supremo (oberster Rechnungshof), órgão de controle supremo de contas previsto na antiga Constituição austríaca, que atuava como órgão auxiliar do Parlamento Imperial,[xxviii] recepcionado pela Constituição austro-alemã, foi instituído pela Lei de 6 de fevereiro de 1919 (StGBl. nº 85),[643] o *Tribunal de Contas* [106] *do Estado*. De modo geral, sua organização seguiu o modelo do antigo Tribunal de Contas Supremo austríaco (oberster Rechnungshof). Seu presidente é nomeado, conforme as disposições legais, pelo Conselho de Estado, tem o

---

[xxviii][105] Cf. p. 37. [N.T. Cf., acima, pp. 72-73].

posto de secretário de Estado, não pode ser membro da Assembleia Nacional e não pode ter pertencido a nenhum governo da Áustria Alemã nos cinco anos anteriores. Em regra, só pode ser destituído por deliberação da Assembleia Nacional e está sujeito à responsabilidade ministerial.[644] Ele não está subordinado ao Gabinete e mantém comunicação direta com a Assembleia Nacional e com o Conselho de Estado.[645] Compete ao Tribunal de Contas do Estado fiscalizar a gestão de toda a economia estatal, incluindo a dívida pública. Também deve fiscalizar a administração de fundações, fundos e instituições geridas por autoridades ou órgãos do Estado, bem como das entidades e sociedades nas quais o Estado detenha participação financeira, seja qual for a forma. Os documentos relativos à dívida pública – sejam de natureza financeira ou administrativa – devem ser contra-assinados pelo presidente do Tribunal de Contas.[646] Dessa forma, a lei anterior sobre o controle da dívida pública[647] foi, em sua essência, revogada. O Tribunal de Contas redige o balanço geral do Estado e o apresenta, com relatório detalhado, à Assembleia Nacional.[648]

Para o exercício das funções que cabiam ao antigo Supremo Tribunal Administrativo austríaco (österreichischer Verwaltungsgerichtshof),[xxix] foi instituído, por meio da Lei de 6 de fevereiro de 1919 (StGBl. nº 88),[649] um *Tribunal Administrativo* da Áustria Alemã (deutschösterreichischer *Verwaltungsgerichtshof*). No que diz respeito à competência, à organização e ao procedimento, foram recepcionadas expressamente as normas correspondentes do Direito austríaco.[650] A única mudança significativa consistiu no fato de que o Tribunal Administrativo da Áustria Alemã passou a contar não com dois presidentes, como no modelo austríaco anterior, mas com apenas um, e a nomeação dos membros do tribunal deveria ocorrer por proposta de um senado especial de pessoal, de forma análoga à estabelecida na lei fundamental sobre o Poder Judiciário para a nomeação de juízes em geral.[651]

---

xxix [106] Cf. pp. 67 e ss. [N.T. Cf., acima, p. 104 e s.].

[107] Transformações mais profundas sofreu a instituição do Tribunal de Justiça do Império (Reichsgericht) austríaco.[xxx] Enquanto o Tribunal Administrativo conservou seu nome e a competência definida na Constituição austríaca – julgar todos os casos em que alguém alegar ter sido lesado por uma decisão ou providência ilegal de uma autoridade administrativa (salvo em determinados casos expressamente mencionados na lei)[652] –, para as atribuições do antigo Tribunal de Justiça do Império, que era especificamente encarregado de julgar queixas de cidadãos por violação dos direitos políticos garantidos pela Constituição, depois também de decidir sobre certas pretensões contra o Estado e as províncias subtraídas à jurisdição comum e, por fim, de solucionar conflitos de competência,[653] foi criado um *Tribunal Constitucional* (*Verfassungsgerichtshof*) austro-alemão pela Lei de 25 de janeiro de 1919 (StGBl. nº 48)[654] e, posteriormente, pela Lei de 3 de abril de 1919 (StGBl. nº 212),[655] aprovada pela Assembleia Nacional Constituinte. A este tribunal foram atribuídas, além das competências do antigo Tribunal de Justiça do Império,[656] as funções do extinto Tribunal de Responsabilidade do Estado austríaco, as quais, segundo a Resolução Constitucional de 30 de outubro, estavam inicialmente nas mãos de uma comissão de vinte membros da Assembleia Nacional,[657] a saber, a decisão sobre acusações contra ministros, assim como – por meio da Lei de 14 de março de 1919 (StGBl. nº 179)[658] – lhe foi atribuída também a decisão sobre impugnações, por parte do Governo Estadual, de resoluções legislativas das Assembleias Estaduais que fossem inconstitucionais.[659] O Tribunal Constitucional era composto por um presidente, seu vice-presidente, doze membros e seis suplentes, todos nomeados pelo presidente da Assembleia Nacional sob proposta do Governo do Estado.[660] (Os membros e suplentes do Tribunal de Justiça do Império austríaco eram nomeados com base em listas tríplices[661] apresentadas, para metade das vagas, pela Câmara dos Deputados

---

xxx [107] Cf. pp. 64 e ss. [N.T. Cf., acima, pp. 101-103].

e, para a outra metade, pela Câmara dos Pares).[662] Uma mudança de grande importância, em comparação com a Constituição austríaca anterior, está também no fato de que as decisões do Tribunal Constitucional [108] sobre queixas por violação de direitos políticos não tinham mais – como antes[xxxi] – caráter meramente declaratório,[663] mas passaram a ter, assim como as sentenças do Tribunal Administrativo, caráter cassatório. E as autoridades passaram a estar obrigadas a proferir nova decisão ou providência em substituição àquela anulada pelo Tribunal Constitucional por ofensa à Constituição, devendo respeitar, nessa nova decisão, a interpretação jurídica do Tribunal Constitucional.[664]

Também uma *Constituição militar* provisória foi aprovada pela Assembleia Nacional Provisória (Lei de 6 de fevereiro de 1919, referente a disposições provisórias sobre as força armada [StGBl. Nr. 91]).[665] *De fato*, após a queda do antigo regime, foi criado, sob a designação de "Volkswehr", um exército de soldados profissionais, cuja direção e emprego cabia, segundo a emenda constitucional, ao Diretório do Conselho de Estado.[666] A intenção era organizar a Constituição militar segundo o sistema de milícia. As disposições provisórias sobre as forças armadas foram concebidas como etapa de transição nesse sentido. De acordo com essas disposições, a força armada destinava-se à defesa diante de ataques externos, à manutenção da ordem interna – esta última, porém, apenas na medida em que a autoridade civil legítima a considerasse necessária – e, por fim, à proteção contra catástrofes naturais.[667] A instituição de uma obrigação geral de formação militar foi descartada em consideração às condições geradas pela guerra mundial – afinal, na Áustria, já os jovens de dezenove anos haviam sido convocados para o serviço militar. Por outro lado, foi estabelecida uma obrigação de convocação, segundo a qual todo cidadão austríaco do sexo masculino, dos dezenove aos quarenta e dois anos, deveria apresentar-se ao serviço militar em caso de

xxxi [108] Cf. p. 66. [N.T. Cf., acima, p. 103].

convocação.[668] A convocação deveria ser, em princípio, decretada pela Assembleia Nacional. Para fins de proteção contra catástrofes naturais, ela poderia também partir do Governo Estadual.[669] A utilização e a direção das forças armadas foram atribuídas – como na emenda constitucional – ao Diretório do Conselho de Estado, o qual deveria indicar ao secretário de Estado para os Assuntos Militares – a quem competiam todos os assuntos relacionados às forças armadas – os fins de sua utilização, bem como nomear um comandante supremo subordinado ao secretário de Estado, mas apenas para situações extraordinárias ou no caso de uma convocação.[670] – A aplicação efetiva dessa lei, porém, não se concretizou, pois o Tratado de Saint-Germain impôs à Áustria Alemã obrigações inteiramente distintas no que se refere às forças armadas.[xxxii]

IV. A Assembleia Nacional Constituinte

Além da criação de uma Constituição provisória, a convocação da Assembleia Constituinte foi a principal tarefa da Assembleia Nacional Provisória. Essa tarefa foi cumprida pela Lei de 18 de dezembro de 1918 sobre a *convocação da Assembleia Nacional Constituinte* (StGBl. nº 114)[671] e pela Lei de 18 de dezembro de 1918 sobre o *regulamento eleitoral* para a Assembleia Nacional Constituinte (StGBl. nº 115).[672] De acordo com essas leis, a Constituinte deveria ser composta por 255 deputados, eleitos em 38 *distritos eleitorais* com base no *sufrágio igual, secreto e pessoal* de todos os cidadãos do Estado, sem distinção de sexo, que tivessem completado 20 anos de idade antes de 1º de janeiro de 1919, segundo o sistema de *representação proporcional*.[673] Por meio da Lei de 9 de janeiro de 1919 (StGBl. nº 15),[674] foi ainda determinado que também os nacionais do Reich alemão residentes na Áustria Alemã teriam direito de voto, sob a condição de reciprocidade. Essa condição de reciprocidade foi satisfeita na medida em que também os

xxxii [109] Cf. p. 152. [N.T. Cf., abaixo, p. 197 e s.].

cidadãos austro-alemães foram autorizados a votar na Assembleia Nacional Constituinte alemã (Decreto de 7 de janeiro de 1919).[675] Partindo do princípio enunciado na Constituição austro-alemã de que a Áustria Alemã é parte integrante do Reich alemão, cabendo-lhe, assim, uma posição análoga à de um Estado-membro, o princípio da reciprocidade [110] não exigiria tanto que os cidadãos austro-alemães no Reich – assim como os nacionais do Reich na Áustria Alemã para a Assembleia Nacional Constituinte austro-alemã – pudessem votar na Assembleia Nacional Constituinte alemã, mas antes que pudessem também votar nos corpos legislativos dos Estados-membros individuais do Reich alemão. – Cabia à legislação estadual estabelecer que os eleitores domiciliados no respectivo estado estivessem *obrigados* a exercer o direito de voto ativo na eleição dos membros da Assembleia Nacional Constituinte.[676] Ao instituir esse dever facultativo de votar, retomaram-se literalmente as disposições dos antigos regulamentos eleitorais imperiais austríacos[677] de 1907.[xxxiii,678] As condições para o direito de elegibilidade (direito de voto passivo) diferiam das do direito de voto ativo apenas no fato de que fixavam como limite etário o 29º ano de vida completo até 1º de janeiro de 1919[679] (segundo a Constituição Federal, o 24º ano de vida).[xxxiv] Estavam excluídas do direito de voto e da elegibilidade as seguintes categorias de pessoas: interditados totais ou parciais, condenados judicialmente por crime ou por certas contravenções e delitos, mulheres punidas por prostituição habitual ou submetidas à vigilância da polícia de costumes (este motivo de exclusão foi abolido pela Constituição Federal),[xxxv] pessoas submetidas à vigilância policial ou internadas em estabelecimentos de trabalho forçado e aquelas que tivessem perdido o poder familiar sobre seus filhos.[680]

---

xxxiii [110] Cf. p. 27. [N.T. Cf., acima, p. 61 e s.].

xxxiv [110] Cf. p. 178. [N.T. Cf., abaixo, p. 224 e s.].

xxxv [110] Cf. p. 179. [N.T. Cf., abaixo, p. 225 e s.].

A realização da eleição não foi atribuída às autoridades administrativas ordinárias, mas, sim, a autoridades eleitorais especiais, criadas unicamente para esse fim. Para cada distrito eleitoral foi constituída uma autoridade eleitoral distrital. Esta se compõe do chefe da autoridade administrativa distrital do local onde a autoridade eleitoral distrital tem sua sede, atuando como presidente da eleição, e de pelo menos seis assessores. Dentro do distrito eleitoral, foi instituída, na sede de cada autoridade administrativa distrital, uma autoridade eleitoral de distrito, composta pelo chefe da autoridade administrativa distrital [111] ou por seu substituto e por no mínimo seis assessores. Cada município constitui, em regra, uma zona de votação ou local de votação. Municípios maiores podem ser divididos em várias zonas ou locais de votação. Para cada local de votação foi constituída uma autoridade eleitoral local, composta pelo chefe do município como presidente da eleição e por no mínimo três assessores. Para todo o território do Estado foi instituída em Viena a autoridade eleitoral central. Esta se compõe do secretário de Estado do Interior ou de um seu substituto designado, como presidente, e de vinte assessores, dos quais cinco pertencem ou pertenceram à carreira judiciária. Os assessores da autoridade eleitoral central que não pertencem à carreira judiciária, bem como os assessores das demais autoridades eleitorais, são nomeados com base em propostas dos partidos, proporcionalmente à sua força verificada na última eleição; no caso da autoridade eleitoral central, essa nomeação é feita pelo Conselho de Estado (após a abolição do Conselho de Estado, pelo Governo do Estado, em acordo com o Comitê Principal);[xxxvi] no caso das autoridades eleitorais do círculo eleitoral, pela autoridade eleitoral central, no das autoridades eleitorais de distrito, pela autoridade eleitoral do círculo eleitoral, e no das autoridades eleitorais locais, pela autoridade eleitoral de distrito.[681] Do ponto de vista prático, apenas as autoridades eleitorais locais e do círculo eleitoral eram relevantes. Às primeiras incumbia a elaboração das listas de eleitores

---

[xxxvi] [111] Cf. p. 159. [N.T. Cf. abaixo p. 204].

(essa atribuição foi mais tarde transferida ao próprio município)[xxxvii] e o recebimento das cédulas no ato eleitoral.[682] À autoridade eleitoral do círculo eleitoral competia, sobretudo, decidir sobre os recursos interpostos contra decisões da autoridade eleitoral local por violação do direito de sufrágio, como a inscrição de pessoas não aptas a votar ou a omissão da inscrição de eleitores habilitados nas listas.[683] Para encurtar o processo eleitoral, por meio de uma instrução executiva permitida pela lei sobre o regulamento eleitoral, a autoridade eleitoral central foi completamente excluída do procedimento de proteção do direito eleitoral (o que depois ocorreu de modo definitivo).[xxxviii] As autoridades eleitorais são permanentes, ou seja, devem permanecer em exercício até a convocação das eleições para os Parlamentos a serem eleitos com base na Constituição definitiva.[684]

[112] Dentre os diversos sistemas de representação proporcional, foi aceito o tecnicamente mais simples: o sistema de lista fechada. Em conformidade com isso, determinou-se o registro oficial das candidaturas partidárias. Cada grupo de eleitores que deseje participar do pleito deve apresentar à autoridade eleitoral do círculo eleitoral uma proposta eleitoral assinada por pelo menos cem eleitores do círculo eleitoral, contendo: a designação do partido, uma lista de no máximo o dobro do número de candidatos a serem eleitos no círculo eleitoral, ordenados de forma determinada e numerados com algarismos arábicos, e, por fim, a designação de um representante da legenda com poderes para receber notificações oficiais.[685]

A votação é secreta, na medida em que cada eleitor deposita sua cédula – fornecida oficialmente ou levada por ele próprio – dentro do envelope oficial de votação, diante da autoridade eleitoral.[686] A cédula deve ser feita de papel macio. (Mais tarde, acrescentou-se que ela também não poderia exceder determinadas dimensões).[xxxix]

---

xxxvii [111] Cf. p. 159. [N.T. Cf., abaixo, p. 204].

xxxviii [111] Cf. p. 159. [N.T. Cf., abaixo, p. 204].

xxxix [112] Cf. p. 159. [N.T. Cf., abaixo, p. 204].

A cédula é considerada validamente preenchida quando nela constar, de forma inequívoca, a designação do partido ou ao menos o nome de um candidato da lista desse partido.[687] (Mais tarde, acrescentou-se: ou o nome de um ou mais candidatos constantes da lista partidária apresentada por esse partido, juntamente com a designação do partido).[xl]

A autoridade eleitoral local, perante a qual se realiza a votação, determina o número de votos válidos atribuídos a cada lista partidária e transmite as cédulas, juntamente com uma ata do processo eleitoral, à autoridade eleitoral do círculo eleitoral, à qual compete apurar o resultado da eleição no círculo.[688] A distribuição dos mandatos entre os partidos no distrito ocorre – assim como segundo o regulamento eleitoral da Assembleia Nacional Constituinte alemã[689] – segundo o método[690] de *D'Hondt*.[691] A lei austro-alemã, no entanto, formula a regra de distribuição de modo um pouco diferente e menos preciso do que, por exemplo, o regulamento [113] eleitoral do Reich alemão. Primeiramente, devem ser apuradas as somas partidárias, isto é, o total de votos recebidos por cada partido.[692] Em seguida, conforme a prescrição legal, as somas partidárias devem ser colocadas lado a lado, em ordem decrescente. "Abaixo de cada soma partidária escreve-se a metade, abaixo desta o terço, depois o quarto e, conforme necessário, também o quinto, o sexto etc." Em seguida, deve-se determinar o quociente eleitoral. "Considera-se como quociente eleitoral, no caso de haver apenas um mandato a distribuir no distrito, o maior número entre os assim escritos; se forem dois mandatos, o segundo maior número; se forem três, o terceiro maior, e assim por diante. Cada partido recebe tantos mandatos quantas vezes o quociente eleitoral estiver contido na sua soma partidária".[693] A lei também determina que, se após esse cálculo duas legendas tiverem o mesmo direito a um mandato, a decisão se dará por sorteio.[694] No entanto, justamente a fórmula escolhida pela lei para a regra

---

xl [112] Cf. p. 159. [N.T. Cf., abaixo, p. 204].

de distribuição jamais conduziria, se aplicada literalmente, ao caso em que, dentre vários partidos, dois teriam exatamente o mesmo direito a um mandato. O que pode ocorrer é que, segundo a regra de distribuição, sejam atribuídos mais mandatos do que os disponíveis no distrito em questão. Se os mandatos disponíveis forem atribuídos progressivamente às somas partidárias e aos seus quocientes, em ordem decrescente, poderá, contudo, surgir a dúvida a qual partido caberá o último mandato, caso diversos partidos apresentem a mesma soma partidária ou o mesmo quociente ou, como diz o regulamento eleitoral do Reich alemão, o mesmo número máximo. Entre esses partidos, a decisão cabe ao sorteio.[695] E é exatamente isso que também determina também o regulamento eleitoral austro-alemão.

A possibilidade de vincular duas ou mais listas partidárias entre si é admitida.[696] As listas vinculadas são inicialmente tratadas como se fossem uma única lista, e o número total de mandatos que lhes cabe é então distribuído entre as listas partidárias vinculadas segundo o método geral de distribuição.[697] (Essa possibilidade de vinculação foi posteriormente abolida).[xli]

[114] De cada lista partidária devem ser declarados eleitos, pela autoridade eleitoral, tantos candidatos quantos mandatos lhes couberem, e isso segundo a ordem em que forem indicados na proposta de candidatura. Os não eleitos são suplentes e devem suceder, caso um dos candidatos eleitos da mesma lista deixe o cargo. Somente se, em um distrito eleitoral, metade dos mandatos se tornar vaga devido à saída dos deputados eleitos e dos suplentes, todos os demais deputados e suplentes perderão também seus mandatos, devendo ser realizada uma eleição suplementar para esse distrito eleitoral.[698]

Para o caso de que as eleições em um ou outro distrito eleitoral não pudessem ser realizadas segundo as disposições da lei eleitoral em virtude de guerra ou ocupação inimiga, esta última previa a

---

xli [113] Cf. p. 159. [N.T. Cf., abaixo, p. 204].

possibilidade de chamadas eleições de emergência (Notwahlen), nas quais a votação poderia ocorrer, eventualmente, mediante o envio direto das cédulas à autoridade eleitoral central ou de outra forma simplificada. Em caso extremo, o Conselho de Estado foi autorizado a convocar para a Assembleia Nacional, levando em consideração a proporção partidária, um número correspondente de representantes provenientes dos territórios impedidos.[699] Este direito, contudo, foi reservado à própria Assembleia Nacional pela Lei de 12 de março de 1919 (StGBl. nº 175).[700]

Para os distritos eleitorais da Boêmia alemã e Sudetenland, que estavam sob controle do estado tchecoslovaco e onde, portanto, não se puderam realizar eleições, optou-se, por razões políticas, por não nomear deputados. Esses dois territórios permaneceram, assim, totalmente sem representação, assim como as "áreas de enclausuramento" de Brünn, Iglau e Olmütz. As eleições ocorreram – em 16 de fevereiro de 1919 – apenas em 25 distritos eleitorais.[701] Mesmo nesses casos, nem todos os 170 mandatos atribuídos foram devidamente preenchidos. Apenas 159 deputados foram originalmente declarados eleitos pelas autoridades eleitorais.[702] Tanto no distrito eleitoral da Estíria Central e Inferior (Estíria Meridional) quanto no distrito eleitoral do Tirol do Sul de língua alemã, as eleições puderam ser realizadas apenas parcialmente, pois essas regiões estavam em parte ocupadas pela Itália e pela Iugoslávia. Por decisão da Assembleia Nacional [115], em ambos os casos, foi convocado o número total de deputados atribuídos a esses distritos pela lei eleitoral, sendo que o território que de fato votou preencheu os mandatos destinados a todo o distrito eleitoral; no Tirol do Sul de língua alemã, para a distribuição dos mandatos entre os partidos, não se tomou como base o resultado da votação nessa parte do território, mas, sim, o resultado da votação em todo o Tirol.[703] Assim, o número de deputados foi aumentado de 159 para 170.[xlii]

---

xlii [115] Desses 170 deputados, 72 correspondiam ao Partido Social-Democrata, 69 ao Partido Social-Cristão, 26 ao Partido Nacional Alemão

A constitucionalidade deste procedimento, contudo, é duvidosa.

A Assembleia Nacional Constituinte era, desde o início, apenas um Parlamento reduzido. Justamente por isso, sentiu-se [116] a necessidade de afirmar, na já mencionada Lei de 12 de março de 1919,[704] na qual se protestava solenemente contra a ocupação violenta de certos territórios, especialmente da Boêmia Alemã e da Sudetenland, também o princípio jurídico de que a obstrução

---

(Grande-Alemão) e 1 deputado a cada um dos seguintes partidos: o Partido Democrático Burguês, o Partido Tchecoslovaco e o Partido Nacional Judaico. A proporção dos votos atribuídos a cada partido foi a seguinte: dos 2.972.295 votos válidos, os Social-Democratas obtiveram 1.211.393, os Social-Cristãos 1.068.259, os partidos nacional-democráticos alemães, 617.477, destes os Democratas Burgueses 48.995, os Tchecoslovacos 67.396 e os Nacionais Judaicos 7.770. Confrontando-se a soma dos votos de cada partido com o número (original) de mandatos (159), obtém-se o seguinte:

social-democratas	40,76	de todos	votos	e	43,40%	de todos	mandatos
socialistas-cristãos	35,94%	"	"	"	39,62%	"	"
nacionalistas e democratas alemães	20,77%	"	"	"	15,72%	"	"
Tchecoslovacos	2,27%	"	"	"	0,63%	"	"
Nacionalistas judeus	0,26%	"	"	"	0,63%	"	"

Essa comparação revela perturbações bastante significativas da proporcionalidade, principalmente em favor dos Social-Democratas e dos Social-Cristãos e em detrimento dos Nacionais Alemães, dos Democratas e dos Tchecoslovacos. Essas distorções decorrem do fato de que o princípio da proporcionalidade só pôde ser aplicado dentro dos distritos eleitorais, mas a divisão dos distritos eleitorais necessariamente entrou em conflito com o ideal da proporcionalidade. Em especial, a fragmentação do território urbano de Viena em distritos eleitorais delimitados de maneira mais ou menos arbitrária prejudicou a proporcionalidade do resultado eleitoral. (Por essas razões, foi posteriormente prevista a consideração dos "votos residuais" mediante a introdução de um segundo procedimento de apuração. Cf. pp. 157 e ss.). [N.T. Cf., abaixo, p. 202 e s.].

violenta e ilegal da eleição de parte dos deputados não prejudicaria a atividade constitucional da Assembleia Nacional Constituinte.

Sobre a impugnação das eleições para a Assembleia Nacional Constituinte deveria decidir, com base em uma Lei especial de 6 de fevereiro de 1919 (StGBl. nº 90),[705] um *Tribunal Eleitoral* (*Wahlgerichtshof*), composto por três membros respectivamente do Tribunal Constitucional, do Tribunal Administrativo e do Supremo Tribunal de Justiça, e presidido pelo então presidente do Tribunal Administrativo. As impugnações eleitorais poderiam ser apresentadas, em razão da ilegalidade do procedimento eleitoral, com o pedido de anulação do processo eleitoral, ou de parte dele, ou da anulação da eleição de determinadas pessoas declaradas eleitas, somente pelos partidos políticos participantes da respectiva eleição, e, no segundo caso, também por um candidato.[706] A proteção do direito eleitoral *subjetivo* do *eleitor* se realiza – após o esgotamento do procedimento de contestação – perante o Tribunal Constitucional. O Tribunal Eleitoral também é competente para decidir sobre o pedido, apresentado pelo presidente da Assembleia Nacional Constituinte, de declaração da perda de mandato de um membro da Constituinte.[707]

V. A Constituição de 14 de março de 1919

De acordo com as disposições da Lei de 18 de dezembro de 1918 sobre a convocação da Assembleia Nacional Constituinte,[708] que, em contraste com a lei eleitoral do Reich alemão,[709] previa expressamente a convocação para a capital da república, a Constituinte reuniu-se em Viena no dia 4 de março de 1919. Segundo essa lei, o regimento interno da Assembleia Nacional Provisória deveria continuar a valer para a Assembleia Nacional Constituinte [117] até que esta adotasse seu próprio *regimento interno*. Contudo, na sua última sessão, a Assembleia Nacional Provisória aprovou uma lei sobre o regimento interno da Assembleia Nacional Constituinte (Lei de 6 de fevereiro de 1919 [StGBl. nº 101]).[710] Essa lei, no entanto, não foi aplicada, pois a Constituinte, logo após sua instalação, aprovou com a Lei de 5 de março de 1919 (StGBl. nº 162),[711] as bases de seu regimento interno e, com resolução da mesma data, o seu regimento interno "autônomo".[xliii,712] As disposições da lei seguem, em linhas gerais, o conteúdo da antiga lei austríaca de regimento interno, assim como o regimento interno "autônomo" da Assembleia Nacional, aprovado com base nessa lei, concorda em todos os pontos essenciais com o regimento interno autônomo da Câmara dos Deputados austríaca.[713]

Apenas duas semanas após sua instalação, a Assembleia Nacional Constituinte aprovou duas leis constitucionais: a Lei de 14 de março de 1919 (StGBl. nº 179), sobre a representação popular,[714] e a lei, de mesma data (StGBl. nº 180), sobre o Governo do Estado,[715] pelas quais a Constituição provisória foi radicalmente alterada. Primeiramente, houve a solene *autoproclamação da Constituinte*, declarando-se como o órgão supremo do povo e, como tal, reivindicando o poder supremo da república.[716] Por meio de uma disposição jurídica expressa [118], a Assembleia Nacional Constituinte foi estabelecida no lugar da Assembleia Nacional Provisória,[717] assumindo assim todas as competências e funções atribuídas a esta última, salvo modificação introduzida pelas novas leis constitucionais. Complementando a Lei de 18 de dezembro de 1918 sobre a convocação da Constituinte,[718] que limitava o seu mandato a dois anos, determinou-se que o período de sessões da Assembleia

---

xliii [117] A distinção entre uma *lei* de regimento interno e um regimento interno "autônomo", que representa uma simples *resolução* não promulgada da Casa legislativa, é inspirada na antiga Constituição austríaca (cf. acima p. 29). [N.T. Cf., acima, p. 64]. Como, naquela época, uma *lei* exigia a aprovação conjunta de *ambas* as Câmaras, essa distinção fazia sentido. Como agora existia apenas *uma* Câmara, a diferença entre lei e resolução "autônoma" tornou-se irrelevante. Considerando que o regimento interno "autônomo" contém disposições muito importantes, por exemplo, as normas disciplinares, não seria propriamente justificado conferir ao regimento interno do Parlamento, que constitui parte essencial da Constituição, uma forma que o exclui da promulgação obrigatória no Diário Oficial do Estado. (Cf. também p. 180). [N.T. Cf. acima pp. 226-227].

Nacional Constituinte deveria coincidir com esse mandato de dois anos.[719] Dado o curto período da legislatura e a unidade das tarefas a serem realizadas pela Constituinte, optou-se por não subdividir o mandato em dois *períodos de sessões* anuais. A soberania da Constituinte manifesta-se no fato de que o *recesso* da Casa só poderia ocorrer mediante decisão própria, enquanto a *dissolução* era, em geral, impossível, ou apenas possível mediante uma lei constitucional.[720]

Em sua organização, a Constituinte já se diferenciava da Assembleia Nacional Provisória pelo fato de não eleger três presidentes com iguais prerrogativas, mas apenas *um* presidente e, como seus substitutos para todas as funções legalmente atribuídas ao presidente, um segundo e um terceiro presidente.[721]

Somente com a lei sobre a representação popular foi estabelecida expressamente a *imunidade* dos membros da Assembleia Nacional, em consonância com as disposições correspondentes da antiga Constituição austríaca.[xliv] Os membros da Assembleia Nacional não podem jamais ser responsabilizados pelas votações realizadas no exercício de suas funções, e só podem ser responsabilizados pela própria Assembleia Nacional pelas manifestações feitas no exercício desse cargo.[722] O regimento interno autônomo de 5 de março de 1919[723] prevê apenas três sanções disciplinares: a chamada à ordem, a chamada ao assunto e a retirada da palavra. Todas as três medidas disciplinares estão sujeitas à discricionariedade do presidente, mas podem ser requeridas por qualquer pessoa autorizada a participar das deliberações. Além dessa chamada imunidade profissional, a lei [119] sobre a representação popular também prevê uma imunidade extraprofissional, estabelecendo que nenhum membro pode ser preso ou perseguido por autoridade pública (e não apenas judicialmente, como previa a antiga Constituição austríaca)[724] por um ato criminoso – salvo em caso de flagrante delito – sem a autorização da Assembleia Nacional.

---

xliv [118] Cf. p. 31. [N.T. Cf., acima, p. 66].

Mesmo no caso de prisão em flagrante, a autoridade deve comunicar imediatamente o fato ao presidente da Assembleia Nacional e, caso a Assembleia o exija, revogar a prisão ou adiar a persecução.[725]

Os funcionários públicos pertencentes à Assembleia Nacional não necessitam de licença para o exercício do seu mandato. Os membros do Governo de Estado, assim como os representantes por ele designados, têm o direito de participar de todas as sessões da Assembleia Nacional e de suas comissões e de defender as propostas do governo. Devem ser ouvidos sempre que assim o solicitarem. A Assembleia Nacional pode exigir a presença dos membros do Governo de Estado. À Assembleia Nacional cabe o direito de interpelação e o direito de fiscalizar a atuação do governo.[726]

É inovador o fato de que a Constituição – manifestamente inspirada numa instituição análoga do Parlamento alemão[727] – prescreve a eleição de um *Comitê Principal* da Assembleia Nacional.[728] ["]O Comitê Principal é composto pelo presidente,[729] que o preside, pelos segundo e terceiro presidentes, que o substituem na presidência, e por 11 membros eleitos segundo o sistema proporcional["].[730] Este Comitê Principal é o órgão mais importante da Assembleia Nacional. Ele funciona como centro de gravidade de toda a atividade parlamentar. Ele organiza os trabalhos da Casa. Sua importância específica, porém, decorre do fato de que ele atua como o órgão do Poder Executivo conferido à Assembleia Nacional. Compete a ele manter a ligação permanente entre a legislação e a execução, participar, como será explicado adiante,[731] na eleição do Governo de Estado e dos subsecretários de Estado,[732] bem como aprovar determinadas instruções de execução a serem emitidas pelo Governo de Estado relativas à delimitação mais precisa [120] da competência dos ministérios.[733] Uma função especial é atribuída ao Comitê Principal pela Lei de 3 de abril de 1919 (StGBl. nº 209)[734] sobre a expulsão do território nacional e a apropriação dos bens da Casa de Habsburgo-Lorena.[xlv] De fato, todo ato importante

---

xlv [120] Cf. p. 145. [N.T. Cf., abaixo, pp. 189-190].

do governo é realizado em acordo com o Comitê Principal, no qual todas as principais forças políticas da Assembleia Nacional estão proporcionalmente representadas. O Comitê Principal é permanente e permanece em funções mesmo após o término da legislatura da Assembleia Nacional, até ser destituído pela nova Assembleia Nacional ou pelo órgão legislativo que venha a substitui-la, seja pela eleição de um novo Comitê Principal ou por outros meios.[735] Até esse momento, os membros mantêm sua imunidade. Devido à participação do Comitê Principal na formação do Governo de Estado, a filiação a esse órgão é incompatível com a condição de membro do Governo de Estado.[736] Para garantir ao Comitê Principal a necessária continuidade em sua composição, não foram previstos suplentes para seus membros, pois a experiência demonstrou que essa instituição compromete a continuidade da composição. Quando existem suplentes, os membros titulares tendem com demasiada facilidade a se fazer substituir, e, assim, são frequentemente outras pessoas que participam das deliberações. Por isso, a lei sobre a representação popular determina que, no caso de vacância de um cargo no Comitê Principal, uma eleição suplementar deve ser realizada imediatamente.[737] Como não existem suplentes, faltam garantias *jurídicas* para assegurar que, nessa eleição, a proporcionalidade constitucionalmente exigida na representação dos partidos seja mantida; tal manutenção repousa unicamente em acordo tácito. Diferentemente de todas as demais comissões, os membros do Governo de Estado só podem participar das deliberações do Comitê Principal mediante convite.[738]

A *competência* da Assembleia Nacional Constituinte foi ampliada em relação à da Assembleia Provisória, na medida em que lhe foi conferido exclusivamente o direito de declarar guerra e de aprovar tratados de paz [121].[739] O direito de declarar guerra pertencia anteriormente ao Conselho de Estado, órgão que havia substituído o imperador na Constituição austríaca. Os tratados de paz, até então, só precisavam da aprovação da Assembleia Nacional quando configurassem tratados comerciais ou implicassem alterações territoriais.[740] Quanto à competência legislativa da Assembleia

Nacional, a lei sobre a representação popular parte do princípio de que cabe à Assembleia Nacional apenas a legislação sobre as matérias que, conforme a Constituição vigente, não são da competência legislativa dos estados federados.[741] Dessa forma, a competência legislativa é delegada às Assembleias Estaduais no mesmo âmbito que lhes era reconhecido segundo as normas da antiga Constituição austríaca. Tal delegação pressupõe a *supremacia da competência legislativa do estado*. O que pode ser objeto de dúvida é a extensão dessa delegação. Na antiga Constituição austríaca, a delimitação entre legislação do Império e legislação das províncias era originalmente regulada pela Patente de 26 de Fevereiro de 1861, de modo que tudo o que não fosse expressamente reservado à legislação provincial nas ordenanças provinciais emitidas juntamente com a Patente de Fevereiro [121] permanecia sob a competência legislativa do Império.[xlvi] Com a reforma constitucional de 1867, o modo de delimitação entre a legislação do Império e a legislação das províncias foi alterado pela Lei Fundamental sobre a Representação Imperial de 21 de dezembro de 1867, de tal maneira que agora as matérias reservadas à legislação do Império foram enumeradas de maneira taxativa no § 11 da citada lei fundamental, ao passo que todas as demais matérias foram deixadas à legislação das províncias.[xlvii] As ordenanças provinciais permaneceram em vigor, apenas com a modificação de suas disposições sobre competência, trazida pela Lei Fundamental sobre a Representação Imperial. A admissibilidade de tal derrogação das ordenanças provinciais pela legislação do Império poderia – como já salientado anteriormente[xlviii] – ser seriamente posta em dúvida, pois, segundo as disposições das

---

xlvi [121] § 18 das ordenanças provinciais. [N.T. Por exemplo, § 18 OP Áustria Inferior 1861 (nota final 46, p. 368)]. Para o texto literal, veja-se p. 17, acima. [N.T. Cf., acima, pp. 51-52].

xlvii [121] Cf. o teor dos §§ 11 e 12 da Lei Fundamental sobre a Representação Imperial; [N.T. §§ 11-12 LF Representação Imperial 1867 (nota final 509, p. 404)] veja pp. 32 e ss., acima. [N.T. Cf., acima, pp. 67-70].

xlviii [121] Cf. p. 35, acima. [N.T. Cf., acima, p. 70 e s.].

ordenanças provinciais, estas só poderiam ser alteradas por leis provinciais.[742] Todavia, a Lei Fundamental sobre a Representação Imperial impôs-se de fato diante das ordenanças provinciais com sua delimitação de competências; ademais, uma ampliação da competência legislativa das províncias, desejada pelos defensores da autonomia provincial, isto é, a transferência da competência até então exclusivamente atribuída ao Império para legislar sobre normas de justiça penal, Direito Penal Administrativo e Direito Civil, foi realizada no ano de 1907 por meio de uma emenda à Lei Fundamental sobre a Representação Imperial,[743] ou seja, por meio de lei imperial, que, assim, conferiu essa faculdade também às províncias, na medida em que tais normas fossem necessárias para a regulamentação de matérias pertencentes ao âmbito de sua competência legislativa.[xlix] Essa repartição de competências entre Império e províncias foi agora recepcionada pela Constituição da Áustria Alemã para reger a relação entre a legislação estatal e a legislação dos estados federados.[744] Dificuldades surgem na interpretação jurídica apenas na medida em que a recepção Lei Fundamental sobre a Representação Imperial, de 21 de dezembro de 1867, possa ser considerada duvidosa à luz do texto da cláusula geral de recepção do § 16 da Resolução Constitucional de 30 de outubro de 1918.[745] Com efeito, o Conselho Imperial austríaco certamente não constitui mais uma instituição, e as normas que regulam sua organização e competência não configuram, portanto, uma lei que pudesse ser compatível com a decisão sobre a estrutura fundamental do poder estatal. Em contrapartida, as ordenanças provinciais foram expressamente recepcionadas, e isso pela Lei sobre a Assunção do Poder Estatal nos Estados,[746] embora apenas na forma que possuíam no momento da recepção, isto é, já com as alterações resultantes da Lei Fundamental sobre a Representação Imperial de 1867. Dessa forma, a repartição de competências

---

xlix [122] Cf. p. 34. [N.T. Cf., acima, p. 69].

dessa Lei Fundamental, isto é, seus §§ 11 e 12, bem como todas as modificações posteriores, deve ser considerada como recepcionada.[1]

[123] O processo *legislativo* foi reorganizado pela nova Constituição de março de 1919. No que diz respeito à legislação estatal, as propostas de lei chegam à Assembleia Nacional seja como projetos do Governo de Estado – e não mais do extinto Conselho de Estado –, seja como propostas dos próprios membros da Assembleia Nacional.[747] As deliberações legislativas da Assembleia Nacional exigem, conforme as disposições da lei do regimento interno, maioria absoluta com a presença de no mínimo 50 membros; no caso de *alterações de leis constitucionais*, exige-se uma maioria de dois terços com a presença de metade de todos os membros.[748] As leis adquirem força obrigatória mediante certificação pela assinatura do presidente da Assembleia – e não mais, como anteriormente, pelo Conselho de Estado –, a assinatura conjunta do chanceler de Estado e do secretário de Estado responsável pela execução, e a publicação pelo chanceler de Estado no Boletim Oficial de Leis do Estado (Staatsgesetzblatt).[749] O direito de veto suspensivo, que antes cabia ao Conselho de Estado, foi agora transferido ao Governo de Estado. Este veto deve ser exercido não mais no prazo de 10 dias, mas no prazo de 14 dias após a aprovação da deliberação. A lei evitou, intencionalmente, a utilização da expressão "direito de veto", considerando a relação existente entre o Governo de Estado e a Assembleia Nacional, que detém também, em princípio, o Poder Executivo. A norma estabelece apenas que o Governo de Estado, caso tenha objeções à execução de uma deliberação da Assembleia

---

1 [122] Além disso, mediante leis estatais específicas da Áustria Alemã, foram ainda transferidas para a competência legislativa dos estados federados: pela lei eleitoral, a instituição da obrigatoriedade do voto para a eleição da Assembleia [123] Nacional Constituinte; pela lei sobre a assunção do poder estatal nos estados, [N.T. § 11 Lei poder estatal nos estados 1918 (nota final 531, p. 405)] a regulamentação mais detalhada das futuras leis estaduais sobre a "organização dos círculos, distritos e municípios da Áustria Alemã"; e, pela lei sobre a representação popular, [N.T. Art. 12 Lei Representação Popular 1919 (nota 658)] o regimento interno das Assembleias Estaduais.

Nacional, pode apresentar uma "representação" à Assembleia antes da publicação da lei, expondo os motivos de sua objeção; no entanto, se a Assembleia insistir em sua decisão original, esta deverá ser publicada imediatamente.[750] Assim, na prática, não há diferença significativa em relação ao veto anteriormente exercido pelo Conselho de Estado.

Quanto ao *processo legislativo estadual*, a lei sobre a representação popular cria [124] igualmente um novo regime jurídico. Segundo as normas recepcionadas da antiga Constituição austríaca, as deliberações legislativas das Assembleias Estaduais, que sucederam as antigas assembleias provinciais – como já assinalado anteriormente[751] –, teriam dependido de sanção ou aprovação pelo Conselho de Estado, assim como as deliberações legislativas das assembleias provinciais precisavam da sanção do imperador para adquirir força de lei. De fato, o direito de sanção do Conselho de Estado nunca se afirmou plenamente. As Assembleias Estaduais seguiram práticas bastante arbitrárias no tocante às leis estaduais. Para pôr fim a essa anarquia, foram estabelecidas as normas da lei sobre a representação popular. Esta distingue, primeiramente, entre deliberações legislativas das Assembleias Estaduais cuja execução exige a participação do Governo de Estado e aquelas cuja execução não depende dessa participação.[752] Sob a designação de Governo de Estado compreendem-se os órgãos centrais do Estado. Quanto aos casos que exigem a participação do Governo de Estado (Staatsregierung), cabe observar que, embora a distinção formal entre administração autônoma e administração submetida à autoridade do monarca tenha sido abolida, subsiste ainda uma diferença: nas antigas matérias de administração autônoma, a instância final de recurso permanece dentro do estado federado, ou seja, no Governo Estadual (Landesregierung) agora atuando como órgão estatal; já nas matérias anteriormente atribuídas à administração submetida à autoridade do monarca, a instância final é, em princípio, um dos órgãos centrais do Estado, ou seja, dos ministérios estatais (Staatsämter). Visto que o âmbito da legislação estadual não coincide com o da antiga administração autônoma – por exemplo, as leis estaduais sobre florestas e a administração florestal submetida à autoridade do monarca, que era conduzida por um ministério estatal, o Ministério da Agricultura e Silvicultura –, hoje ainda são possíveis leis estaduais cuja execução, em última instância, compete ao Governo de Estado. Há ainda matérias cuja regulamentação legislativa pertence às Assembleias Estaduais, mas cujos custos são arcados pelo Estado central, ou seja, pela receita geral do Estado administrada pelo Ministério das Finanças, e não apenas pelos cofres estaduais, isto é, pelas receitas específicas [125] de cada estado. Também nesses casos ocorre uma participação do Governo de Estado na execução das leis estaduais.

O processo legislativo estadual realiza-se, em princípio, de modo análogo ao processo legislativo federal: aprovação pela Assembleia Estadual, certificação pelo governador estadual com simples assinatura, contra-assinatura pelo diretor do Gabinete Estadual e publicação no Diário Oficial Estadual (Landesgesetzblatt).[753] Nesse aspecto, a nova Constituição adota integralmente o modelo do federalismo: a legislação do estado federado realiza-se com exclusão de órgãos do Estado central, isto é, dos órgãos estatais centrais. Entretanto, apenas aquelas deliberações da Assembleia Estadual cuja execução não exige a participação do Governo de Estado possuem efetivamente o caráter de legislação do estado federado. Todas as demais deliberações devem ser contra-assinadas pelo secretário de Estado competente ou pelo chanceler de Estado. Essa contra-assinatura deve ocorrer no prazo de 14 dias a partir do recebimento da comunicação da deliberação pela autoridade estadual. O Governo de Estado não pode impedir a formação da lei simplesmente recusando a contra-assinatura: a recusa exige uma deliberação formal do conjunto do Governo de Estado. A recusa deve ser fundamentada e comunicada à autoridade estadual dentro do prazo de 14 dias. Se nesse prazo não ocorrer nem a contra-assinatura nem uma recusa fundamentada, ou se, apesar da recusa, a Assembleia Estadual insistir na sua deliberação original, esta pode e, nesse último caso, *deve* ser publicada e adquirir força de lei.[754] Assim, o Governo de Estado poderia ser forçado a participar da execução de uma lei estadual cuja contra-assinatura havia inicialmente recusado. Dessa maneira, a contra-assinatura dos membros do Governo de Estado está longe de constituir um verdadeiro direito de sanção.

Não obstante, a influência jurídica do Governo de Estado sobre a legislação estadual vai além do que o direito de contra-assinatura confere. Com efeito, o Governo Estadual (Landesregierung) deve comunicar ao Governo de Estado (Staatsregierung), antes da publicação, qualquer [126] deliberação legislativa da Assembleia Estadual, e não apenas aquelas cuja execução exige a participação do Governo de Estado.[755] Em relação a qualquer deliberação legislativa, o Governo de Estado dispõe de dois recursos jurídicos. Primeiramente, pode apresentar uma representação contra a deliberação legislativa da Assembleia Estadual, exatamente como contra uma deliberação da Assembleia Nacional – por meio do Governo Estadual a ela subordinado –, no prazo de 14 dias após o recebimento da comunicação da deliberação. Antes do decurso desse prazo, a publicação da lei estadual só pode ocorrer com o consentimento expresso do Governo de Estado. Se a Assembleia Estadual, após esse prazo, decidir manter sua deliberação original, a publicação deverá ser realizada pelo Governo Estadual – em analogia ao processo legislativo federal. Uma representação pode ser apresentada pelo Governo de Estado sempre que tiver objeções contra uma deliberação da Assembleia Estadual. Nesse ponto, o texto do artigo 14[756] difere do texto do artigo 5,[757] que regula a representação contra deliberações da Assembleia Nacional. O artigo 5 refere-se a objeções a "executar" uma deliberação da Assembleia Nacional. E essa redação visa indicar apenas objeções quanto à executabilidade. Já o artigo 14 confere ao Governo de Estado o direito de apresentar representação sempre que tiver objeções contra uma deliberação da Assembleia Estadual, e não apenas quanto à sua executabilidade, diferentemente do caso do artigo

5, instituindo-se, assim, um direito de representação do Governo de Estado contra deliberações legislativas da Assembleia Estadual por qualquer razão de desvio de finalidade (Zweckwidrigkeit).

Além da representação por desvio de finalidade, o Governo de Estado dispõe do meio jurídico da impugnação perante o Tribunal Constitucional em caso de *inconstitucionalidade* de deliberações legislativas da Assembleia Estadual. Também este recurso jurídico deve ser exercido no prazo de 14 dias a partir do recebimento da comunicação da deliberação. A impugnação deve ser imediatamente comunicada ao Governo Estadual. Se uma impugnação for apresentada em tempo oportuno e comunicada [127] ao Governo Estadual, a publicação da deliberação impugnada fica suspensa até que o Tribunal Constitucional profira sua decisão. A publicação poderá ocorrer apenas se o Tribunal Constitucional declarar a conformidade da deliberação com a Constituição. A decisão do Tribunal Constitucional deve ser proferida no prazo de um mês.[758] É discutível se a deliberação da Assembleia Estadual, que mantém a decisão legislativa original apesar da representação do Governo de Estado, deve igualmente ser comunicada a este, e se o Governo de Estado pode impugnar essa deliberação – ou a decisão legislativa nela confirmada – por eventual inconstitucionalidade perante o Tribunal Constitucional. Segundo despacho da Chancelaria de Estado,[759] esta possibilidade foi afirmada. – Entende-se por inconstitucionalidade: tanto a extrapolação da competência legislativa do estado federado quanto qualquer violação da Constituição estadual no que tange ao processo legislativo. Como a competência legislativa dos estados federados resulta, sem dúvida, de delegação por lei estatal, a supremacia da competência legislativa do Estado é incontestável. Se, portanto, a legislação estatal assumir matéria anteriormente pertencente ao âmbito de competência estadual, isto constitui – desde que a lei tenha sido aprovada de acordo com o procedimento constitucional – uma ampliação da competência estatal sobre a competência dos estados federados. Inversamente, qualquer lei estadual que contrarie uma lei estatal é inconstitucional.

Assim, a deliberação legislativa da Assembleia Estadual pode ser impugnada por inconstitucionalidade se o seu conteúdo contrariar uma lei estatal. Cabe observar que *não* existe uma instância judicial de controle em relação às leis federais – diversamente do que se passa constitucionalidade das leis estaduais. Aquilo que é publicado no Boletim Oficial de Leis do Estado (Staatsgesetzblatt) como lei estatal é válido como tal. Na Constituição de março de 1919, vigora, até certo ponto, o princípio de que o Direito federal prevalece sobre o Direito estadual (Reichsrecht bricht Landrecht).[760] Este princípio não foi expressamente afirmado, mas pode ser reconhecido como consequência das normas relativas à legislação [128] estatal e estadual.[li,lii]

Em lugar das assembleias legislativas estaduais provisórias, deveriam, conforme a Constituição do Estado, ser instituídas *assembleias legislativas estaduais* eleitas com base no sufrágio proporcional universal, igual, direto e secreto. Já o art. 10 da Lei de 12 de novembro de 1918 (StGBl. nº 5), sobre a forma de governo e de Estado da Áustria Alemã,[761] havia determinado que o direito de voto e o procedimento eleitoral para as representações estaduais, distritais, municipais e comunais deveriam ser os mesmos aplicáveis à Assembleia Nacional Constituinte. Pode-se supor que esse dispositivo legal pretendia reservar à *Assembleia Nacional* a competência legislativa quanto a essas matérias. Isso é afirmado expressamente no tocante ao regulamento eleitoral municipal.

---

li [128] Cf. pp. 38, 176. [N.T. Cf., acima, pp. 73-74; abaixo, pp. 222-223].

lii [128] Como a lei sobre a representação popular se referia apenas às deliberações *legislativas* das Assembleias Estaduais, quanto às demais resoluções das Assembleias Estaduais foi preservado o estado jurídico anterior por meio de recepção. Em especial, certas resoluções – por exemplo, o orçamento estadual (Landesbudget) – ainda exigiam a aprovação do Governo de Estado, que substituíra o Conselho de Estado. Isso levou à estranha consequência de que os estados federados eram menos dependentes do Governo de Estado no tocante aos seus atos em forma de *lei* do que em relação a outros atos de importância muito menor, por isso mesmo permitidos como simples resoluções.

Segundo a Constituição da antiga Áustria, no entanto, a legislação sobre os regulamentos eleitorais das assembleias provinciais e das câmaras municipais competia às próprias assembleias provinciais.[762] *De fato*, também as Assembleias Estaduais da Áustria Alemã reivindicaram essa competência. Assim, entre fevereiro e abril de 1919, foram promulgadas leis estaduais que estabeleceram regulamentos eleitorais estaduais (e posteriormente também regulamentos eleitorais municipais).[liii,763] Nessas leis, foram

---

liii [129] *Baixa Áustria*: Lei provincial de 21 de março de 1919; *Alta Áustria*: Lei provincial de 18 de março de 1919; *Salzburgo*: Lei provincial de 22 de fevereiro de 1919; *Estíria*: Lei provincial de 13 de março de 1919; *Tirol*: Lei provincial de 14 de abril de 1919; *Vorarlberg*: Lei provincial de 28 de fevereiro de 1919; *Caríntia*: Lei provincial de 21 de março de 1919. [N.T. Gesetz vom 20. März 1919, womit eine neue Landtagswahlordnung für Niederösterreich erlassen wird, [Lei de 20 de março de 1919, pela qual se promulga um novo regulamento eleitoral para a Assembleia Estadual da Baixa Áustria] Nö LGBl 1919/36; Gesetz vom 18. März 1919 wirksam für das Land Oberösterreich betreffend die Wahlordnung für den Landtag (Landtagswahlordnung) [Lei de 18 de março de 1919, válida para o estado da Alta Áustria, referente ao regulamento eleitoral para a Assembleia Estadual (Regulamento Eleitoral da Assembleia Estadual)], Oö LGBl 1919/24; Gesetz vom 22. Februar 1919 wirksam für das Land Salzburg, betreffend die Wahlordnung für den Landtag (Landtagswahlordnung) [Lei de 22 de fevereiro de 1919, com vigência para o estado de Salzburgo, referente ao regulamento eleitoral para a Assembleia Estadual (Regulamento Eleitoral da Assembleia Estadual),], Sbg LGBl 1919/14; Landtagswahlordnung für das Land Steiermark, in: Gesetz vom 13. März 1919, wirksam für das Land Steiermark, über die Durchführung von Neuwahlen in den Landtag, Stmk LGBl 1919/14 [Regulamento Eleitoral para a Assembleia Estadual do estado da Estíria, constante da Lei de 13 de março de 1919, com vigência para o estado da Estíria, sobre a realização de novas eleições para a Assembleia Estadual] (doravante: Regulamento Eleitoral Estíria 1919); Gesetz vom 14. April 1919, wirksam für das Land Tirol, mit Ausnahme des geschlossenen italienischen Siedlungsgebietes, womit die Wahlordnung für den verfassungsgebenden Landtag festgesetzt wird [Lei de 14 de abril de 1919, com vigência para o estado do Tirol, com exceção da zona de colonização italiana contínua, pela qual se fixa o regulamento eleitoral para a Assembleia Estadual Constituinte], Tir LGBl 1919/26; Gesetz vom 28. Februar 1919 über die Wahlordnung für den Landtag des Landes Vorarlberg [Lei de 28 de fevereiro de 1919 sobre o regulamento eleitoral da Assembleia Estadual do estado de Vorarlberg], Vbg LGBl 1919/16; Gesetz vom 21. März 1919, wirksam für das Land Kärnten, betreffend die

aceitos para as Assembleias Estaduais os princípios do direito de voto e do procedimento eleitoral que haviam sido estabelecidos para a Assembleia Nacional Constituinte. [129] As assembleias eleitas com base nos novos regulamentos eleitorais reuniram-se na primavera de 1919 (com exceção da Caríntia, onde, devido à ocupação parcial do território, ainda não haviam podido ser realizadas eleições e, portanto, continuava em funcionamento a Assembleia Estadual provisória). No contexto dos regulamentos eleitorais, foram promulgadas, na maioria dos estados, certas leis *constitucionais estaduais* que, em muitos casos, contrariavam a Constituição Federal. Isso se manifestava especialmente no fato de que os Parlamentos Estaduais (Landesparlamente) não eram mais denominados Congressos Estaduais (Landesversammlungen) – como ainda constava na Lei estatal de 4 de março de 1919 sobre a representação popular –, mas "Assembleias Estaduais" (Landtage), denominação que acabou prevalecendo na prática.[liv]

Wahlordnung für den verfassungsgebenden Landtag [Lei de 21 de março de 1919, com vigência para o estado da Caríntia, referente ao regulamento eleitoral para a Assembleia Estadual Constituinte], Ktn LGBl 1919/21].

liv [129] Para dar apenas alguns exemplos do espírito dessas leis constitucionais: na lei estadual da *Alta Áustria* de 18 de março de 1919 (LGBl. nº 23), relativa aos princípios da representação estadual [N.T. Art. I-II Gesetz vom 18. März 1919, wirksam für das Land Oberösterreich, betreffend die Einberufung des verfassungsgebenden Landtages [Lei de 18 de março de 1919, válida para o estado da Alta Áustria, relativa à convocação da Assembleia Estadual Constituinte], Oö LGBl 1919/23 (doravante: Convocação Constituinte Alta Áustria 1919) – ênfases de Kelsen] (promulgada apenas quatro dias após a lei estatal sobre a representação popular), dispõe-se: "Art. I. O estado da Alta Áustria exerce, como estado autônomo, todos os direitos que não tenham sido *expressamente transferidos*, *mediante acordo*, à competência de um *Estado federal*". Essa lei, portanto, parte da premissa de que a Áustria Alemã seria uma federação, e que os estados ("Länder") seriam soberanos, transferindo ao Estado federal apenas certas competências mediante *tratado*! "Art. II. O Poder Legislativo e Executivo do estado pertence ao conjunto do povo da Alta Áustria. Esse poder é exercido diretamente, através de votações populares, e indiretamente, através da Assembleia Estadual (Landtag) e do Conselho Federal (Bundesrat)". Um tal "Conselho Federal", na realidade, sequer existia!

Na Lei de 21 de março de 1919 (LGBl. nº 20), válida para a *Caríntia* e referente à convocação da Assembleia Estadual Constituinte [N.T. Art. I-II Gesetz vom 21 März 1919, wirksam für das Land Kärnten, betreffend die Einberufung des verfassungsgebenden Landtages [Lei de 21 de março de 1919, válida para o estado da Caríntia, relativa à convocação da Assembleia Estadual Constituinte], Ktn LGBl 1919/20 (doravante: Convocação Constituinte Caríntia 1919) – ênfase de Kelsen], está escrito: "Art. I. Em lugar da Assembleia Estadual provisória da Caríntia, constitui-se a Assembleia Estadual Constituinte (...)". "Art. II. A Assembleia Estadual tem como missão representar a condição autônoma do estado da Caríntia, adotar a Constituição estadual (Landesordnung) e decidir, através de consulta popular, *sobre a união dos estados da Áustria Alemã em um Estado unificado* ou sobre a adesão da Caríntia a outro estado".

Na Lei de 22 de fevereiro de 1919 (LGBl. nº 15), válida para o estado de *Salzburgo* e relativa à convocação e missão da Assembleia Estadual Constituinte, [N.T. Art. I Gesetz vom 22 Februar 1919 wirksam für das Land Salzburg, betreffend die Einberufung und die Aufgaben des konstituierenden Landtages [Lei de 22 de fevereiro de 1919, válida para o estado de Salzburgo, relativa à convocação e às funções da Assembleia Estadual Constituinte], Sbg LGBl 1919/15 (doravante: Convocação Constituinte Salzburgo 1919)] consta: "Art. I. A Assembleia Estadual provisória declara que a lei por ela aprovada [130], relativa ao regulamento eleitoral para a Assembleia Estadual (Landeswahlordnung), é uma lei provisória, válida apenas para o próximo período eleitoral, e ressalva que as disposições tanto do regulamento eleitoral quanto desta lei de introdução não prejulgarão, no âmbito jurídico-constitucional e administrativo, a futura conformação estatal e econômica do estado de Salzburgo".

A duração da legislatura das Assembleias Estaduais variava segundo as diferentes leis estaduais! Assim, na Estíria, era de dois anos, [N.T. Cf. art. 2 (1) Regulamento Eleitoral Estíria 1919 (nota 845)] na Alta Áustria, de seis anos [N.T. Cf. art. 3 Convocação Constituinte Alta Áustria 1919 (nota final 846, p. 423)] e em Salzburgo, de três anos. [N.T. Cf. art. II § 1 (1) Convocação Constituinte Salzburgo 1919 (nota final 848, p. 423)]. A anarquia que reinava nesse campo do Direito Constitucional também se manifestava no fato de que as leis constitucionais estaduais relacionadas aos regulamentos eleitorais encarregavam geralmente o *Governo do Estado*, nomeadamente o secretário de Estado do Interior, da sua execução, sem que houvesse uma obrigatória assinatura de ratificação. Apenas excepcionalmente encontrava-se tal assinatura, como na Lei de 13 de março de 1919 (LGBl. nº 14), válida para a *Estíria*, sobre a realização de novas eleições nas Assembleias Estaduais. [N.T. Gesetz vom 13. März 1919, wirksam für das Land Steiermark, über die Durchführung von Neuwahlen in den Landtag [Lei de 13 de março de 1919, válida para o estado

[130] Com a Lei de 14 de março de 1919 sobre o Governo do Estado,[764] a organização do *Poder Executivo* sofreu uma alteração essencial. O *Conselho de Estado*, que, pela Constituição provisória, estava incumbido do exercício do Poder Governamental e Executivo, *foi abolido*, e a função executiva, anteriormente dividida entre o Conselho de Estado, o Diretório do Conselho de Estado e o Governo do Estado, foi, em princípio, atribuída exclusivamente a este último.

As razões que levaram à supressão do Conselho de Estado são várias. Antes de tudo, o colégio composto por vinte membros efetivos e vinte suplentes, ao qual pertenciam também os três presidentes, era um aparato demasiadamente pesado. Composto exclusivamente por deputados, provenientes em sua maioria de círculos eleitorais provinciais e que, compreensivelmente, não podiam permanecer continuamente na sede do Conselho de Estado, este órgão supremo de governo carecia da continuidade e permanência indispensáveis ao desempenho de suas funções. Consequentemente, de um lado, foi necessário criar o Diretório do Conselho de Estado, ao qual foram atribuídas competências importantes; de outro lado, o Governo do Estado, inicialmente concebido apenas como um órgão técnico-administrativo e composto por comissários do próprio Conselho de Estado, [131] o chamado "Gabinete", sob a liderança do chanceler do Estado, foi gradativamente se transformando em um órgão concorrente do Conselho de Estado no exercício efetivo do poder governamental supremo, relegando o Conselho de Estado cada vez mais ao segundo plano. Além disso, o Conselho de Estado, que na sua essência atuava apenas como comissão da Assembleia Nacional e, nesse contexto, detinha o direito de iniciativa legislativa perante o Parlamento, ameaçava, como órgão de governo, desvalorizar de maneira indesejada a atividade legislativa da própria Assembleia Nacional. Os projetos de lei elaborados de fato pelos ministérios

---

da Estíria, sobre a realização de novas eleições na Assembleia Estadual], Stmk LGBl 1919/14].

eram formalmente apresentados à Assembleia Nacional como propostas do Conselho de Estado, mas antes precisavam ser discutidos nas comissões do Conselho, de modo que, antes mesmo que as comissões parlamentares propriamente ditas fossem envolvidas, o Conselho de Estado, atuando como comissão principal, ou suas comissões internas já haviam determinado tudo que precisava ser dito. Com isso, a atividade das comissões parlamentares efetivas, nas quais os partidos também estavam representados como no Conselho de Estado, era rebaixada a uma mera aprovação formal. Assim, é perfeitamente compreensível que o desejo de suprimir o Conselho de Estado tenha se tornado cada vez mais forte, e que a exigência de transferir todo o Poder Executivo ao Gabinete tenha sido vista como a simples expressão jurídica de uma situação de fato já existente.

Quanto à *composição* do órgão supremo de execução reorganizado pela Emenda Constitucional de 14 de março, cabe destacar, antes de tudo, que os membros do Governo do Estado já não atuavam mais como comissários do Conselho de Estado, mas como "Comissários do Povo" ("Volksbeauftragte"). Essa designação se justifica apenas parcialmente pela forma de sua nomeação – que será posteriormente analisada em maior detalhe.[765] Os membros do Governo do Estado não eram mais nomeados pelo Conselho de Estado, como os integrantes do antigo governo, mas, à semelhança do próprio Conselho de Estado anteriormente, eram eleitos diretamente pela Assembleia Nacional. A presidência do Governo do Estado cabia ao chanceler do Estado (Staatskanzler), sendo o novo cargo de vice-chanceler (Vizekanzler) criado para sua substituição.[766] Os membros do Governo recebiam o título de Secretários de Estado (Staatssekretäre) e eram incumbidos ou da direção de uma repartição de Estado (Staatsamt) ou de tarefas específicas de caráter pessoal, sem a direção de um ministério.[767] [132] Além disso, a Lei de 14 de março de 1919 (StGBl. nº 181), sobre a preparação da socialização,[768] criou o cargo de presidente da comissão de socialização (Präsident der Sozialisierungskommission), cujo titular possuía direitos e responsabilidades de um secretário de Estado, mas sem ostentar esse título. O presidente da comissão de socialização era membro do Governo do Estado, mas não chefe de ministério. O cargo de notário do Estado (Staatsnotar), cujo titular anteriormente também era comissário do Conselho de Estado e chefe de um ministério, sendo membro do governo,[769] foi extinto.[770]

Não pertencem ao Governo de Estado os subsecretários de estado, que podem ser designados para assistir o chanceler de Estado e os secretários de Estado na condução política dos negócios e na representação parlamentar perante a Assembleia Nacional. Os subsecretários de Estado não estão sujeitos à responsabilidade ministerial.[771] Em cada repartição de estado pode, além disso, ser designado um funcionário – o qual ostentará o título de diretor da repartição de Estado – para auxiliar o respectivo responsável, a fim de garantir a unidade e a continuidade do andamento administrativo.[772]

A *nomeação* do Governo de Estado ocorre por eleição por parte da Assembleia Nacional. A eleição do Governo de Estado se realiza de modo que o Comitê Principal da Assembleia Nacional, designado conforme a lei sobre a representação popular, apresenta uma proposta contendo os nomes das pessoas a serem eleitas, a saber: chanceler de Estado, vice-chanceler, secretários de Estado e subsecretários de Estado.[773] Na elaboração dessa lista ministerial deve, naturalmente, ser concedida influência adequada ao chanceler de Estado enquanto futuro chefe do governo. O procedimento tomou, na prática, a seguinte forma: o comitê principal, por meio de seu presidente – o presidente da Assembleia Nacional – encarregava inicialmente uma pessoa da formação do Gabinete e, em seguida, apresentava como sua essa proposta. Que um membro do Governo de Estado seja eleito contra ou sem a vontade do chefe do Gabinete está excluído já pelo fato de que o chanceler de Estado deve contra-assinar os atos de nomeação dos secretários de Estado.[774] [133] O presidente da Comissão de Socialização, que atua como membro do Governo de Estado, é igualmente eleito pela

Assembleia Nacional – juntamente com a diretoria dessa comissão – sob proposta do comitê principal.[775]

A proposta do comitê principal é submetida à votação nominal na Assembleia Nacional.[776] Para a eleição do governo, exige-se a presença regulamentar de 50 membros e a maioria absoluta dos votos dos presentes.[777] A votação nominal da Casa na eleição do Governo de Estado não ocorre separadamente para cada membro, mas sobre a proposta integral do comitê principal, que constitui, por assim dizer, uma lista rígida.[778] Para ser eleito membro do Governo de Estado, são exigidas – já que a lei sobre o Governo de Estado não contém prescrições especiais a esse respeito – apenas as condições gerais para o exercício de um cargo público. Em particular, não é exigida a condição de membro da Assembleia Nacional. Assim, também podem ser eleitos especialistas que não pertençam a partidos.

Somente quando a Assembleia Nacional não estiver reunida e surgir a necessidade de formação de um novo Governo de Estado, este pode ser provisoriamente nomeado pelo comitê principal. Se, com a reunião da Assembleia Nacional, deva ocorrer uma eleição formal desse governo provisoriamente nomeado, ou se basta, nesse caso, que a Casa conceda sua confiança ao governo que se apresenta, é algo sobre o que pairam dúvidas. A lei sobre o Governo de Estado afirma apenas: [“]se a Assembleia Nacional não estiver reunida, o Governo de Estado será nomeado pelo comitê principal até próxima reunião da Assembleia Nacional[”].[779]

“A posse do chanceler de Estado será conferida pelo presidente da Assembleia Nacional perante o comitê principal reunido,[780] a dos demais membros do Governo de Estado será realizada na presença do chanceler de Estado”. No caso de provimento de apenas um cargo individual de membro do Governo de Estado, deve-se proceder de modo análogo ao da nomeação do governo como um todo. Devem ser emitidos atos de nomeação para o chanceler de Estado, o vice-chanceler e os secretários de Estado [134], os quais devem ser assinados pelo presidente da Assembleia Nacional e coassinados pelo novo chanceler de Estado nomeado.[781] Assim, este coassina sua própria nomeação. Para o período entre a demissão do governo anterior e a formação do novo, eventualmente preenchido por longas negociações, o presidente da Assembleia Nacional deve tomar providências no sentido de encarregar o governo cessante, sob a presidência do chanceler de Estado anterior ou de um secretário de Estado, da condução provisória dos negócios, ou encarregar altos funcionários das repartições estatais, sob a presidência de um desses funcionários ou de um funcionário especialmente designado para isso, da direção provisória da administração.[782]

O cargo do Governo de Estado ou de seus membros individuais chega ao fim: quando a câmara retira expressamente sua confiança por deliberação; para uma resolução pela qual a confiança é retirada, é necessária a presença da metade dos membros da Assembleia Nacional. Essa disposição foi adotada para evitar uma maioria ocasional. Serve ao mesmo propósito a norma segundo a qual, a requerimento de quarenta membros, a votação sobre a moção de desconfiança proposta deve ser adiada para o segundo dia útil subsequente. Uma nova postergação da votação só pode, no entanto, ocorrer por deliberação da Assembleia Nacional, para que uma moção de desconfiança não possa ser impedida por uma minoria. O cargo do Governo de Estado ou de seus membros também chega ao fim com a ocorrência de um fato que, por força da lei, acarrete a perda de um cargo público em geral ou deste cargo específico; no primeiro caso, determinadas condenações penais, no segundo, a condenação pelo Tribunal Constitucional, quando este, com base nas disposições devidamente recepcionadas da lei austríaca sobre a responsabilidade ministerial,[783] decidir pela remoção do Governo de Estado. Outro motivo de cessação é a demissão.[784]

A eleição direta do governo pelo Parlamento é uma forma de investidura dos órgãos supremos do Poder Executivo [135] que só excepcionalmente se encontra nas Constituições em vigor. Ela representa – em conexão fática com o princípio do governo parlamentar – a supressão do princípio da *separação de Poderes*. Mesmo que suas vantagens técnico-constitucionais não possam ser ignoradas, não se pode deixar de reconhecer que o pensamento político da *soberania popular*, na medida em que se realiza na democracia representativa, é dificilmente compatível com uma desvinculação do Poder Executivo em relação ao órgão legislativo do Parlamento. Certamente seria concebível que, por meio de eleições diretas, fossem criados dois órgãos distintos para a legislação e a administração. Na república presidencialista, em que o chefe de Estado, assim como o corpo legislativo, é eleito pelo povo, essa ideia se realiza. Todavia, é precisamente na república presidencialista com separação de Poderes bem acentuada – como nos Estados Unidos da América[785] – que o contraste entre a separação de Poderes e o princípio da soberania popular se manifesta de forma mais clara. Essa separação de Poderes tem, se não a intenção, ao menos a consequência de que o órgão legislativo, no qual o povo, devido ao caráter coletivo desse órgão, se encontra exclusivamente representado, não possa se afirmar como o mais alto. Se o Poder Executivo é conferido a um monarca, este se opõe como poder equivalente, ou mesmo superior, à representação popular encarregada da legislação. O axioma político da separação de Poderes foi criado, não em último lugar, com o objetivo de assegurar ao monarca, empurrado do absolutismo em direção à limitação do constitucionalismo, uma última supremacia sobre o poder do povo concentrado no Parlamento. Sem dúvida, não é senão a imitação consciente ou inconsciente do princípio monárquico quando, na chamada república presidencialista, o Poder Executivo é confiado a um presidente que não emana da representação popular, mas é eleito diretamente pelo povo, e cuja independência frente à representação popular é garantida [136], ainda que de modo diverso. Por mais paradoxal que inicialmente possa parecer, a eleição direta do presidente pelo povo representa mais um enfraquecimento do que um fortalecimento do princípio da soberania popular. Pois se a um povo de milhões de eleitores se contrapõe apenas uma única pessoa como eleita, então a ideia de uma representação do povo perde até mesmo sua última aparência de legitimidade; o argumento da democracia direta contra a ficção da representação popular, expresso a conhecida máxima, se impõe com força redobrada: vossos representantes são vossos tiranos.[786] E mesmo um colégio –relativamente pequeno, dadas as peculiaridades do Executivo – que seja eleito diretamente pelo povo, investido do Poder Executivo ao lado do corpo legislativo numericamente muito mais amplo e independente deste, acaba, já por razões psicológicas, rompendo com o pensamento representativo e, tanto mais, tornando-se um poder autônomo ao lado ou acima dos Parlamentos, que são os únicos a representar a totalidade do povo, quanto mais independente for deles em função de sua eleição direta pelo povo. Quanto menos, possa prevalecer a vontade de poder de cada indivíduo em um Parlamento coletivo, tanto menor é a possibilidade de que a vontade total desse Parlamento se oponha como fator autônomo à vontade do povo. Quanto maior for o Parlamento, tanto mais facilmente poderá ele ser moldado como reflexo das aspirações políticas do povo e tanto mais facilmente poderá também ser preservado como tal espelho da opinião pública. Um órgão executivo composto por poucas pessoas, ainda que eleito pelo povo, para não falar de um único chefe de Estado, entrará, necessariamente, em conflito com o princípio da soberania popular. Por essas razões, é compreensível que, nas democracias modernas, exista a tendência de superar o princípio da separação de Poderes, característico da monarquia constitucional e da república presidencialista por ela inspirada.

Uma separação organizatória do Poder Legislativo em relação ao Poder Executivo possui, porém, não apenas o significado político assim caracterizado, mas também um significado puramente técnico. O exercício do Poder Executivo, isto é, a [137] administração e a jurisdição, constitui a vida cotidiana do Estado; por isso, é desempenhado por um aparato permanente, formado por pessoas que, técnica e profissionalmente aptas para tal, exercem essa atividade como profissão de vida. A legislação, isto é, o desenvolvimento do ordenamento jurídico por meio da criação de normas gerais, exige apenas uma atividade periódica e pode, portanto, ser exercida por pessoas que continuam sendo, em sua profissão principal, agricultores, operários, estudiosos etc. Como o aparato governamental do Poder Executivo – muito diferentemente da máquina legislativa do Parlamento – não pode parar nem por um instante, é necessário organizá-lo de modo que seu indispensável impulso externo nunca falhe. Tal risco existe quando o Parlamento, durante as pausas em seus trabalhos causadas por adiamentos e encerramentos de sessões, for ao mesmo tempo também o governo, ou ao menos, como detentor de todo o poder estatal e, portanto, também da função executiva, nomear o governo por eleição e ainda se reservar certos atos específicos de governo, como ocorre segundo a Constituição provisória da Áustria Alemã. Por isso, o Parlamento também destacou de seu meio o comitê principal, que, como órgão do Poder Executivo pertencente ao Parlamento, possui caráter *permanente*. Sem dúvida, esse comitê principal adquiriu, assim, certa semelhança com o antigo Conselho de Estado. Mas, diferentemente do Conselho de Estado, o comitê principal – pelo menos em princípio – não possui funções governamentais próprias, apenas a função de possibilitar o governo por meio da apresentação de uma proposta à Assembleia Nacional. Por outro lado, também o presidente da Assembleia Nacional, que em sua função igualmente é permanente e cuja posição pessoal já o destaca da massa dos deputados, sendo assim presumível que nele resida um grau elevado de dignidade e senso de responsabilidade, participa da nomeação do governo, mesmo que apenas formalmente.[787] Ao presidente da Assembleia Nacional são atribuídas – como será demonstrado mais adiante[788] – algumas outras funções executivas importantes, de modo que a união entre os poderes executivo e legislativo sofre [138] restrição inevitável do ponto de vista da técnica constitucional.

A *esfera de atuação do Governo de Estado* coincide – na mais alta instância –, em princípio, com toda a extensão do Poder Executivo. Todas as competências até então atribuídas ao Conselho de Estado e ao diretório do Conselho de Estado são transferidas ao Governo de Estado,[789] salvo – à parte da exceção já mencionada quanto à nomeação do governo – as seguintes restrições.

Pela lei sobre a representação popular, o direito de *declarar guerra*, até então reservado ao Conselho de Estado, é atribuído diretamente à Assembleia Nacional. Da mesma forma, a aprovação dos *tratados de paz*, que até então competia ao Conselho de Estado, exceto quando se tratava de tratados comerciais ou implicava alteração do território nacional, é agora transferida à Assembleia Nacional.[790] No lugar do diretório do Conselho de Estado, cabe agora ao Governo de Estado a celebração dos *tratados econômicos provisórios* mencionados na Emenda Constitucional de 19 de dezembro de 1918 com os estados nacionais. Como antes, apenas a Assembleia Nacional pode *conceder anistia*.[791] Mas o direito de, com base em proposta do secretário de Estado para a Justiça, e ressalvadas as limitações contidas na lei sobre a responsabilidade ministerial, *impor* ou atenuar *penas* impostas pelos tribunais, suspender os efeitos jurídicos de condenações, extinguir condenações, ou ainda, com base nessa proposta, ordenar que um processo penal não seja iniciado ou que o já iniciado seja interrompido, esse direito, antes reservado ao Conselho de Estado, foi transferido ao presidente da Assembleia Nacional, que só pode exercê-lo em acordo com o segundo e o terceiro presidentes, com a contra-assinatura do chanceler de Estado e do secretário de Estado para a Justiça.[792] Isso não significa senão que, para indultos, abolições etc., foi instituído um colégio composto pelo presidente e seus dois substitutos, o qual corresponde plenamente ao antigo diretório do Conselho de Estado. Nesse colégio, reaparece, de forma excepcional, a igualdade de direitos dos três presidentes, abolida pela lei sobre a [139] representação popular. Isso, porém, só se aplica à relação interna; pois, a partir da literalidade da Constituição, que atribui esses atos jurídicos ao presidente e o vincula apenas à anuência do segundo e do terceiro presidentes, pode-se concluir que, como sujeito desses atos de Estado perante o exterior, atua exclusivamente o presidente, e que o chanceler de Estado e o secretário de Justiça, com suas contra-assinaturas, assumem a responsabilidade pela conformidade constitucional desses atos, especialmente pela anuência pro foro interno[793] os dois substitutos do presidente.

O direito do Conselho de Estado, previsto na Lei de 6 de fevereiro de 1919 (StGBl. nº 85) sobre o Tribunal de Contas do Estado,[794] de aprovar o *regimento interno do Tribunal de Contas do Estado*, é agora transferido ao presidente da Assembleia Nacional, com o objetivo de tornar o Tribunal de Contas do Estado o mais independente possível do Governo de Estado. A decisão sobre divergências entre o Tribunal de Contas do Estado e repartições individuais do Estado – anteriormente uma atribuição do diretório do Conselho de Estado[795] – é, pela mesma razão, confiada não ao Governo de Estado, mas ao presidente da Assembleia Nacional.[796]

O *presidente da Assembleia Nacional* realiza todas as nomeações e confirmações de funcionários e demais órgãos públicos (isto é, via de regra, até a VIª classe hierárquica) que as leis anteriores atribuíam ao Conselho de Estado ou ao diretório do Conselho de Estado, bem como a outorga de títulos oficiais. Todavia, o presidente está, nisso, materialmente vinculado à proposta do Governo de Estado. Mais uma vez, o Tribunal de Contas do Estado ocupa uma posição excepcional, pois seu presidente é nomeado pelo presidente da Assembleia Nacional com base em proposta do comitê principal, e seus funcionários superiores, ou seja, os da VIª classe hierárquica em diante, com base em proposta do próprio presidente do Tribunal de Contas do Estado.[797]

No tocante à *nomeação de juízes*, mantém-se o direito de proposta dos Senados determinados pelo próprio regimento interno, normatizado pela Lei fundamental de 22 de novembro de 1918 [140] (StGBl. nº 38) sobre o Poder Judiciário,[lv,798] e o direito

---

lv [140] Cf. p. 94. [N.T. Cf., acima, pp. 134-135].

de requerimento do secretário de Estado para a Justiça ou do chanceler de Estado, no que diz respeito ao Tribunal Administrativo. As autoridades que possuem o direito de proposta devem apresentar suas propostas de provimento ao membro competente do Governo de Estado, isto é, ao secretário de Estado para a Justiça – no caso do Tribunal Administrativo, ao chanceler de Estado; estes devem submeter as propostas ao Governo de Estado, que, por sua vez, deve apresentar ao presidente da Assembleia Nacional um requerimento concreto de provimento, dentro dos limites das propostas recebidas.[799] As propostas de provimento para os tribunais ordinários, a serem feitas pelos respectivos Senados, devem, conforme a lei fundamental sobre o Poder Judiciário,[800] conter pelo menos duas pessoas a mais do que o número de juízes a nomear. Essa exigência, no entanto, não se aplica ao requerimento que o Governo de Estado deve apresentar ao presidente da Assembleia Nacional, de modo que o Governo de Estado, mas não o presidente da Assembleia Nacional, dispõe, nas nomeações judiciais, de certa margem de discricionariedade, ainda que limitada. Algo análogo vale para o provimento de cargos no Tribunal Administrativo. Aqui, a proposta de provimento a ser apresentada pelo Senado de pessoal deve conter, em caso de nomeação de conselheiros, ao menos duas pessoas a mais do que os conselheiros a nomear. Se estiver em causa o provimento do cargo de presidente, o Senado de pessoal deve propor duas pessoas.[801] O Governo de Estado, no entanto, deve apresentar ao presidente da Assembleia Nacional apenas uma pessoa para cada cargo. Somente o Tribunal Constitucional não possui direito próprio de proposta. O antigo direito de proposta do Parlamento para o provimento do Tribunal de Justiça do Império (Reichsgericht) foi revogado. Assim, o Governo de Estado é inteiramente livre no tocante às propostas que deve apresentar ao presidente da Assembleia Nacional para a nomeação dos membros titulares e suplentes, bem como do presidente e do vice-presidente do Tribunal Constitucional.

[141] O *presidente da Assembleia Nacional* representa a República da Áustria Alemã perante o exterior, recebe e credencia os enviados diplomáticos e conclui os tratados internacionais – sob reserva de aprovação pela Assembleia Nacional ou pelo Governo de Estado –, na medida em que lhe tenha sido transferida a ratificação dos tratados internacionais anteriormente atribuída ao presidente do Gabinete.[802] Nos tratados de paz, bem como nos tratados comerciais e nos tratados que impliquem alteração territorial, é necessária para a validade também a aprovação da Assembleia Nacional; nos demais tratados internacionais, exige-se a aprovação pelo Governo de Estado.[lvi,803]

Pelo fato de o Governo de Estado suceder ao Conselho de Estado, passa a lhe competir – como já anteriormente mencionado[804] – o *direito de veto* em relação às deliberações legislativas da Assembleia Nacional, sendo-lhe transferido o direito de apresentar *"representações" contra resoluções da Assembleia Nacional.*[805] Como sucessor jurídico do diretório do Conselho de Estado, cabe ao Governo de Estado a direção e o uso das forças armadas.

Nos casos em que o Governo de Estado assume competências do antigo Conselho de Estado ou de seu diretório, ele atua como um órgão colegiado. A Constituição não contém nenhuma disposição sobre a forma como as deliberações do Governo de Estado devem ser tomadas nessas matérias. Tendo em vista a responsabilidade de cada um dos membros do Governo de Estado, é plausível supor que deliberações válidas do Governo de Estado só possam ser tomadas por unanimidade, isto é, com o consentimento de todos os membros do governo. O membro do Governo de Estado que não concordar deve renunciar. Essa concepção foi, de todo modo, determinante para que não fossem incluídas na Constituição disposições sobre deliberações por maioria no âmbito do Governo de Estado.

---

lvi [141] Cf. pp. 103 e 186. [N.T. Cf., acima, pp. 143-144; cf., abaixo, p. 232].

Quanto à competência dos membros individuais do Governo de Estado, o chanceler de Estado atua como chefe da Chancelaria de Estado.[806] Seu campo de atuação, definido pela Emenda Constitucional de 19 de dezembro de 1918,[807] permaneceu [142] inalterado. O vice-chanceler deve substituir o chanceler de Estado em toda a extensão de seu campo de atuação.[lvii] Somente um secretário de Estado, com ou sem pasta, pode ser nomeado vice-chanceler; não pode sê-lo o presidente da Comissão de Socialização, que também atua como membro do Governo de Estado.[808]

Regra geral, cada secretário de Estado atua como chefe de uma repartição de Estado. Secretários de Estado com um campo de atuação meramente pessoal, sem exercer simultaneamente a chefia de uma repartição, constituem exceção e só podem ser nomeados "em casos especiais".[809] As seguintes repartições de Estado são estabelecidas constitucionalmente: além da *Chancelaria de Estado*, o ministério de Estado para *Assuntos Internos e Instrução*, o ministério de Estado para *Justiça*, o ministério de Estado para *Finanças*, o ministério de Estado para *Agricultura e Silvicultura*, o ministério de Estado para *Comércio e Negócios, Indústria e Construção*, o ministério de Estado para *Administração Social* e – inicialmente apenas provisoriamente, isto é, até a completa integração no Reich Alemão – ainda o ministério de Estado para *Assuntos Externos*, o ministério de Estado para *Assuntos Militares*, o ministério de Estado para *Alimentação Popular* e o ministério de Estado para *Transportes*.[810] As repartições de Estado, anteriormente em número de catorze, foram assim reduzidas a dez. A Constituição prevê ainda expressamente a possibilidade de que o ministério de Estado para

---

lvii [142] Isso foi – desnecessariamente – ainda estabelecido por uma lei especial (de 14 de maio de 1919, StGBl. nº 267), [N.T. Gesetz vom 14. Mai 1919, womit Artikel 11 des Gesetzes vom 14. März 1919, St.G.Bl. Nr. 180, über die Staatsregierung ergänzt wird [Lei de 14 de maio de 1919, por meio da qual o artigo 11 da Lei de 14 de março de 1919, St.G.Bl. nº 180, sobre o Governo de Estado, é complementada], StGBl. 1919/267] por ocasião da ausência do chanceler de Estado durante as negociações de paz em Saint-Germain.

Assuntos Internos e Instrução não seja ocupado por um secretário de Estado próprio, mas submetido à direção do chanceler de Estado.[811] Excepcionalmente e de forma temporária, o chanceler de Estado, o vice-chanceler ou um secretário de Estado pode ser encarregado da chefia de outra repartição de Estado além daquela originalmente sob sua responsabilidade. Também um secretário de Estado nomeado sem pasta pode, em caráter excepcional e provisório, assumir a chefia de uma repartição de Estado, sem que isso o torne um secretário de Estado de pasta.[812]

Assim como o número, também o campo de atuação das [143] repartições de Estado individuais é, ao menos em princípio, fixado pela Constituição. Qualquer alteração só pode ser feita por meio de uma lei aprovada, com a presença de pelo menos metade dos membros da Assembleia Nacional, por maioria de dois terços dos presentes. Contudo, a Constituição confere ao Governo de Estado a autorização para, dentro das "diretrizes gerais sobre[813] a competência das repartições individuais de Estado" estabelecidas para a delimitação de competências, [“]adotar com aprovação do comitê principal instruções de execução que determinem, de modo mais detalhado, as disposições necessárias para a divisão técnica das atribuições administrativas e, em especial, para facilitar a transição, e para fixar concretamente o campo de atuação das repartições de Estado[”].[814] Com isso, a delimitação de competências das repartições de Estado, determinada de forma completamente suficiente pela letra da lei sobre o Governo de Estado e expressamente prevista na Constituição, fica até certo ponto paralisada, na medida em que se permite, por meio de decretos, realizar certos deslocamentos, embora não essenciais, entre as repartições de Estado. É claro que pode haver dúvidas quanto ao momento em que uma alteração de competência, em seu conteúdo, ultrapassa a delegação conferida pela lei. Existe aqui, contudo, uma certa limitação à atuação do Governo de Estado, pois para tal decreto é necessária a aprovação do comitê principal. Tem-se, assim, uma intervenção direta e não desprezível do Parlamento na atividade do Executivo.

A modificação da Constituição provisória da Áustria Alemã, efetuada pela Assembleia Nacional Constituinte por meio das leis sobre a forma de Estado, sobre o território ocupado, sobre a representação popular e sobre o Governo de Estado, manteve a esta o caráter de uma plena supremacia parlamentar. Tanto diretamente como por meio do comitê principal, do presidente e de seus vice-presidentes, bem como por meio do Governo de Estado eleito pelo Parlamento e por este destituível a qualquer momento, exercia a Assembleia Nacional o poder estatal que lhe fora conferido pelo povo. É característico que os frágeis ensaios para a criação de um órgão separado que pudesse ser reconhecido como [144] *chefe de Estado* – o *Conselho de Estado*, o diretório do Conselho de Estado – tenham sido novamente abolidos. As funções que normalmente compõem o campo de atuação de um chefe de Estado republicano foram distribuídas entre o Governo de Estado e o presidente da Assembleia Nacional, o qual, justamente por exercer suas funções apenas como órgão da representação popular, não podia ser considerado "presidente da República".

Por meio da legislação da Assembleia Nacional Constituinte, os *direitos fundamentais dos cidadãos do estado* foram complementados na medida em que o princípio da igualdade jurídica foi aperfeiçoado com a *abolição da nobreza* e das ordens de cavalaria. A Lei de 3 de abril de 1919 (StGBl. nº 211)[815] (que, nos termos do art. 149 da Constituição Federal,[816] tem atualmente valor de lei constitucional)[lviii] determina, com efeito, que ["]a nobreza, suas prerrogativas honoríficas mais significativas,[817] assim como os títulos e dignidades concedidos unicamente como distinção, sem relação com um cargo oficial, uma profissão ou uma aptidão científica ou artística, e as prerrogativas honoríficas a eles ligadas["], bem como as ordens seculares de cavalheiros e damas, estão abolidos. É permitido continuar o uso de condecorações e insígnias de honra já concedidas.[818] É proibido portar as denominações de

lviii [144] Cf. p. 221. [N.T. Cf., abaixo, pp. 269-270].

nobreza, títulos e dignidades abolidos. Infrações são punidas pelas autoridades políticas com multa ou detenção de até seis meses.[819]

Juntamente com a lei sobre a abolição da nobreza, foi promulgada a Lei de 3 de abril de 1919 (StGBl. nº 209), relativa à *expulsão do território* e à incorporação do patrimônio da *Casa de Habsburgo-Lorena.*[820] (Essa lei também tem atualmente, conforme o art. 149 da Constituição Federal,[821] valor de lei constitucional).[lix] Ela determina: [“]todos os direitos de soberania e demais prerrogativas da Casa de Habsburgo-Lorena estão abolidos para todo o sempre na Áustria Alemã. Contratos sobre a aquisição de direitos de soberania sobre o território da Áustria Alemã são nulos[”] (§ 1).[822] Com isso, evidentemente, nada se alterou quanto ao estado jurídico vigente desde a fundação [145] da república, tendo-se pretendido apenas uma demonstração política. Além disso: [“]No interesse da segurança da república, o antigo portador da Coroa e os demais membros da Casa de Habsburgo-Lorena, estes, na medida em que não tenham renunciado expressamente à sua condição de membros dessa Casa e às pretensões de soberania dela derivadas, e não tenham se declarado cidadãos fiéis da república, são expulsos do território nacional. A decisão sobre se essa declaração deve ser considerada suficiente cabe ao Governo de Estado, em acordo com o comitê principal da Assembleia Nacional[”] (§ 2).[823] Se se considerar os membros da Casa de Habsburgo-Lorena como cidadãos austríacos – o que, no entanto, é duvidoso –, então essa disposição representa, em relação a essas pessoas, uma exceção individualizada às disposições da Lei Fundamental do Estado sobre os direitos gerais dos cidadãos, no que se refere à liberdade de domicílio (art. 6).[lx,824]Além disso: [“]é proibido o uso de títulos e formas de tratamento que estejam em contradição com as disposições do § 1. (Esta disposição vai parcialmente além da lei relativa à abolição da nobreza etc.,[825] na medida em que também

---

lix [144] Cf. p. 221. [N.T. Cf., abaixo, pp. 269-270].

lx [145] Cf. p. 52. [N.T. Cf., acima, pp. 88-89].

é proibido o *tratamento* com tais títulos, por exemplo: Majestade, Alteza Imperial e Real, Arquiduque etc., embora sem que esteja prevista uma pena específica.) Juramentos prestados ao imperador como[826] chefe de Estado não são vinculantes[”].[827] (Também essa disposição tem apenas significado político e não jurídico, já que tais juramentos nunca tiveram relevância jurídica sob a vigência da Constituição republicana). Por fim: [“]a República é[828] proprietária de todos os bens móveis e imóveis situados em seu território pertencentes ao erário da Corte (isto é, anteriormente administrados pelos chamados órgãos da Corte), bem como daqueles vinculados (isto é, fideicomissariamente destinados) à antiga casa reinante ou a um dos seus ramos[”][829] (mas não dos bens patrimoniais livres de caráter pessoal e privado).

Pela Lei de 8 de maio de 1919 (StGBl. nº 257),[830] foram definidos o brasão e o selo oficial da república. [“]O *brasão* consiste em uma [146] águia negra de uma só cabeça, flutuando livremente, com armas douradas e língua vermelha, cuja parte peitoral é coberta por um pequeno escudo vermelho atravessado por uma faixa horizontal prateada. A águia ostenta na cabeça uma coroa mural dourada com três ameias visíveis, segurando na garra direita uma foice dourada com a lâmina voltada para dentro, e na garra esquerda um martelo dourado[”].[831] O *selo oficial* exibe o brasão da república com a inscrição “República Áustria Alemã” (Republik Deutschösterreich). Essa inscrição foi alterada pela Lei de 21 de outubro de 1919 (StGBl. nº 484), sobre a forma de Estado,[832] para “República Áustria” (Republik Österreich). Ao mesmo tempo, foi definida a *bandeira* da república. Ela consiste em três faixas horizontais de igual largura, sendo a do meio branca e as superior e inferior vermelhas. (Pelo art. 149 da Constituição Federal,[833] a Lei de 8 de maio de 1919 sobre o brasão e o selo oficial, com as alterações introduzidas pela Lei de 21 de outubro de 1919, foi declarada lei constitucional).[lxi]

---

lxi [146] Cf. p. 221. [N.T. Cf., abaixo, pp. 269-270].

VI. O Tratado de Estado de St. Germain de 10 de setembro de 1919

O Tratado de Estado de Saint-Germain (assinado em 10 de setembro de 1919, com entrada em vigor em 16 de julho de 1920, promulgado no StGBl. nº 303 de 1920)[834] modificou em alguns pontos a Constituição provisória da Áustria Alemã e impôs limites à futura Constituição definitiva. As consequências mais imediatas do tratado foram normatizadas na Lei de 21 de outubro de 1919 sobre a forma de Estado (StGBl. nº 484)[835] (ou seja, ainda antes da entrada em vigor do próprio tratado). Em primeiro lugar, as *fronteiras* do território do Estado são determinadas por lei, conforme o conteúdo do tratado. Nisso, faz-se simplesmente remissão ao conteúdo do tratado. Em seguida, o *nome do Estado*, que até então era "Áustria Alemã" ("Deutschösterreich"), é legalmente alterado para "República da Áustria" ("Republik Österreich").[836] Apenas para esse nome é que a Áustria Alemã conseguiu obter reconhecimento internacional. O direito à [147] autodeterminação dos povos não parece incluir, ao que tudo indica, o direito de um povo de escolher livremente o seu próprio nome.

Embora a Áustria Alemã tenha sido forçada, pelo Tratado de Saint-Germain, a assumir a herança do antigo Império Austríaco, a Lei de 21 de outubro mantém expressamente o entendimento de que a República da Áustria não se identifica com o antigo Estado austríaco, isto é, com os "reinos e províncias representados no Conselho Imperial", e afirma inclusive que a nova república não assume qualquer *sucessão jurídica* em relação a ele.[837] Naturalmente, sem prejuízo das obrigações impostas pelo Tratado de Saint-Germain. Mais do que uma construção jurídico-formal com algum valor moral-político, não é possível enxergar nessas disposições da lei sobre a forma de Estado.

A consequência mais dolorosa do Tratado de Saint-Germain exprime-se no artigo 3º da referida lei,[838] que revoga a disposição legal anterior segundo a qual: "a Áustria Alemã é parte integrante do Reich Alemão"[839] (art. 2º da Lei de 12 de novembro de 1918 [StGBl. nº 5], sobre a forma de Estado).[lxii,840] Essa mudança teve de ser realizada em cumprimento ao art. 88 do tratado,[841] que estabelece a *"independência" da Áustria Alemã* e que assim dispõe: "A independência da Áustria é inalterável, salvo se o Conselho da Liga das Nações concordar com uma alteração. Portanto, a Áustria assume o compromisso de se abster – até sua admissão como membro da Liga – de qualquer ato que, direta ou indiretamente, de qualquer maneira e na forma de participação nos assuntos de outra potência, possa pôr em risco sua independência, salvo com o consentimento do referido Conselho". Se essa consequência última do direito à autodeterminação dos povos – tal como compreendido pelos vencedores de Saint-Germain e Versalhes – privará a jovem república de sua força vital, somente o futuro poderá dizer.

Das numerosas disposições do tratado referentes à *cidadania* [148], juridicamente mal redigidas, frequentemente obscuras e por vezes contraditórias, mencionaremos apenas as mais importantes. Nos termos do art. 64,[842] a Áustria reconhece "como cidadãos austríacos, de pleno direito e sem necessidade de qualquer formalidade, todas as pessoas que, no momento da entrada em vigor do presente tratado, possuem o direito de residência (Heimatrecht, pertinenza) no território austríaco e não são nacionais de outro Estado". E o art. 70[843] dispõe, de forma complementar: "Todas as pessoas que possuem o direito de residência (*pertinenza*) em um território que outrora pertenceu à Monarquia Austro-Húngara adquirem, automaticamente e com exclusão da cidadania austríaca (evidentemente da *nova* cidadania austríaca), a cidadania do Estado que exerce soberania sobre esse território". Com isso, perdem a cidadania da Áustria Alemã, a partir da entrada em vigor do tratado, aqueles que – com base na Lei de 5 de dezembro de 1918[844] –[lxiii] a haviam adquirido, sem possuir o direito de residência, por meio da submissão

---

lxii [147] Cf. p. 96. [N.T. Cf., acima, pp. 136-137].

lxiii [148] Cf. p. 93. [N.T. Cf., acima, p. 133 e s.].

de uma declaração de cidadania (desde que fossem domiciliados em um município da antiga Monarquia Austro-Húngara que não pertencia à Áustria Alemã no momento da entrada em vigor do tratado),[lxiv] assim como aqueles que, segundo a mesma Lei de 5 de dezembro de 1918, haviam adquirido a cidadania da Áustria Alemã em virtude de seu direito de residência em uma localidade que já não pertencia à Áustria Alemã. Não nos deteremos aqui nas exceções aos princípios estabelecidos nos artigos 60 e 70.[845] [846] Deve-se, no entanto, chamar atenção para a grande dificuldade interpretativa causada pelo art. 65 do tratado.[847] Esse artigo determina: "a cidadania austríaca é adquirida de pleno direito, pelo simples fato do nascimento no território austríaco, por toda pessoa que não possa reivindicar outra cidadania em razão de seu nascimento". Os paradoxos gerados na interpretação do tratado contida nesse artigo podem ser contornados [149] interpretando-se a norma como uma presunção jurídica de cidadania, aplicável somente na ausência de comprovação de outra nacionalidade.[lxv] Finalmente, deve ainda ser mencionado o art. 230, que dispõe: ["]A Áustria compromete-se a

---

lxiv [148] A Áustria assumiu essa interpretação do Tratado de Saint-Germain no tratado celebrado com a República Tchecoslovaca (BGBl. nº 163 de 1921), em cujo art. 2 assim se compromete. [N.T. Art. 2 Vertrag [vom 7. Juni 1920] zwischen der tschecho-slowakischen Republik und der Republik Österreich über Staatsbürgerschaft und Minderheitsschutz [Tratado [de 7 de junho de 1920] entre a República Tcheco-Eslovaca e a República da Áustria sobre cidadania e proteção das minorias], impresso em: BGBl. 1921/163 (doravante Tratado Cidadania Tchecoslováquia/Áustria 1921)].

lxv [149] Nos termos do art. 5 do tratado acima citado com a República Tchecoslovaca [N.T. Art. 5 Tratado Cidadania Tchecoslováquia/Áustria 1921 (p. 193, nota de rodapé lxiv, N.T.)], ambas as partes contratantes interpretam a disposição do art. 65 do Tratado de Saint-Germain de forma "supletiva, ou seja: tais disposições constituem, quando as demais disposições relativas à cidadania não forem suficientes para determinar a cidadania de um cidadão do antigo Estado austríaco, uma praesumtio juris sed non de jure [Latim: praesumptio iuris sed non de iure, mais comumente: praesumptio iuris; português: presunção relativa] quanto à cidadania conforme o local de nascimento, válida enquanto não for produzido o comprovante de outra cidadania por descendência.

reconhecer a nova cidadania que vier a ser adquirida ou que tiver sido adquirida por seus nacionais, conforme as leis das potências aliadas e associadas e segundo as decisões das autoridades competentes dessas potências, seja por meio de naturalização, seja com base em uma disposição contratual, e, com base na nova cidadania adquirida, a dispensar esses cidadãos, em todos os aspectos, de qualquer obrigação perante seu Estado de origem[”].[848] Os artigos 78 a 82[849] regulam a opção e dispõem, essencialmente: [“]Pessoas maiores de 18 anos que perdem sua cidadania austríaca (isto é, evidentemente, a antiga cidadania austríaca) e que, de pleno direito, adquirem uma nova cidadania nos termos do art. 70 do tratado, podem, dentro de um prazo de um ano a partir da entrada em vigor do tratado, optar pela pertença ao estado no qual eram detentores do direito de residência (Heimatrecht) antes de adquirirem esse direito no território transferido[”].[850] Contudo, essas pessoas devem transferir seu domicílio, no prazo de 12 meses, para o Estado pelo qual optaram. Nos casos em que ocorre um plebiscito, é permitido, no prazo de 6 meses após a atribuição do território a que se refere o plebiscito, optar pelo Estado ao qual o território não foi atribuído. Por fim, pessoas que possuem o direito de residência em território que pertenceu à antiga Monarquia Austro-Húngara e que, por raça e língua, são diferentes da maioria da população local, podem, no prazo de 6 meses após a entrada em vigor do tratado,[150] optar pela Áustria, Itália, Polônia, Romênia, Estado Sérvio-Croata-Esloveno ou Tchecoslováquia, conforme a maioria da população local pertença à mesma raça e fale a mesma língua que elas. Para as normas relativas à cidadania, vale a regra do art. 82: [“]as mulheres casadas seguem a condição dos seus maridos e os filhos menores de 18 anos seguem a condição dos seus pais[”].[851]

A *proteção das minorias* é regulada pelos arts. 62, 63, 66 a 69[852] (Seção V da Parte III do Tratado de Estado;[853] essa seção tem atualmente status de lei constitucional, conforme o art. 149

da Constituição Federal).[lxvi,854] A Áustria é obrigada a reconhecer essas normas como "leis fundamentais" ("Grundgesetze") e aceita que elas sejam colocadas sob a garantia da Liga das Nações.[855] A Constituição da Áustria Alemã não conhece o conceito de "lei fundamental" (Grundgesetz). Apenas as garantias reforçadas para a alteração de leis *constitucionais* poderiam ser consideradas nesse contexto. No entanto, mesmo essas garantias são, no caso presente, destituídas de relevância prática, pois a submissão das normas de proteção das minorias à garantia da Liga das Nações tem como consequência que elas não possam ser alteradas sem o consentimento da maioria do Conselho da Liga das Nações (art. 69).[856] No mais, essas disposições do tratado significam apenas modificações muito pouco relevantes da Constituição, a qual, pela recepção da Lei Fundamental Austríaca sobre os Direitos Gerais dos Cidadãos do Estado, já assegurava a igualdade de todos os cidadãos, sem distinção de nacionalidade e confissão – pois é precisamente a isso que, em essência, visam as disposições do tratado.[lxvii] Destacam-se, portanto, a seguir apenas aqueles pontos em que o tratado vai além das normas até então vigentes. Na medida em que se concede, no art. 63,[857] a todos os habitantes da Áustria o direito de exercer livremente, em público ou em privado, qualquer fé, religião ou confissão, desde que o exercício não seja incompatível com a ordem pública ou os bons costumes, é suprimida a distinção anteriormente feita entre [151] comunidades religiosas legalmente reconhecidas e não reconhecidas, distinção segundo a qual apenas as primeiras possuíam o direito de exercício *público* da religião.[858] – O art. 66[859] permite a introdução de uma língua oficial do Estado, o que só veio a ocorrer, com base no tratado, por meio do art. 4 da Lei de 21 de outubro de 1919 sobre a forma de Estado.[860] Se, porém – sem prejuízo da introdução de uma língua oficial –, nos termos do tratado, devem ser oferecidas aos cidadãos

---

lxvi [150] Cf. p. 222. [N.T. Cf., abaixo, pp. 269-271].

lxvii [150] Cf. pp. 47 e ss. [N.T. Cf., acima, pp. 83-86].

austríacos que não falam alemão facilidades apropriadas para o uso de sua língua – ou seja, de *qualquer* língua falada por um cidadão austríaco – em juízo, oralmente ou por escrito,[861] então, isso vai além do art. 19 da Lei Fundamental sobre os Direitos Gerais dos Cidadãos do Estado,[862] que apenas declara "a igualdade de direitos de todas as línguas *nacionais* usuais (*landes*übliche Sprachen) na escola, no serviço público e na vida pública". Além disso, dispõe o art. 68 do tratado:[863] "No que diz respeito à instrução pública, o governo austríaco concederá, nas cidades e distritos onde cidadãos austríacos que falam uma língua diferente do alemão constituem uma parte considerável da população, facilidades apropriadas[864] para assegurar que, nas escolas primárias, os filhos desses cidadãos austríacos recebam ensino em sua língua nativa.[865] Esta disposição não impedirá o governo austríaco de tornar o ensino da língua alemã matéria obrigatória nas referidas escolas". – O art. 19 da Lei Fundamental austríaca sobre os Direitos Gerais dos Cidadãos do Estado[866] dispunha apenas: ["]nas províncias onde vivem diversos *grupos étnicos*, as instituições públicas de ensino devem ser organizadas de forma tal que, sem imposição do aprendizado de uma segunda língua nacional, cada um desses grupos étnicos disponha dos meios necessários para a instrução em sua própria língua["]. – Se se puder tratar a "minoria considerável" a que o tratado se refere como "grupo étnico", então, o art. 19 ofereceria garantias de proteção das minorias muito mais amplas do que o Tratado de Saint-Germain. Por fim, deve-se ainda mencionar a – juridicamente pouco clara – disposição do art. 68 do tratado,[867] segundo a qual se deve assegurar às minorias raciais, linguísticas ou religiosas proporcionalmente [152] consideráveis uma parte adequada de todos os recursos públicos destinados a fins educacionais, religiosos ou assistenciais.

Importantes para a Constituição são também as disposições do Tratado de Estado sobre as *forças armadas* da Áustria (Parte V).[868] Destaca-se entre elas: o serviço militar obrigatório é abolido na Áustria (embora, na república – exceto pela obrigação de mobilização prevista na Lei militar de 6 de fevereiro de 1919[869] –, nunca tenha estado em vigor).[lxviii] O exército austríaco será, no futuro, formado e completado apenas por meio do compromisso voluntário (portanto, a Áustria está vinculada ao sistema de soldados mercenários em função do tratado).[870] O efetivo total das forças armadas do Exército austríaco não pode ultrapassar 30.000 homens, inclusive os oficiais e as tropas de depósito. Os efetivos máximos permitidos em armamentos são: para cada 1.000 homens: 1.150 fuzis, 15 metralhadoras, 3 canhões.[871] ["] O exército austríaco só pode ser utilizado para a manutenção da ordem dentro do território austríaco e para a proteção das fronteiras["].[872] Todas as medidas de mobilização são proibidas.[873] ["] O número de gendarmes, guardas aduaneiros, guardas florestais, policiais locais ou municipais ou outros funcionários semelhantes não pode ultrapassar o número daqueles que, em 1913, prestavam serviço equivalente e que atualmente servem dentro das fronteiras territoriais da Áustria, tal como determinadas pelo Tratado de Estado["].[874] Todos os oficiais devem ser oficiais de carreira. Os novos nomeados devem comprometer-se a servir efetivamente por pelo menos 20 anos consecutivos.[875] Os suboficiais e soldados devem comprometer-se a um tempo de serviço de no mínimo 12 anos, dos quais pelo menos 6 anos em serviço ativo.[876] – Em cumprimento ao Tratado de Estado de Saint-Germain, foi promulgada a Lei militar de 18 de março de 1920 (StGBl. nº 122)[877] que, em princípio, continua em vigor até hoje. Ela dispõe: ["]O exército é constituído e completado por recrutamento["].[878] ["]O Exército é destinado: a) à proteção das instituições constitucionais da república, bem como, de modo geral, à manutenção da ordem e da segurança internas, b) à prestação de auxílio em casos de catástrofes naturais [153] e acidentes de proporções extraordinárias e c) à proteção das fronteiras da república; nos casos das alíneas a) e b) na medida em que a autoridade civil legalmente constituída requeira a participação do

lxviii [152] Cf. p. 108. [N.T. Cf., acima, p. 149 e s.].

Exército["].[879] ["]O exército está sob a autoridade da Assembleia Nacional. Na medida em que essa autoridade não esteja reservada diretamente à Assembleia Nacional por lei – o que ocorre apenas no caso da convocação da reserva, que só pode ocorrer em circunstâncias extraordinárias,[880] e no adiamento da dispensa e da transferência para a reserva, apesar do cumprimento da obrigação de serviço, o que só pode ocorrer em caso de ameaça à república[881] –, a autoridade é atribuída ao Governo do Estado e, dentro do âmbito da autorização por ele concedida, ao secretário de Estado para Assuntos Militares["].[882] ["]A obrigação regular de serviço tem duração mínima de 20 anos de serviço ativo para os oficiais, de no mínimo 12 anos para suboficiais e soldados, dos quais pelo menos 6 anos em serviço ativo e o restante na reserva["].[883] Para deixar o território do Estado, o cidadão sujeito ao serviço de reserva necessita de uma autorização especial.[lxix,884]

lxix [153] Cf. p. 51. [N.T. Cf., acima, p. 87 e s.].

[154] A CONSTITUIÇÃO FEDERAL

I. O desfecho da Assembleia Nacional Constituinte

Até julho de 1920, a Assembleia Nacional Constituinte, que se reuniu em 4 de março de 1919 e cuja legislatura havia sido fixada em dois anos pela Lei de 18 de dezembro de 1918 sobre a convocação da Assembleia Nacional Constituinte (StGBl. nº 114),[885] nada havia feito para cumprir sua verdadeira tarefa: a criação de uma Constituição definitiva. Tendo alterado – ainda que provisoriamente, mas de forma não irrelevante – a Constituição provisória logo após sua reunião em março de 1919,[886] ela começou, com base nessa Constituição provisória, a desenvolver uma atividade legislativa muito extensa. Em junho de 1920, a coalizão de governo, até então existente, entre os dois maiores partidos, os sociais-democratas e os social-cristãos, foi desfeita, pois os antagonismos entre eles tornaram-se tanto mais acentuados quanto, na Áustria, não ocorrera uma cisão do partido social-democrata em um grupo mais radical e outro mais moderado, mas, sim, todo o partido orientava-se de forma cada vez mais clara na direção do partido social-democrata independente da Alemanha. Como, após a renúncia do governo de coalizão, não foi possível formar uma nova maioria parlamentar

– também os antagonismos entre social-cristãos e nacional-alemães eram demasiado intensos –, instaurou-se uma crise constitucional. Pois o pressuposto fundamental para que, de acordo com as disposições da Constituição provisória [155] de março de 1919, um Governo de Estado pudesse ser eleito pelo Parlamento era a formação de uma maioria parlamentar – necessária para a *eleição*. Segundo sua Constituição provisória, a Áustria apresentava – e apresenta também segundo sua Constituição definitiva – o tipo de um *regime parlamentar* extremo, e tal regime só pode funcionar sem contratempos sob a condição de que exista uma maioria parlamentar sólida, de preferência que um único partido detenha a maioria no Parlamento. –

Buscou-se uma saída para a assim surgida crise por meio de uma emenda constitucional feita ad hoc. Como apenas por meio de novas eleições parecia possível formar uma maioria parlamentar sustentável, e uma dissolução da Assembleia Nacional por ato do governo não era constitucionalmente admissível, declarou-se, por meio da Lei de 6 de julho de 1920 (StGBl. nº 283),[887] encerrada a legislatura da Assembleia Nacional Constituinte em 31 de outubro de 1920 – portanto, quatro meses antes do prazo originalmente fixado.[i,888] No que diz respeito à eleição do Governo do Estado, foram tomadas nesta lei – porém apenas para o período até a reunião da nova Assembleia Nacional eleita, ou, mais especificamente, do novo comitê principal por ela eleito – as seguintes disposições: no caso de, e na medida em que, a nomeação do Governo do Estado não puder ser efetuada com base em uma proposta *aprovada por maioria* do Comitê Principal (eleito a partir do seio da Assembleia Nacional segundo o princípio da representação proporcional, ou seja, composto em termos partidários do mesmo modo que o plenário), os membros do Gabinete, ou apenas parte deles, devem ser eleitos pela Assembleia Nacional por representação proporcional, cabendo aos partidos da Assembleia Nacional Constituinte

---

i [155] Cf. p. 154. [N.T. Cf., acima, p. 199].

apresentar ao presidente da Casa, para a eleição dos membros do Governo do Estado para os quais não exista proposta do comitê principal, uma lista de candidatos para cada um dos ministérios a serem preenchidos. De cada lista partidária são considerados eleitos como membros do Governo do [156] Estado – porém inicialmente sem atribuição de pasta – tantos candidatos quantos correspondam, proporcionalmente, ao número de votos recebidos por cada lista.[889] Cada deputado pode votar apenas em uma das listas apresentadas. Esse modo de eleição não foi aplicado a todos os membros do Gabinete, pois, quanto a três pastas que já vinham sendo ocupadas por ministros técnicos não filiados (Transportes, Finanças, Abastecimento Popular), houve uma proposta do Comitê Principal e, portanto, formação de maioria no Parlamento. Contudo, também nesse caso, a proposta e a eleição desses membros devem ocorrer sem designação de pasta.[890] O Gabinete eleito reúne-se imediatamente sob a direção do presidente da Assembleia Nacional, reparte por deliberação as pastas entre os secretários de Estado eleitos e encarrega um secretário de Estado da direção do Gabinete e das demais funções do chanceler do Estado;[891] o que representa uma redução não irrelevante da competência anteriormente atribuída ao Parlamento de determinar ele mesmo a repartição das pastas. – Por meio desse modo de eleição, manteve-se a aparência de que cada partido votava apenas em seus homens de confiança no governo, e, externamente, criou-se a impressão de que não existia nenhuma coalizão governamental. Na realidade, porém, a lei sobre a qual se baseava esse novo modo de eleição, supostamente dispensando a existência de uma coalizão partidária, só pôde ser aprovada com maioria – e, por ser uma lei constitucional, ainda por cima com maioria de dois terços –, ou seja, naturalmente, apenas com base em uma coalizão partidária tácita. E, de fato, na primeira e única aplicação da lei, ocorreu – como não poderia ser diferente – não apenas a composição do Gabinete por nomes, mas também a distribuição das pastas mediante acordo entre todos os partidos parlamentares cujos representantes foram eleitos para o governo. Esses partidos não eram apenas os sociais-democratas e os social-cristãos, como até então, mas – em virtude da eleição proporcional – também os nacional-alemães; portanto, não apenas não houve dissolução da coalizão anterior, mas, sim, uma ampliação dela. O resultado paradoxal foi o seguinte: que todas as três grandes forças políticas do Parlamento estavam representadas no governo, embora justamente essas mesmas forças tivessem expressamente [157] declarado recusar-se a manifestar confiança no governo como um todo; que todas as três grandes forças políticas participaram da formação do governo e, ao mesmo tempo, cada uma delas recusou assumir qualquer responsabilidade política.

Como a legislatura da Assembleia Nacional Constituinte fora abreviada antes mesmo de estar assegurado que ela conseguiria aprovar uma Constituição definitiva, e como a Constituição provisória previa apenas uma constituinte *única* e não um órgão legislativo permanente, era necessário – para o caso de a constituinte se dissolver sem haver aprovado uma Constituição definitiva – complementar a Constituição provisória com disposições gerais sobre um Parlamento que então passou a ser denominado simplesmente de "Assembleia Nacional" – com a omissão da palavrinha "constituinte" –, embora fosse possível que justamente essa Assembleia Nacional pudesse vir a tornar-se "constituinte". Essa complementação deu-se por meio da Lei de 20 de julho de 1920 (StGBl. nº 317)[892] sobre a eleição e convocação da Assembleia Nacional. Segundo essa lei, a Assembleia Nacional deveria ser composta por 175 deputados e por um número ainda a ser determinado de deputados a serem eleitos por Burgenland (que passara a integrar o território austríaco com base no Tratado de Estado de Saint-Germain), os quais deveriam ser eleitos segundo um sistema eleitoral fundamentalmente idêntico ao da Assembleia Nacional Constituinte.[893] A legislatura desse Parlamento foi fixada em *três anos*; ele deveria poder se *dissolver* – ao contrário da constituinte – por simples deliberação.[894] Pela Lei de 20 de julho de 1920 (StGBl. nº 316)[895] sobre o regulamento eleitoral para a Assembleia Nacional, foi determinado que o regulamento eleitoral da Assembleia Nacional Constituinte,[896] com certas complementações e alterações, deveria ser aplicado às eleições da Assembleia Nacional. O regulamento eleitoral sofreu uma alteração mais significativa apenas em um ponto: como o sistema proporcional era aplicado dentro de círculos eleitorais relativamente pequenos, este só pode ser implementado com limitação bastante considerável.[ii] Em determinados círculos eleitorais, resultava, para os partidos concorrentes, um número por vezes muito elevado de "votos [158] residuais" ("Reststimmen"), ou seja, votos que, no momento da atribuição dos mandatos aos partidos conforme o método de *D'Hondt*, não foram levados em conta, e cujo descarte não implicava, para o partido, perda de mandatos. Como os regulamentos eleitorais mais recentes no Reich Alemão,[897] assim como na Tchecoslováquia,[898] previam o aproveitamento desses "votos residuais", também a lei sobre o regulamento eleitoral da Assembleia Nacional levou a cabo uma reforma a esse respeito. Ela atribui aos partidos cujas listas eleitorais, segundo a apuração dos votos, tiverem votos residuais não considerados, um total de 15 mandatos adicionais, conforme a proporção desses votos residuais. Para esse fim, após a apuração eleitoral nos círculos eleitorais individuais – o chamado "primeiro procedimento de apuração", no qual é distribuído apenas o número total de cadeiras parlamentares diminuído de 15 – realiza-se, na autoridade central de apuração, um "segundo procedimento de apuração". A distribuição dos 15 mandatos segundo os votos residuais dos partidos nesse segundo procedimento de apuração se dá de duas maneiras, conforme o partido apresente uma "lista eleitoral principal", ou seja, uma lista própria de candidatos para o segundo procedimento de apuração, ou apenas registre seu direito a mais cadeiras, o que implica a candidatura dos concorrentes que, nas listas apresentadas nos círculos eleitorais, não haviam obtido mandato. No primeiro caso, os candidatos indicados na "lista eleitoral principal" recebem, segundo a ordem de indicação, os mandatos parlamentares atribuídos ao partido no segundo procedimento de apuração, conforme o total de seus votos

ii [157] Cf. p. 115, nota 1. [N.T. Cf., acima, p. 156, nota xlii].

residuais. No segundo caso, os mandatos atribuídos ao partido são distribuídos entre as listas eleitorais dos círculos que aderiram ao pedido de inclusão do partido no segundo procedimento de apuração, proporcionalmente aos votos residuais que o partido obteve nesses círculos eleitorais, segundo o método de *D'Hondt*. Porém, somente podem participar do segundo procedimento de apuração aqueles partidos que já tenham obtido pelo menos um mandato parlamentar no primeiro procedimento de apuração, e nenhum partido pode, no segundo procedimento, receber mais mandatos parlamentares do que lhe couberam no primeiro.[899] Isso [159] pode, naturalmente, levar a um comprometimento – por vezes bastante significativo – da proporcionalidade do resultado final. Em razão do aproveitamento dos votos residuais no segundo procedimento de apuração, foi suprimida a possibilidade, admitida no regulamento eleitoral anterior, de vinculação de diversas listas eleitorais dentro de um mesmo círculo eleitoral.[900]

De resto, o regulamento eleitoral da Assembleia Nacional Constituinte foi alterado apenas de forma pouco significativa. Deve-se destacar que os vogais da autoridade central de apuração – de acordo com as relações jurídico-constitucionais modificadas pela Constituição de março de 1919 – devem ser nomeados pelo Governo do Estado em acordo com o comitê principal, em vez de, como anteriormente, pelo Conselho de Estado;[901] que a lista de eleitores deve ser elaborada pelo município – e não mais, como antes, pela autoridade eleitoral local;[902] que, no procedimento de reclamação, a instância final é a autoridade eleitoral distrital, o que, segundo o regulamento eleitoral anterior, era apenas estabelecido como facultativo.[903] Quanto à forma da cédula eleitoral, foi determinado que esta deveria ser de papel macio e possuir um determinado formato. Ela é considerada validamente preenchida quando indica o partido *ou*, ao menos, apresenta de maneira inequívoca o nome de um candidato da lista eleitoral do partido escolhido, ou quando contém, juntamente com a indicação do partido, o nome de um ou mais candidatos apresentados por esse partido. Isso pode ser feito por meio de manuscrito, impresso ou outra forma de reprodução.[904]

As Leis de 30 de julho de 1920 sobre a eleição e a convocação da Assembleia Nacional e sobre o regulamento eleitoral para a Assembleia Nacional foram aprovadas sob a suposição de que a constituinte se dissolveria sem ter aprovado uma Constituição definitiva. Contudo, essa suposição não se confirmou, pois a constituinte promulgou, no último momento, a Constituição definitiva (a Constituição Federal de 1º de outubro de 1920),[905] que, em lugar da Assembleia Nacional com legislatura de três anos, previa uma *Câmara dos Deputados* (*Nationalrat*) com *legislatura de quatro anos*. Apesar disso, a eleição ainda foi realizada com base no regulamento eleitoral de 20 de julho de 1920. A lei constitucional sobre a transição para a Constituição Federal,[906] aprovada conjuntamente com a Constituição Federal [160], dispunha que a Assembleia Nacional eleita com base no regulamento eleitoral de 20 de julho de 1920 seria a primeira Câmara dos Deputados no sentido da Constituição Federal, o qual teria, excepcionalmente, uma legislatura de apenas três anos, e para o qual o regulamento eleitoral de 20 de julho de 1920 permaneceria em vigor.[iii]

---

iii [160] Na eleição da primeira Câmara dos Deputados, no outono de 1920, participaram 80,54% dos 3.395.145 eleitores registrados (em comparação com 84,23% na eleição de 1919 para a Assembleia Nacional Constituinte). Dos 2.850.426 votos válidos e dos 175 mandatos, couberam ao:

Partido Social-Cristão	42,27%	(contra 35,93% no ano anterior) dos votos	46,85% dos mandatos
Partido Social-Democrata	35,88%	(contra 40,76% no ano anterior) dos votos	37,71% dos mandatos
Partido Nacional Alemão	16,69%	(contra 18,38% no ano anterior) dos votos	14,28% dos mandatos
Partido Democrático	1,47%	(contra 2,36% no ano anterior) dos votos	0,57% dos mandatos*

II. A criação da Constituição Federal

A contradição entre um Estado unitário centralizado e uma confederação formada pela união voluntária de estados autônomos, que, como consequência da malograda fundação jurídica da Áustria Alemã, influenciou negativamente todo o desenvolvimento político da jovem república,[iv] só pôde ser contrabalançada por meio de uma Constituição Federal que logra compatibilizar formas federalistas com uma relativa unidade material do todo. Por isso, desde o início, a intenção era a de que a Constituição definitiva a ser criada pela constituinte fosse concebida como Constituição de um Estado federal.

Pouco depois da conclusão da reforma constitucional provisória de 14 de março de 1919, recebi do chanceler de Estado, em maio de 1919, na minha então qualidade de colaborador científico do Gabinete do chanceler, a incumbência de elaborar o esboço de uma Constituição Federal, tendo eu [161] já anteriormente executado certos trabalhos preparatórios. O esboço foi por mim finalizado com o apoio do departamento constitucional da Chancelaria de Estado ao longo do verão de 1919 e, até o fim do outono, complementado por vários outros esboços, que se apresentavam como variações do esboço-base e que pretendiam levar em conta diferentes possibilidades políticas. Minha diretriz consistiu em preservar tudo o que fosse aproveitável da Constituição anterior, manter, tanto quanto possível, a continuidade das instituições jurídico-constitucionais, incorporar

---

[* N.T. Cf. STATISTISCHE ZENTRALKOMMISSION (Coord.). *Statistik der Nationalratswahlen des Jahres 1920*. vol. 1: Hauptergebnisse. Viena: Österreichische Staatsdruckerei, 1921].

Apesar, portanto, do aproveitamento dos "votos residuais" no segundo procedimento de apuração, verificou-se certo deslocamento da proporcionalidade em favor dos dois grandes partidos, em detrimento dos pequenos. Com a incorporação do Burgenland, mais 8 mandatos foram acrescentados. Assim, a Câmara dos Deputados passou a ter, ao todo, 183 membros.

iv [160] Cf. p. 179. [N.T. Cf., acima, p. 225 e s.].

o princípio federal ao que já era existente e consolidado e, nesse processo – na medida em que isso fosse viável, considerando os distintos pressupostos histórico-políticos –, orientar-me pela Constituição suíça,[907] mas ainda mais pela nova Constituição do Reich alemão.[908] Em outubro de 1919, deu-se a renovação da coalizão entre o partido social-democrata e o partido social-cristão, sendo que a elaboração de uma Constituição Federal foi oficialmente incluída no programa da coalizão.[909] Na reformulação de governo que se seguiu por ocasião dessa coalizão, o então chanceler de Estado, *Dr. Karl Renner*[910] (social-democrata), foi novamente incumbido da chefia do Gabinete, e o *Dr. Michael Mayer*,[911] como representante do partido social-cristão, foi nomeado secretário de Estado sem pasta, com o único encargo pessoal de colaborar na reforma constitucional e administrativa. Este escolheu, de comum acordo com o chanceler de Estado, um dos esboços constitucionais até então elaborados e fez dele – após pequenas modificações – a base para as negociações com os partidos políticos nos estados. O secretário de Estado *Dr. Mayer* fez da adesão desses estados ao esboço uma missão pessoal, a qual cumpriu com êxito. Como o governo de coalizão não conseguiu dar qualquer passo decisivo na questão constitucional, os estados tomaram a iniciativa por si próprios, reunindo-se em fevereiro de 1920, em Salzburgo, para uma conferência destinada a discutir o problema constitucional.[912] A essa conferência, o secretário de Estado *Dr. Mayer* – que fora convidado apenas a título pessoal – trouxe o esboço de Constituição para o qual já havia obtido, ao menos em princípio, o apoio dos estados. [162] O esboço teve de ser apresentado como "iniciativa particular" ("Privatarbeit") – já que o Gabinete não conseguiu chegar a um consenso que permitisse apresentá-lo como proposta do governo.[913] Em abril de 1920, teve lugar em Linz uma continuação da conferência dos estados.[914] A essa conferência, o secretário de Estado *Mayer* apresentou o mesmo esboço que já havia sido discutido na conferência de Salzburgo, mas agora com modificações que levavam em consideração certas exigências expressas naquela ocasião.[915] O resultado da conferência de Linz foi que o partido social-cristão – inclusive nos estados – se identificou com esse esboço, e que o partido social-democrata também apresentou um esboço de Constituição Federal que era praticamente idêntico, em termos de conteúdo, a uma das outras variantes que eu havia elaborado para o governo. Na medida em que os dois esboços apoiados pelos partidos políticos mais relevantes coincidiam integralmente tanto em termos sistemáticos como técnico-constitucionais, e, também, na maior parte das disposições materiais, a possibilidade de um acordo parecia iminente. Ainda assim, não se chegou a uma proposta oficial do governo, pois a coalizão foi desfeita por outros motivos e formou-se o chamado Gabinete "proporcional" ("Proporz"kabinett), do qual já se falou no parágrafo anterior. Esse Gabinete, que não contava com maioria parlamentar, era demasiado fraco para apresentar um projeto de Constituição como proposta de governo – o que exigiria uma maioria de dois terços da Assembleia Nacional Constituinte –, sobretudo porque esse Gabinete havia sido concebido como provisório, encarregado apenas de conduzir os assuntos durante as férias de verão. Para o outono, estava marcada a nova eleição da Assembleia Nacional. Nesse momento, o comitê constitucional da Assembleia Nacional Constituinte, sob a presidência do ex-secretário de Estado *Dr. Otto Bauer*,[916] tomou iniciativa de última hora. Provavelmente, a motivação decisiva para isso foi a conjectura de que – caso a constituinte se dissolvesse sem cumprir sua tarefa principal – a realização de novas eleições para uma nova Assembleia Nacional, diante do movimento centrífugo cada vez mais acentuado nos estados, parecia incerta. Havia o risco de que os estados, excluindo o Parlamento central e o Governo do Estado [163], acordassem entre si uma Constituição Federal, e assim, em vez da Constituição de um Estado federal, surgisse uma Constituição confederativa, ou seja, radicalmente federalista.

A tarefa do comitê constitucional consistia principalmente em alcançar um compromisso entre o esboço de Constituição apresentado pelo partido social-democrata[917] – que, entrementes, também havia sido introduzido na Câmara dos Deputados como proposta legislativa – e aquele sustentado pelo partido social-cristão – que havia sido, por fim, apresentado por ocasião da conferência de Linz pelo secretário de Estado *Mayer*. Isso se tornou tanto mais fácil quanto se decidiu justamente excluir dos dois esboços aquela parte que gerava os maiores antagonismos, a saber, a seção relativa aos direitos fundamentais e às liberdades, e manter nesse campo o regime jurídico vigente. E assim conseguiu-se, em tempo relativamente curto, concluir a obra constitucional. O comitê constitucional iniciou seus trabalhos em 11 de julho de 1920, e, em 1º de outubro de 1920, a Constituição por ele proposta foi aprovada em terceira leitura pelo plenário, sem que nele tivesse sido feita qualquer modificação substancial.[918]

III. A Constituição Federal

A. Sistema e disposições gerais

Sistemática

A Lei de 1º de outubro de 1920, pela qual a República da Áustria é constituída como Estado federal (primeiramente publicada no StGBl. nº 450, depois publicada uma segunda vez e de forma oficial no Diário Oficial Federal de Leis, criado por essa Constituição Federal, como nº 1 da primeira edição), contém o breve subtítulo "Constituição Federal" ("Bundes-Verfassungsgesetz").[919] É sob esse título que ela é citada. Ela se divide em sete partes principais. A primeira contém "Disposições Gerais" sobre a forma de Estado, o território do Estado, o povo do Estado, a língua oficial do Estado, as funções do Estado, na medida em que dizem respeito à característica distribuição, própria ao Estado federal, da legislação e da execução entre a federação e seus estados-membros, bem como algumas disposições comuns à federação e a seus Estados-membros [164]. A segunda parte principal regula a "Legislação", a terceira, a "Execução da Federação", esta última subdividida em administração e jurisdição. A quarta parte trata da "Legislação e Execução dos Estados-Membros", a quinta, do "Controle Administrativo das Contas da Federação", a sexta – sob o título "Garantias da Constituição e da Administração" –, do controle judicial do Direito frente à administração e à legislação. A sétima parte principal contém as "Disposições Finais".

Forma de Estado

No topo da Constituição se estabelece o princípio: ["]a Áustria é uma *república democrática*. O seu Direito emana do povo["] (art. 1).[920] Do ponto de vista técnico-jurídico, juízos teóricos dessa natureza sobre o caráter da Constituição, inseridos na própria lei constitucional, são supérfluos e juridicamente irrelevantes. Se a Áustria é ou não uma república democrática, é uma questão a ser *avaliada* exclusivamente e unicamente pelo *conhecimento* jurídico, e não pelo Direito; a este cabe *ser* ou *não ser* uma república democrática. De fato, a Constituição da Áustria configura uma república democrática, e mais ainda, o tipo extremo de uma república parlamentar. Também a afirmação de que o seu Direito "emanaria do povo" tem caráter puramente teórico; ademais, não corresponde estritamente à verdade, pois o Direito não emana diretamente do "povo", mas é produzido – salvo certas exceções – por decisões parlamentares. O uso da palavra "Direito" (Recht) – e não, como de costume, "poder" (Gewalt) – ocorreu em rejeição deliberada da terminologia do "poder" ("Gewalt"terminologie). Por isso, a Constituição fala consistentemente de legislação, execução, jurisdição etc., e não de "Poder Legislativo", "Poder Executivo", "Poder Judiciário" etc.

Estado federal

O segundo princípio que a Constituição proclama imediatamente após o primeiro é: ["]a Áustria [165] é um *Estado federal*["] (art. 2º, § 1º).[921] Se isso procede, é algo que se responderá diversamente, tendo em vista a origem da Constituição e suas disposições materiais, de acordo com a concepção que se adota sobre a essência de um Estado federal. Segundo a concepção dominante, que define o Estado federal como um Estado composto por "estados", possivelmente haverá dúvidas. Sobretudo porque essa teoria foi elaborada com base em Estados federais formados pela união de comunidades jurídicas ou estados outrora autônomos ou "soberanos", ou seja, sujeitos apenas à ordem jurídica internacional. Na afirmação de que os entes federativos, mesmo após o surgimento da Constituição Federal que os sobrepõe e os interpõe à ordem jurídica internacional, continuariam a ser "estados", busca-se conservar, por motivação política, um caráter que é apenas histórico. O "Estado federal" austríaco, porém, não se formou pela união de estados soberanos, mas, sim, a partir de um Estado unitário. É precisamente diante desse caso que a teoria dominante fracassa totalmente. Ou ela pretende sustentar seriamente que os diversos entes do todo – as ordens parciais – podem adquirir o caráter de "Estados" por meio de uma lei aprovada como manifestação da vontade do todo – do todo que, até essa lei, existia como Estado unitário –, por meio de uma lei da qual depende, de forma permanente, a existência jurídica dos próprios entes? Se, no entanto, se considera o problema do Estado federal como um problema de *técnica organizacional*, e se compreende por "Estado federal" um tipo específico de *descentralização*, de tal forma: que a legislação e a execução estejam distribuídas entre órgãos centrais, competentes para o território inteiro, e órgãos locais, competentes apenas para partes do território, sendo que aos entes representados pelos órgãos locais é garantida uma participação ao menos na legislação do todo – então, sim, a Áustria é um Estado federal. Elementos federativos nesse sentido organizacional já estavam presentes tanto na Constituição anterior como na Constituição do antigo Império Austríaco. A estruturação do Estado – anteriormente do "Império" – em estados-membros/províncias (Länder) – anteriormente "Territórios da Coroa" – baseava-se, já desde a Constituição de Fevereiro de 1861,[922] em uma divisão das funções legislativas [166] e administrativas entre o Estado ou Império e os estados-membros/províncias. O que faltava era um órgão no qual os estados-membros/províncias pudessem participar da legislação – e eventualmente também da execução – do todo, ou seja, do Estado ou Império que, por isso, passaria a qualificar-se como "Estado superior". Esse órgão foi criado pela Constituição Federal sob o nome de "Conselho Federal" (Bundesrat).

O Estado federal austríaco é constituído pelos *estados federados* – enumerados em ordem alfabética na Constituição: Burgenland, Caríntia, Baixa Áustria (com exclusão de Viena), Alta Áustria, Salzburgo, Estíria, Tirol, Vorarlberg e Viena (art. 2º, § 2º).[923] Segundo as disposições da Constituição Federal, a capital da Federação formava inicialmente, em conjunto com a Baixa Áustria, um único estado: Baixa Áustria. As duas partes do estado gozavam de ampla autonomia, sendo inclusive representadas separadamente no Conselho Federal. Contudo, a Constituição previu a possibilidade de uma separação completa entre Viena e a Baixa Áustria, mediante leis estaduais coincidentes (art. 114).[924] Essa possibilidade foi exercida pelas duas partes por meio de Leis de 11 de fevereiro de 1921,[925] de modo que atualmente a federação é composta por nove estados. A divisão da antiga Grande Baixa Áustria em dois estados justificava-se, além de razões partidárias (em Viena, os social-democratas, na Baixa Áustria, os social-cristãos detinham maioria), sobretudo pela desproporcional grandeza dessa unidade em relação aos demais estados, já que ela abrigava mais da metade da população do país.

Território do Estado

O *território federal* compreende os territórios dos estados federados (art. 2º, § 2º; art. 3º, § 1º);[926] não há território federal que não seja ao mesmo tempo território de um Estado "autônomo". A anexação de um território do tipo da Alsácia-Lorena ou da Bósnia-Herzegovina exigiria uma alteração da Constituição Federal.

Alterações do território federal que ao mesmo tempo constituam uma alteração do território de um estado [167], como a anexação a um estado federado ou a cessão de parte do território de um estado federado, bem como alterações de fronteiras entre estados dentro do território federal, só podem ser feitas por meio de leis constitucionais coincidentes da federação e do respectivo estado cujo território sofrer a alteração. Entretanto, por meio de tratados de paz – que, como todos os tratados internacionais, são de competência exclusiva da federação – também podem ser realizadas diretamente tais alterações territoriais, sem que seja necessário o consentimento dos estados afetados (art. 3º, § 2º).[927] Todo o território federal é declarado pela Constituição como uma unidade monetária, econômica e aduaneira, dentro da qual não podem ser estabelecidas linhas alfandegárias internas nem outras restrições à circulação (art. 4º).[928] A capital federal e sede de todos os órgãos supremos da federação é Viena (art. 5º).[929]

Cidadania

Assim como o território, o *cidadão do Estado* possui também uma dupla qualificação, conforme sua vinculação à federação e ao estado federado. E assim como, segundo a Constituição, não existe território federal que não seja ao mesmo tempo território de um estado federado, todo cidadão federal deve ser simultaneamente cidadão de um estado. Pré-requisito para a cidadania estadual – e, portanto, para a cidadania federal que com ela se adquire e se perde – é o direito de residência (Heimatrecht) em um município do estado federado. A Constituição determina que as condições para aquisição e perda da cidadania estadual devem ser as mesmas em todos os estados, o que já está garantido pelo fato de que a legislação sobre a cidadania (pela qual a Constituição entende tanto a cidadania federal quanto a estadual) é de competência da federação. Além disso, determina-se expressamente que todo cidadão federal tem, em todos os estados, os mesmos direitos e deveres que os próprios cidadãos do Estado (art. 6);[930] em especial, os mesmos direitos políticos, inclusive o direito de voto para a Assembleia Estadual (Landtag), o qual não pode ser condicionado à posse da cidadania estadual. Com isso, o instituto da cidadania estadual torna-se, na prática, quase sem significado, salvo pelo fato de que justamente a execução [168] das normas – da legislação *federal* – sobre a cidadania estadual pertence à competência dos estados, sendo esta a única manifestação de que a cidadania ainda conserva um caráter de cidadania *estadual*. No que se refere à aquisição e à perda da cidadania, continuam a valer, por ora, as normas anteriormente vigentes.[v]

Distribuição de competências

A *partilha da competência legislativa e executiva* entre a federação e os estados, característica do Estado federal (arts. 10, 11, 12)[vi,931] é implementada pela Constituição de modo que ela

---

v [168] Cf. pp. 48, 147. [N.T. Cf., acima, pp. 84-85, 191-195].

vi [148] Estes artigos estabelecem:

Artigo 10.

Compete à federação a legislação e a execução nas seguintes matérias:

1. Constituição Federal, especialmente eleições para a Câmara dos Deputados (Nationalrat), consultas populares com base na Constituição Federal; jurisdição constitucional;

2. Relações exteriores, incluindo a representação política e econômica perante o exterior, especialmente a celebração de todos os tratados entre estados; demarcação de fronteiras; comércio de mercadorias e gado com o exterior; regime aduaneiro;

3. Regulação e controle de entrada no território federal e de saída dele; imigração e emigração; passaportes; deportação (Abschiebung), transferência coercitiva (Abschaffung), expulsão (Ausweisung) e extradição (Auslieferung) do território federal bem como trânsito para fins de extradição (Durchlieferung);

4. Finanças federais, especialmente tributos arrecadados total ou parcialmente pela federação; monopólios;

5. Sistema monetário, de crédito, bolsas e bancos; sistema de medidas e pesos e normas de punção;

6. Direito Civil, incluindo o direito das associações econômicas; Direito Penal (excluindo o Direito e o Processo Penal Administrativo em matérias

da competência autônoma dos estados); administração da justiça; jurisdição administrativa; direito autoral; imprensa; expropriação (quando não se trate de matéria estadual); questões relativas a notários, advogados e profissões afins;

7. Direito de associação e reunião;

8. Matérias referentes a comércio e indústria; repressão à concorrência desleal; patentes [169], assim como proteção de modelos, marcas e designações comerciais; questões relativas a agentes de patentes, engenheiros e técnicos; câmaras de comércio, artesanato e indústria;

9. Transportes via ferrovias, navegação e aviação; estradas declaradas federais por lei devido à sua relevância para o trânsito interestadual; polícia fluvial e de navegação; correios, telégrafos e telefonia;

10. Mineração; regulação e manutenção de cursos d'água navegáveis ou flutuáveis, dos que formam fronteiras com o exterior ou entre estados, ou atravessam dois ou mais estados; obras hidráulicas que conectam o interior ao exterior ou vários estados; medidas técnicas gerais para o aproveitamento das forças hidráulicas, exceto instalações agrícolas ou artesanais; normalização e tipificação de instalações elétricas; segurança em energia elétrica; direito de passagem para linhas de alta tensão em dois ou mais estados; caldeiras a vapor e máquinas motrizes; topografia;

11. Direito trabalhista e proteção social para trabalhadores e empregados, exceto os da agricultura e silvicultura; sistema de seguridade e seguros contratuais;

12. Saúde pública, exceto serviços funerários, sanitários municipais e resgate; fiscalização sanitária de hospitais, estâncias termais e fontes de cura; medicina veterinária; segurança alimentar e controle de alimentos;

13. Arquivos e bibliotecas científicos e técnicos; matérias referentes a acervos e instalações artísticos e científicos; proteção de monumentos; matérias referentes ao culto religioso; censos e estatísticas quando não se limitem aos interesses de um único estado; fundações e fundos, desde que se tratem de fundações e fundos que, segundo as suas finalidades, ultrapassem o interesse de um único estado e não tenham sido até aqui geridas pelos estados de forma autônoma;

14. Polícia federal e gendarmaria federal;

15. Assuntos militares; questões de danos de guerra e assistência a veteranos e suas famílias; medidas necessárias à condução unitária da economia durante ou após guerra, inclusive abastecimento da população com produtos de necessidade;

[170] 16. Organização de autoridades e repartições federais; estatuto dos servidores públicos federais.

Artigo 11.

(1) Compete à federação a legislação e aos estados a execução nas seguintes matérias:

---

1. Cidadania e direito de residência; registro civil, inclusive cartórios e mudança de nome; polícia de estrangeiros;

2.Representações profissionais, desde que não sejam subsumíveis ao art. 1, com exceção daquelas no âmbito agrícola e florestal;

3. Agências públicas e corretagem privada;

4. No que diz respeito a tributos não arrecadados exclusivamente ou parcialmente pela federação: medidas para evitar bitributação ou outras onerações desproporcionais, evitar obstáculos à circulação e às transações econômicas com o exterior ou entre estados ou porções do estado, evitar taxas desproporcionais, ou onerações que dificultem o trânsito, sobre o uso de estradas ou instituições públicas, e evitar prejuízos às finanças federais;

5. Armas, munições, explosivos, na medida em que não monopolizados, assim como veículos motorizados;

6. Habitação popular;

7. Processo administrativo e penal administrativo, inclusive execução forçada, e regras gerais sobre penas administrativas em matérias da competência legislativa dos estados.

(2) Os decretos de execução dessas leis são editados pela federação, salvo disposição em contrário nas próprias leis.

Artigo 12.

(1) Compete à federação a legislação sobre princípios e aos estados a legislação de execução e a execução nas seguintes matérias:

1. Organização administrativa nos estados;

2. Assistência social; política populacional; instituições de assistência; proteção à maternidade, infância e juventude; hospitais, estâncias termais e fontes de cura;

3. Instituições de defesa social contra pessoas criminosas, marginalizadas ou de outro modo perigosas, como campos de trabalho forçado e similares; deportações e transferências coercitivas de um estado federado ao outro;

4. Instituições públicas para a mediação extrajudicial de conflitos;

5. Direito do trabalhador e proteção do trabalhador e do empregado, desde que se trate de trabalhadores e empregados da agricultura e silvicultura;

6. Reforma agrária, especialmente redistribuição de terras e reassentamento;

7. Silvicultura, inclusive flutuação de madeira; proteção das plantas contra doenças e pragas;

8. Energia elétrica e direito da água, desde que não sejam subsumíveis ao art. 10;

9. Construções;

[169] distingue, em princípio, quatro grupos de matérias, quanto às quais: 1. a legislação e a execução [170] competem à federação; 2. a legislação compete à federação, a execução, aos estados; 3. a legislação de diretrizes [171] (Grundsatzgesetzgebung) compete à federação, a legislação de implementação e a execução, aos estados; 4. legislação e execução competem aos estados. Ao primeiro grupo pertencem, entre outras: as matérias referentes às relações exteriores; com base numa disposição expressa, inspirada na Constituição do Reich alemão,[932] as regras do Direito Internacional geralmente reconhecidas são consideradas parte integrante do Direito federal (art. 9).[933] Além disso: questões monetárias, de crédito, bolsa de valores e bancos, Direito Civil e Penal, com a restrição de que os estados, no âmbito de sua legislação, estão autorizados a estabelecer as normas necessárias para a regulamentação de matérias de sua competência também no campo do Direito Civil e Penal (art. 15, § 5º).[vii,934] Jurisdição constitucional e administrativa, em geral toda a jurisdição, direito de associação e de reunião, matérias do comércio e da indústria, sistema de transportes; mineração, assuntos militares, e assim por diante. Das matérias do segundo grupo (com relação às quais apenas a legislação compete à federação) destacam-se: cidadania e direito de residência local; munições, armas de fogo e explosivos, armamentos; todo o processo administrativo e penal administrativo (inclusive nos estados!), bem como as disposições gerais [172] do Direito Penal Administrativo, mesmo em matérias cuja legislação pertence aos estados! Na medida em que compete à federação o poder de legislar, também lhe cabe editar os *decretos de execução* (*Durchführungsverordnungen*) correspondentes (art. 11, § 2º).[935] Assim, a competência executiva dos estados nesses domínios é limitada pelo fato de que não possuem competência

---

10. Estatuto dos servidores públicos estaduais com função administrativa.

(2) A instância suprema em questões de reforma agrária (§ 1, inciso 6) será uma comissão federal composta por juízes, administradores e especialistas.

vii [171] Cf. p. 34. [N.T. Cf., acima, p. 69 e s.].

de editar decretos. À legislação de diretrizes da federação estão reservadas, entre outras, as seguintes matérias: organização da administração nos estados (!), assistência social, reforma agrária, energia elétrica e direito das águas, na medida em que não estejam já compreendidos no primeiro ou segundo grupo, construção civil, estatuto funcional dos órgãos administrativos dos estados (!). Na medida em que seja reservada à federação apenas a legislação de diretrizes, cabe à legislação estadual, dentro do quadro definido pela lei federal, detalhar e implementar as leis. A Constituição, porém, criou garantias para que as diretrizes estabelecidas em lei federal não fiquem sem execução. Ela dispõe, a saber: "A lei federal pode fixar um prazo para a promulgação da legislação de implementação, que não poderá ser inferior a seis meses nem superior a um ano sem o consentimento do Conselho Federal. Se esse prazo não for respeitado por um estado, a competência para promulgar a legislação de implementação para esse estado é transferida para a federação. Assim que o estado promulgar sua legislação de implementação, a lei de implementação federal perde sua vigência (art. 15, § 2º)".[936] As matérias que não pertencem a nenhum dos três primeiros grupos cabem, quanto à legislação e à execução, aos estados. Contudo, mesmo nessas matérias uma lei estadual pode, com o consentimento do Governo Federal, prever a participação de autoridades federais na execução administrativa (art. 97, § 2º).[viii,937]

A *execução* da federação é realizada ou por autoridades federais próprias, ou é confiada aos estados, no âmbito de competências delegadas (art. 102).[938] O primeiro caso verifica-se no nível ministerial sem exceção; mas, para determinadas matérias, também nos níveis inferiores da administração. As matérias para cuja execução nos estados (portanto, nas instâncias inferiores) podem ser instituídas [173] autoridades federais próprias – tratadas na Constituição como

viii [172] Cf. p. 203. [N.T. Cf., abaixo, p. 250 e s.].

exceções à regra – são taxativamente enumeradas.[ix] A instituição de autoridades federais próprias para outras matérias que não as mencionadas somente pode ocorrer com o consentimento dos estados envolvidos. Em princípio, a execução da federação nas instâncias intermediárias e inferiores deve ser assegurada pelos estados, atuando como órgãos da federação. Isso se expressa no fato de que, nesses casos de administração federal indireta realizada pelos estados, o grau recursal vai até os ministérios federais (salvo se a lei dispuser expressamente o contrário), e de que existe um direito de supervisão e de instrução da instância ministerial federal em relação ao órgão estadual atuando como órgão federal. No entanto, no âmbito de competência autônoma dos estados, o grau recursal termina na autoridade suprema estadual e não há direito de supervisão ou de instrução por parte dos ministérios federais. Como a competência estadual autônoma – no que se refere à execução – abrange também matérias cuja legislação ou legislação de diretrizes cabe à federação, e o estado deve, portanto, [174] executar leis federais no âmbito de

---

ix [173] A disposição relevante (art. 102, §§ 2º, 3º, 4º) [N.T. Art. 102 (2-4) B-VG 1920 (nota final 1, p. 365)] dispõe:

(2)As seguintes matérias podem, no âmbito da competência estabelecida pela Constituição, ser tratadas diretamente por autoridades federais:

demarcação de fronteiras, comércio de mercadorias e gado com o exterior, regime aduaneiro, finanças federais, monopólios, sistema de medidas, pesos, normas e punção; ensaios técnicos, justiça, matérias relativas ao comércio e à indústria, patentes, proteção de marcas, modelos e outras designações comerciais, engenheiros e técnicos civis, transportes, estradas federais, polícia fluvial e de navegação, correios, telégrafos e telefonia, mineração, regulação e manutenção de cursos d'água, construção e manutenção de vias navegáveis, serviço hidrográfico, topografia, direito do trabalho, proteção de trabalhadores e empregados, seguridade social, proteção de monumentos, polícia federal, gendarmaria federal, assuntos militares, assistência a veteranos de guerra e seus familiares.

(3) À federação fica reservado encarregar o governador do estado (Landeshauptmann) da execução federal também nas matérias enumeradas no § 2º.

A criação de autoridades federais próprias para matérias que não estejam listadas no § 2º só é permitida com o consentimento dos estados envolvidos.

sua competência autônoma, deixa de existir uma garantia importante da conformidade da administração à legislação federal: o grau recursal até a instância central federal e o correspondente direito de supervisão e instrução. Contudo, a Constituição prevê certas limitações a essa situação. Para os casos em que a legislação ou a legislação de diretrizes compete à federação, mas a execução compete aos estados, estabelece-se: se um ato executivo desse tipo há de produzir efeitos em *vários* estados, os estados envolvidos devem inicialmente agir de forma consensual. Caso não se chegue a um acordo, a competência para tal ato transfere-se, mediante requerimento de um estado, ao ministério federal competente (art. 15, § 3º).[939] Além disso, a Constituição confere à federação, no campo da execução das leis federais pelos estados, um direito geral de "fiscalizar" o cumprimento das normas federais por ela editadas (art. 15, § 4º),[940] o que deve ser entendido como um direito de inspeção (sem poder de instrução [Weisungsrecht]). Neste contexto se inserem também aquelas matérias da competência autônoma dos estados que estão em certa relação com assuntos exteriores. Os estados têm, com efeito, a obrigação constitucional de adotar as medidas necessárias, no âmbito de sua competência autônoma, para a execução de tratados internacionais. Se um estado não cumpre essa obrigação em tempo hábil, a competência para tais medidas, inclusive a edição das leis necessárias, transfere-se para a federação. Do mesmo modo, no tocante à execução de tratados com estados estrangeiros, a federação detém o direito de fiscalização mesmo sobre aquelas matérias que pertencem à competência autônoma dos estados. Isso significa, no entanto, que a federação tem, nesse contexto, os mesmos direitos em relação aos estados que nas matérias da administração federal indireta pelos estados (atuando como órgãos federais), ou seja: grau recursal até a instância central federal e o correspondente direito de supervisão e instrução (art. 16, §§ 1º e 2º).[941]

De resto, a conformidade à legislação federal da administração realizada no âmbito da competência própria dos estados – assim como a legalidade de toda a administração da federação e dos estados, que é expressamente exigida por uma norma jurídica especial da Constituição (art. 18, § 1º)[942] – é garantida pela jurisdição constitucional e administrativa central.[x]

A distribuição de competências entre a federação e os estados federados no domínio da ordem *financeira* e do sistema de ensino escolar (arts. 13 e 14)[943] foi reservada pela Constituição a leis constitucionais especiais. No primeiro campo, foi promulgada a Lei Constitucional Federal de 3 de março de 1922 (BGBl. nº 124) sobre a regulamentação das relações financeiras entre a federação e os estados (municípios) (Lei da Constituição Financeira).[944] Segundo essa lei, os tributos públicos cobrados no território federal para o cumprimento das funções da federação, bem como das funções dos estados e municípios, são classificados em *tributos exclusivamente federais*, ou tributos *partilhados* entre a federação e os estados (municípios) ou, por fim, *tributos exclusivamente estaduais* (ou municipais).[945] [“]Tributos exclusivamente federais são aqueles que são arrecadados pela federação exclusivamente para fins federais e com relação aos quais não é permitida a instituição, por parte dos estados ou municípios, de tributos similares ou sobretaxas[”].[946] [“]Tributos partilhados entre a federação e os estados (municípios) servem em parte a fins federais, e em parte a fins estaduais (municipais)[”].[947] A repartição pode ocorrer de diferentes formas, por meio da divisão da arrecadação (tributo comum), ou sob a forma de sobretaxas estaduais (ou municipais) aplicadas sobre um tributo federal, ou ainda por meio da instituição de tributos *similares* pelos estados (ou pelos municípios), ao lado do tributo federal correspondente.[948] Compete à legislação federal determinar quais tributos são exclusivamente federais e quais são partilhados. Os demais são tributos exclusivamente estaduais. A legislação federal regula não apenas os tributos exclusivamente federais, mas também os tributos comuns entre a federação e os estados (estes últimos são também tributos federais), incluindo a parte devida

---

x [175] Cf. pp. 208 e ss. [N.T. Cf., abaixo, pp. 257-268].

aos estados (ou municípios), nos casos de sobretaxas, o tributo arrecadado pela federação, e, finalmente, nos casos de tributos similares, o tributo arrecadado pela federação.[949]

[176] No que concerne ao *sistema de ensino escolar*, ainda não foi promulgada a necessária lei constitucional específica. Enquanto isso, vigora, no domínio do ensino escolar, da educação e da instrução popular, aquela distribuição de competências entre federação e estados prevista na antiga Constituição austríaca conforme o § 11 da Lei Fundamental sobre a Representação do Império quanto à legislação[950] e conforme as ordenanças provinciais (Landesordnungen) quanto à execução;[951] contudo, com a modificação de que nem a federação nem os estados têm hoje competência isolada sobre os domínios que, sob a antiga Constituição, estavam atribuídos exclusivamente ou à federação ou aos estados, ambos são competentes em conjunto, na medida em que, no domínio do ensino escolar, da educação e da instrução popular, somente leis coincidentes da federação e dos estados envolvidos podem, a princípio, modificar o regime jurídico existente (§ 42, § 2º, alínea f da Lei de Transição Constitucional).[952]

Relação entre as leis federais e estaduais

No que diz respeito à *relação* geral *entre leis federais e leis estaduais*,[953] falta na Constituição Federal austríaca a norma expressa de um princípio considerado característico do estado federal: "o Direito federal prevalece sobre o Direito estadual" ("Bundesrecht bricht Landesrecht"). Esse princípio, contudo, tem apenas significado platônico em Constituições que vedam aos tribunais o controle da constitucionalidade das leis, pois nesses casos os tribunais têm de aplicar, em qualquer circunstância, o princípio da lex posterior. Esse princípio também vigora, segundo a Constituição austríaca, na relação entre leis federais e leis estaduais (como, aliás, já vigorava sob a antiga Constituição austríaca);[xi,954] porém apenas no âmbito da jurisdição ordinária. O Tribunal Constitucional, que não está vinculado à proibição de examinar a constitucionalidade de leis regularmente promulgadas, deve anular leis federais emanadas em contrariedade com as normas de competência, assim [177] como leis estaduais emanadas em contrariedade com as normas de competência, sem considerar a relação temporal entre elas.[955] Uma lei federal que invada a competência de um estado e, portanto, viole uma lei estadual, só manterá sua validade perante o Tribunal Constitucional se tiver sido adotada como lei de *emenda* constitucional – ou seja, em conformidade com as cautelas estabelecidas pela Constituição para esse caso. Uma lei estadual, por outro lado, jamais poderá, sob nenhuma hipótese, invadir a competência da federação, sem correr o risco de ser determinada inconstitucional e anulada pelo Tribunal Constitucional. Nisso se expressa a *supremacia de competência* que a Constituição, dessa forma, reservou à federação.

Relação entre legislação e execução

A *relação entre legislação e execução* é definida de forma geral no sentido de que esta só pode ser exercida com fundamento nas leis (art. 18, § 1º).[956] As autoridades administrativas são autorizadas diretamente pela Constituição a editar, dentro dos limites da lei e no âmbito de sua competência, *decretos*, isto é: decretos de execução (Ausführungsverordnungen) (art. 18, § 2º).[957] A Constituição não admite decretos que *modifiquem* leis. Nesse sentido, existe uma exceção, na medida em que a lei constitucional relativa à transição para a Constituição Federal recepcionou expressamente para o Governo Federal e os ministros individuais a antiga Lei monárquica de 24 de julho de 1917 (RGBl. nº 307), que autorizava o governo, em virtude das circunstâncias extraordinárias provocadas

---

xi [176] Cf. p. 38, 127. [N.T. Cf. acima p. 73 e s., 169 e s.].

pela guerra mundial, a adotar as medidas necessárias no campo econômico,[958] incluindo a edição de decretos com força modificativa de lei (§ 7, § 3º).[959] Para uma outra exceção, veja-se p. 225.[960]

[178] B. A legislação federal

Órgãos de legislação federal

A *competência legislativa federal* é exercida pela *Câmara dos Deputados* (*Nationalrat*). A maneira pela qual o Conselho Federal participa do processo legislativo federal, bem como a eventual participação direta do povo na legislação federal, será tratada posteriormente.[961] A sede da Câmara dos Deputados é Viena. No entanto, em caso de circunstâncias extraordinárias, o presidente federal pode convocar a Câmara dos Deputados para se reunir em outro local do território federal (arts. 24 e 25).[962]

A primeira Câmara dos Deputados foi eleita com base no regulamento eleitoral originalmente estabelecido para a "Assembleia Nacional" pela Lei de 20 de julho de 1920 (StGBl. nº 316), por meio da qual o regulamento eleitoral para a "Assembleia Nacional Constituinte", datado de 18 de dezembro de 1918 (StGBl. nº 115),[xii] foi recepcionado com certas alterações. O número de membros da Câmara dos Deputados é de 183 deputados – incluindo os representantes de Burgenland. Para a futura *eleição para a Câmara dos Deputados*, a Constituição estabelece o princípio da representação proporcional com sufrágio universal, igual, direto, secreto e pessoal, para homens e mulheres que tenham completado vinte anos de idade até 1º de janeiro do ano da eleição. Também a divisão do território federal em círculos eleitorais que respeitem os limites dos estados federados é prevista e exige-se que o número de deputados a ser eleito em cada círculo eleitoral (colégio eleitoral)

---

xii [178] Cf. p. 160. [N.T. Cf., acima, p. 205 e s.].

seja proporcional ao número de cidadãos federais que, segundo o último recenseamento, têm residência ordinária nesses círculos. Não é permitida a subdivisão do eleitorado em outros tipos de colégios eleitorais. O dia da eleição deve recair em um domingo ou em outro feriado público. É elegível qualquer pessoa com direito ao voto que tenha completado vinte e quatro anos de idade até 1º de janeiro do ano da eleição [179]; ao passo que o regulamento eleitoral anterior exigia vinte e nove anos.[963] O regulamento eleitoral também é alterado na medida em que a Constituição determina que a perda do direito de voto ou da elegibilidade só pode decorrer de condenação judicial ou de decisão judicial expressa. Assim, a medida administrativa que submetia uma mulher à supervisão da polícia de costumes deixa de ser causa de exclusão do direito de voto (art. 26).[964] No mais, nos termos do § 20 da Lei de Transição Constitucional,[965] permanece em vigor o regulamento eleitoral de 20 de julho de 1920, com as modificações introduzidas pela Constituição Federal para as eleições da primeira Câmara dos Deputados, ou seja, para aquelas eleições realizadas após a entrada em vigor da Constituição Federal, mas ainda válidas para a primeira legislatura da Câmara dos Deputados (por exemplo, as eleições no Burgenland). O regimento eleitoral para as eleições dos períodos seguintes da legislatura da Câmara dos Deputados carece de uma lei ainda por ser promulgada.

A *legislatura da Câmara dos Deputadas* é fixada em quatro anos.[xiii] Seu período de funcionamento estende-se, em qualquer caso, até o dia da reunião da nova Câmara dos Deputados. A Constituição cuidou de evitar qualquer período de vacância parlamentar, o que corresponde à destacada importância atribuída ao Parlamento como o órgão supremo dessa Constituição (art. 27, § 1º).[966] Disso resulta igualmente que somente a própria Câmara dos Deputados pode decidir sobre sua atividade. Qualquer

---

xiii [179] Sobre a exceção relativa ao primeiro Conselho Nacional, cf. p. 160. [N.T. Cf., acima, p. 205 e s.].

interferência do governo está, em princípio, excluída. A Câmara dos Deputados apenas pode ser suspensa por decisão própria, e pode ser dissolvida apenas por lei deliberada por ela mesma – embora não lei constitucional, mas, sim, lei ordinária –, isto é, apenas assim seu período legislativo pode ser abreviado para um caso concreto. Se a Câmara dos Deputados for suspensa, sua reconvocação cabe ao seu presidente. ["]Este é obrigado a convocar imediatamente a Câmara dos Deputados sempre que pelo menos um quarto dos membros ou o Governo Federal o requeira["] (art. 28).[967] Apenas a Câmara dos Deputados recém-eleita deve ser convocada pelo presidente federal – no prazo máximo de trinta dias após a eleição.

[180] ["]A Câmara dos Deputados elege, dentre seus membros, o presidente, o segundo presidente e o terceiro presidente["].[968] O órgão de maior relevância política no âmbito da Câmara dos Deputados é o *Comitê Principal*, eleita de seu seio segundo o princípio da representação proporcional (art. 55).[969] Tal comissão já havia sido prevista pela Constituição provisória de março de 1919.[xiv,970] A Constituição Federal adota essa instituição, mas com a ressalva de que a determinação do número de seus membros é deixada à deliberação da Câmara dos Deputados.[971] Os presidentes da Câmara dos Deputados já não são mais ex lege membros e presidentes do Comitê Principal. Este elege seu presidente por si mesmo – como qualquer comissão parlamentar. Por meio do Comitê Principal, a Câmara dos Deputados participa especialmente da execução federal. Seus trabalhos são regulados por uma lei específica (Lei Federal de 19 de novembro de 1920 [BGBl. nº 10] sobre o regimento interno do Conselho Nacional),[972] e por um regimento interno autônomo, a ser adotado por deliberação própria (Resolução de 19 de novembro de 1920).[973] A lei sobre o regimento interno – embora não seja uma lei constitucional – só pode ser aprovada com a presença de pelo menos metade dos membros e com maioria de dois terços dos votos expressos (art. 30).[974]

---

xiv [180] Cf. p. 119. [N.T. Cf., acima, 160 e s.].

Ao lado da Câmara dos Deputados– embora não em pé de igualdade com ela – está o *Conselho Federal*. Seus membros são designados pelas Assembleias Estaduais dos estados federados da seguinte forma: o estado com o maior número de cidadãos (Viena) envia doze membros, cada um dos outros estados envia tantos membros quantos correspondam à relação entre o seu número de cidadãos e o número de cidadãos do primeiro. (O "número de cidadãos" ["Bürgerzahl"] corresponde ao número de cidadãos federais com domicílio ordinário no respectivo território). A cada estado, no entanto, é garantida uma representação mínima de três membros. O número total de membros do Conselho Federal é – incluindo os representantes de Burgenland – de 49.[975] Para cada membro é designado um suplente. Os membros do Conselho Federal e seus suplentes são eleitos pelas Assembleias Estaduais para a duração da respectiva legislatura, segundo o princípio da representação proporcional. A Constituição pressupõe que a eleição seja feita por meio de *listas* [181]. Nesse caso, pelo menos um mandato deve caber ao partido que tiver a segunda maior bancada na Assembleia Estadual. Os membros do Conselho Federal não precisam pertencer à Assembleia Estadual que os designou, mas devem ser elegíveis para essa assembleia (arts. 34, 35).[976] Do exposto se depreende que para o Conselho Federal não se adotou o princípio da igualdade entre os estados-membros, como ocorre nas Constituições suíça[977] e americana,[978] mas, sim, o modelo da Constituição do Reich alemão.[979]

["]Na presidência do Conselho Federal, os estados se revezam a cada meio ano, segundo a ordem alfabética. Exerce a presidência o primeiro representante enviado (isto é, o candidato que ocupa o primeiro lugar da lista que obteve a maioria dos votos na Assembleia Estadual na eleição dos membros do Conselho Federal) do estado que estiver incumbido da presidência["].[980] No que diz respeito à nomeação de vice-presidentes, a Constituição remete ao regimento interno do Conselho Federal. Este dispõe que dois vice-presidentes devem ser eleitos por representação proporcional, para a duração do mandato do presidente, ou seja, por seis meses. ["]O Conselho Federal é convocado por seu presidente para reunir-se na sede da Câmara dos Deputados. O presidente é obrigado a convocar imediatamente o Conselho Federal quando pelo menos um quarto de seus membros ou o Governo Federal o requererem["].[981] Seu regimento interno é adotado por meio de resolução (Resolução de 7 de dezembro de 1920).[982] Não existe uma lei sobre o regimento interno do Conselho Federal (arts. 36, 37).[983]

O processo legislativo federal

O *processo legislativo federal* é o seguinte:

Propostas legislativas podem ser apresentadas na Câmara dos Deputados: 1. como iniciativas de seus membros; 2. como projetos apresentados pelo Governo Federal; 3. como propostas do Conselho Federal, que devem ser encaminhadas por intermédio do Governo Federal; 4. como *iniciativa popular* (*Volksbegehren*), isto é, um projeto de lei apresentado na forma de esboço legislativo por 200.000 eleitores ou por metade dos eleitores de três estados federados, e [182] a ser submetido pelo Governo Federal ao Conselho Nacional para trâmite regimental (art. 41).[984] O procedimento subsequente ao ato de iniciativa não está regulado diretamente pela Constituição, mas, sim, pela lei regimental delegada pela Constituição e pelo regimento interno autônomo. Ele consiste essencialmente em três leituras da proposta de lei, sendo que a segunda e a terceira leitura ocorrem com base no relatório de uma comissão, à qual toda proposta deve ser encaminhada.[985] Com a declaração do presidente da Câmara dos Deputados de que determinada proposta legislativa foi aprovada em terceira leitura, encerra-se o trâmite parlamentar na Câmara dos Deputados. Cabe ainda observar que esse procedimento, na medida em que ocorre em plenário, é em princípio público. As sessões da Câmara dos Deputados são públicas, e a publicidade só pode ser excluída se assim for requerido pelo presidente ou por um quinto dos membros presentes e assim for deliberado pela Câmara dos Deputados após a retirada do público (art. 32).[986] Para que uma deliberação da Câmara dos Deputados tenha validade – salvo disposição constitucional em contrário – exige-se a presença de pelo menos um terço dos membros e a maioria absoluta dos votos expressos (art. 31).[987]

Todo ato legislativo da Câmara dos Deputados deve ser imediatamente transmitido por seu presidente ao chanceler federal, que, por sua vez, o encaminhará sem demora ao Conselho Federal. Ao Conselho Federal é conferida apenas a faculdade de interpor um *veto suspensivo* contra os atos legislativos da Câmara dos Deputados – mesmo assim, não contra todos. A objeção do Conselho Federal deve ser fundamentada e comunicada por escrito à Câmara dos Deputados, por intermédio do chanceler federal, dentro de oito semanas após o recebimento do ato legislativo pelo Conselho Federal. O procedimento no Conselho Federal é estruturado por analogia ao da Câmara dos Deputados. É, em especial, público. No que diz respeito ao quórum e à maioria necessária para suas deliberações, vigora a mesma norma jurídica aplicável à Câmara dos Deputados (art. 37, § 1º).[988] Se a Câmara dos Deputados repetir sua deliberação original com a presença de pelo menos [183] metade dos membros (sendo suficiente maioria simples!), o projeto se converte em lei. O mesmo ocorre se o Conselho Federal, dentro do prazo fixado, não apresentar objeção fundamentada, ou – com o intuito de acelerar a promulgação da lei – decidir antes do término desse prazo que renuncia à objeção (art. 42, §§ 1-4).[989]

Objeção alguma pode ser interposta pelo Conselho Federal: contra deliberações da Câmara dos Deputados que digam respeito a uma lei sobre o regimento interno da Câmara dos Deputados, à dissolução da Câmara dos Deputados, à *aprovação do orçamento federal*, à *aprovação da prestação de contas* (que ocorre por meio de lei!), à emissão ou conversão de empréstimos federais, ou à disposição sobre o patrimônio federal (art. 42, § 5).[990]

O *direito de aprovação* dos atos legislativos da Câmara dos Deputados é conferido ao Conselho Federal excepcionalmente em dois casos: em relação a um ato legislativo da Câmara dos Deputados que altere a norma do art. 35 da Constituição Federal, que regula a composição do Conselho Federal. As disposições desse artigo só podem ser alteradas se, no Conselho Federal – além da maioria necessária para qualquer deliberação –, também a maioria dos representantes de pelo menos quatro estados federados tiver *aprovado* a alteração (art. 35, § 4º).[991] Em seguida, em relação a um ato legislativo da Câmara dos Deputados que estabeleça as diretrizes de uma matéria cuja legislação de execução caiba aos estados, na medida em que seja fixado um *prazo para a promulgação dessa legislação de execução* e esse prazo seja inferior a seis meses ou superior a um ano. O direito de aprovação do Conselho Federal, nesse caso, refere-se somente à redução ou à extensão desse prazo (art. 15, § 2º).[xv,992]

Uma certa modificação do procedimento legislativo ocorre no caso das *leis constitucionais*. As leis [184] constitucionais ou disposições constitucionais contidas em leis ordinárias só podem ser aprovadas pela Câmara dos Deputados com a presença de pelo menos metade dos membros e por uma maioria de dois terços dos votos expressos. Elas devem ser expressamente designadas como tais, ou seja: o título delas deve conter o termo "lei constitucional" ("Verfassungsgesetz") e, no caso de uma disposição constitucional inserida em uma lei ordinária, essa disposição deve ser acompanhada da expressão "disposição constitucional" ("Verfassungsbestimmung") (art. 44, § 1º).[993] No Conselho Federal, a distinção entre lei constitucional e lei ordinária não desempenha qualquer função.

Em cumprimento à promessa já feita pela Lei sobre a representação popular de 14 de março de 1919 (StGBl. nº 179),[994]

---

xv [183] Quanto à aprovação pelo Conselho Federal da dissolução de uma Assembleia Estadual e à sua participação em outros atos de execução, cf. pp. 203, 186, 211, 219. [N.T. Cf., abaixo, p. 250 e s., 232 e s., 259 e s., 267 e s.].

a Constituição definitiva incorporou a instituição do *referendo* – embora de maneira bastante modesta. Eis como: um referendo obrigatório para toda alteração global da Constituição Federal. Um referendo facultativo para todas as demais leis, devendo-se aqui distinguir entre leis ordinárias e leis constitucionais. No primeiro caso, é necessária – para que se convoque o referendo – uma deliberação da Câmara dos Deputados ou um requerimento da maioria de seus membros; no segundo caso, um terço dos membros da Câmara dos Deputados *ou do Conselho Federal*. Essa disposição permite a uma minoria da Câmara dos Deputados, bem como a uma minoria ou mesmo a uma maioria do Conselho Federal, recorrer ao povo contra uma deliberação constitucional da maioria da Câmara dos Deputados. A consulta popular deve ser requerida ou realizada antes da promulgação do ato legislativo pelo presidente federal. A consulta é convocada pelo presidente federal. Na consulta popular, na qual todo cidadão federal com direito de voto para a Câmara dos Deputados é eleitor, decide a maioria absoluta dos votos válidos (arts. 44-46).[995]

Concluídos o procedimento na Câmara dos Deputados ou no Conselho Federal e a consulta popular, a regularidade constitucional da formação do ato legislativo (no caso da consulta popular apenas se o resultado tiver sido *favorável* ao projeto [185] de lei) deve ser *promulgada* pelo presidente federal mediante sua assinatura. Essa *promulgação* requer a contra-assinatura do chanceler federal e do ministro federal competente (art. 47).[996] Em seguida, procede-se à publicação pelo chanceler federal no Diário Oficial Federal (Bundesgesetzblatt). A publicação das leis federais se dá com referência à deliberação da Câmara dos Deputados (sem qualquer menção ao Conselho Federal); se a lei se baseia em uma consulta popular, com referência ao seu resultado. A força vinculante das leis publicadas [“]começa – salvo disposição expressa em contrário – após o término do dia em que for publicado e enviado o número do Diário Oficial Federal que contém a publicação, e estende-se – salvo disposição expressa em contrário – a todo o território federal[”].[997] Uma vacatio legis,[998] que até então – na ausência de disposição em sentido contrário – era presumida automaticamente,[xvi] passa a ocorrer apenas se for estabelecida positivamente na própria lei (arts. 48 e 49).[999] Em cumprimento a essas disposições da Constituição Federal, foi promulgada a Lei Federal de 7 de dezembro de 1920 (BGBl. nº 33) sobre o Diário Oficial Federal.[1000] Este se destina não apenas à publicação dos atos *legislativos* da Câmara dos Deputados, mas também – dos tratados internacionais aprovados pela Câmara dos Deputados (tratados que não dependem de aprovação parlamentar *podem*, mas não precisam ser publicados no Diário Oficial); das deliberações do Congresso Federal (Bundesversammlung); dos decretos do Governo Federal e dos ministérios federais, das resoluções gerais do presidente federal, entre outros.[1001] – A participação do governo no processo legislativo se reduz, assim, à promulgação e à publicação. O direito de veto que o governo detinha segundo a Constituição provisória[xvii,1002] foi transferido ao Conselho Federal.[1003]

A função executiva do Parlamento

A participação na legislação é, de fato, a competência mais importante, mas não a única da Câmara dos Deputados [186] e do Conselho Federal. A Constituição atribui a ambos também *funções executivas* muito relevantes. Aparte os diversos casos em que cada um dos dois corpos atua como órgão de constituição de órgãos executivos, tema ao qual se retornará em outro contexto,[1004] e além da já mencionada autorização orçamentária e da aprovação das contas, que ocorrem sob a forma de lei, Câmara dos Deputados e Conselho Federal participam sobretudo na *celebração de tratados de Estado*. Todos os tratados de Estado políticos, bem

---

xvi [185] Cf. pp. 30, 86. [N.T. Cf., acima, pp. 65 e s., 125 e s.].

xvii [185] Cf. p. 123. [N.T. Cf., acima, p. 165 e s.].

como outros tratados que apresentem conteúdo modificativo da legislação, necessitam, para serem válidos, da aprovação da Câmara dos Deputados.[xviii] A resolução de aprovação deve também ser transmitida ao Conselho Federal e por este tratada como um ato legislativo (art. 50).[1005] A Constituição trata os tratados internacionais como fontes normativas coordenadas com as leis, por meio das quais os cidadãos podem ser diretamente obrigados e autorizados, sem necessidade de transformação do conteúdo do tratado em forma legal. Assim, um tratado pode modificar diretamente uma lei. Se um tratado internacional modifica uma lei constitucional, então à deliberação de aprovação da Câmara dos Deputados aplicam-se analogicamente as disposições da Constituição relativas ao quórum, à maioria qualificada etc., exigidas para a aprovação de leis constitucionais. No entanto, um tratado modificativo da Constituição não pode ser submetido a uma consulta popular. Todos os tratados internacionais que carecem de aprovação da Câmara dos Deputados devem ser promulgados como leis.

Câmara dos Deputados e Conselho Federal dispõem do direito de *controle político* sobre o Governo Federal, exercido por meio de interpelações e resoluções (art. 52).[1006] A Câmara dos Deputados – mas não o Conselho Federal – possui ainda o direito de instituir, por deliberação da maioria, *comissões parlamentares de inquérito*, cujos pedidos de produção de provas devem ser atendidos pelos tribunais e todas as demais autoridades, sendo que todos os órgãos públicos devem fornecer seus documentos mediante requisição (art. 53).[xix,1007]

[187] A Câmara dos Deputados também participa da *fixação de tarifas ferroviárias*, das taxas postais, telegráficas e telefônicas, bem como dos preços dos produtos de monopólio, assim como

---

xviii [186] Cf. pp. 103, 36. [N.T. Cf. acima p. 143 e s., p. 71 e s.].

xix [186] Cf. p. 37. [N.T. Cf. acima p. 72 e s.].

da remuneração das pessoas empregadas de forma permanente nos estabelecimentos da federação (art. 54).[1008]

Imunidade e incompatibilidade

A *posição dos membros da Câmara dos Deputados e do Conselho Federal* é, em essência, a mesma dos membros da Assembleia Nacional Constituinte. O princípio do *mandato livre* é expressamente consagrado pela Constituição (art. 56).[1009] A *imunidade* dos membros da Câmara dos Deputados está regulada da mesma forma que na Lei sobre a representação popular de 14 de março de 1919,[1010] no que diz respeito aos membros da constituinte; também as sanções disciplinares previstas no regimento interno autônomo da Assembleia Nacional Constituinte de 5 de março de 1919 foram incorporadas sem alterações à lei sobre o regimento interno de 19 de novembro de 1920.[1011] O instituto da imunidade foi ampliado apenas no sentido de que a prisão de um membro da Câmara dos Deputados em flagrante somente pode ocorrer sem autorização da Câmara dos Deputados no caso de cometimento de um crime.[xx] A prescrição do delito cuja persecução estiver suspensa em razão da imunidade não se interrompe.

---

xx [187] O art. 57 dispõe [N.T. Art. 57 B-VG 1920 (nota final 1, p. 365) – ênfase de Kelsen]:

(1) Os membros da Câmara dos Deputados jamais poderão ser responsabilizados pelas *votações* realizadas no exercício de seu mandato, e pelas *declarações* feitas no exercício desse mandato somente pela própria Câmara dos Deputados.

(2) Nenhum membro da Câmara dos Deputados pode ser *preso* ou *processado pelas autoridades* – exceto em caso de *flagrante* na prática de um *delito* – sem a autorização da Câmara dos Deputados.

(3) Em caso de flagrante delito, a autoridade deve *comunicar* imediatamente ao presidente da Câmara dos Deputados a *prisão efetuada*.

(4) [188] Caso a Câmara dos Deputados o exija, a prisão deve ser suspensa ou a persecução penal interrompida durante a legislatura.

A imunidade dos órgãos da Câmara dos Deputados cujas funções ultrapassam a legislatura permanece válida enquanto durar o exercício dessas funções.

[188] ["]Os membros do Conselho Federal gozam, durante todo o exercício de sua função, da imunidade dos membros da Assembleia Estadual (Landtag) que os nomeou["] (art. 58).[1012] A imunidade dos membros das Assembleias Estaduais é regulada pela Constituição Federal da mesma forma que a imunidade dos membros da Câmara dos Deputados. Como os membros do Conselho Federal não gozam de imunidade em virtude do cargo federal em si, mas apenas como delegados da Assembleia Estadual (a Constituição concedeu imunidade não apenas aos membros da Assembleia Estadual, mas também aos delegados delas no Conselho Federal, que não precisam ser membros da Assembleia Estadual), a autorização para a instauração de processo contra um membro do Conselho Federal não cabe ao próprio Conselho Federal, mas, sim, à Assembleia Estadual que o delegou. Entre a condição de membro da Câmara dos Deputados e do Conselho Federal existe *incompatibilidade* (art. 59).[1013]

Além dessa imunidade *pessoal* dos membros da Câmara dos Deputados e do Conselho Federal, a Constituição também garante uma assim chamada *imunidade material*, ao declarar isentos de qualquer responsabilidade os relatos verossímeis sobre os debates realizados em sessões públicas da Câmara dos Deputados e do Conselho Federal, assim como de suas comissões (art. 33).[1014]

C. A execução federal

Presidente federal e Congresso Federal

A Constituição provisória não previa um *chefe de Estado* específico; suas funções foram atribuídas ao presidente da Assembleia Nacional.[xxi] A Constituição Federal criou o cargo de um *presidente federal*. Como a proposta de elegê-lo diretamente pelo povo de

---

xxi [188] Cf. pp. 139 e ss. [Cf., acima, p. 183 e s.].

toda a federação não obteve êxito, e a eleição apenas pela Câmara dos Deputados encontrou resistência das tendências federalistas [189] que haviam levado à adoção da Constituição federalista, foi necessário decidir-se pela criação de um órgão especial de investidura: o *Congresso Federal* (*Bundesversammlung*). Este é formado pela reunião da Câmara dos Deputados e do Conselho Federal em sessão conjunta. Sua função é eleger o presidente federal, receber o juramento deste, apresentar acusações contra ele e autorizar sua persecução pelas autoridades competentes. Ademais, foi-lhe atribuída a competência para deliberar sobre a *declaração de guerra* (art. 38).[1015] O Congresso Federal é convocado pelo presidente federal – nos casos de acusação ou autorização de persecução ou eleição de novo presidente em caso de vacância antecipada, contudo, pelo chanceler federal (arts. 39, 63, 64, 68).[1016] A presidência do Congresso é exercida alternadamente pelo presidente da Câmara dos Deputados e pelo presidente do Conselho Federal. Ao Congresso Federal aplicam-se, por analogia, as disposições do regimento da Câmara dos Deputados.[1017] ["]As deliberações do Congresso Federal são promulgadas por seu presidente e contra-assinadas pelo chanceler federal["]. A publicação oficial dessas deliberações é feita pelo chanceler federal no Boletim Oficial Federal (art. 40).[1018]

A *eleição do presidente federal* ocorre por votação secreta. ["]Seu mandato dura quatro anos. A reeleição para o período imediatamente seguinte é permitida uma única vez. Pode ser eleito presidente federal apenas quem possui direito de voto para a Câmara dos Deputados e tiver completado trinta e cinco anos antes de 1º de janeiro do ano da eleição. São inelegíveis membros de casas reinantes ou famílias que outrora reinaram (especialmente voltado contra membros da família Habsburgo). Considera-se eleito quem obtiver mais da metade dos votos expressos["]. As votações devem ser repetidas até que se alcance uma maioria absoluta. Não se exige quórum qualificado (art. 60).[1019]

["]O presidente federal não pode, durante o exercício de seu cargo, pertencer a nenhum corpo representativo geral (Câmara dos Deputados, Conselho Federal, Assembleia Estadual, Câmara Municipal) nem exercer outra profissão[”].[1020] Ele presta, ao assumir seu cargo, [190] o seguinte simples juramento perante o Congresso Federal: “Prometo observar fielmente a Constituição e todas as leis da república e cumprir meus deveres segundo o melhor de meu saber e consciência” (arts. 61, 62).[1021] [“]Se o presidente federal estiver impedido ou se sua posição se tornar permanentemente vaga, todas as suas funções são assumidas pelo chanceler federal[”] (art. 64).[1022]

O presidente federal tem, em essência, a mesma *competência* que o presidente da Assembleia Nacional tinha em sua função de chefe de Estado segundo a Constituição provisória.[xxii] Deixando-se de lado sua competência para convocar a Câmara dos Deputados e o Congresso Federal em certas circunstâncias, ordenar consulta popular, promulgar os atos legislativos da Câmara dos Deputados e outras competências especiais, que serão tratadas em outro contexto,[1023] ele representa a república no exterior, em especial celebra os tratados de Estado. Contudo, a Constituição o autoriza a delegar ao Governo Federal ou a seus membros competentes a celebração de certas categorias de tratados que não necessitam de aprovação da Câmara dos Deputados (os chamados acordos governamentais ou acordos administrativos). A ele incumbe também a nomeação dos funcionários federais, inclusive dos oficiais e demais agentes do Estado, bem como a concessão de títulos oficiais a esses. Mas ele pode – novamente com base em disposição expressa da Constituição – transferir aos membros competentes do Governo Federal o direito que lhe cabe de nomear funcionários federais de certas categorias. Compete ao presidente federal a criação de títulos profissionais (por meio de decreto) e a concessão destes. Além disso, em casos individuais: o indulto de condenados por sentença judicial transitada em julgado, a redução e a comutação das penas impostas pelos tribunais, o perdão dos efeitos jurídicos da condenação e a

xxii [190] Cf. pp. 139 e ss. [N.T. Cf., acima, p. 183 e s.].

eliminação de registros de condenações por graça, bem como a extinção do processo penal (abolição) nos casos de infrações penais que devam ser perseguidas de ofício.[xxiii] (Anistias gerais por infrações puníveis judicialmente [191] são concedidas por *lei federal* {art. 93}).[1024] Ainda, a legitimação de filhos ilegítimos a pedido dos pais. Além disso, o presidente federal pode receber por meio de lei ordinária outras competências relativas à concessão de distinções honoríficas, prestações extraordinárias, gratificações e benefícios de aposentadoria, direitos de nomeação e confirmação e outras atribuições em matéria de pessoal (arts. 65 e 66).[1025]

Todos os atos do presidente federal são – salvo disposição expressa em contrário – praticados sob *proposta do Governo Federal* ou do ministro federal por ele autorizado e carecem para sua validade, sem exceção, da *contra-assinatura* do chanceler federal *ou* do ministro federal competente (art. 67). Enquanto o presidente federal, em sua participação no processo legislativo (e na futura nomeação do Governo Federal), atua apenas como autoridade certificadora, ou seja, pode recusar promulgação de uma lei (ou a assinatura do ato de nomeação de um ministro federal) apenas se o ato a ser autenticado não tiver sido constitucionalmente produzido, ele pode recusar por motivos materiais, a seu critério, a celebração de um tratado internacional, uma nomeação, um indulto etc. Ele não pode praticar nenhum desses atos que lhe competem materialmente sem proposta do Governo Federal, mas também não tem *o dever* de praticá-los, caso considere a proposta prejudicial.

O presidente federal é *responsável* perante o Congresso Federal pelo exercício de suas funções. Essa responsabilidade é exercida mediante uma deliberação acusatória do Congresso Federal, que deve ser aprovada, com a presença de mais da metade dos membros de cada uma das duas Casas legislativas, por uma maioria de dois terços dos votos expressos. No entanto, uma deliberação

---

xxiii [190] Cf. p. 138. [N.T. Cf., acima, p. 182 e s.].

acusatória do Congresso Federal só pode ser adotada se a Câmara dos Deputados *ou* o Conselho Federal decidir que o Congresso Federal deve ser convocado para fazer valer a responsabilidade do presidente federal (art. 68).[1026] Sobre o alcance dessa responsabilidade, trataremos na apresentação da competência [192] do Tribunal Constitucional, que é o órgão responsável por julgar a acusação.[xxiv]

O presidente federal goza de *imunidade*. A acusação do presidente federal pelas autoridades só é permitida se o Congresso Nacional tiver dado seu consentimento. Entretanto, esse consentimento só pode ser dado com a condição de que a *Câmara dos Deputados* (não também o Conselho Federal), ao qual a autoridade competente deve submeter o pedido de acusação do presidente federal, decida que o Congresso Federal deve tratar do assunto (art. 63).[1027] A imunidade do presidente federal também difere da imunidade parlamentar comum, pois a possibilidade de prisão está excluída mesmo que o presidente seja pego em flagrante.

Governo Federal

Na medida em que determinados atos da administração federal suprema não estejam atribuídos ao presidente federal por disposição expressa, esta administração compete ao *Governo Federal*, que é composto pelo chanceler federal como presidente, pelo vice-chanceler e pelos demais ministros federais (na Constituição provisória, chamavam-se: chanceler de Estado, vice-chanceler e secretários de Estado) (art. 69).[1028] As disposições da Constituição Federal relativas ao Governo Federal seguem, em linhas gerais, as normas correspondentes da Lei de 14 de março de 1919 sobre o Governo de Estado.[xxv,1029] "O Governo Federal é eleito pela Câmara dos Deputados por votação nominal com base numa proposta

xxiv [192] Cf. p. 216. [N.T. Cf., abaixo, p. 264 e s.].

xxv [192] Cf. pp. 131 e ss. [N.T. Cf., acima, pp. 175-188].

conjunta apresentada pelo Comitê Principal" (art. 70, § 1º).[1030] O Conselho Federal não tem influência na nomeação do governo. Para o caso de o Comitê Principal não conseguir apresentar uma proposta porque nele – e, portanto, na Câmara dos Deputados – não se forma uma maioria, a Constituição não prevê solução alguma. A saída adotada pela Lei de 6 de julho de 1920 sobre o governo proporcional não foi aceita pela Constituição Federal, sem que outra solução tenha sido instituída. (Em particular, [193] foi rejeitada também a hipótese de nomeação do Governo Federal pelo presidente federal nesse caso).[1031] Somente pode ser eleito para o Governo Federal quem for elegível para a Câmara dos Deputados. Não é necessário ser membro da Câmara dos Deputados. Se a Câmara dos Deputados não estiver reunida, o governo é provisoriamente nomeado pelo Comitê Principal; logo que a Câmara dos Deputados se reúna, deve realizar-se a eleição – disposição esta que não existia na lei sobre o Governo de Estado de 14 de março de 1919. As mesmas disposições aplicam-se, por analogia, à nomeação de membros individuais (art. 70, §§ 2º-4º).[1032] ["]Se o Governo Federal deixar o cargo, o presidente federal – sendo este (à parte a disposição a ser tratada imediatamente a seguir sobre a substituição de ministros federais individuais) o único caso em que o presidente federal tem influência na formação do governo – deverá encarregar, até a formação do novo governo,[1033] membros do governo cessante ou altos funcionários de órgãos federais com a *continuação da administração*, e designar um deles para a Presidência do governo provisório. Essa disposição aplica-se, mutatis mutandis, se apenas membros individuais saírem do Governo Federal["] (art. 71).[1034] ["]Os membros do Governo Federal devem *prestar juramento* perante o presidente federal antes de assumirem suas funções["]; os documentos de nomeação são assinados pelo presidente federal e contra-assinados pelo chanceler federal – inclusive o próprio documento de nomeação deste último.[1035] ["]Em caso de impedimento temporário de um ministro federal, o presidente federal encarrega outro ministro federal ou um alto funcionário de um órgão federal com a *substituição* (*Vertretung*).

Este substituto tem a mesma responsabilidade que um ministro federal["] (arts. 71 a 73).[1036]

Ao Governo Federal pode – com fundamento em disposição constitucional – ser *retirada* a *confiança* pela Câmara dos Deputados (mas não pelo Conselho Federal) por meio de resolução expressa. Nesse caso, o Governo Federal ou o respectivo ministro federal deve ser exonerado de seu cargo pelo presidente federal – sem que seja necessário um pedido de demissão: "Para uma resolução da Câmara dos Deputados que retire a confiança, é necessária a presença da metade [194] dos membros da Câmara dos Deputados. No entanto, se um quinto dos membros presentes assim o requerer, a votação deve ser adiada para o segundo dia útil seguinte". Isso se dá assim a fim de evitar uma maioria ocasional. ["]Um novo adiamento da votação só pode ocorrer mediante deliberação do Conselho Nacional["] (art. 74).[1037] Os membros do Governo Federal, assim como os representantes por eles enviados, têm o direito de participar de todas as deliberações da Câmara dos Deputados, do Conselho Federal e do Congresso Federal, bem como das comissões desses órgãos representativos, mas só podem participar das deliberações do Comitê Principal mediante convite especial. Eles devem ser ouvidos sempre que o solicitarem. A Câmara dos Deputados, o Conselho Federal e o Congresso Federal, bem como suas comissões, podem exigir a presença dos membros do Governo Federal (art. 75).[1038]

["]Da condução dos negócios da administração federal, estão incumbidos os *ministérios federais* e os órgãos a eles subordinados["].[1039] O número dos ministérios federais, seu campo de competência e sua organização não estão definidos na Constituição, devendo ser regulados por lei federal ordinária. O ofício de chanceler federal, o assim chamado Gabinete da Chancelaria Federal (Bundeskanzleramt), também é considerado como um ministério. Ele possui a mesma competência material que a Chancelaria de Estado da Constituição provisória. A chefia dos demais ministérios federais é confiada, cada uma, a um ministro federal. No entanto, o chanceler federal e os demais ministros podem, excepcionalmente, ser incumbidos da chefia de um segundo ministério federal. Além do Gabinete da Chancelaria Federal, existem atualmente os seguintes ministérios federais: do Interior e da Instrução, do Comércio, Artesanato, Indústria e Obras Públicas, da Agricultura e Silvicultura, dos Transportes, da Administração Social, da Justiça, das Finanças, da Defesa e das Relações Exteriores. Em casos especiais, podem ser nomeados *ministros federais sem pasta* (*ohne Portefeuille*), ou seja, sem simultânea incumbência da chefia de um ministério federal (arts. 77, 78, § 1º).[1040]

"Aos ministros federais podem ser atribuídos *secretários de Estado* para apoio na administração e na representação parlamentar". Estes são [195] eleitos da mesma forma que os membros do Governo Federal e deixam o cargo da mesma maneira. No entanto, diferentemente dos ministros, eles não são membros do Governo Federal e, portanto, não estão sujeitos à responsabilidade ministerial. ["]O secretário de Estado está subordinado ao ministro federal e vinculado às suas instruções["] (art. 78, §§ 2º e 3º).[1041] (Na Constituição provisória, existia certa imprecisão quanto à relação do subsecretário de Estado, que correspondia ao atual secretário de Estado da Constituição Federal, com o secretário de Estado da época, o atual ministro, a qual foi solucionada pela redação da Constituição Federal).

Os membros do Governo Federal são *responsáveis* perante a Câmara dos Deputados, a qual faz valer essa responsabilidade por meio de uma resolução de acusação aprovada por maioria simples, mas com a presença de mais da metade dos seus membros, levada ao Tribunal Constitucional (art. 76).[1042]

O presidente federal, os ministros federais, os secretários de Estado (bem como os membros dos governos estaduais eleitos pelos Parlamentos estaduais) são denominados pela Constituição como "*comissários do povo*" ("*Volksbeauftragte*") (art. 19), ainda que esta designação incorreta (visto que os mencionados não são nem nomeados pelo "povo", nem "comissionados" por quem quer que seja; são *eleitos* por Parlamentos e – com exceção dos secretários de Estado, que estão subordinados aos ministros –, na qualidade de órgãos *supremos* da execução, estão vinculados somente às *leis*) não tenha qualquer relevância prática. A Constituição declara expressamente que os subordinados aos "comissários do povo" – seja em cargos eletivos por tempo determinado, seja como funcionários profissionais nomeados da administração federal e estadual – estão vinculados às instruções dos seus superiores e são – disciplinarmente – responsáveis perante estes pelo exercício de suas funções (art. 20).[1043] Além disso, a Constituição estabelece uma *responsabilidade* geral *dos órgãos de execução*: ["]Todas as pessoas encarregadas de funções da administração federal, estadual ou municipal, ou do Poder Judiciário, são responsáveis por qualquer dano causado a quem quer que seja, na execução de suas funções, por violação dolosa ou gravemente negligente da lei. A federação, os estados ou os municípios respondem [196] pelas violações da lei cometidas pelas pessoas por eles nomeadas["] (art. 23).[1044] Quanto aos juízes, a antiga Lei de responsabilidade de 12 de julho de 1872 (RGBl. nº 112) (Lei de Sindicância)[1045] foi mantida em vigor pela Lei de Transição Constitucional (§ 19),[1046] com a modificação introduzida pelo § 12 (2) da Lei Fundamental sobre o Poder Judiciário de 2 de novembro de 1918 (StGBl. nº 38)[1047] ("o Estado responde por qualquer culpa do juiz, este apenas quando lhe for imputado dolo ou negligência grave").[xxvi] No entanto, no que diz respeito aos órgãos administrativos, ainda falta uma lei de execução que concretize o princípio estabelecido pela Constituição.

Forças armadas

Sob a perspectiva da execução federal, a Constituição regula também o problema das *forças armadas*. O objetivo do Exército

[xxvi] [196] Cf. p. 95. [N.T. Cf., acima, p. 135 e s.].

Federal é definido, tendo em vista as disposições pertinentes do Tratado de Saint-Germain,[1048] como sendo:[1049] a proteção das fronteiras da República. Além disso, o Exército Federal destina-se – mas apenas na medida em que o poder *civil* legalmente constituído requeira sua atuação – "à proteção das instituições constitucionais, bem como à manutenção da ordem e da segurança interna em geral, e à prestação de socorro em casos de catástrofes naturais e acidentes de proporções extraordinárias".[1050] O Exército está sob a disposição da *Câmara dos Deputados*, na medida em que a Lei do Serviço Militar lhe reserva o comando direto. Trata-se da convocação da reserva e do adiamento da dispensa após o cumprimento do serviço militar obrigatório.[1051] Ambas as mobilizações exigem uma deliberação da Câmara dos Deputados. No mais, a competência para dispor sobre o Exército Federal cabe ao Governo Federal (e não ao presidente federal!), ou, dentro da autorização concedida pelo Governo Federal, ao ministro federal da Defesa (art. 79-81).[1052] A Constituição Federal não contém disposição alguma sobre o *sistema de defesa*. Este é prescrito pelo Tratado de Saint-Germain [197]. Trata-se do sistema de exército de mercenários.[xxvii] Em cumprimento ao Tratado de Saint-Germain, foi promulgada a Lei de Defesa de 18 de março de 1920 (StGBl. nº 122);[xxviii,1053] o exército formado com base nessa lei deve, nos termos da Lei de Transição Constitucional (§ 27),[1054] ser considerado como o Exército Federal. A Lei de Defesa permanece em vigor também sob a Constituição Federal.

Jurisdição

Como segundo ramo da execução federal, a Constituição trata da *jurisdição*, que, de fato, é de competência exclusiva da federação. As disposições pertinentes seguem, em linhas gerais – salvo

---

xxvii [197] Cf. p. 152. [N.T. Cf., acima, p. 197 e s.].

xxviii [197] Cf. pp. 152, 153. [N.T. Cf., acima, pp. 197-199].

algumas importantes modificações –, a Lei Fundamental sobre o Poder Judiciário de 22 de novembro de 1918 (StGBl. nº 38).[xxix,1055] As sentenças e acórdãos dos tribunais devem ser proferidas e expedidas em nome da república (art. 82).[1056] A Constituição retoma da antiga Lei Fundamental sobre os Direitos Gerais dos Cidadãos de 21 de dezembro de 1867,[1057] bem como da lei que integra tal estatuto, qual seja a Lei de Proteção à Liberdade Pessoal de 27 de outubro de 1862,[1058] o seguinte princípio: [“]ninguém pode ser privado de seu juiz natural[”] (art. 83, § 2º).[1059] Por “juiz natural”, hoje, não se pode, com efeito, entender senão a autoridade competente conforme a lei. Assim, garante-se constitucionalmente às partes o direito à observância das normas legais de competência. *Tribunais de exceção* só são admitidos pela Constituição nos casos previstos pelas leis que regem o processo penal (art. 83).[1060] [“]A *jurisdição militar* é[1061] suprimida – salvo em tempos de guerra[”] (art. 84).[1062] [“]A *pena de morte* é abolida do processo ordinário[”] (art. 85).[1063]

Os *juízes* são *nomeados*, salvo disposição diversa da Constituição (por exemplo, no caso do Tribunal Constitucional), pelo presidente [198] federal, a requerimento do Governo Federal, ou por delegação deste, pelo ministro federal competente. Contudo, o governo, segundo as disposições da Lei Fundamental sobre o Poder Judiciário de 22 de novembro de 1918,[1064] estava até aqui vinculada às *indicações* (*Besetzungsvorschläge*) dos *senados de pessoal* competentes para a elaboração dessas listas segundo a organização judiciária, a Constituição Federal apenas exige do governo que essas listas sejam solicitadas, mas já não o vincula a elas. Mesmo no que diz respeito às listas houve alteração, na medida em que a lista, que deve ser apresentada ao ministro federal competente e por este encaminhada ao Governo Federal, deve conter, caso haja candidatos suficientes, ao menos três nomes, ou, se mais de uma vaga estiver disponível, ao menos o dobro de nomes em relação ao número juízes a serem nomeados (art. 86).[1065] (Com isso,

---

xxix [197] Cf. pp. 94 e ss. [N.T. Cf., acima, p. 134 e s.].

corrige-se a redação algo infeliz da antiga Lei Fundamental sobre o Poder Judiciário). A Constituição afirma a *independência* dos juízes e a estende a todos os atos jurisdicionais atribuídos ao juiz por lei e pela distribuição de competências internas do tribunal, com exceção dos assuntos da administração da justiça que, nos termos da lei, não devam ser decididos por senados ou comissões. Em nome da independência, estabelece-se que os processos sejam distribuídos com antecedência, para um período determinado pela lei de organização judiciária, entre os juízes de cada tribunal, e que um processo assim distribuído só possa ser retirado de um juiz por ato da administração judiciária no caso de seu impedimento (art. 87).[1066] A *idade limite* para os juízes, antes fixada diretamente pela Lei Fundamental sobre o Poder Judiciário,[1067] passa a ser determinada, conforme a Constituição, pela Lei de Organização Judiciária. Antes de atingir essa idade limite, os juízes só podem ser afastados de seu cargo, transferidos contra a sua vontade para outro posto ou aposentados nos casos e formas previstos em lei, e com base em decisão judicial formal. Em caso de reestruturação da constituição dos tribunais, admitem-se exceções ao princípio da *inamovibilidade* (art. 88).[1068]

[199] Assim como anteriormente, a Constituição Federal retira aos tribunais a *competência para o controle de leis devidamente publicadas*. (Portanto, deve-se verificar se houve publicação regular e, em caso de vício na publicação regular, recusar a aplicação da lei no caso concreto). Apenas para o Tribunal Constitucional essa limitação é afastada.[xxx] O direito dos tribunais *de examinar a legalidade de decretos* e – em caso de ilegalidade – deixar de aplicá-los no caso concreto sofre uma modificação decisiva. Para evitar que um decreto cuja aplicação tenha sido recusada por um tribunal em razão de sua ilegalidade continue a vigorar, podendo, assim, ser aplicado por outros tribunais, ou até mesmo deva ser aplicado pelas autoridades administrativas, a Constituição Federal

---

xxx [199] Cf. pp. 214 e ss. [N.T. Cf., abaixo, p. 262 e ss.].

(regulamentada pela Lei Federal de 13 de julho de 1921 [BGBl. nº 364], sobre a organização e o processo do Tribunal Constitucional),[1069] determinou, no interesse da unidade e da segurança do direito, e em vista da relevância e da extensão que o direito emanado por decretos assumiu nos últimos anos, o seguinte: se um tribunal tiver dúvidas quanto à aplicação de um decreto por considerar que este é ilegal, ou seja, se ele próprio (não basta uma simples alegação da parte) for da opinião jurídica de que o decreto a ser aplicado no caso concreto é contrário à lei, então, ele deve suspender o processo e apresentar um pedido de anulação do decreto ao Tribunal Constitucional (art. 89).[1070] Esse pedido fundamentado deve ser apresentado pelo tribunal não apenas quando o decreto deva ser diretamente aplicado no processo pendente, mas também quando a legalidade do decreto constitui uma questão preliminar para a decisão do processo em curso.[1071] O pedido deve requerer que o decreto em sua integralidade seja anulado ou que determinadas disposições sejam anuladas por ilegalidade. O tribunal só poderá deixar de aplicar direta ou indiretamente o decreto impugnado ao caso concreto, ou seja, decidir o caso [200] como se o decreto nunca tivesse sido editado, se o Tribunal Constitucional o anular mediante decisão. Essa anulação produz efeitos, em regra, apenas pro futuro. Ela só terá efeitos retroativos no caso que deu origem ao pedido ao Tribunal Constitucional e, portanto, à anulação do decreto, bem como em todos os demais casos cujo fato gerador tenha ocorrido sob a vigência do decreto ainda não anulado, mas que são submetidos à decisão pelo Tribunal Constitucional depois da anulação do decreto, ou seja: que ainda não tenham sido decididos com trânsito em julgado no momento da anulação pelo Tribunal Constitucional. Se ocorrer de o decreto anulado pelo Tribunal Constitucional dever ser aplicado por outro tribunal em caso distinto daquele que levou à sua anulação (o que é possível, já que se trata da apreciação de um fato ocorrido sob a vigência de decreto ainda não anulado), então, esse tribunal, assim como aquele cujo pedido resultou na anulação, está vinculado à opinião jurídica do Tribunal Constitucional e deve, igualmente, deixar de aplicar o decreto ao caso concreto (§ 50 da Lei Federal de 13 de julho de 1921 [BGBl. nº 364]).[1072]

Mas também é possível o caso de que, no momento da decisão judicial a ser proferida, o decreto a ser aplicado pelo tribunal – de forma direta ou indireta – tenha deixado de vigorar por outro motivo que não uma decisão de anulação do Tribunal Constitucional. Se o tribunal entender que esse decreto era contrário à lei, então, o pedido que deve apresentar ao Tribunal Constitucional não será de *anulação* do decreto, mas, sim, o tribunal deverá requerer ao Tribunal Constitucional que declare que o decreto era *contrário à lei* (§ 52 da lei citada).[1073]

Das demais disposições da Constituição Federal sobre o Poder Judiciário, destacam-se: [“]as audiências em processos civis e penais perante o juízo de julgamento são *orais* e *públicas*. Exceções são previstas em lei. No processo penal vale o *processo acusatório*[”] (art. 90).[1074] – A Constituição postula [201] o princípio da *democratização da judicatura*: [“]O povo deve participar da judicatura. Nos crimes graves, cuja pena for determinada por lei, bem como em todos os crimes e delitos políticos, *jurados* (*Geschworenen*) decidem sobre[1075] a culpa do acusado. Nos processos penais por outras infrações, participam da judicatura *leigos* (*Schöffen*) sempre que a pena aplicável exceder um limite a ser definido por lei[”] (art. 91).[1076]

Como instância suprema em matéria civil e penal atua o *Supremo Tribunal* em Viena (art. 92).[1077] A Constituição estabelece por fim o princípio da *separação entre justiça e administração* (art. 94).[1078]

D. Legislação e execução dos estados federados

Legislação dos estados federados

Na parte principal “Legislação e execução dos estados federados”, a Constituição Federal fixa as linhas gerais das *Constituições estaduais*. Na medida em que essa matéria foi trazida para o âmbito da Constituição Federal, o legislador constitucional federal também é tornado competente nesse sentido. – A Constituição Federal prescreve para a *legislação dos estados federados* o sistema unicameral. A função legislativa conferida ao estado deve ser exercida exclusivamente pela *Assembleia Estadual*, cujos membros devem ser eleitos com base no mesmo sistema eleitoral previsto para a eleição da Câmara dos Deputados. As condições para o direito ativo e passivo de sufrágio para a Assembleia Estadual não podem ser mais restritivas nos regulamentos eleitorais estaduais do que o que está estabelecido no regulamento eleitoral para a Câmara dos Deputados. É permitida, porém, uma ampliação; por exemplo, o estabelecimento de uma idade mínima inferior aos vinte anos completos (art. 95).[1079] ["]Os membros da Assembleia Estadual gozam da mesma *imunidade* que os membros da Câmara dos Deputados["]. Da mesma forma, os relatórios verossímeis das sessões públicas da Assembleia Estadual, bem como de suas comissões, [202] são isentos de qualquer responsabilidade (art. 96).[1080] ["]Para uma *lei estadual*, exige-se a deliberação da Assembleia Estadual, a promulgação e a assinatura de acordo com as disposições[1081] específicas da Constituição estadual, e a publicação pelo governador do estado no Diário Oficial do Estado (Landesgesetzblatt)["] (art. 97, § 1º).[1082] Para as *leis constitucionais estaduais*, vale um regime específico. Estas só são admissíveis dentro dos limites traçados pela Constituição Federal. Devem ser aprovadas com a presença de pelo menos metade dos membros da Assembleia Estadual e com uma maioria de dois terços dos votos emitidos (art. 99).[1083]

Ao *Governo Federal* é conferida, na Constituição Federal, uma *influência* não desprezível sobre a *legislação estadual*. ["] Todos os atos legislativos das Assembleias Estaduais devem ser comunicados imediatamente após a deliberação da Assembleia Estadual, e antes de sua publicação, pelo governador do estado ao ministério federal competente["].[1084] De modo semelhante ao que já se previa nas disposições da Constituição provisória,[xxxi] o

xxxi [202] Cf. pp. 125, 126. [N.T. Cf., acima, p. 167 e s.].

Governo Federal pode, por motivo de *ameaça a interesses federais*, [“]opor-se ao ato legislativo de uma Assembleia Estadual no prazo de oito semanas a contar do dia em que o ato legislativo tiver chegado ao ministério federal competente, mediante uma *objeção* fundamentada. Nesse caso, o ato legislativo só poderá ser publicado se for reiterado pela Assembleia Estadual com a presença de pelo menos metade de seus membros. Antes de expirar o prazo de objeção, a publicação só será admissível se o Governo Federal expressamente consentir[”] (art. 98).[1085] No entanto, se o ato legislativo estadual disser respeito a tributos estaduais ou municipais, então – de acordo com as disposições da Lei Constitucional Financeira de 3 de março de 1922, Diário Oficial Federal (BGBl. nº 124)[1086] –, a repetição da deliberação legislativa não basta para anular a objeção levantada pelo Governo Federal. Nesse caso, o Governo Federal pode manter a objeção mesmo após a repetição da deliberação. O conflito assim surgido entre o Governo Federal e o legislador estadual é decidido por uma comissão permanente conjunta da Câmara dos Deputados e do Conselho Federal. [203] Esta comissão deve deliberar se a objeção deve ou não ser mantida. Se a comissão decidir a favor da objeção do Governo Federal, o veto deste adquire caráter absoluto.

Uma influência mais abrangente sobre a legislação estadual exerce o Governo Federal no caso de uma lei estadual prever, para sua execução, a *colaboração de autoridades federais*. Para essa colaboração, é necessária *aprovação* expressa do Governo Federal. (Nos termos da Constituição provisória, era exigida a assinatura do secretário de Estado competente.)[1087] Antes da concessão dessa aprovação – que não é visível externamente –, a lei estadual não pode ser publicada (art. 97, § 2º).[1088]

Uma terceira possibilidade de influência sobre a legislação estadual existe para o Governo Federal no fato de poder obter a anulação de leis estaduais *inconstitucionais* por meio de uma *ação de impugnação* (*Anfechtungsklage*) junto ao Tribunal Constitucional. (Nos termos da Constituição provisória, essa ação de impugnação já deveria ser proposta contra a deliberação legislativa estadual ainda não publicada).[1089] A mesma possibilidade cabe, no entanto, também aos governos estaduais contra leis federais inconstitucionais (art. 140).[1090]

Qualquer Assembleia Estadual pode – o que representa apenas o mais superficial e evidente sintoma do caráter centralizador da Constituição Federal – ser *dissolvida* pelo presidente federal. Para tanto, é necessária – além do requerimento do Governo Federal – a aprovação do Conselho Federal. Esta deve ser deliberada com a presença de metade dos membros e com uma maioria de dois terços dos votos emitidos. Os representantes da Assembleia Estadual cuja dissolução está em causa não podem participar da votação (art. 100).[1091]

A execução dos estados federados

A *execução do estado federado* é atribuída, pela Constituição Federal, ao *Governo Estadual*, que deve ser *eleito* pela Assembleia Estadual, assim como o Governo [204] Federal é eleito pela Câmara dos Deputados. Os membros do Governo Estadual não precisam pertencer à Assembleia Estadual, mas devem ser elegíveis para ele. O Governo Estadual é composto pelo governador estadual (Landeshauptmann), que exerce a presidência, pelo número necessário – a ser determinado pela Constituição estadual – de vice-governadores (Stellvertreter) e por outros membros. ["]O governador estadual é investido no cargo pelo presidente federal (Bundespräsident); os demais membros do Governo Estadual são investidos pelo governador do estado, mediante juramento *à Constituição Federal*, antes de assumirem o cargo["] (art. 101).[1092]

Nos termos da Constituição Federal, é preciso distinguir entre a esfera de atuação *autônoma* (*selbständiger* Wirkungsbereich) e a esfera de atuação *delegada* (*übertragener* Wirkungsbereich) do Estado.[xxxii] Apenas com relação à primeira – formada pelas

---

[xxxii] [204] Cf. pp. 172 e s. [N.T. Cf., acima, p. 217 e s.].

matérias que pertencem à execução do estado federado – o *Governo Estadual* constitui o mais alto órgão executivo. Com relação à segunda – composta pelas matérias que pertencem à execução administrativa da federação, mas que são exercidas pelo estado como órgão federal – o estado é representado, conforme as disposições da Constituição Federal, apenas pelo *governador estadual*, ou pelos órgãos estaduais diretamente subordinados a ele nesse âmbito. O governador estadual – e não o Governo Estadual – é o responsável, perante o Governo Federal, pelas matérias da chamada administração federal indireta (mittelbare Bundesverwaltung); nessa esfera, ele está subordinado ao Governo Federal ou aos ministros federais competentes, a cujas instruções está vinculado e até os quais se estende a cadeia hierárquica administrativa – salvo disposição expressa em contrário (art. 103).[1093] Todavia, somente o governador do estado está sujeito ao controle direto do Governo Federal ou dos ministros federais competentes. Na medida em que outros órgãos estaduais atuem no âmbito da administração federal indireta, eles estão subordinados ao governador Estadual, e o Governo Federal só pode influenciar sua atuação por meio do governador Estadual.

Na esfera de atuação autônoma, os membros do Governo Estadual – e com eles também o governador estadual – são, na qualidade de supremos órgãos executivos, *responsáveis* perante o seu Parlamento, a sua Assembleia Estadual. Essa responsabilidade [205] é feita valer mediante uma resolução acusatória (Anklagebeschluß) da Assembleia Estadual, aprovada por maioria simples, com a presença da metade dos seus membros, perante o Tribunal Constitucional (art. 105).[1094] A responsabilidade que o governador estadual assume nas matérias da esfera de atuação delegada, isto é, da administração federal indireta, perante o Governo Federal – trata-se aqui de uma espécie de responsabilidade disciplinar de um órgão administrativo subordinado perante uma autoridade superior – é feita valer mediante resolução acusatória do Governo Federal (que, como todas as deliberações do Governo Federal, deve ser aprovada por unanimidade), igualmente perante o Tribunal Constitucional (art. 142).[1095] Uma vez que o governador estadual, atuando como órgão singular (em lugar do governo colegiado estadual da Constituição provisória), foi encarregado das funções da administração federal indireta e subordinado não apenas formalmente, mas também tornado responsável perante o Governo Federal, e uma vez que também o Governo Estadual foi tornado responsável perante a Assembleia Estadual, eliminou-se um dos mais graves defeitos da Constituição provisória. Em particular, por meio das normas relativas ao governador do estado, resolveu-se o problema de submeter disciplinarmente, de modo efetivo, à autoridade superior e tornar obediente a ela, um órgão *eleito* por um Parlamento local, que atua não como órgão supremo, mas como órgão subordinado inserido na hierarquia da execução administrativa. Trata-se de um problema que, no contexto da democratização da administração nos níveis médio e inferior, representa uma grande dificuldade, e cuja solução elimina também o conflito entre a democracia da administração (nos níveis médio e inferior) e a democracia da legislação, conflito este que põe em risco a legalidade da administração.

Para a *direção do serviço interno* do Gabinete do Governo Estadual (Amt der Landesregierung), é nomeado um funcionário administrativo com formação jurídica como *diretor do Gabinete Estadual* (*Landesamtsdirektor*). Trata-se de um funcionário público de carreira nomeado (como contrapeso aos membros do Governo Estadual eleitos segundo critérios político-partidários). ["]Ele é também, nas matérias da administração federal indireta, o órgão auxiliar [206] do governador do estado["] (art. 106).[1096] – Dentro da esfera de atuação autônoma – e *apenas* dentro desta – os estados podem firmar acordos entre si; contudo, tais acordos devem ser comunicados imediatamente ao Governo Federal (art. 107).[1097]

Com a intenção de *democratizar* a *administração* não apenas nas instâncias superiores federal e estadual, a Constituição Federal estabeleceu, em uma seção própria intitulada "*municípios*"

("*Gemeinden*"), princípios para a organização dos órgãos da administração estatal geral subordinados ao Governo Estadual ou ao governador do estado.[1098] Entre o Governo Estadual (ou, na antiga Áustria, a governadoria da província [Staathalterei]) e o município, organizado desde tempos antigos de forma democrática, ou seja, segundo o princípio da administração autônoma (Selbstverwaltung), encontrava-se (e ainda se encontra hoje) o chefe distrital, nomeado de forma autocrática, ou seja, por designação, como chefe *da administração distrital*.[1099] Os estados federados continuam subdivididos, desde a era monárquica, em distritos administrativos.[1100] A democratização da administração distrital é exigida pela Constituição Federal na forma de uma futura transformação do distrito em um *município* administrado autonomamente e, conforme isso – embora a terminologia não seja muito feliz –, distingue entre municipalidades locais (Ortsgemeinden) e municipalidades regionais (Gebietsgemeinden), compreendendo sob estes últimos todos os corpos superiores da administração autônoma situados entre as municipalidades locais até então existentes e o Governo Provincial. A administração estatal geral deve ser, de modo geral, administração autônoma. No topo, o Governo Federal eleito pela Câmara dos Deputados: a integralidade do Estado como o mais abrangente corpo da administração autônoma; em seguida, o Governo Estadual eleito pela Assembleia Estadual, ou o governador do estado eleito: o estado federado como corpo intermediário da administração autônoma, supremo nos assuntos de sua esfera de atuação autônoma (selbständiger Wirkungsbereich); este, por sua vez, subdividido nas chamados municipalidades regionais, cujos órgãos são uma representação eleita da municipalidade regional (Gebietsgemeindevertretung) e um Gabinete da municipalidade regional (Gebietsgemeindeamt). Na base, a municipalidade local (Ortsgemeinde) com sua representação eleita e seu Gabinete municipal (Gemeindeamt). A Constituição deixou em aberto se as municipalidades regionais coincidirão territorialmente com os atuais distritos ou se serão substituídas por grandes regiões e pequenas estruturas [207] intermediárias. Também foi deixado em aberto o relacionamento entre a representação municipal e o Gabinete municipal: se o dirigente do Gabinete será eleito ou nomeado, se estará subordinado à representação municipal ou se será colocado em pé de igualdade etc. Determinado resta somente que os dirigentes das municipalidades *regionais* devem ser funcionários administrativos com formação jurídica. Tudo o mais é deixado a cargo de uma lei constitucional federal, que deverá regular os princípios da organização administrativa nos estados. Até lá, mantém-se o estado atual. Cumpre ainda mencionar que a Constituição Federal garante às municipalidades locais (Ortsgemeinden) uma competência mínima (arts. 115-120).[xxxiii,1101]

E. O controle de contas da federação

O *controle das contas da federação* é atribuído pela Constituição ao *Tribunal de Contas* (Rechnungshof), que sucede ao Tribunal de Contas do Estado (Staatsrechnungshof) da Constituição provisória[xxxiv] e é organizado da mesma forma que este. A ele compete a *fiscalização da gestão de toda a economia pública* da federação (*Staatswirtschaft* des Bundes), bem como da gestão das fundações, fundos e instituições administradas por órgãos da federação. *Pode* também ser-lhe atribuída a *fiscalização* da gestão de empresas nas quais a federação detenha participação financeira. O Tribunal de Contas elabora o *balanço geral da federação* (*Bundesrechnungsabschluß*) e o submete à Câmara dos Deputados, que o aprova sob a forma de lei. [“]Todos os títulos de *dívida pública* (dívidas financeiras e administrativas), na medida em que constituam uma obrigação da federação, devem ser certificadas pelo presidente do

---

xxxiii[207] 1. Responsabilidade pela segurança pessoal e patrimonial (polícia local de segurança); 2. Serviços de auxílio e resgate; 3. Conservação das ruas, caminhos, praças e pontes do município; 4. Polícia local de trânsito; 5. Proteção e fiscalização rural; 6. Polícia de mercado e de alimentos; 7. Polícia sanitária; 8. Polícia de construção e de incêndios. [N.T. Art. 120 (3) Z 1-8 B-VG 1920 (nota final, p. 365)].

xxxiv[207] Cf. pp. 105 e s. [N.T. Cf., acima, p. 145 e s.].

Tribunal de Contas; essa certificação apenas confirma a legalidade e a exatidão contábil da gestão["] (art. 121).[1102] [208] ["]O Tribunal de Contas está diretamente subordinado à Câmara dos Deputados. Ele[1103] é composto por um presidente e pelos funcionários e auxiliares necessários["]. O *presidente* é *eleito* pela Câmara dos Deputados, mediante proposta do Comitê Principal; ele "não pode ser membro de nenhum órgão de representação geral e não pode, nos últimos cinco anos, ter sido membro do Governo Federal ou de um Governo Estadual". No que tange à *responsabilidade*, está equiparado aos membros do Governo Federal e pode ser *destituído* por deliberação da Câmara dos Deputados. O Tribunal de Contas é totalmente *independente* do Governo Federal, perante o qual atua como órgão de controle. Isso se manifesta também no fato de que os funcionários do Tribunal de Contas são nomeados pelo presidente federal mediante proposta do presidente do Tribunal de Contas e de que este pode ser autorizado pelo presidente federal a nomear funcionários de determinadas categorias. Por meio de lei constitucional estadual, ["]podem ser atribuídas ao Tribunal de Contas, também em relação à gestão do estado federado, as funções que lhe competem segundo a Constituição Federal em relação à gestão da federação["], podendo, assim, o Tribunal de Contas ser estruturado como órgão de controle conjunto da federação e dos estados federados (arts. 122-128).[1104] Isso ocorreu até o momento apenas em relação a *Burgenland*, por meio da *Lei Federal* de 7 de abril de 1922 (BGBl. nº 202).[1105]

F. O controle jurídico da federação sobre legislação e execução

Toda a Constituição culmina nas disposições sobre a *jurisdição administrativa* e *constitucional*. Sua cuidadosa conformação se vincula, de fato, às instituições já existentes na antiga Constituição austríaca, mas a Constituição Federal vai – especialmente no que diz respeito à jurisdição constitucional – muito além delas. Deve-se destacar em particular que os órgãos da jurisdição administrativa e constitucional – o Tribunal Administrativo (Verwaltungsgerichtshof) e o Tribunal Constitucional (Verfassungsgerichtshof) – são órgãos *federais*, mas que o controle jurídico a ser exercido por eles refere-se [209] à *execução e à legislação da federação e dos estados federados.*

Tribunal Administrativo

Inicialmente, a Constituição Federal recepciona o antigo *Tribunal Administrativo*,[xxxv] que permanece, em princípio, como o titular exclusivo da jurisdição administrativa. Sua competência é essencialmente mantida: ["]Todo aquele que alegar ter sido lesado em seus direitos por uma decisão ou ato administrativo ilegal de uma autoridade administrativa – seja da federação, seja de um estado – pode, após esgotadas as instâncias administrativas, apresentar reclamação ao Tribunal Administrativo["].[1106] Uma alteração bastante significativa da competência até então existente do Tribunal Administrativo consiste no fato de que agora, diferentemente do que ocorria anteriormente, não apenas particulares,[1107] mas também a federação, representada pelos ministros federais competentes, pode apresentar reclamação contra atos administrativos ilegais de autoridades estaduais, desde que esses atos tenham sido praticados na esfera de atuação autônoma do estado (selbständiger Wirkungsbereich), mas em execução de uma lei federal ou de uma lei federal de diretrizes (Bundesgrundsatzgesetz). Um direito de reclamação correspondente por parte dos estados contra atos administrativos da federação não existe (art. 129, §§ 1º e 2º).[1108] Além dessa possibilidade geral, a federação dispõe, conforme as disposições da Lei Constitucional Financeira de 3 de março de 1922,[1109] de uma possibilidade especial de recorrer ao Tribunal Administrativo contra um estado. Quando, por exemplo, uma representação municipal adotar uma resolução relativa à instituição de tributos municipais em contrariedade com as disposições

---

[xxxv] [209] Cf. p. 106. [N.T. Cf., acima, p. 146 e s.].

da Lei Constitucional Financeira, o ministro federal das Finanças pode, a qualquer momento, requerer ao Governo Estadual a anulação dessa resolução. Caso a anulação não ocorra dentro de quatro semanas, o ministro federal das Finanças pode requerer ao Tribunal Administrativo a anulação da resolução municipal por meio de reclamação.

Enquanto, até agora, não era admissível reclamação ao Tribunal Administrativo contra um ato administrativo que estivesse no âmbito da *livre discricionariedade* da autoridade,[1110] [210] a Constituição Federal estabelece que só não se configura e, por consequência, não pode ser feita valer – como fundamento para a reclamação – a violação de direito, na medida em que a autoridade, que de acordo com as disposições da lei estava autorizada a decidir ou dispor segundo sua livre discricionariedade, fez uso dessa discricionariedade *nos termos da lei* (*im Sinne der Gesetze*). Caso isso não tenha ocorrido, ou seja, havendo *abuso* ou extrapolação *da discricionariedade*, então há fundamento admissível para a reclamação; o Tribunal Administrativo é competente para examinar a alegada extrapolação da discricionariedade e decidir sobre ela (art. 129, § 3º).[1111] Excluídas da competência do Tribunal Administrativo estão as matérias que pertencem à competência do Tribunal Constitucional, que concorre com o Tribunal Administrativo em certo sentido, bem como aquelas que estão sujeitas à decisão dos tribunais ordinários ou a serem decididas ou dispostas por uma autoridade colegiada da qual participe, em primeira ou segunda instância, ao menos um juiz (art. 131).[1112] Em princípio, o Tribunal Administrativo é também competente para causas penais administrativas. Todavia, essa competência só se tornará efetiva quando as disposições gerais do Direito Penal Administrativo e do Processo Penal Administrativo forem emanadas por lei federal (§ 36 da Lei de Transição Constitucional).

Os acórdãos do Tribunal Administrativo tinham até agora apenas caráter *cassatório*.[1113] *Em princípio*, continuam a tê-lo. A decisão de procedência do Tribunal Administrativo acarreta a anulação da decisão ou disposição contrária ao Direito. As autoridades administrativas estão vinculadas, ao proferirem nova decisão ou disposição, à opinião jurídica do Tribunal Administrativo. Contudo, o Tribunal Administrativo *pode* agora também – caso considere a matéria madura para julgamento – decidir de forma *reformatória* sobre o mérito da causa. Nos casos, porém, em que decide sobre recurso fundado em abuso de discricionariedade, seu julgamento só pode ser cassatório (art. 133).[1114] A possibilidade de reforma de atos administrativos por parte do Tribunal Administrativo central é tanto mais significativa quando se considera [211] que se trata também de atos administrativos praticados na esfera de atuação autônoma do estado (selbständiger Wirkungsbereich) e que sua reforma ocorre por um tribunal *federal*.

["]O Tribunal Administrativo tem sede em Viena. É composto por um presidente, um vice-presidente e o número necessário de presidentes de senado (Senatspräsidenten) e de conselheiros (Räte). Pelo menos metade dos membros deve possuir a aptidão para o exercício da magistratura. O presidente, o vice-presidente e os membros do Tribunal Administrativo são nomeados pelo presidente federal sob proposta do Governo Federal. A proposta do Governo Federal requer, quanto ao presidente e à metade dos membros, a aprovação do Comitê Principal da Câmara dos Deputados, e, quanto ao vice-presidente e à outra metade dos membros, a aprovação do Conselho Federal["] (art. 134, 135).[1115] Com isso, são levados em conta os interesses que os estados federados têm na jurisprudência do Tribunal Administrativo. Isso também acontece na medida em que a Constituição estabelece que cada senado do Tribunal Administrativo que há de se pronunciar sobre a decisão ou disposição contestada de uma autoridade administrativa de um estado federado deve, em regra, ser integrado por um juiz oriundo da magistratura ou da administração desse estado (art. 132).[1116] Até a promulgação de uma nova lei que regule a matéria, para o processo perante o Tribunal Administrativo permanecem válidas as normas anteriores correspondentes.[xxxvi]

[xxxvi][211] Cf. pp. 67 e ss. [N.T. Cf., acima, pp. 104-106].

Tribunal Constitucional

O *Tribunal Constitucional*, que já fora instituído pela Constituição provisória em substituição ao antigo Tribunal de Justiça Império,[xxxvii,1117] recebe da Constituição Federal, antes de tudo, as competências que já eram atribuídas ao antigo Tribunal do Império: decisão sobre todas as *pretensões* contra a federação, os estados ou os municípios, que não possam ser dirimidas pela via ordinária (art. 137);[1118] decisão sobre *conflitos de competência* "entre [212] tribunais e autoridades administrativas, entre o Tribunal Administrativo e os tribunais, em particular também entre o Tribunal Administrativo e o próprio Tribunal Constitucional (cuja decisão anteriormente cabia a um chamado Senado Arbitral (Austrägalsenat), composto por representantes do Tribunal Constitucional e do Tribunal Administrativo, sob a presidência do presidente da Corte Suprema [oberster Gerichtshof]); entre os estados federados entre si, bem como entre um estado federado e a federação" (art. 138).[1119] Em seguida, a decisão ["]sobre *reclamações por violação de direitos garantidos constitucionalmente* por decisão ou ato de autoridade administrativa (federal ou estadual), após esgotadas as instâncias administrativas["].[1120] Anteriormente, uma reclamação desse tipo só podia ser apresentada por um cidadão do estado e apenas por violação de um direito *político* garantido por lei fundamental.[1121] Tal como já fazia a Constituição provisória,[1122] também a Constituição Federal atribui expressamente, nesse caso, efeito cassatório (mas não reformador) à decisão favorável do Tribunal Constitucional. ["]As autoridades estão vinculadas, na nova decisão ou ato a ser proferido, à opinião jurídica do Tribunal Constitucional["] (art. 144).[1123]

Totalmente nova é a competência segundo a qual o Tribunal Constitucional atua como *tribunal* [de controle] *de decretos* (*Verordnungsgerichtshof*). Ele decide sobre a ilegalidade de decretos de uma autoridade federal ou estadual: 1. a pedido de um *tribunal* que tenha

---

xxxvii [211] Cf. p. 107. [N.T. Cf., acima, p. 148].

de aplicar esse decreto, seja de forma direta ou indireta, e o considere ilegal; 2. a pedido do *Governo Federal*, porém somente sobre a ilegalidade de decretos de uma autoridade estadual, ou a pedido de um *Governo Estadual*, porém somente sobre a ilegalidade de decretos de uma autoridade federal. Esse pedido pode ser apresentado a qualquer tempo; 3. *de ofício*, sobre a legalidade de qualquer decreto, quando este constitua pressuposto de uma decisão do Tribunal Constitucional (art. 139, § 1º).[1124] Nesse caso, o Tribunal Constitucional deve suspender o processo relativo à causa pendente cuja decisão [213] pressupõe a validade do decreto. Esse controle ex officio de um decreto – limitado unicamente pela exigência de que o decreto a ser examinado tenha relevância jurídica em um processo pendente perante o Tribunal Constitucional – é de suma importância. Nessa disposição da Constituição se documenta claramente a sua tendência radical de eliminar decretos ilegais do mundo, na medida em que isso seja possível em termos práticos. Ela representa – juntamente com a disposição análoga sobre o controle ex officio da constitucionalidade das leis[1125] – uma limitação muito relevante ao princípio do processo por iniciativa da parte, que normalmente rege no Tribunal Constitucional, em favor do princípio da oficialidade (Offizialmaxime).

Se o Tribunal Constitucional declarar o decreto ilegal, então, ele o anula por meio de sua decisão. A decisão que declara o decreto ilegal obriga a autoridade executiva competente a publicar imediatamente essa anulação. A anulação – produzida pela decisão do Tribunal Constitucional – entra em vigor somente no dia da publicação (assim como os decretos sujeitos à publicação só produzem efeitos a partir da publicação) (art. 139, § 3º).[1126] A anulação tem efeito, em princípio, apenas pro futuro. Um decreto ilegal, mas até então *válido*, é anulado. A medida em que a decisão do Tribunal Constitucional surte efeitos retroativos em processos ainda não decididos com trânsito em julgado decorre das disposições relativas à competência de controle judicial.[xxxviii] Acrescente-se

---

xxxviii [213] Cf. p. 199. [N.T. Cf., acima, p. 237 e s.].

ainda o seguinte: caso o Tribunal Constitucional, em um processo de fiscalização iniciado *de ofício,* tenha declarado a ilegalidade de um decreto, ele decidirá o caso jurídico pendente, cujo processo havia sido suspenso, como se o decreto ilegal jamais tivesse sido editado. Se o decreto que o tribunal requerente deve aplicar, ou que constitui pressuposto de uma decisão do Tribunal Constitucional e, por isso, está sendo examinado de ofício por este, tiver sido revogado [214] por outro motivo que não uma decisão anulatória do Tribunal Constitucional, a decisão deste limitar-se-á a declarar que o decreto era ilegal. Do mesmo modo como o tribunal requerente, o Tribunal Constitucional, ao declarar ilegal um decreto já revogado, decidirá o caso que lhe é submetido como se tal decreto jamais tivesse sido promulgado.[1127]

O Tribunal Constitucional julga ainda – e nisso se encontra o ponto culminante de sua função como garantidor da Constituição – sobre a *inconstitucionalidade* de *leis estaduais*, mediante requerimento do *Governo Federal*, e sobre a inconstitucionalidade de *leis federais*, mediante requerimento de um *Governo Estadual*; esses requerimentos podem ser apresentados a qualquer tempo e devem ser imediatamente comunicados pelo autor da impugnação ao respectivo Governo Estadual ou ao Governo Federal. Ele julga ainda, *de ofício*, sobre a inconstitucionalidade de leis federais ou estaduais que constituam pressuposto de uma decisão do Tribunal Constitucional (art. 140, §§ 1º e 2º).[1128] O controle de constitucionalidade de uma lei não pode ser provocado por requerimento de um tribunal.

Se o Tribunal Constitucional declarar uma lei como inconstitucional, anula-a, então, mediante sua decisão. Tal decisão anulatória "obriga o chanceler federal ou o governador do estado competente a publicar imediatamente a anulação. A anulação passa a valer no dia da publicação". Contudo, o Tribunal Constitucional pode – o que não é possível no caso da anulação de decretos – fixar um *prazo* para a produção de efeitos da anulação. ["]Esse prazo não pode ultrapassar seis meses (a contar da data da publicação)

["] (art. 140, § 3º).[1129] O prazo mostrou-se recomendável para permitir que o processo legislativo, que consome muito mais tempo do que o procedimento para edição de decretos, pudesse produzir, em substituição à lei defeituosa, uma nova lei compatível com a Constituição, sem que se formasse um vácuo. Se o Tribunal Constitucional anular com efeitos imediatos uma lei submetida a controle *de ofício*, sua decisão retroage ao caso pendente que motivou a fiscalização e cujo processo havia sido suspenso, sendo este julgado [215] como se a lei inconstitucional jamais tivesse sido promulgada. Caso, porém, a decisão de anulação preveja um prazo para a produção dos efeitos, não há retroação quanto ao caso pendente. Excepcionalmente, a decisão do Tribunal Constitucional que anula uma lei produz efeitos retroativos mais amplos quando se trata de uma daquelas leis federais ou estaduais que, nos termos da Lei Constitucional Financeira de 3 de março de 1922,[1130] deveriam ter sido revogadas no prazo de três meses após a sua entrada em vigor. Se a ação de impugnação é proposta porque a respectiva revogação não foi realizada nesse prazo, os efeitos retroativos da decisão anulatória do Tribunal Constitucional remontam ao momento em que a revogação deveria ter ocorrido. A decisão pela qual o Tribunal Constitucional anula uma lei deve indicar se todo o conteúdo da lei ou apenas determinadas passagens foram consideradas inconstitucionais. Se uma lei estadual for declarada inconstitucional por força de requerimento do Governo Federal, por ter instituído tributos em desacordo com as disposições da Lei Constitucional Financeira de 3 de março de 1922, o Tribunal Constitucional deverá também declarar, em sua decisão, a perda, em favor da federação, da cota-parte do estado (ou dos municípios) nos tributos compartilhados, relativa ao período durante o qual o tributo inconstitucional foi efetivamente arrecadado.

De acordo com a Lei Constitucional Financeira,[1131] podem ser lançados, por resolução da Assembleia Estadual (portanto, sem necessidade de lei formal), adicionais estaduais a certos tributos diretos federais, até o limite de 200% do imposto-base, mediante alíquota percentual uniforme. Caso tal resolução seja ilegal, o ministro federal das Finanças pode, a qualquer tempo, solicitar ao Governo Estadual que requeira à Assembleia Estadual a revogação da resolução. Se essa revogação não ocorrer no prazo de três meses após o recebimento do pedido pelo Governo Estadual, a Chancelaria Federal pode, após o transcurso infrutífero desse prazo, impugnar a *resolução da Assembleia Estadual* perante o Tribunal Constitucional. A decisão favorável [216] do Tribunal Constitucional anula a deliberação – da mesma forma que faria com uma lei inconstitucional – e pode também declarar a perda, em favor da federação, da parte da receita arrecadada pelo estado relativa ao período em que o tributo foi ilegalmente cobrado.[1132] Este é o único caso em que uma simples resolução parlamentar, que não constitui uma lei formal, pode ser anulada pelo Tribunal Constitucional.

O Tribunal Constitucional é ainda instituído como *Tribunal Eleitoral* central, competindo-lhe julgar todas [“]as impugnações de eleições para a Câmara dos Deputados, para o Conselho Federal, para as Assembleias Estaduais e para todos os demais órgãos representativos gerais, bem como, mediante requerimento de um desses órgãos, declarar a perda de mandato de um de seus membros[”] (art. 141).[1133] Com isso, ele assume a competência que anteriormente pertencia ao antigo Tribunal Eleitoral.[xxxix]

Como já em conformidade com a Constituição provisória,[xl,1134] o Tribunal Constitucional atua como *Tribunal de Responsabilidade do Estado* nas *acusações ministeriais*. A Constituição Federal determina em detalhes (art. 142):[1135] [“]O Tribunal Constitucional decide sobre a acusação mediante a qual se reivindica a responsabilidade constitucional dos mais altos órgãos federais e estaduais por violações culposas do direito cometidas no exercício de suas

---

xxxix [216] Cf. p. 116. [N.T. Cf., acima, p. 157 e s.].

xl [216] Cf. p. 107. [N.T. Cf., acima, p. 148].

funções[”]. Em todos os casos, deve haver, portanto, uma violação *culposa* – não apenas dolosa ou por negligência *grave*, como previa a até então vigente Lei sobre a Responsabilidade Ministerial de 25 de julho de 1867,[1136] mas *qualquer* violação culposa, ou seja, também por negligência *leve*. O elemento subjetivo é igual para todas as pessoas responsáveis. Diferentemente é o que se passa com o elemento objetivo. A respeito desse elemento, determina-se, de forma geral, apenas que se trata de uma violação do direito cometida *por meio do exercício de funções oficiais*. Esta, no entanto, é qualificada de modo diverso, conforme o órgão responsável de que se trata. São responsáveis:

1. O *presidente federal*, porém somente por violação da *Constituição Federal*. A acusação é proposta mediante deliberação do *Congresso Federal*.

[217] 2. Os *membros do Governo Federal* e os órgãos a eles equiparados quanto à responsabilidade, isto é, atualmente, o presidente do Tribunal de Contas, por violação da *lei* (não apenas da Constituição, mas também assim não incluindo a violação de decretos). A acusação é proposta mediante deliberação da *Câmara dos Deputados*.

3. Os *membros dos Governos Estaduais* e os órgãos eventualmente a eles equiparados quanto à responsabilidade pela Constituição estadual, por violação da *lei*. A acusação é proposta mediante deliberação da *Assembleia Estadual*.

4. O *governador estadual*, por violação da *lei*, mas também por violação de *decretos* e *ordens individuais* (despachos) da federação, porém apenas em matérias da administração federal indireta, nas quais atua como órgão federal. A acusação é proposta mediante deliberação do *Governo Federal*. A essa responsabilidade não obsta eventual imunidade do governador – enquanto membro da Câmara dos Deputados, do Conselho Federal ou de uma Assembleia Estadual – em virtude de disposição expressa da Constituição (art. 105,

§ 1º).[1137] Também em todos os demais casos, não se pode invocar imunidade contra uma acusação perante o Tribunal Constitucional, pois a imunidade deve garantir a proteção *do* Parlamento, e não *contra* o Parlamento.

"A decisão condenatória do Tribunal Constitucional deve declarar a perda do cargo e, em circunstâncias especialmente agravantes, também a perda temporária dos direitos políticos". No caso de condenação de um governador de estado, ["]o Tribunal Constitucional pode limitar-se à constatação de que houve uma violação jurídica["].[1138] A decisão constitui, em todos os casos, uma sentença *penal*. O presidente federal só pode exercer o direito de graça e de abolição em relação ao Tribunal Constitucional nos casos de acusação parlamentar, apenas mediante requerimento do Parlamento acusador, no caso de acusação contra um governador de estado, apenas mediante requerimento do Governo Federal acusador, e em todos os casos, apenas com o consentimento da pessoa acusada (disposição constitucional do [218] § 69 da Lei Federal[1139] de 13 de julho de 1921 [BGBl. nº 364]).[1140]

A acusação contra as pessoas responsáveis também pode ser apresentada por atos puníveis criminalmente que estejam relacionados ao exercício das funções oficiais do acusado. Nesse caso, o Tribunal Constitucional terá competência exclusiva; ele poderá, além das penas específicas previstas na Constituição Federal, aplicar também as disposições da lei penal infringida.

"A acusação deve ser apresentada ao Tribunal Constitucional no prazo de um ano a contar da data em que a pessoa acusada deixou o exercício da função à qual se refere a acusação. No cômputo desse prazo de um ano", nos casos em que a acusação parte de um Parlamento, "não se inclui o período compreendido entre a data de apresentação do requerimento de acusação no órgão representativo competente e a deliberação final sobre esse requerimento – no máximo, porém, até o limite de 6 meses". – O curso do processo relativo a uma acusação já deliberada não é interrompido nem pelo término da legislatura do órgão representativo respectivo, nem, em caso de acusação contra um governador de estado,[1141] pelo término do mandato do Governo Federal (§ 68 da Lei Federal de 13 de julho de 1921 [BGBl. nº 364]).[1142]

Por fim, a Constituição prevê uma lei federal especial, segundo a qual certas *violações do Direito Internacional* serão punidas com sanções penais, e confere ao Tribunal Constitucional a jurisdição com base nessa lei penal especial (art. 145).[1143]

"A *execução* das decisões do Tribunal Constitucional compete ao presidente federal" (art. 146).[1144] De acordo com as disposições da Lei de 13 de julho de 1921 (BGBl. nº 364) sobre a organização e o processo do Tribunal Constitucional,[1145] o presidente federal delegou a execução das decisões do Tribunal Constitucional relativas a pretensões contra a federação, os estados federados e os municípios, que não estão submetidas à jurisdição ordinária, aos tribunais ordinários. A execução das demais [219] decisões do Tribunal Constitucional deve ser realizada segundo as instruções do presidente federal pelos órgãos da federação ou dos estados por ele designados discricionariamente.

["]O Tribunal Constitucional tem sede em Viena. Ele é composto por um presidente, um vice-presidente, o número necessário de membros efetivos (fixado pela Lei Federal de 13 de julho de 1921 [BGBl. nº 364], sobre a organização e o processo do Tribunal Constitucional,[1146] em doze) e (seis) membros suplentes. O presidente, o vice-presidente, bem como metade dos membros efetivos e dos membros suplentes são *escolhidos* pela Câmara dos Deputados, a outra metade dos membros efetivos e dos membros suplentes, pelo Conselho Federal, todos com mandato vitalício["].[1147] Assim, os interesses dos estados federados também são reconhecidos na composição do Tribunal Constitucional. ["]Membros do Governo Federal ou de um Governo Estadual não podem pertencer ao Tribunal Constitucional. O presidente, o vice-presidente, oito dos demais membros e quatro suplentes não podem ser membros da

Câmara dos Deputados, do Conselho Federal ou de uma Assembleia Estadual[”].[1148] [“]O Tribunal Constitucional elege dentre seus membros, para um mandato de 3[1149] anos, relatores permanentes (atualmente 3).[1150] Estes não podem ser membros da Câmara dos Deputados, do Conselho Federal ou de uma Assembleia Estadual[”]. O Tribunal Constitucional decide em um plenário composto por todos os seus membros. Para deliberar validamente, é necessária a presença do presidente e de 8 membros – ou, em casos menos relevantes designados pela lei, de 4 membros.[1151] O processo divide-se fundamentalmente em uma fase preparatória, conduzida pelos referentes permanentes nos casos que lhes são atribuídos pelo presidente, e uma audiência pública e oral perante o plenário.[1152] Petições que não provenham de autoridades devem – exceto nos processos de acusação ministerial conforme os arts. 142 e 143 da Constituição Federal[1153] – ser apresentadas por um advogado habilitado.[1154] Nos casos de acusação ministerial, em lugar do referente permanente, atua um juiz-instrutor nomeado pelo presidente dentre os membros do Tribunal, o qual fica então impedido de participar da audiência principal.[1155]

[220] G. Normas anteriores qualificadas como leis constitucionais

A Lei Constitucional Federal não contém uma codificação dos *direitos fundamentais e liberdades*. Nos projetos preliminares, esses direitos foram, de fato, redigidos em diferentes versões. Contudo, não foi possível alcançar um acordo entre os partidos nesse ponto. Por isso, decidiu-se manter a situação jurídica vigente. Nas disposições finais da Constituição Federal (art. 149),[1156] são declaradas como leis constitucionais, no sentido da Constituição Federal, a Lei Fundamental do Estado de 21 de dezembro de 1867 (RGBl. nº 142) sobre os direitos gerais dos cidadãos do Estado,[1157] bem como as leis que constituem parte integrante dessa Lei Fundamental do Estado, a saber, a Lei de 27 de outubro de 1862 (RGBl. nº 87) sobre a proteção da liberdade pessoal,[1158] e a Lei de 27 de outubro de 1862

(RGBl. nº 88) sobre a proteção da inviolabilidade do domicílio,[1159] assim como a Resolução da Assembleia Nacional Provisória de 30 de outubro de 1918 (StGBl. nº 3) sobre a censura e o direito de associação e reunião,[1160] levando-se em consideração as alterações condicionadas pela Constituição Federal. Merece especial destaque o fato de que o art. 20 da Lei Fundamental do Estado sobre os direitos gerais dos cidadãos,[1161] que previa a possibilidade de suspensão de certos artigos da referida lei (a decretação do chamado estado de exceção), assim como a lei editada com base nesse artigo, de 5 de maio de 1869 (RGBl. nº 66),[1162] que regulava mais detalhadamente a decretação do estado de exceção (por decreto da totalidade do governo), foram expressamente revogados.[xli] Mas também outras disposições da Lei Fundamental do Estado sobre os direitos gerais dos cidadãos devem ser consideradas derrogadas;[xlii] o art. 1º, relativo à cidadania geral austríaca (revogado pelo art. 6º da Constituição Federal sobre a cidadania federal e estadual);[1163] o art. 4º, § 2º, relativo ao direito de voto municipal dos cidadãos domiciliados em um município e pagadores [221] de imposto direto (revogado pelo art. 119, § 2º, relativo ao direito de voto municipal);[1164] o art. 13, § 2º, última frase, sobre a admissibilidade de proibições postais pela via administrativa contra publicações estrangeiras (revogado pela resolução da Assembleia Nacional Provisória de 30 de outubro [StGBl. nº 3], parte 2, § 2º, 1ª frase);[1165] os arts. 15 e 16, que proibiam o exercício público da religião por confissões religiosas não reconhecidas legalmente (revogados pelo art. 63 do Tratado de Saint-Germain, parte III, seção V, sobre a proteção das minorias).[1166] O princípio da *igualdade de todos os cidadãos perante a lei*, já estabelecido no art. 2º da Lei Fundamental do Estado sobre os direitos gerais dos cidadãos,[xliii,1167] está expressamente reiterado também no art. 7º da Constituição Federal,[1168] sendo aí mais

---

xli [220] Cf. p. 64. [N.T. Cf., acima, p. 100 e s.].

xlii [220] Cf. p. 48. [N.T. Cf., acima, p. 84 e s.].

xliii [221] Cf. p. 50. [N.T. Cf., acima, p. 86 e s.].

precisamente especificado com a exclusão de privilégios de nascimento, sexo, estamento, *classe*, ou confissão religiosa, e com a garantia do pleno exercício dos direitos políticos aos funcionários públicos, inclusive aos membros das forças armadas federais.

Em restrição ao art. 19 da Lei Fundamental do Estado,[1169] a Constituição Federal (como já o fizera a Lei de 21 de outubro de 1919)[1170] estabelece[xliv] o idioma alemão como *língua oficial* da república (art. 8º)[1171] – sem prejuízo dos direitos reconhecidos às minorias linguísticas por lei federal (isto é, pela parte do Tratado de Saint-Germain declarado como lei constitucional).

Também é declarada lei constitucional a Lei de 3 de abril de 1919 (StGBl. nº 209), relativa à expulsão do território nacional e à incorporação do patrimônio da Casa de Habsburgo-Lorena;[xlv,1172] a Lei de 3 de abril de 1919 (StGBl. nº 211) sobre a abolição da nobreza, das ordens laicas de cavalaria e de damas, bem como de certos títulos e dignidades;[xlvi,1173] a Lei de 8 de maio de 1919 (StGBl. nº 257) sobre as armas e o selo de Estado da República da Áustria Alemã,[1174] com as alterações introduzidas pela Lei de 21 de outubro de 1919 (StGBl. nº 484);[xlvii,1175] e, finalmente – em execução [222] de uma disposição do Tratado de Saint-Germain –, as suas disposições sobre a proteção das minorias, constantes da Seção V da Parte III.[xlviii,1176]

H. Disposições transitórias

A Lei Constitucional Federal ainda não entrou plenamente em vigor. As disposições sobre a *delimitação de competências* entre a federação e os estados só se tornarão eficazes no dia em que

---

xliv [221] Cf. p. 151. [N.T. Cf., acima, p. 196 e s.].

xlv [221] Cf. pp. 144, 145. [N.T. Cf., acima, p. 188 e s.].

xlvi [221] Cf. p. 144. [N.T. Cf., acima, p. 188 e s.].

xlvii [221] Cf. pp. 145-146. [N.T. Cf., acima, pp. 189-191].

xlviii [222] Cf. pp. 150 e ss. [N.T. Cf., acima, p. 195 e s.].

entrarem em vigor as seguintes leis: a Constituição Federal sobre o acerto financeiro entre a federação e os estados ou municípios; a Constituição Federal sobre a esfera de atribuições da federação e dos estados no domínio do ensino, da educação e da instrução popular, e a Lei Constitucional Federal sobre a organização da administração geral do estado nos estados federados.[1177] Das três leis constitucionais mencionadas, apenas a primeira foi promulgada até agora: a Constituição Federal de 3 de março de 1922 (BGBl. nº 124) sobre a regulamentação das relações financeiras entre a federação e os estados (municípios) (Lei Constitucional Financeira).[1178]

Até que as outras duas leis sejam igualmente promulgadas, a legislação e a execução entre a federação e os estados continuam divididas da mesma forma que já o eram com base na Constituição provisória entre o Estado e os estados federados, ou seja: da mesma forma como era ainda segundo a antiga Constituição austríaca entre o Império e os territórios da Coroa. Para a legislação aplicam-se, em especial, as disposições dos §§ 11 e 12 da Lei Fundamental sobre a Representação Imperial de 21 de dezembro de 1867.[xlix,1179] Para a execução, vale a norma de que tudo aquilo que, segundo as ordenanças provinciais de fevereiro de 1861, é considerado matéria de autonomia estadual,[l] passa agora a ser executado pelos estados federados no âmbito de sua esfera de atribuições próprias; [“]todos os demais assuntos da execução são conduzidos pelos estados federados como matéria de administração federal indireta, no sentido da Constituição Federal, salvo quando[”], nos termos das suas [223] disposições, tais matérias pertencerem à esfera de atribuições das próprias autoridades federais (isto é, da administração federal direta).[1180]

---

xlix [222] Cf. pp. 32, 121. [N.T. Cf., acima, pp. 67 e s., 162 e s.].

l [222] Cf. pp. 17 e ss. [N.T. Cf., acima, pp. 51-54].

IV. O Tratado de Estado de Genebra de 4 de outubro de 1922

Com a finalidade da reconstrução econômica e financeira da Áustria, foi celebrado em 4 de outubro de 1922, em Genebra, entre a Inglaterra, a França, a Itália e a Tchecoslováquia, de um lado, e a Áustria, de outro, um tratado internacional composto por três protocolos (ratificado em 2 de dezembro de 1922 e publicado em 3 de dezembro sob o nº 167[1181] do BGBl.),[1182] no qual as potências mencionadas se comprometem a garantir um empréstimo a ser contraído pelo governo austríaco, ao passo que a Áustria se obriga a implementar um plano de saneamento com o objetivo de restabelecer o equilíbrio de seu orçamento público. Para a execução deste plano de saneamento, a Áustria declara-se, em particular, também disposta a tomar certas medidas que são relevantes do *ponto de vista do Direito Constitucional*, a saber:

1. Segundo o Protocolo nº I,[1183] o governo da República da Áustria compromete-se novamente a "não *renunciar à sua independência*, conforme o teor do art. 88 do Tratado de Saint-Germain; ela irá se abster de qualquer negociação e de qualquer vínculo econômico ou financeiro que possa comprometer, direta ou indiretamente, essa independência". A referência ao teor do Tratado de Saint-Germain permite supor que permanece aberta a possibilidade prevista nesse tratado de que a Áustria renuncie à sua "independência": mais precisamente, com o consentimento do Conselho da Liga das Nações.

2. A Áustria concorda – conforme o Protocolo nº III[1184] – que o Conselho da Liga das Nações designe um *comissário geral*, que lhe será responsável e por ele poderá ser destituído. Sua função consiste essencialmente em "insistir na execução do programa de reformas e supervisioná-la". "O governo austríaco reconhece que não poderá dispor dos valores do empréstimo, nem tomar medidas com

a finalidade de utilizá-los antes do vencimento, sem a autorização do comissário geral [224]". "O comissário geral terá sua sede em Viena. Ele poderá contratar o pessoal técnico necessário. As despesas do comissário geral e de seu pessoal serão aprovadas pela Liga das Nações e custeadas pelo governo austríaco". "Caso o governo austríaco considere que o Comissário Geral abusou de seus poderes, poderá interpor recurso junto ao Conselho da Liga das Nações". "A atuação do comissário geral será encerrada por deliberação do Conselho da Liga das Nações, uma vez constatado que o equilíbrio financeiro da Áustria está assegurado".

3. Segundo o Protocolo nº II,[1185] é instituído um *Comitê de Controle* (*Kontrollkomitee*) para o qual cada uma das potências garantidoras do empréstimo enviará um representante. Ficam sujeitos à aprovação desse Comitê de Controle a forma de aplicação da garantia, as condições do empréstimo, o seu preço de emissão, a sua taxa de juros etc. "O Comitê de Controle estabelecerá as condições sob as quais, caso a garantia venha a ser invocada, os adiantamentos de cada um dos governos deverão ser efetuados, bem como os métodos aplicáveis à restituição desses adiantamentos". A Comissão de Controle (Kontrollkomission) tem o direito de exigir a apresentação periódica de relatórios de gestão e balanços financeiros, ou quaisquer outros esclarecimentos de caráter urgente sobre a administração das receitas do Estado penhoradas, entre outros. ["]O Comitê de Controle reunir-se-á periodicamente nas datas por ele próprio fixadas, de preferência na sede da Liga das Nações["].[1186] No entanto, o Comitê de Controle somente poderá comunicar-se com o comissário geral, não diretamente com o governo austríaco.

4. Segundo o Protocolo nº III, ponto 3,[1187] o governo austríaco compromete-se a apresentar ao Parlamento um

projeto de lei que *empodere* qualquer governo que estiver em funções durante os próximos dois anos a "tomar todas as medidas que, em sua opinião, sejam necessárias [225] para restabelecer o equilíbrio orçamentário até o fim desse período", dentro dos limites do programa de saneamento e sem ter de se dirigir novamente ao Parlamento. Isto significa uma *autorização para a edição de decretos modificadores de lei* (*gestzesabändernden Verordnungen*) e, assim, a exclusão do Parlamento da execução do programa de saneamento.

Essa autorização só pode ser concedida por meio de uma lei constitucional.[li] Como para uma lei desse gênero era necessária uma maioria de dois terços, mas o governo contava apenas com uma maioria simples, tentou-se inicialmente cumprir a obrigação assumida no Protocolo III, ponto 3, de forma que todas as medidas necessárias para a restauração do estado e da economia nacional fossem *materialmente* reguladas em lei, ao menos em linhas gerais, de modo que todos os decretos a serem emitidos com base nessa lei fossem apenas decretos de execução, e não decretos modificadores de leis (gesetzändernde Verordnungen). Bastava uma maioria simples para aprovar tal lei. Como, no entanto, não era tecnicamente possível prever, nem mesmo de modo geral, todas as disposições de *direito material* (*materiell-rechtliche* Bestimmungen) que seriam necessárias para a recuperação, o projeto continha, sob a aparência de disposições de direito material, delegações meramente formais (formalgesetzliche Delegationen) para a edição de decretos modificadores de leis. A oposição, que ameaçava impugnar perante o Tribunal Constitucional austríaco, conseguiu, portanto, que na Lei Federal de 27 de novembro de 1922 (BGBl. nº 843), sobre as medidas a serem tomadas para a reconstrução do Estado e da economia nacional da República da Áustria (Lei da Reconstrução [Wiederaufbaugesetz]),[1188] na qual figurava como anexo o "Programa

---

li [225] Cf. p. 177. [N.T. Cf., acima, p. 223 e s.].

de Reforma e de Finanças com base na Convenção assinada em Genebra em 4 de outubro de 1922",[1189] fosse inserida a seguinte disposição: "por meio dos decretos emitidos com fundamento nesta lei (art. 18 da Constituição Federal) somente poderão dar execução às disposições de *direito material* contidas nesta lei".[1190] Na medida em que a lei continha apenas delegações meramente formais (formalrechtliche Delegationen), estas se tornaram destituídas de significado, pois não mais podem ser implementadas por decreto, [226] mas apenas por lei. Com isso, a lei de reconstrução, que foi aprovada como uma lei ordinária, ficou também assegurada do ponto de vista constitucional.

Agora, porém, fazia-se ainda mais necessária a concessão daquela autorização prevista no Protocolo III, ponto 3. Para obter a concordância da oposição, isto é, uma maioria de dois terços, em relação a essa autorização, recorreu-se ao seguinte expediente:

5. Pela Lei Constitucional Federal de 26 de novembro de 1922 (BGBl. nº 844), sobre o exercício dos poderes extraordinários conferidos ao Governo Federal nos termos do Protocolo nº III de Genebra, de 4 de outubro de 1922,[1191] instituiu-se, ["]pelo período até 31 de dezembro de 1924, sem prejuízo do âmbito de atuação constitucional e da responsabilidade constitucional exclusiva do Governo Federal, um '*Conselho de Gabinete Extraordinário*', que deverá tomar as *decisões governamentais* especiais indicadas nesta lei constitucional. O Conselho de Gabinete Extraordinário é composto pelo chanceler federal, pelo vice-chanceler e pelos demais ministros federais, bem como por vinte e seis '*conselheiros de Estado*'[1192] eleitos pelo Câmara dos Deputados segundo o princípio da representação proporcional["]. A eleição se dá conforme o sistema de lista fechada. Os não eleitos de cada lista são considerados suplentes, no entanto, somente em número dobrado ao de conselheiros efetivamente eleitos por essa lista. ["]Podem ser eleitos como conselheiros de Estado

apenas membros do Conselho Nacional ou do Conselho Federal[”].[1193] [“]Os conselheiros de Estado e seus suplentes mantêm a imunidade que lhes cabe como membros da Câmara dos Deputados ou do Conselho Federal durante todo o exercício de sua função[”],[1194] a qual se estende além do término da legislatura da Câmara dos Deputados, até a eleição de um novo conselho. [“]O cargo de conselheiro de Estado é um cargo honorífico e não remunerado[”].[1195] A presidência do “Conselho de Gabinete Extraordinário” cabe ao chanceler federal, sendo exercida pelo vice-chanceler na sua ausência, ou, na ausência deste, por um ministro federal designado pelo chanceler. O “Conselho de Gabinete Extraordinário” é convocado pelo chanceler federal. Suas decisões são tomadas por maioria absoluta dos votos dos *conselheiros de Estado* (os ministros *não* têm direito a voto!), sendo necessária a presença [227] de pelo menos metade dos *conselheiros de Estado* para que haja quórum para deliberação.

A competência do “Conselho de Gabinete Extraordinário” consiste em aprovar os decretos que não se configuram como simples execuções das normas materiais contidas na Lei de Reconstrução, mas que possuem, além disso, caráter *modificador de leis*, sendo a sua edição autorizada ao *Governo Federal* pela Lei Constitucional, desde que se trate de medidas para a execução do plano de reforma e finanças ou de modificações e complementações necessárias a esse plano; no entanto, tais decretos *não* podem alterar determinadas leis *constitucionais*, a saber: a Constituição Federal junto com as leis por ela qualificadas como constitucionais, a Lei de Transição Constitucional e a Lei Constitucional Financeira. Como tais decretos modificadores de leis são editados pelo Governo Federal, a decisão do “Conselho de Gabinete Extraordinário”, denominada “decisão governamental”, representa uma aprovação dos decretos do Governo Federal, visto que apenas a este cabe a iniciativa e ele, e não o “Conselho de Gabinete Extraordinário”, é a autoridade emissora do decreto, no próprio decreto deve constar referência à "decisão governamental" do "Conselho de Gabinete Extraordinário" (bem como à Constituição Federal, que delega competência para tais decretos).[1196] O "Conselho de Gabinete Extraordinário" funciona, portanto, como um substituto do Parlamento. No lugar da deliberação legislativa da maioria parlamentar, entra a aprovação de uma comissão eleita pelo Parlamento e composta de forma semelhante a ele. Desse modo, preservou-se a forma de outorga de poderes ao *governo* exigida pelo Protocolo nº III de Genebra,[1197] evitando-se, ao mesmo tempo, a *exclusão* completa *do Parlamento*, que era combatida pela oposição.

V. As Constituições estaduais

A Constituição dos estados federados estava, antes da promulgação da Constituição Federal, regulada, em linhas gerais, pelas disposições da lei estatal relativa à assunção [228] do poder estatal nos estados federados, de 14 de novembro de 1918, [lii,1198] e pela lei fundamental sobre a representação popular, de 14 de março de 1919. [liii,1199] Alguns estados federados chegaram a outorgar Constituições provisórias ou ao menos a regular por lei estadual certas matérias particularmente relevantes da Constituição estadual. No entanto, essa regulamentação coincidia, em geral – salvo certos excessos especialmente gritantes –, com a normatização prevista pelas leis estatais, que mantinham, sob alguns aspectos, a validade das antigas Constituições estaduais pré-republicanas, ou seja, as "ordenanças provinciais" de 1861.[1200]

Por meio da Constituição Federal, traçaram-se os princípios fundamentais da Constituição dos estados federados, ficando sua regulamentação mais detalhada a cargo de leis constitucionais

---

lii [228] Cf. p. 85. [N.T. Cf., acima, p. 124 e s.].

liii [228] Cf. pp. 121 e ss. [N.T. Cf., acima, pp. 162-170].

estaduais específicas. Estas, porém, ainda não foram promulgadas em todos os estados federados.[1201] Nos estados em que tais leis constitucionais estaduais ainda não existem, continua em vigor a situação descrita acima, mas com a ressalva de que as disposições da Constituição Federal sobre as Constituições estaduais[1202] – derrogando as normas anteriores – já entraram em vigor.

No detalhe, deve-se observar:

Burgenland

Por meio da Lei Constitucional Federal de 25 de janeiro de 1921 (BGBl. nº 85) sobre a posição do Burgenland como estado autônomo e com igualdade de direitos na federação, e sobre sua instituição provisória[1203] (promulgada com base no § 12 da Lei de Transição Constitucional),[1204] determinou-se que, até a nomeação do Governo Estadual pela Assembleia Estadual de Burgenland, a *federação* deveria exercer a totalidade da função executiva em Burgenland com a colaboração de representantes de confiança da população local, por intermédio de um funcionário federal nomeado pelo Governo Federal, em acordo com o Comitê Principal da Câmara dos Deputados, com o título de "Administrador Estadual para Burgenland". Ao Administrador Estadual para Burgenland foi atribuída, como órgão consultivo, a "Delegação Administrativa para Burgenland". [229] Ela é composta por doze membros e seis suplentes, eleitos pela Câmara dos Deputados a partir de uma lista unificada apresentada pelo Comitê Principal. Esta lista devia ser elaborada de forma que cada um dos partidos representados no Comitê Principal indicasse nominalmente quatro membros titulares e dois suplentes.

Por meio de decreto do Governo Federal de 22 de julho de 1921 (BGBl. nº 475), que estabeleceu disposições transitórias para Burgenland até a entrada em vigor definitiva da Constituição estadual (Decreto de Transição Constitucional),[1205] as disposições da *Constituição Federal* foram postas em vigor para Burgenland, embora não em sua totalidade, mas na medida em que fosse politicamente possível.

Por meio da Lei Constitucional Federal de 7 de abril de 1922 (BGBl. nº 202),[1206] foi promulgada, conforme o § 2º da Lei Constitucional Federal de 25 de janeiro de 1921 (BGBl. nº 85),[1207] uma ordem constitucional estadual provisória e um regulamento eleitoral provisório para Assembleia Estadual de Burgenland. Essa Constituição estadual provisória, elaborada no marco da Constituição Federal, segue de perto as disposições da própria Constituição Federal. A presidência da Assembleia Estadual, eleita por esta, é independente do Governo Estadual eleito pela Assembleia Estadual, à frente do qual está o governador do estado. As leis estaduais são promulgadas pelo presidente da Assembleia Estadual e contra-assinadas unicamente pelo governador do estado. A duração do mandato da primeiro Assembleia Estadual é de três anos.[1208] O Governo Estadual exerce a função executiva na esfera de atuação autônoma do estado com base em deliberação e decisão colegiada. O Gabinete do Governo Estadual está subordinado exclusivamente ao governador do estado.[1209] No entanto, este é obrigado, na esfera de atuação autônoma, a executar as decisões do Governo Estadual por meio do Gabinete e dos órgãos e repartições subordinados a esta.[1210]

A fiscalização de toda a gestão financeira do estado é confiada ao Tribunal de Contas em Viena.[1211] Trata-se do único [230] caso em que uma Constituição estadual – ainda que estabelecida por lei federal – fez uso da autorização conferida pela Constituição Federal.

Caríntia

A primeira Constituição estadual provisória da Caríntia consiste numa resolução da Assembleia Estadual Provisória de 11 de novembro de 1918,[1212] cujas disposições organizacionais receberam sua legitimação legal essencialmente por meio da Lei estatal de 14 de novembro de 1918 (StGBl. nº 24) relativa à assunção do poder estatal nos estados federados:[1213] a legislação estadual cabe à Assembleia Estadual Provisória, enquanto a função executiva, no que diz respeito à antiga esfera de atuação autônoma, é exercida pelo Conselho Estadual, eleito pela Assembleia Estadual e presidido pelo governador do estado (denominado, na Constituição provisória, "administrador estadual") e seus substitutos; quanto à antiga esfera de atuação senhorial do estado, esta é exercida pelo Governo Estadual, também eleito pela assembleia e composto pelo governador do estado e seus substitutos. Com a Lei de 21 de março de 1919, válida para o estado da Caríntia (LGBl. nº 20), sobre a convocação da Assembleia Constituinte Estadual,[1214] a Constituição estadual provisória foi modificada no sentido de separar as funções da presidência da Assembleia Estadual, ou mais especificamente da Assembleia Constituinte Estadual, que havia sucedido a Assembleia Provisória, das funções do governador do estado e de seus substitutos. Tal separação, no entanto, contrariava as disposições pertinentes das leis estatais. No mais, manteve-se a distinção entre Conselho Estadual e Governo Estadual.

Após a entrada em vigor da Constituição Federal, a Assembleia Estadual da Caríntia adotou uma resolução em 26 de novembro de 1920,[1215] na qual expressava protesto contra a formação da Constituição Federal, alegando que "uma Constituição Federal só pode ser criada mediante decisão convergente dos corpos representativos dos distintos estados [231] membros autônomos". Contudo, considerando a difícil situação do país, a Assembleia deu seu consentimento retroativo à Constituição Federal. A posição jurídica expressa nessa resolução da Assembleia Estadual, isto é, da Assembleia Estadual da Caríntia, contradiz abertamente a Constituição Federal, bem como a ordem constitucional estatal anterior a esta, sendo apenas uma consequência da já descrita fundação juridicamente equivocada da República da Áustria Alemã.

Até o momento, ainda não foi promulgada na Caríntia uma Constituição estadual com base na Constituição Federal. A Lei de 10 de março de 1921 (LGBl. nº 36) sobre a Assembleia Constituinte Estadual,[1216] limita-se a revogar a Lei de 21 de março de 1919

(LGBl. nº 20)[1217] e a estabelecer um novo regulamento eleitoral. Permanece, assim, o estado constitucional instituído pelas Leis de 14 de novembro de 1918, sobre a assunção do poder estatal nos estados federados, e de 14 de março de 1919, sobre a representação popular.[1218] A legislatura da Assembleia Constituinte Estadual tem duração de três anos.[1219] As leis estaduais são promulgadas pelo governador do estado, subscritas pelo diretor do Gabinete Estadual e publicadas pelo Governo Estadual no Diário Oficial do Estado.[1220] No que diz respeito à execução, aplicam-se as disposições da Constituição Federal.[1221]

Baixa Áustria

A Baixa Áustria só passou a ter uma Constituição estadual própria a partir da Constituição Federal. Até então, a Constituição estadual da Baixa Áustria era regida pelas disposições da Lei de 14 de novembro de 1918 sobre a assunção do poder estatal nos estados federados e da Lei de 14 de março de 1919 sobre a representação popular.[1222] Com base na Constituição Federal,[1223] foi inicialmente promulgada uma Constituição estadual conjunta pela Assembleia Estadual conjunta da Baixa Áustria (Lei de 28 de dezembro de 1920 sobre a Constituição estadual conjunta da Baixa Áustria),[1224] bem como uma Constituição estadual para [232] cada uma das duas partes de Viena (ou seja, a Constituição de 10 de novembro de 1920, Boletim Oficial de Viena, nº 1,[1225] e, para a Baixa Áustria, a Constituição de 30 de novembro de 1920, Boletim Oficial da Baixa Áustria nº 1).[1226] Após a separação completa das duas partes do território, realizada por meio de duas leis constitucionais convergentes de Viena e da Baixa Áustria, nos termos da Constituição Federal, foram então formados o estado autônomo de Viena e o estado autônomo da Baixa Áustria (sem Viena) (Leis constitucionais estaduais de 29 de dezembro de 1921, Boletim Oficial para a Baixa Áustria nº 346, Boletim Oficial para Viena nº 153).[1227] Após a expressa revogação da Constituição estadual conjunta por uma Lei da Assembleia Estadual conjunta de 29 de dezembro de 1921,[1228] as Constituições de ambos territórios

Viena e Baixa Áustria entraram em vigor como Constituições dos agora autônomos estados federados de Viena e da Baixa Áustria.

Conforme a Constituição estadual da Baixa Áustria, a Assembleia Estadual tem uma legislatura de cinco anos. A presidência da Assembleia Estadual é separada da função de governador do estado, as leis estaduais são promulgadas pelo presidente da Assembleia Estadual e contra-assinadas pelo governador do estado e por um membro competente do Governo Estadual.[1229] Para o controle financeiro, é instituída uma comissão de fiscalização financeira composta por seis membros e seis suplentes, eleita pela Assembleia Estadual a partir do seu meio segundo o sistema de eleição proporcional.[1230]

Alta Áustria

Assim como a Caríntia, a Alta Áustria ainda não adotou uma Constituição estadual com base na Constituição Federal. A Lei de 18 de março de 1919 (LGBl. nº 23), válida para o estado da Alta Áustria, que trata dos princípios fundamentais da representação estadual,[1231] contém de fato certas disposições sobre a Constituição estadual – que, em grande parte, contradiziam a Constituição estatal vigente à época;[liv] De resto, continuam em vigor atualmente na Alta Áustria, além das disposições da Constituição Federal, as [233] normas da Lei de 14 de novembro de 1918 sobre a assunção do poder estatal nos estados federados e da Lei de 14 de março de 1919 sobre a representação popular.[1232] A legislatura da Assembleia Estadual é de seis anos. A presidência da assembleia cabe ao governador do estado ou a seus substitutos.[1233] O governador e seus substitutos, juntamente com os demais membros eleitos pela Assembleia Estadual, formam o Governo Estadual.[1234] As leis estaduais são promulgadas pelo governador

liv [232] Cf. p. 129. [N.T. Cf., acima, p. 172 e s.].

do estado, no exercício da presidência da assembleia, e subscritas pelo diretor do Gabinete Estadual.[1235]

Salzburgo

Com base na Constituição estadual provisória de 19 de novembro de 1918 (LGBl. nº 59),[1236] foi promulgada – com fundamento na Constituição Federal – a Lei de 16 de fevereiro de 1921 (LGBl. nº 58), sobre a Constituição do Estado de Salzburgo (Lei Constitucional Estadual).[1237] Segundo essa lei, a legislação é atribuída à Assembleia Estadual, salvo previsão de legislação direta pelo povo. A legislatura da Assembleia Estadual tem duração de cinco anos.[1238] Inspirando-se na Constituição Federal, a Constituição estadual prevê: um referendo obrigatório em caso de alteração total da Constituição estadual, um referendo facultativo para alteração parcial da Constituição, desde que seja requerido por um terço dos membros da Assembleia Estadual, bem como um referendo legislativo facultativo geral, que pode ocorrer se a própria Assembleia Estadual assim decidir para uma determinada lei, ou se a maioria de seus membros assim o requerer, ou se ao menos 20.000 cidadãos com direito a voto em eleições e consultas populares o solicitarem no prazo de seis semanas após a publicação da lei. Toda proposta legislativa apresentada por pelo menos 20.000 cidadãos com direito a voto em eleições e consultas populares deve ser submetida pele Governo Estadual à Assembleia Estadual, na forma de um projeto de lei, para deliberação. De resto, para que uma lei estadual seja validamente aprovada, é necessário: além da deliberação e aprovação pela Assembleia Estadual, sua promulgação pelo presidente da Assembleia Estadual, a contra-assinatura do governador do estado e dos membros competentes do Governo [234] Estadual, e sua promulgação pelo governador do estado no Boletim Oficial do Estado.[1239] A fiscalização das contas públicas é atribuída a uma comissão de fiscalização financeira, composta por três membros e três suplentes, eleitos pela Assembleia Estadual dentre seus próprios membros.[1240]

Estíria

Com base na Constituição estadual provisória de 6 de novembro de 1918 (LGBl. nº 78),[1241] e naquela de 6 de dezembro de 1918 (LGBl. nº 50),[1242] foi promulgada, com fundamento na Constituição Federal, a Lei de 26 de novembro de 1920 (LGBl. nº 1), pela qual se estabelece uma Constituição estadual provisória para o estado da Estíria.[1243] A legislatura da Assembleia Estadual tem duração de três anos.[1244] As leis estaduais são promulgadas pelo governador do estado. ["]A promulgação deve ser contra-assinada por um membro do Governo Estadual["].[1245] As leis estaduais devem ser publicadas pelo governador do estado no Boletim Oficial do Estado.[1246] As funções de governador do estado e de presidente da Assembleia Estadual são separadas. Inspirando-se na Constituição Federal, a Constituição estadual da Estíria também instituiu um Comitê Principal da Assembleia Estadual. Compete a essa comissão, principalmente, apresentar a proposta de eleição do Governo Estadual. Ela também atua como comissão de controle financeiro.[1247]

Tirol

Antes da Constituição Federal, apenas a Lei de 14 de abril de 1919 (LGBl. nº 25), em vigor para o estado do Tirol, continha disposições constitucionais provisórias, relativas à convocação da Assembleia Constituinte Estadual.[1248] Com base na Constituição Federal, foi promulgada a Lei de 8 de novembro de 1921 (LGBl. nº 145), referente à Constituição estadual do Tirol (Landesordnung von Tirol).[1249] A legislatura da Assembleia Estadual tem duração de quatro anos.[1250] ["]A presidência Assembleia Estadual cabe ao governador dos estados e a seus dois vice-governadores, desde que sejam membros da Assembleia Estadual. Caso contrário, os presidentes[1251] são eleitos entre os membros da Assembleia Estadual por maioria simples [235] de votos[”].[1252] O governador do estado e o Governo Estadual são designados conforme as disposições da Constituição Federal.[1253] As leis estaduais devem ser promulgadas pelo governador do estado; não há previsão de contra-assinatura. A disposição segundo a qual a promulgação das leis estaduais deve obedecer[1254] às normas da Lei de 20 de janeiro de 1919 (LGBl. nº 1)[1255] é problemática. Afinal, estas disposições da lei – a assinatura pelo governador do estado ou seu vice, dois membros do governo e o diretor do Gabinete estadual – devem ser consideradas revogadas pelo art. 14, § 3º da Lei de 14 de março de 1919 (StGBl. nº 179) sobre a representação popular.[1256] De acordo com esse artigo, os atos legislativos da Assembleia Estadual devem ser promulgados pelo governador do estado com a sua assinatura e contra-assinados pelo diretor do Gabinete Estadual. Apesar disso, a prática no Tirol segue as disposições da Lei Estadual de 20 de janeiro de 1919 (LGBl. nº 1).

[“]Uma deliberação legislativa da Assembleia Estadual deve ser submetida a uma[1257] consulta popular antes de sua promulgação, se assim for decidido pela Assembleia Estadual[”].[1258] A alteração de certas disposições da Constituição estadual, relativas ao território do estado, à cidadania estadual, à capital do estado e à sede do Governo Estadual, à língua alemã como língua oficial do estado, ao brasão e às cores do estado, bem como à disposição segundo a qual a legislação cabe à Assembleia Estadual e a administração ao Governo Estadual, está sujeita a referendo obrigatório.[1259] A Constituição estadual do Tirol também prevê uma comissão de controle financeiro.[1260] [“]Cada partido com pelo menos três membros na Assembleia Estadual tem direito a indicar um membro titular e um[1261] suplente para essa comissão, escolhidos entre seus próprios integrantes[”].[1262]

Vorarlberg

A primeira Constituição estadual provisória foi adotada por Vorarlberg com a Lei de 14 de março de 1919 (LGBl. nº 22) sobre a Constituição de Vorarlberg.[1263] Essa Constituição continua em vigor na medida em que não tenha sido alterada pela Constituição Federal e esteja em conformidade com as disposições das leis estatais sobre Constituições estaduais anteriores à Constituição Federal. [236] A Assembleia Estadual tem uma legislatura de cinco anos. A presidência da Assembleia Estadual é exercida pelo governador do estado, ao qual, nessa qualidade de presidente da Assembleia Estadual, são atribuídos um segundo e um terceiro presidentes como substitutos.[1264] As leis estaduais são, conforme as disposições da lei sobre a representação popular de 14 de março de 1919,[1265] promulgadas pelo governador do estado e subscritas pelo diretor do Gabinete Estadual (Landesamtsdirektor).

["]Todas as leis que não são de natureza urgente estão sujeitas à votação popular, se 10.000 eleitores exigirem a[1266] votação dentro de 21 dias após a publicação da lei. A Assembleia Estadual tem o direito de submeter à consulta popular questões específicas[1267] que devam ser incluídas em uma lei a ser aprovada["].[1268] Um projeto de iniciativa popular deve ser apresentado por pelo menos 15.000 eleitores e deve ser submetido à consulta popular em qualquer caso. Um projeto de iniciativa popular para revogação ou modificação de uma lei só pode ser apresentado três anos após a entrada em vigor dessa lei.[1269] ["]A Assembleia Estadual tem o direito de, além das propostas oriundas do povo, apresentar simultaneamente propostas próprias para rejeitar a proposta ou para formular uma versão modificada desta["].[1270] A execução estadual segue as disposições da Constituição Federal.[1271] Até o momento, ainda não foi promulgada uma Constituição estadual definitiva com base na Constituição Federal.

Viena

Além do que já foi observado sobre a Constituição da Baixa Áustria,[1272] deve ser acrescentado aqui: de acordo com a Constituição estadual agora em vigor para Viena como estado independente – originalmente promulgada para a porção do estado chamada Viena – o conselho municipal de Viena é, ao mesmo tempo, a Assembleia Estadual, o prefeito é, ao mesmo tempo, o governador do estado e o chamado Senado da Cidade. eleito pelo conselho municipal e encarregado da administração do município, é, ao mesmo tempo, o Governo Estadual. A chamado magistratura (Magistrat), que atua como órgão executivo do município, é, ao mesmo [237] tempo, o Gabinete do Governo Estadual, e o diretor do Magistrado é, ao mesmo tempo, o diretor do Gabinete Estadual provincial.[1273] As leis estaduais são aprovadas pelo Conselho Municipal como o Assembleia Estadual, promulgadas pelo prefeito como o governador do estado, assinadas pelo diretor da Magistratura como o diretor do Gabinete Estadual e publicadas pelo prefeito como governador do estado no Boletim Oficial do Estado.[1274] Uma vez que, de acordo com as disposições da Constituição Federal, o prefeito, como governador do estado, não precisa ser membro da Assembleia Estadual[1275] e, portanto, do Conselho Municipal, ele pode ser eleito como presidente pelo Conselho Municipal – se for membro dele –, caso contrário, um presidente próprio deve ser nomeado para o Conselho Municipal. No Conselho Municipal como Assembleia Estadual, um órgão que não seja o prefeito como governador do estado e diferente dos membros do Senado Municipal, que é eleito entre os membros do Conselho Municipal, preside em todas as circunstâncias.[1276] De acordo com a Constituição Federal, o prefeito, como governador do estado, conduz os negócios da esfera de atuação delegada, enquanto os negócios da esfera de atuação autônoma do estado são conduzidos pelo Senado Municipal como o Governo do Estado.[1277] O Senado Municipal, tanto como órgão municipal quanto estadual, é presidido pelo prefeito ou, mais especificamente, pelo governador do estado.[1278] Para o controle das contas públicas, é competente um órgão de controle instituído independentemente da Magistratura, cujos funcionários são nomeados pelo Senado Municipal.[1279]

VI. O futuro da Constituição austríaca

A reconstrução necessária da Constituição austríaca, imposta pela revolução tanto externa quanto interna, ainda não se encontra completamente concluída: é certo que, com a Constituição Federal, todo o essencial foi colocado sob um teto. Mas ainda faltam muitos elementos para a efetiva implementação dessa lei fundamental, tanto no âmbito federal quanto no dos estados federados. Assim, no âmbito dos estados federados, estão pendentes algumas Constituições estaduais, no âmbito federal, uma lei constitucional sobre a educação, uma lei de organização administrativa e, sobretudo, uma nova codificação dos chamados direitos fundamentais e liberdades. Se se considera, entretanto, o que já foi realizado até aqui, há de se reconhecer que, em relativamente poucos anos, apesar de dificuldades políticas e econômicas extraordinárias, muito foi conquistado.

Tudo o que chegou a ser deseja, desenvolvendo-se em sua especificidade, continuar a existir. Especialmente um ordenamento jurídico, expressão de certo estado de equilíbrio das forças sociais, e, particularmente, uma Constituição tendem a permanecer. Já como ordenamento jurídico, como Constituição, um Estado, uma vez constituído, procura afirmar-se em sua singularidade. Esse instinto de autopreservação da forma jurídica transforma-se em fator autônomo, que passa a influenciar a direção do desenvolvimento político. E quem participou da construção laboriosa de tais formas jurídicas dificilmente deixará de desejar a conservação da obra, mesmo quando ela tenha sido uma construção imposta pela amarga necessidade – e que, em condições de liberdade, teria assumido outra configuração. *Entretanto*: mais forte do que tudo isso, mais forte do que o curso da história recente, que afronta toda razão e toda moralidade, e cujo produto é a atual Áustria, mais forte do que a própria Áustria é o seu desejo: dissolver-se na pátria alemã. Certamente, ainda há um abismo que nos separa desse objetivo; mas também sobre esse abismo conduz, ao lado da vontade persistente: *paciência*. "Paciência" – já clamava, em tempos mais felizes, desde a Suíça alemã, *Konrad Ferdinand Meyer*:[1280]

> Paciência – há de vir a hora exata,[1281]
> Em que uma só tenda será armada
> Sobre toda a terra alemã unida.
>
> – – – – – – –
>
> Paciência – o que amadurece devagar,
> Tardará a envelhecer na caminhada.
> Quando outros murcham, seremos *Estado*.[1282]

PÓSFACIO

DIREITO PÚBLICO AUSTRÍACO (1923) [LITERALMENTE:] UM ESBOÇO [AQUI] APRESENTADO EM PERSPECTIVA HISTÓRICO-EVOLUTIVA

O texto original que serve de base para esta edição e tradução é a monografia *Österreichisches Staatsrecht*[1] (doravante: *Esboço*) de Hans Kelsen (1881-1973), que foi publicada pela editora J. C. B. Mohr (Paul Siebeck) na Alemanha, em 1923. Em contraste com a fama que costuma recair sobre Kelsen – de ser alguém "cujo campo de reflexão preferencial" seriam os "fundamentos teóricos das formações jurídicas"[2] –, este é um texto escrito, antes de tudo, pelo juspublicista Hans Kelsen, de formação e convicção. Mais propriamente, como se verá adiante, trata-se do primeiro manual didático dedicado à Constituição Federal austríaca de 1920 (B-VG 1920),[3] que também é, a um só tempo, a primeira incursão de Kelsen no gênero dos manuais, bem como o primeiro manual oriundo do interior da Escola de Viena de Teoria do Direito.

Neste posfácio, proponho uma espécie de esboço sobre o *Esboço* de Kelsen, submetendo o livro ora traduzido a um exame de caráter histórico-evolutivo, que leva em conta sua gênese no contexto da trajetória de seu autor, no início da década de 1920, na pequena República Austríaca erguida sobre as ruínas do antigo Império Austro-Húngaro. O texto assume, assim, de forma bastante literal, as feições de uma apresentação histórico-evolutiva – isto é, de uma investigação genealógica e contextualizadora – da obra dedicada por Kelsen ao Direito Público austríaco. Parte, em primeiro lugar, daquilo que chamo de "constituição e transmissão do texto" (I), abordando aspectos como a editora responsável e a forma de estruturação do manual. Em seguida, passa a uma seção de “contextualização” (II), discutindo o processo de elaboração da obra a partir dos diferentes papéis profissionais desempenhados por Kelsen à época, e mostrando como determinadas circunstâncias sugeriram – ou mesmo impuseram – a decisão de lançar um livro didático, acompanhando tanto seu processo editorial quanto sua publicação final. O posfácio ainda inclui uma breve apreciação do percurso argumentativo do manual, destacando algumas de suas singularidades (III). Por fim, são ressaltados aspectos relativos à “ressonância e recepção” da obra (IV).

Este texto nasce da minha experiência de cerca de uma década como comentador das obras completas de Hans Kelsen (*Hans Kelsen Werke*: HKW),[4] publicadas sob a direção acadêmica de Matthias Jestaedt, a partir do Centro de Pesquisas Hans Kelsen, em Freiburg (Alemanha). Se, por um lado, o prefácio assinado por Clemens Jabloner[5] opta por uma contextualização macro do manual, situando seu conteúdo em relação a eventos da história política e jurídica da Áustria, este posfácio aposta numa abordagem de tipo micro: concentra-se nas interrelações entre biografia e bibliografia kelsenianas, bem como na concepção, elaboração e publicação do texto. Seu objetivo é, juntamente com a introdução de Jabloner, oferecer uma primeira orientação ao leitor de língua portuguesa diante de um Kelsen que, até aqui, permaneceu pouco acessível: um Hans Kelsen preocupado com problemas concretos de Direito Positivo e que banca a tarefa de (ajudar a) desenvolver uma dogmática para o então nascente Direito Público da jovem República da Áustria.

I. Constituição e transmissão do texto

1 "Uma editora à qual me sinto ligado sob todos os aspectos": a editora preferida de Hans Kelsen

A obra *Direito Público Austríaco* foi editada e publicada pela editora J. C. B. Mohr (Paul Siebeck), sediada em Tübingen, e impressa pela gráfica H. Laupp, cuja sede ficava na mesma cidade.

A editora Mohr era dirigida, à época, assim como a própria gráfica H. Laupp, pelos irmãos Oskar (1880-1936) e Werner Siebeck (1891-1934), os quais haviam assumido a condução dos negócios após a morte de seu pai, Paul Siebeck (1855-1920).[6]

Quando o *Esboço* foi publicado, a editora Mohr já havia se tornado, em perspectiva global, a "principal editora" das obras de Kelsen – posto este que somente pode ser disputado, se se considerarem os anos posteriores, pela editora Franz Deuticke, de Viena. O êxito editorial da Teoria Pura do Direito, bem como sua repercussão internacional já então prenunciada, eram e seriam tributários, em não pequena medida, da "compreensão" e da "atuação incentivadora" da família Siebeck.[7]

Depois de Kelsen já ter publicado pela editora Mohr quatro obras autônomas de Teoria do Direito – *Hauptprobleme der Staatsrechtslehre* (1911),[8] sua conferência "pioneira" *Über Grenzen zwischen juristischer und soziologischer Methode* (1911),[9] bem como os trabalhos *Das Problem der Souveränität* (1920)[10] e *Der soziologische und der juristische Staatsbegriff* (1922)[11] – e logo após seu "portfólio" nessa editora ter sido ampliado na direção da teoria política, já em 1920, com a publicação de *Vom Wesen und Wert der Demokratie*,[12] Kelsen ousou, com o *Esboço*, lançar-se à elaboração de um manual voltado para o Direito Positivo vigente, isto é, por assim dizer, arriscou-se no terreno da dogmática. Esta obra constitui não apenas a primeira incursão de Kelsen nesse gênero dos "manuais didáticos", mas também o primeiríssimo manual austríaco de Direito Constitucional da nova república.

Quase onze anos após o seu primeiro contato com Paul Siebeck, com o objetivo de encontrar uma editora para sua tese de habilitação,[13] Kelsen dirigia-se, em maio de 1922, novamente à editora Mohr com a proposta de reempacotar relatórios que vinha publicando, como correspondente austríaco, no *Jahrbuch des öffentlichen Rechts* sobre o Direito Constitucional da Áustria Alemã (*Deutschösterreich*).[14] Segundo essa proposta, tais textos seriam reunidos em uma monografia sob o título provisório de "Esboço sobre a Constituição austríaca apresentado conforme o seu desenvolvimento histórico".[15] Enquanto no final de agosto de 1910, o então jovem e, do ponto de vista acadêmico, anônimo Kelsen, com 28 anos, ainda precisava se apresentar à editora e convencê-la de seus méritos,[16] na primeira metade de 1922, a casa editorial Mohr teve poucas hesitações em assumir o compromisso de lançar mais um livro de autoria de Kelsen no mercado – ainda que a nova obra consistisse essencialmente numa reimpressão conjunta de trabalhos que já haviam sido publicados em um anuário vinculado à própria editora. Se, em 1910, os editores ainda precisavam perguntar quem era aquele tal de "doutor Hans Kelsen", que lhes escrevia da Marokkanergasse 20, em Viena, uma década depois, se perguntavam se, naquele momento, talvez já não tivessem Kelsen demais em seu catálogo.[17] Com o professor catedrático da Universidade de Viena[18] e "arquiteto" da Constituição Federal austríaca de 1920,[19] com quem já há anos haviam passado a se corresponder a partir de seu novo endereço na Wickenburggasse 23, no 8º distrito de Viena, Oskar e Werner Siebeck mantinham, naquele momento, uma relação de grande familiaridade. Quando, em 1922, surgiu a ideia de publicar o *Esboço*, Kelsen pensou imediatamente na editora Mohr, à qual se referiu, em carta, como uma "editora à qual me sinto ligado sob todos os aspectos".[20] E as reservas que os irmãos Siebeck eventualmente demonstrariam quanto à publicação dessa obra não diziam respeito a Kelsen em si, mas, sim, à viabilidade da sobrevivência do próprio objeto de seu novo trabalho – isto é, da Constituição Federal austríaca (ver abaixo II.1.b).

Pela editora J. C. B. Mohr (Paul Siebeck), renomeada como Mohr Siebeck a partir de 2003, foram publicadas, durante a vida de Kelsen – deixando-se de lado as reimpressões fotomecânicas (idênticas à primeira impressão, salvo eventualmente por um novo prefácio) –, nove de suas monografias, somando, ao todo, quase 2.100 páginas originais.[21] Mesmo desconsiderando as numerosas publicações não autônomas de Kelsen, veiculadas em outros produtos editoriais da casa Mohr, como o *Archiv für öffentliches Recht* (mais tarde: *Archiv des öffentlichen Rechts*), o *Jahrbuch für öffentliches Recht der Gegenwart*, o *Archiv für Sozialwissenschaft und Sozialpolitik*, a *Juristenzeitung* ou ainda o *Handbuch des Deutschen Staatsrechts*,[22] Kelsen não publicou em qualquer outra editora uma quantidade tão volumosa de páginas quanto nessa editora de Tübingen. Se se levam em conta também as obras do exílio a partir de 1933, pode-se dizer que apenas a editora Deuticke contribuiu em medida comparável para a divulgação e popularização dos escritos de Kelsen e de sua Escola de Viena.[23]

2 Estrutura do texto traduzido

A obra *Direito Público Austríaco* foi originalmente impressa com uma mancha tipográfica de aproximadamente 16,8 × 10,0 cm, em páginas com dimensões de 22,0 × 13,7 cm. O subtítulo – "Um esboço apresentado em perspectiva histórico-evolutiva" – revela o programa científico do trabalho: embora Kelsen combine, nesse escrito, uma abordagem histórica com uma abordagem sistemática, ele atribui, nitidamente, maior peso à história em detrimento do sistema.

O livro se inicia com um prefácio datado de janeiro de 1923 e assinado em Viena, com extensão de nem bem duas páginas, no qual Kelsen agradece expressamente a Ludwig Adamovich sênior (1890-1955) pela elaboração do índice remissivo. No mais, enfatiza a função da obra como ferramenta de apoio para ensino e aprendizagem, isto é, insiste no seu caráter de manual didático.[24] Ao prefácio se segue um índice, elaborado pelo próprio Kelsen. Prefácio e índice conformam os elementos paratextuais da obra, cujas páginas são numeradas com algarismos romanos (V-VIII).

A obra divide-se em duas partes: a primeira, mais curta, contém cerca de 158.500 caracteres (incluindo espaçamentos) e ocupa 73 páginas, sendo dedicada ao Direito Constitucional da monarquia;[25] a segunda parte, com pouco mais do dobro de extensão

– aproximadamente 350.960 caracteres (incluindo espaçamentos) e 165 páginas – trata do Direito Constitucional republicano em seu desenvolvimento histórico. No todo, o manual apresenta de modo plástico o Direito Constitucional vigente no começo dos anos 1920 como produto histórico dos desdobramentos políticos e jurídicos desde as últimas décadas da monarquia. A primeira parte está subdividida em três seções numeradas em algarismos romanos, que oferecem uma exposição histórica do Direito Constitucional desde a Revolução de Março de 1848 até a chamada Revolução de Novembro de 1918, combinada com uma análise estrutural dogmático-sistemática dos materiais jurídicos produzidos ao longo desse desenvolvimento. A segunda parte organiza-se em dois blocos ("A Constituição Provisória" e "A Constituição Federal"), os quais, por sua vez, estão subdivididos em seis seções cada um, também elas numeradas com algarismos romanos, como na primeira parte. Os dois blocos se dedicam, respectivamente, à curta e turbulenta fase entre a Revolução de Novembro de 1918 e o Tratado de Saint-Germain, de setembro de 1919, e ao período que vai da elaboração da Constituição Federal, a partir de meados de 1919, até os Protocolos de Genebra, de outubro de 1922; Kelsen ainda dedica atenção, finalmente, às Constituições estaduais até então já elaboradas. Todas as páginas apresentam um título de cabeçalho. Na página da frente (recto), o cabeçalho indica o título da parte do livro na qual o leitor se encontra (primeira ou segunda); já na página do verso, o cabeçalho traz o título da seção correspondente, isto é, daquele nível da estrutura do texto numerado em romanos.

A Constituição Federal de 1920, a cujo texto são dedicadas, com exclusividade, cerca de 61 páginas contendo, ao todo, 125.235 caracteres (inclusive espaçamentos), é apresentada de forma marcadamente dogmático-sistemática, ultrapassando assim o mero relato histórico-diacrônico:[26] esse trecho do manual guarda forte semelhança com a exposição correspondente nos comentários à Constituição Federal de "Kelsen/Froehlich/Merkl",[27] publicados em setembro de 1922. Considerando também as observações introdutórias de caráter histórico que antecedem a análise sistemática do texto constitucional, têm-se, ao todo, três seções (I-III), sendo a terceira dedicada propriamente ao documento constitucional e subdividida em oito ítens (A-H). Juntas, essas três seções perfazem cerca de 70 páginas impressas contendo 145.700 caracteres (inclusive espaçamentos), constituindo o núcleo central da segunda parte da obra.[28]

O *Esboço* encerra-se com uma projeção voltada para o futuro, seguida imediatamente por um índice remissivo de 28 páginas.[29] Não há tentativa de conclusão propriamente dita. A obra contém poucas referências bibliográficas: Kelsen menciona apenas três trabalhos da literatura jurídica – considerando-se, aqui, os cinco volumes de sua coletânea *Verfassungsgesetze der Republik (Deutsch-)Österreich*[30] como uma única obra. As notas de rodapé são utilizadas principalmente para remissões internas e, ocasionalmente, para explorar um pouco mais as fontes primárias tratadas no corpo do texto.

Outras variantes do texto – como o manuscrito completo, provas tipográficas, rascunhos ou excertos – não se encontram (mais) disponíveis. No entanto, o manuscrito de um relatório publicado por Kelsen no volume 11 (1922) do *Jahrbuch des öffentlichen Rechts* e posteriormente incorporado ao livro foi preservado, o que permite alguns insights sobre o processo de redação do trabalho.[31] A comparação com textos anteriores de Kelsen permite ainda identificar com precisão os blocos textuais a partir dos quais o *Esboço* foi construído.

3 Sistema de "blocos de construção"

De modo geral, pode-se caracterizar o modo de trabalho de Kelsen como uma espécie de "sistema de blocos de construção" ("*Baukastensystem*") – ou, se se quiser, como um tipo de "método Lego", baseado no uso reiterado de peças conceituais e textuais. Ao longo dos anos, Kelsen recorre a esse instrumental como recurso útil para a elaboração e redação de seus textos: linhas de pensamento anteriormente desenvolvidas, assim como trechos literais, reaparecem com frequência em obras posteriores, sendo reorganizados de forma diversa e adaptados a novos contextos. Conforme o círculo esperado de leitoras, o gênero da publicação ou a ênfase do texto, as peças são encaixadas de forma diversa, dispostas de maneira distinta de modo a possibilitar acréscimos e desenvolvimentos mais ou menos detalhados.

No caso de *Direito Público Austríaco* (doravante, apenas internamente a esta seção: *Esboço* (1923)), a situação é comparativamente simples, uma vez que Kelsen incorporou a este trabalho – em grande medida sem alterações – dois textos anteriores sobre a gênese e a sistemática da Constituição Federal austríaca, publicados respectivamente no volume 9 (1920) e no volume 11 (1922) do *Jahrbuch des öffentlichen Rechts* (JöR).[32] Um terceiro "bloco de construção" reutilizado se refere a um terceiro relatório escrito por Kelsen para o JöR,[33] que já estava substancialmente concluído no primeiro semestre de 1923,[34] mas que só foi publicado no ano de 1924.[35] Aqui, porém, há uma especificidade: a seção do relatório dedicada aos Protocolos de Genebra de 1922 fora originalmente redigida para o *Esboço* (1923) e só então, isto é, posteriormente, incorporada, sem alterações, ao terceiro relatório de Kelsen (os três textos do JöR serão, a seguir, referidos como *JöR 9* (1920), *JöR 11* (1922), *JöR 12* (1923/1924)). Ou seja, nesse caso, a direção de reutilização dessa parte do terceiro relatório é inversa a dos dois relatórios anteriores, que foram escritos originalmente para o JöR e reaproveitados no *Esboço* (1923).

Com toda propriedade, pode-se afirmar, portanto, que a segunda parte do *Esboço* (1923) constitui uma compilação conjunta dos três primeiros de um total de cinco relatórios que Kelsen veio a publicar no JöR;[36] redigidas *ex novo* para o *Esboço* (1923) foram, a rigor, "apenas" as 73 páginas da primeira parte, que têm um caráter predominantemente histórico.

Se reunirmos todos os blocos que Kelsen empregou na construção do *Esboço* (1923), obtém-se o seguinte quadro esquemático, que reconstrói o paralelismo de conteúdo entre essa obra e a série de relatórios publicada no JöR:

Tabela 1 – Comparação estrutural *Esboço* (1923) – *JöR 9* (1920), *JöR 11* (1922), *JöR 12* (1923/1924)

***Esboço* (1923)**	JöR
Erster Teil. Das Staatsrecht der österreichischen Monarchie (pp. 1-73)	Nenhuma correspondência
Zweiter Teil. Das Staatsrecht der österreichischen Republik	
[A.] Die provisorische Verfassung	***JöR 9* (1920)**
I. Die Revolution im November 1918 (pp. 74-82)	pp. 245-249 (I.)
II. Die Verfassung vom 30. Oktober 1918 (pp. 82-102)	pp. 249-260 (II.)
III. Die Verfassungsnovelle vom 19. Dezember 1918 (pp. 102-109)	pp. 260-264 (III.)
IV. Die konstituierende Nationalversammlung (pp. 109-116)	pp. 264-268 (IV.)

V. Die Verfassung vom 14. März 1919 (pp. 116-146)	pp. 268-286 – correspondência parcial (V.)
VI. Der Staatsvertrag von St. Germain vom 10. September 1919 (pp. 146-153)	pp. 286-290 – correspondência parcial (VI.)
[B.] Die Bundesverfassung	***JöR 11*** **(1922)**
I. Das Ende der konstituierenden Nationalversammlung (pp. 154-160)	pp. 232-235 (VII.)
II. Die Entstehung der Bundesverfassung (pp. 160-163)	pp. 236-237 (VIII.)
III. Das Bundes-Verfassungsgesetz (pp. 163-223)	pp. 237-268 (IX.)
	JöR 12 **(1923/1924)**
IV. Der Staatsvertrag von Genf vom 4. Oktober 1922 (pp. 223-227)	pp. 126-129
	JöR 11 **(1922)**
V. Die Landesverfassungen (pp. 227-237)	pp. 268-274 (X.)
VI. Die Zukunft der österreichischen Verfassung (pp. 237 e s.)	pp. 274 (XI.)

Ainda há que se notar o seguinte: em função das apropriações textuais originalmente feitas por Kelsen quando da elaboração de seu segundo relatório para o JöR, há identidade ou grande semelhança entre passagens do *Esboço* (1923) e passagens dos comentários à Constituição Federal publicados por Kelsen/Froehlich/Merkl[37] (doravante: *KFM* (1922)). São justamente aqueles trechos dos comentários que aparecem em *JöR 11* (1922), para cuja confecção Kelsen já havia recorrido às incursões sobre desenvolvimento e sistemática da Constituição Federal, bem como sobre as Constituições estaduais.[38] Em conformidade com os respectivos formatos das publicações, as passagens correspondentes em *KFM* (1922) são tendencialmente mais longas e detalhadas.

Tabela 2: Correspondência aproximada
Esboço (1923) – JöR 11 (1922) – KFM 1922

Esboço (1923)	JöR (1922)	KFM (1922)
I. Das Ende der konstituierenden Nationalversammlung (pp. 154-160)	VII. Das Ende der konstituierenden Nationalversammlung (pp. 232-235)	Die Entstehung der Bundesverfassung (pp. 53-54)
II. Die Entstehung der Bundesverfassung (pp. 160-163)	VIII. Die Entstehung der Bundesverfassung (pp. 236-237)	Die Entstehung der Bundesverfassung (pp. 54-62)

III. Das Bundes-Verfassungsgesetz (pp. 163-123)	IX. Die Bundesverfassung (pp. 137-268)	De "Zur allgemeinen Systematik" até "Zu Art. 99" (pp. 63-203) De "Zu Art. 101" até "Art. 152" (pp. 215-287)
V. Die Landesverfassungen (pp- 227-237)	X. Die Landeverfassungen (pp. 269-274)	Exkurs. Die Landesverfassungen (203-215)

II. Contextualização

1. Alguns dos vários papéis de Hans Kelsen

a) Kelsen como Consultor Constitucional

Kelsen acompanhou e vivenciou tanto o processo de ruptura institucional do antigo Estado austríaco(-alemão) em geral quanto, de forma particular, o desenvolvimento constitucional propriamente dito do novo Estado – e isso não apenas a partir da posição de um observador acadêmico. Ele participou – praticamente desde o primeiro dia –, como colaborador científico, isto é, consultor legislativo, da grande, multifacetada e multifásica obra constitucional do período fundacional da Primeira República da Áustria.[39]

Até 31 de outubro de 1918 – ou seja, até um dia após a deliberação da Assembleia Nacional Provisória que instituíra o novo Estado republicano[40] –, Kelsen esteve a serviço da Monarquia Austro-Húngara, exercendo derradeiramente o posto de chefe auditor (*Hauptmannauditor)*, como assessor do último ministro imperial da Guerra, o coronel-general Rudolf Stöger-Steiner (1861-1921). Nessa função, foi-lhe confiada "a tarefa de preparar as leis necessárias para a execução da separação dos exércitos, ponto que o imperador Carlos (Karl) havia concedido ao governo húngaro";[41] essa separação formal, no entanto, não chegou a ocorrer em virtude da dissolução da monarquia dual.[42] Ainda na última semana de outubro – provavelmente entre os dias 27 e 30 de outubro de 1918 –, Kelsen recebeu do último primeiro-ministro do Império, Heinrich Lammasch (1853-1920),[43] proposta para ocupar "um cargo elevado na presidência do Conselho de Ministros", a qual ele recusou.[44]

Poucos dias após Kelsen deixar o serviço no Ministério da Guerra, Karl Renner (1870-1950) o convidaria para atuar como consultor externo nos trabalhos constitucionais da Chancelaria de Estado. Já em 3 de novembro de 1918, a própria Chancelaria informava que "o professor Kelsen (...) auxiliaria o Dr. Renner nos trabalhos legislativos".[45] Em 7 de novembro de 1918, o Conselho de Estado, atendendo a um pedido de Renner, encarregou a Chancelaria de estabelecer o "Departamento II para o serviço de reforma constitucional (...), com a incorporação de funcionários do Império e a contratação de colaboradores científicos".[46] Já no dia seguinte, o conselheiro de Estado Stefan von Licht (1860-1932), que havia sido incumbido pelo Conselho de Estado de examinar, com vistas ao armistício de 3 de novembro de 1918, a situação do Estado da Áustria Alemã do ponto de vista do Direito Internacional, convocou uma reunião com experts nessa matéria. Participaram desse encontro, além de Kelsen, os professores vienenses Edmund Bernatzik (1854-1919) e Rudolf von Laun (1882-1975), o chefe de seção Barão Johann Andreas Eichhoff (1871-1963) e o conselheiro de seção Friedrich Hawelka (1875-1933).[47] No contexto dessa reunião, Kelsen apresentou um parecer juridicamente sensível sobre a posição internacional do novo Estado da Áustria Alemã, no qual fundamentava a tese da descontinuidade[48] desse Estado tanto em relação à Monarquia Austro-Húngara quanto em relação à Áustria no sentido de Cisleitânia.[49]

A colaboração de Kelsen com a Chancelaria de Estado foi posteriormente formalizada por meio de um contrato de trabalho datado de 25 de novembro de 1918. Por meio do contrato firmado com a Chancelaria de Estado da Áustria Alemã e assinado pelo chanceler de Estado, Kelsen foi colocado "à disposição do departamento legislativo a partir de 1º de novembro de 1918 e até nova ordem".[50] O ato organizacional que formalizou a criação do mencionado "departamento legislativo" foi a portaria do chanceler de Estado de 11 de dezembro de 1918, com a qual a Chancelaria de Estado instituiu um serviço legislativo composto por três (sub)departamentos. O campo de atuação do primeiro (sub)departamento, sob a direção do conselheiro de seção Georg Froehlich (1872–1939),[51] que havia ingressado na Chancelaria de Estado em 19 de novembro de 1918, abrangia "as questões da legislação constitucional" – a este (sub)departamento é que Kelsen seria integrado.[52]

Já em novembro de 1918, Kelsen estava envolvido na elaboração de dois projetos de lei que passariam a integrar o complexo corpo normativo então vigente, o qual funcionava como Constituição provisória da Áustria Alemã.[53] Ele redigiu dois projetos governamentais que tinham por finalidade adaptar às novas condições da república duas importantes instituições do sistema de proteção do Direito do antigo regime monárquico – o Tribunal Justiça do Impétio (*Reichsgericht*) e o Supremo Tribunal Administrativo (*Verwaltungsgericht*). O primeiro passaria a se chamar Tribunal Constitucional (*Verfassungsgerichtshof*) e seria encarregado tanto de proteger os direitos políticos garantidos constitucionalmente quanto de dirimir conflitos de competência; a fiscalização da constitucionalidade das leis, no entanto, ainda não estava prevista.[54] No início de 1919, Kelsen elaborou ainda outro parecer, dessa vez sobre a "posição dos estados federados na futura Constituição da Áustria Alemã", no qual já delineava os contornos da competência de um Tribunal

Constitucional incumbido de examinar a conformidade das leis e atos normativos com a Constituição Federal.[55]

Kelsen foi também designado por Karl Renner – e isso é, em retrospectiva, talvez o mais significativo – já em maio de 1919, para elaborar um projeto de Constituição, pouco antes de Renner partir como chefe da delegação austríaca às negociações de paz em Saint-Germain. Kelsen se dedicou a essa tarefa com o apoio da Chancelaria de Estado entre maio e novembro de 1919 – nesse período, foram elaborados pelo menos seis esboços de Constituição.[56] Para cumprir com a missão dada por Renner, Kelsen tomou como "diretriz" "preservar tudo o que fosse aproveitável da Constituição anterior, manter, tanto quanto possível, a continuidade das instituições jurídico-constitucionais, incorporar o princípio federal ao que já era existente e consolidado". Nesse processo, ele pretendia se deixar inspirar "pela Constituição suíça, mas ainda mais pela nova Constituição do Reich alemão".[57]

Kelsen passou, portanto, a exercer, paralelamente à sua posição de professor titular na Universidade de Viena (veja abaixo II.1.d), o cargo de consultor do serviço de legislação (constitucional) da Chancelaria de Estado da Áustria Alemã e – a partir de 21 de outubro de 1919 – da Chancelaria de Estado da Áustria. Essa relação de consultoria se estendeu inicialmente por cerca de dois anos, até 31 de julho de 1920. Em razão de sua eleição como diretor da Faculdade de Ciências Jurídicas e de Ciências do Estado da Universidade de Viena para o ano letivo de 1920/1921, em 12 de junho de 1920,[58] Kelsen solicitou exoneração do serviço da Chancelaria. Dois meses após essa exoneração, no entanto, ele retomaria suas atividades – agora no reestruturado serviço constitucional da Chancelaria Federal[59] – a pedido do novo chanceler Michael Mayr (1864-1922). Com base em contrato de 18 de novembro de 1920, com efeitos retroativos a 1º de outubro de 1920, Kelsen "colocou seus serviços à disposição da Chancelaria Federal no campo do Direito Público".[60] Cerca de um ano depois, contudo, Kelsen solicitaria novamente o encerramento de seu vínculo contratual com a Chancelaria, dessa vez com fundamento em sua eleição como relator permanente do Tribunal Constitucional (ver abaixo II.1.b); o então chanceler federal Johann Schober (1874-1932) atendeu a esse pedido por meio de ato com efeitos a partir de 31 de dezembro de 1921.

Assim, Kelsen esteve, no total, exatamente três anos a serviço da Chancelaria – inicialmente, do serviço legislativo da Chancelaria de Estado e, por fim, do serviço constitucional da Chancelaria Federal –, entre 1º de novembro de 1918 e 31 de dezembro de 1921, com uma interrupção de dois meses. Além disso, ele atuou nesse período, de julho a setembro de 1920, como especialista junto à Subcomissão da Comissão de Constituição (*Verfassungsunterausschuss*) da Assembleia Nacional Constituinte nas deliberações parlamentares decisivas sobre a B-VG de 1920;[61] ali, participou intensamente de discussões exaustivas quanto à redação de diversos dispositivos constitucionais, apresentando e defendendo esboços. Diante de tudo isso, não surpreende que Kelsen já naquela época fosse apontado pelo público como o "pai"[62] da Constituição – ainda que essa fórmula simplificadora não faça jus à complexidade do processo constituinte nem à multiplicidade de atores nele envolvidos.

Seja como for: em diferentes funções, Kelsen vivenciou, na condição de consultor constitucional, pessoalmente a dramaticidade do confronto político entre forças centralistas e federalistas,[63] que, em certos momentos, ameaçou o próprio processo de elaboração do documento constitucional e marcou a fundo o caráter da nova república federal austríaca. Ele participou de perto da exaustiva tarefa de construir um "teto"[64] comum à experiência constitucional de uma sociedade dividida. Posteriormente, como juiz constitucional, ainda contribuiria de maneira especial para a resolução judicial desses conflitos – e, com isso, para a conformação prática do Direito Constitucional austríaco (*law in action*), cujo desenho havia ajudado a planejar (*law in the books*).

b) Kelsen como Juiz Constitucional

O Tribunal Constitucional austríaco é mais antigo que a Constituição Federal de 1920: ele foi instituído, ainda com competências comparativamente limitadas, já pela Lei de 25 de janeiro de 1919, como sucessor do Tribunal de Justiça do Império (*Reichsgericht*).[65] O então (ainda) professor extraordinário Hans Kelsen,[66] que participara da elaboração dessa lei e também sugerira que a nova instituição se chamasse "*Verfassungsgericht*",[67] foi nomeado em 3 de maio de 1919,[68] por indicação pessoal de Karl Renner, como membro do tribunal que finalmente recebeu a designação de "*Verfassungsgerichtshof*" (VfGH). Kelsen sucedeu, na condição de juiz constitucional, seu falecido professor Edmund Bernatzik, a quem também sucederia, no mesmo ano, como professor catedrático da Universidade de Viena,[69] e, além disso, como editor da Revista Austríaca de Direito Público ("*Zeitschrift für öffentliches Recht*") e coordenador dos "*Wiener Staatswissenschaftliche Studien*".

Após a entrada em vigor da B-VG de 1920, realizou-se, em julho de 1921, uma nova escolha dos membros do Tribunal Constitucional. Nesse contexto, os partidos representados no Parlamento acordaram uma espécie de sistema proporcional, segundo o qual quatro dos membros seriam indicados pelos Cristão-Sociais, três pelos Social-Democratas e um pelos Nacional-Liberais (Grandes Alemães/Pangermanistas); outros quatro membros, entre os quais Kelsen, foram nomeados por consenso como personalidades politicamente neutras. Kelsen foi eleito juiz constitucional pela Câmara dos Deputados em 15 de julho de 1921.[70] Já em 18 de outubro de 1921, foi nomeado um dos três relatores permanentes do Tribunal Constitucional.[71] A seção da Constituição relativa à jurisdição constitucional – a chamada "*Hauptstück VI*" – seria posteriormente por ele designada, em 1947, como sua "obra mais pessoal".[72] Sua função como "arquiteto"[73] da Constituição Federal de 1920 acabou por lhe permitir que intervisse diretamente no desenho institucional do tribunal;[74]

também assim, a prática da jurisdição constitucional austríaca dos anos de 1920 deve muito a ele.

Kelsen manteve a posição de referente permanente até sua saída indesejada do tribunal em 1930. Até então, ele havia moldado como poucos a jurisprudência daquele que foi – juntamente com o Tribunal Constitucional da Tchecoslováquia[75] – o primeiro Tribunal Constitucional isolado e especializado[76] da história global. Desde o início, e com um entusiasmo crescente que pouco a pouco também se refletia em suas publicações, Kelsen enxergava o Tribunal Constitucional como o "guardião da Constituição".[77] Devido à sua atuação enérgica em prol do e no exercício das competências atribuídas ao VfGH pela Constituição, ele se tornou, durante a década de 1920, alvo frequente de ataques oriundos de distintos setores do espectro político que, em diferentes momentos, visavam à deslegitimação do tribunal. Em grande parte, foi por causa desses ataques reiterados que Kelsen se viu obrigado a deixar Viena em 1930: duramente atacado pela ala mais conservadora da sociedade, sobretudo por seu papel no polêmico conflito em torno das autorizações para um segundo casamento (o caso das "*Dispensehen*"),[78] num contexto de crescente violência política e antissemitismo, não lhe restou senão abandonar a capital e o país. Em 1930, ele aceita uma proposta da Universidade de Colônia, na Alemanha.

No final de 1929, a Constituição Federal de 1920 foi objeto de uma reforma fundamental. A emenda constitucional então levada a cabo, aprovada em 7 de dezembro de 1929 por todos os partidos representados na Câmara dos Deputados, viria a ter, sob o pretexto de "despolitização",[79] efeitos radicais sobre a organização do Tribunal Constitucional.[80] Este passaria a ser composto por um presidente e um vice-presidente, doze membros e um máximo de seis suplentes. O poder decisório do Parlamento na nomeação dos juízes constitucionais foi reduzido; o presidente, o vice-presidente, bem como seis membros titulares e três suplentes passaram a ser nomeados pelo presidente federal mediante proposta do Governo

Federal. Em contrapartida, seis membros titulares e três suplentes seriam nomeados pelo presidente federal com base em listas tríplices, sendo que três membros e dois suplentes seriam indicados pela Câmara dos Deputados, e outros três membros e um suplente, pelo Conselho Federal.[81] Essa completa reorganização do Tribunal Constitucional tornou inevitável sua reconstituição pessoal, o que afetaria diretamente a posição de Kelsen.

Segundo a proposta do governo para a emenda à Lei de Transição Constitucional de 1920 – a ser aprovada em 1929 paralelamente à reforma da Constituição Federal de 1920 –, a "função de todos os membros titulares e suplentes do Tribunal Constitucional cessaria em 31 de janeiro de 1930";[82] na versão final aprovada, essa data foi postergada para 15 de fevereiro de 1930.[83] Após a reforma constitucional, seguiu-se, nos dias 29 e 30 de janeiro de 1930, um novo acordo informal entre os partidos que, diante da nova situação constitucional, concedia aos social-democratas a possibilidade de indicar apenas um membro titular e um suplente para o tribunal por meio da Câmara dos Deputados, bem como outro membro titular por meio do Conselho Federal. Kelsen, que tinha afinidades e proximidade com a social-democracia austríaca, relata que o presidente do Partido Social-Democrata, Karl Seitz (1869–1950), lhe pedira, à época, que "assumisse o cargo de representante de confiança do partido no novo Tribunal Constitucional"; Kelsen teria recusado, invocando a necessidade de preservar sua independência partidária, até então imaculada.[84]

c) Kelsen como estudioso do Direito Constitucional

Kelsen soube tirar proveito da posição privilegiada de observador participante – ou seja, de um jurista ativamente envolvido tanto no processo constituinte quanto na jurisdição constitucional – para seus numerosos escritos voltados a problemas relacionados à estruturação da República Austríaca(-Alemã). Nisso, "[o] proverbial combatente do sincretismo metodológico sabia", naturalmente, "distinguir entre formulações e soluções de problemas políticos e jurídicos".[85] O ponto de vista desde o qual era articulada sua análise, assim como sua crítica político-constitucional aguçada – por vezes expressa no âmbito de contribuições dogmáticas marcadas pela sobriedade –, geralmente era assinalado de forma explícita, deixando poucas dúvidas sobre o caráter de lege lata ou de lege ferenda do discurso.

Com frequência, Kelsen também se valia da atenção midiática que se costuma a dedicar a uma figura do alto escalão da Chancelaria de Estado ou a um membro do Tribunal Constitucional, para, na condição de intelectual público, posicionar de modo estratégico e eficaz, por meio da imprensa, suas intervenções de caráter político-constitucional. Especialmente por meio de artigos nos jornalões da Primeira República, mas também por meio de cursos e palestras dedicados especificamente à nova Constituição Federal da Áustria em diferentes foros,[86] ele buscava alcançar círculos maiores da sociedade com suas ideias, promovendo uma melhor compreensão do Direito Constitucional e mesmo tentando contribuir, de alguma maneira, para a criação de um caldo cultural favorável à institucionalidade constitucional. Por vezes, Kelsen também recorria a publicações anônimas, para, por exemplo, demonstrar a existência de negligenciadas possibilidades de compromisso entre forças políticas antagônicas em meio a conflitos constitucionais sérios, intervindo, assim, em disputas altamente polarizadas.[87]

Quase um ano antes do lançamento do *Esboço* de *Direito Público Austríaco*, que chegaria ao mercado em 1923,[88] Kelsen já havia publicado, em coautoria com Georg Froehlich e Adolf Julius Merkl,[89] o primeiro comentário à Constituição Federal de 1920. Nesse período, ele também se dirigiu ocasionalmente à comunidade jurídica internacional com contribuições técnico-jurídicas, a fim de relatar em primeira mão sobre o estágio em que se encontrava o desenvolvimento constitucional na Áustria.[90] A experiência prática de Kelsen como consultor constitucional e juiz constitucional transparece com clareza nesses trabalhos de cunho dogmático.

O *Esboço* será, como ainda há de se ver abaixo, o primeiro manual didático dedicado à nova Constituição; nele, aparecem nas entrelinhas e, por vezes, mesmo de modo explícito, os diferentes papeis desempenhados pelo autor na maquinaria constitucional austríaca. Não em pouca medida foi justamente esse engajamento com a práxis constitucional que motivou a decisão de Kelsen de elaborar um texto-base para as suas aulas que pudesse, dentre outras coisas, dar conta de transmitir um pouco do saber de bastidores que havia acumulado.

d) Kelsen como docente universitário e figura central de um dos círculos de Viena

Desde sua habilitação em Viena, em 1911,[91] Kelsen conseguiu reunir em torno de si um impressionante círculo de "colaboradores acadêmicos e alunos".[92] No semestre de inverno de 1911/1912, ele passou, com nem bem 30 anos de idade, a lecionar como livre-docente na Faculdade de CIências Jurídicas do Estado da Universidade de Viena, oferecendo três cursos iniciais: uma disciplina de três horas-aula semanais sobre "Teoria Geral do Estado, com especial consideração da Sociologia", e dois cursos semanais de uma hora-aula cada, intitulados "Introdução à Metodologia da Ciência do Direito" e "O Compromisso Austro-Húngaro".[93]

Rapidamente, estudantes talentosos que frequentavam os primeiros cursos e aulas do jovem *Privatdozent* – como Adolf Julius Merkl e Alfred Verdross (1890-1980) –, colegas de instituições por onde Kelsen também circulava profissionalmente, como o Ministério da Guerra e o Museu do Comércio/Academia de Exportação, além de outros acadêmicos em estágio semelhante de carreira, passaram a integrar um seminário privado que, a partir do final de 1913, teria lugar regularmente uma vez por mês, aos domingos à tarde, na residência de Hans e Grete Kelsen,[94] na Wickenburggasse 23, em Viena. Desse grupo de pessoas originou-se a primeira geração do coletivo de pensamento da "Teoria Pura do Direito", mais tarde conhecido como "Escola Austríaca de Teoria do Direito".[95]

Principalmente durante os anos 1920, o prestígio de Kelsen – nomeado professor catedrático em 1919 – foi capaz de atrair também jovens juristas internacionais à Universidade de Viena;[96] eles vinham a Viena para buscar interlocução e orientação de Kelsen para trabalhos de doutorado e mesmo livre-docência. Alguns de seus alunos mais próximos chegaram a obter a habilitação sob sua orientação, tornando-se, eles também, (livre-)docentes naquela universidade. Reiteradas disputas científicas – tanto internas à escola (e que colocavam à prova a coesão do grupo em torno de Kelsen) quanto com interlocutores e críticos externos – contribuíram para a crescente visibilidade do círculo em torno de Kelsen.[97] De modo rasante, a Teoria Pura e seus adeptos mobilizaram a atenção do discurso acadêmico sobre o Direito na jovem República da Áustria e, partir daí, em toda a Europa Central. Quando Kelsen deixou Viena em 1930 rumo a Colônia (Alemanha), havia se formado ao seu redor um grupo de cerca de trinta homens e mulheres[98] – sendo que as mulheres só puderam estudar Direito a partir de 1919 –, dos quais mais ou menos uma dúzia compunha o núcleo duro daquela geração da Escola de Viena.

Convém ainda assinalar que foi justamente nos primeiros anos da Teoria Pura do Direito que os caminhos de Kelsen se cruzaram com os do jurista tchecoslovaco František (Franz) Weyr (1879-1951) – que viria a se tornar o principal nome da chamada Escola de Brno da Teoria Normativa. Com Weyr, Kelsen estabeleceu uma relação de amizade que se estendeu até o fim da vida daquele e que marcou os rumos das Escolas de Brno e Viena.[99] Weyr funcionava como uma espécie de profeta do programa da Teoria Pura, divulgando e dando visibilidade às obras de Kelsen e de seus alunos, mas também participando ativamente do desenvolvimento contínuo daquele programa de pesquisa.

De 1911 a 1930, Kelsen se beneficiou duplamente e de forma privilegiada da efervescência intelectual da Viena *au fin de siècle*:[100]

por um lado, desfrutava do prestígio de ser professor universitário na mais relevante faculdade de Direito do fim da monarquia e início da república, contando com uma estrutura institucional bem azeitada para o desenvolvimento de sua teoria e podendo, graças ao contato contínuo com estudantes altamente motivados de Direito e de Ciências do Estado, constantemente recrutar, quase que como um headhunter, novos interessados para sua causa "jusfilosófica"; por outro lado, ele mesmo frequentava diversos dos chamados círculos de Viena, isto é, daquelas formações vanguardistas que marcavam a cena científica, cultural e artística da cidade.[101] Esses círculos – muitas vezes sobrepostos entre si – extrapolavam o âmbito universitário e compunham um ambiente multidisciplinar extremamente criativo e heterogêneo; muitos deles dedicavam-se, em diferentes campos do conhecimento, à concretização do ideal da chamada modernidade científica.[102] Assim, por exemplo, Kelsen participava ocasionalmente das reuniões da Sociedade Psicanalítica de Viena, em torno de Sigmund Freud (1856-1939), bem como mantinha contato com outros círculos ligados à psicologia (aplicada), além de participar das atividades da Sociedade Friedjung, formada principalmente por historiadores. Ele ainda era bastante próximo de alguns círculos do austromarxismo, mantendo amizades e trocas intelectuais com Otto Bauer (1881-1938) e Max Adler (1973-1937).

Os cursos e as aulas de Kelsen – que, relembre-se, em 1919, foi nomeado membro e, em 1921, relator permanente do Tribunal Constitucional da Áustria[103] –, não raramente dedicados a problemas concretos do Direito Constitucional austríaco, passaram, ao longo dos anos, a ser extraordinariamente bem frequentados, sendo logo transferidos para auditórios maiores da faculdade. Os lugares para assistir ao juiz constitucional, cujo nome estava indissociavelmente conectado ao novo documento constitucional de 1920, eram bastante disputados.

A partir de sua nomeação como professor catedrático, em 1919, sua carga de aulas aumentou. Entre as disciplinas ministradas por Kelsen que guardam afinidade temática ao *Esboço*, a "Teoria

Geral do Estado" – por ele lecionada desde 1911 e oferecida em todos os semestres de inverno até 1929 – constituía uma constante. Tratava-se, em geral, de uma disciplina de três horas-aula semanais, por vezes combinada com exercícios (isto é, com uma espécie de discussão aprofundada de casos). A partir do semestre de verão de 1919, Kelsen passou também a ministrar o incontornável curso "Direito Público Geral e Austríaco", de cinco horas semanais, acompanhado de seminários introdutórios (*Proseminare*) e atividades obrigatórias. Seminários no campo da Teoria Geral do Estado e do Direito Constitucional passaram a ser organizados regularmente por Kelsen a partir do semestre de verão de 1920. O curso obrigatório "Teoria da Administração e Direito Administrativo Austríaco", de seis horas semanais, geralmente ministrado por Adolf Menzel (1857-1938), foi oferecido por Kelsen apenas nos semestres de verão de 1927 e 1928; Menzel havia sido docente de Kelsen e os dois mantinham relação respeitosa.

Durante os anos 1920, Kelsen passou a lecionar na faculdade de Direito regularmente ao lado de Merkl e Verdross, que haviam sido promovidos, respectivamente, a professor extraordinário e professor catedrático. Com frequência crescente, Kelsen se via, no exercício das funções de professor, rodeado por antigos alunos que haviam se tornado *Privatdozenten* e, assim, colegas de docência. O semestre de inverno de 1925/1926 é emblemático: além de Kelsen, constavam, então, no programa da Faculdade de Direito e de Ciências do Estado, os docentes Walter Henrich (1888-1985), Merkl, Felix Kaufmann (1895-1949), Fritz Schreier (1897-1981) e Verdross, todos eles habilitados sob a orientação de Kelsen e pertencentes ao núcleo de seu círculo. Desse modo, a Teoria Pura do Direito estava ali representada com um total de 33 horas semanais de aulas, totalizando 15 disciplinas nas quais as convicções teóricas da Escola de Viena eram propagadas em diferentes versões e interpretações.[104]

A Teoria Pura do Direito tornou-se, assim, rapidamente, a marca registrada da Faculdade de Direito de Viena. O fato de que cursos especificamente dedicados à Teoria Pura pudessem ser encontrados no catálogo de disciplinas oferece uma eloquente ilustração disso. Enquanto, por exemplo, no semestre de inverno de 1922/1923, Kelsen organizava um seminário sobre a teoria da ciência jurídica, Felix Kaufmann chegou a oferecer *exercícios de Teoria Pura do Direito* (!) para estudantes avançados.[105]

Em algum momento, algo deve ter ficado claro a Kelsen. A saber: que especialmente os alunos de suas disciplinas dedicadas ao Direito Público austríaco poderiam muito bem usar um manual didático que os guiasse pelos labirintos do Direito Positivo da nova república. Também assim, um despretensioso manual didático poderia ser um caminho promissor para difundir o credo da Teoria Pura mesmo entre aqueles alunos menos ou nada interessados em discussões de Teoria do Direito.

2. O insight de Kelsen: um manual didático

Já ao enviar o seu segundo relatório para o volume 11 (1922) do *Jahrbuch des öffentlichen Rechts* à editora Mohr, em maio de 1922, Kelsen apresentou a proposta de publicá-lo, juntamente com o primeiro relatório que já havia sido impresso no volume 9 (1920) daquele anuário, numa obra única sob o título "Esboço da Constituição austríaca, exposta segundo seu desenvolvimento histórico". Esta obra deveria se tornar – assim o plano – o primeiro manual a ser publicado sobre o novo Direito Constitucional Positivo austríaco:

> Permito-me, portanto, perguntar se o senhor estaria disposto a publicar ambos os relatórios, reunidos e enriquecidos com extensas notas, como uma obra autônoma sob o título acima mencionado. Observei que, até agora, ainda não existe um manual do novo Direito Constitucional austríaco e que a obra que um colega, segundo me consta, está preparando – um sistema mais abrangente – é tal que, independentemente de quando venha a ser

> publicada, o esboço conciso poderá muito bem coexistir ao seu lado.[106]

Inicialmente, a proposta de Kelsen enfrentou ceticismo por parte dos irmãos Siebeck. A ideia de publicar uma espécie de separata conjunta dos relatórios de Kelsen no JöR foi recebida pelos editores com duas reservas. A primeira dizia respeito à viabilidade da própria Constituição Federal austríaca de 1920 (B-VG 1920); a observação do panorama institucional os fazia imaginar que

> [a]s circunstâncias (...) não mudaram substancialmente apenas na Alemanha, mas também na Áustria de tal maneira em comparação com tempos anteriores, que se deve contar com alterações, maiores e menores, de forma significativamente mais frequente nas novas Constituições do que nas antigas.[107]

Em síntese, temia-se a rápida obsolescência do produto em função de constantes emendas ao documento constitucional, ou mesmo de sua total revogação. Como, em razão de sua participação na elaboração daquele documento constitucional, dificilmente haveria outra pessoa tão apta quanto Kelsen para avaliar as "possibilidades e perspectivas"108, da B-VG 1920, a editora solicitou abertamente seu juízo sincero. Além disso – e esta era a segunda reserva –, os editores mencionaram o momento da publicação da obra como um ponto crítico. Um pedido semelhante havia sido feito já em 1920 por Walter Jellinek (1885-1955), que pretendia publicar separadamente um relatório que havia elaborado para o JöR sobre o Direito Constitucional alemão.109 Nesse caso, a editora pedira paciência ao autor, a fim de que a separata pudesse guardar "uma distância temporal suficiente em relação à publicação do volume do anuário"; 110 uma distância razoável havia, então, sido estimada pelos editores como perfazendo cerca de dois anos.

Quanto à viabilidade vital da nova Constituição, Kelsen tranquilizou a editora ao assegurar que havia "politicamente apenas duas possibilidades que poderiam pôr em questão a existência da Áustria":[111] a "anexação ao Reich alemão ou a partilha entre os estados vizinhos".[112] Segundo sua avaliação, nenhuma das duas alternativas teria qualquer chance realista de se concretizar num futuro próximo. Há que se lembrar que a anexação havia sido proibida pelo Tratado de Saint-Germain;[113] também assim, não parecia haver risco de incorporação a qualquer um dos novos Estados surgidos após a Primeira Grande Guerra. Kelsen, ademais, considerava improvável que o Direito Constitucional austríaco fosse profundamente alterado, pois "com a Constituição Federal (...) havia-se alcançado o equilíbrio político interno". Além disso, uma "restauração monárquica (...) – para a Áustria isoladamente – não estava em pauta".[114]

Kelsen também respondeu à preocupação da editora quanto a um possível prejuízo para as vendas do JöR devido à (dupla) publicação (parcial) do *Esboço* que ora propunha, salientando que os públicos-alvo de ambos, isto é, do anuário e de um eventual manual didático, seriam bastante distintos:

> Os compradores da brochura seriam, em primeiro lugar, apenas os austríacos: estudantes das três faculdades de Direito (cerca de 4.000), estudantes de diversas instituições em que são ministradas disciplinas como educação cívica, Teoria do Direito etc. (escolas técnicas superiores de Viena, Graz e muitas outras); já o *Jahrbuch des öffentlichen Rechts* dificilmente seria uma opção para os leitores austríacos (...).[115]

Kelsen insistia ainda que, para o sucesso comercial na Áustria, seria muito importante que "o *Esboço* fosse publicado ainda antes do semestre de inverno de 1922[/1923]". [116] A ideia era que o manual fosse utilizado como livro-texto em diversos cursos universitários – não apenas nas suas próprias aulas, mas também nas de colegas como Adolf Menzel e Adolf Julius Merkl, com quem já havia conversado a respeito.[117]

Assim, o insight de Kelsen de publicar um manual didático de sua própria lavra é como que sugerido pelas circunstâncias: tendo participado intensamente do processo de elaboração do documento constitucional austríaco e já há anos encarregado de lecionar disciplinas dedicadas ao Direito Público da Áustria (seja durante a monarquia, o período de transição ou a nova república), Kelsen constata a existência de uma lacuna e, com isso, de uma oportunidade de mercado. Faltava ao Direito Constitucional Positivo da Primeira República da Áustria um manual. E não poderia haver maior apelo editorial do que o de um manual didático escrito por aquele que era percebido, na esfera pública, como o "pai" da Constituição Federal. Não bastasse, meio caminho já havia sido andado, na medida em que, na condição de correspondente austríaco do *Jahrbuch des öffentlichens Rechts*, àquela altura, Kelsen já havia publicado dois longos relatórios sobre os desdobramentos constitucionais austríacos. Também assim, na pior das hipóteses, um universo mínimo de compradores – senão de leitores – já parecia garantido: os estudantes de Direito Público da Universidade de Viena, que, não raro, assistiriam a cursos de Kelsen ou de seus alunos, agora docentes. Finalmente, o manual de Direito Público serviria à popularização do estilo de pensar o Direito da Teoria Pura.

3. Processo de elaboração do texto e negociações com a editora

A editora acabou se deixando convencer pelas considerações de Kelsen, assumindo, afinal, como própria a opinião de que "assim sendo, pode-se confiar que a Constituição Federal austríaca, tal como se apresenta atualmente, terá uma duração relativamente longa".[118] Restavam apenas as dúvidas quanto à distância temporal entre o volume do *Jahrbuch des Öffentlichen Rechts* em que os relatórios de Kelsen haviam sido publicados e o *Esboço*, que se valeria deles. Como agora havia interesse por parte da editora na publicação autônoma, Kelsen recebeu como resposta a esse problema que: "se buscou um caminho para atender ao seu desejo [de Kelsen]". Esse caminho consistia em "dissolver ao máximo a ligação com o *Jahrbuch* e, talvez, apenas mencionar brevemente no prefácio os relatórios já publicados no *Jahrbuch*".[119] Os editores consideravam essa solução recomendável também pelo fato de que Kelsen "provavelmente integraria de alguma forma os dois relatórios do *Jahrbuch* em um único texto".[120] Nessa ocasião, a editora manifestou ainda interesse em cortes no texto, a fim de anteder às expectativas de uma espécie de livro de bolso: "como seu livro será publicado como esboço (*Grundriss)*, ele não pode ser muito extenso".[121]

A resposta de Kelsen à sugestão da editora não foi preservada no arquivo, mas pode-se supor, a partir da correspondência remanescente, que ele tenha concordado prontamente. Assim, em 1º de julho de 1922, Kelsen dirigiu-se à editora para acelerar a publicação do seu *Esboço* e, além disso, solicitar as provas tipográficas do segundo relatório então prestes a ser publicado no volume 11 (1922) do JöR[122] – possivelmente porque precisava delas para retocar e encaminhar o manual. A editora respondeu de imediato: o atraso na entrega das provas devia-se ao fato de que "a gráfica esteve extremamente ocupada nas últimas semanas"[123] – o relatório de Kelsen para o JöR só seria publicado no final daquele ano. Nesse contexto, em função de atrasos mútuos, Kelsen acabaria por trabalhar nas provas do relatório e no *Esboço* em conjunto, encaminhando ambas as publicações quase que paralelamente, muito embora o texto do relatório estivesse pronto há mais tempo.

Os editores aproveitaram a ocasião para informar Kelsen de que, nesse ínterim, havia lhes chegado uma proposta de Rudolf Herrnritt (1865-1945) para publicar um "Esboço" dedicado ao Direito Administrativo austríaco também pela Mohr:

> Tomei a liberdade de compartilhar com ele suas propostas, pois ficaria muito satisfeito se ambos os esboços (*Grundrisse*) pudessem ser publicados simultaneamente, e se

> fossem harmonizados quanto à extensão e à estrutura do conteúdo. Além disso, certamente haverá áreas temáticas nas quais uma delimitação entre os dois esboços seria desejável. Ficaria extremamente contente se os dois esboços pudessem ser publicados sob uma perspectiva comum.[124]

As cobranças de Kelsen surtiram efeito em pouco tempo, pois a gráfica lhe enviou as provas tipográficas do relatório para o *Jahrbuch des öffentlichen Rechts* já nos dias 13 e 14 de julho de 1922. Kelsen confirmou o recebimento em carta de 18 de julho de 1922, na qual também comentou a proposta de Herrnritt. Como Herrnritt – com quem já havia conversado – só terminaria seu manuscrito no ano seguinte, uma publicação simultânea estaria fora de cogitação. Kelsen voltou a frisar "que seria de grande importância para a vendagem que o meu Esboço já estivesse no mercado no início do próximo semestre de inverno".[125] Na mesma carta, perguntou ainda sobre o formato do livro, sugerindo algo pequeno e prático, como o da *Kritik der neukantischen Rechtsphilosophie*,[126] de Erich Kaufmann (1880-1972), e solicitando a indicação das condições editoriais. Ao mesmo tempo, pediu o envio de uma cópia do volume 9 (1920) do JöR para o seu endereço de férias no Tirol, pois havia se esquecido de levar um exemplar avulso consigo. Kelsen precisava desse exemplar para poder trabalhar na finalização do *Esboço*. Isso indica que, até meados de julho de 1922, ele provavelmente ainda não havia se dedicado intensamente à elaboração final da obra.

Antes mesmo que as condições editoriais fossem definidas, a editora reclamou junto a Kelsen, em 23 de agosto de 1922, a devolução das provas corrigidas do relatório atual para o JöR, volume 11 (1922), pois, do contrário, a diagramação de todo o volume seria prejudicada[127] – Kelsen havia urgido o envio das provas para, então, terminar ficando na posse deles já por mais de um mês sem dar qualquer retorno aos editores. A questão da publicação simultânea dos manuais de Herrnritt e Kelsen foi resolvida no sentido de que a editora deixou de perseguir esse objetivo, considerando mais importante "que os dois compêndios sejam harmonizados quanto à composição tipográfica e que haja um entendimento mútuo (...) sobre a delimitação de determinadas matérias". Do ponto de vista da editora, "nada imped[iria] [a publicação] no início do semestre de inverno [de 1922/1923]",[128] desde que o original do *Esboço* fosse entregue a tempo.

Como honorário, a editora propôs inicialmente 10% do preço de capa do exemplar publicado em formato brochura, deixando em aberto se o pagamento ocorreria no momento da impressão, com base na tiragem e conforme o preço então vigente, ou anualmente conforme as vendas. Kelsen só declarou sua concordância com as condições editoriais propostas em carta manuscrita, redigida por sua esposa, Margarete, datada de 6 de setembro de 1922. Em anexo à carta, Kelsen enviava finalmente a primeira parte do "Manual (Lehrbuch) de Direito Público Austríaco", anunciando que ainda se seguiria uma segunda parte, composta essencialmente pelos relatórios que havia preparado para o JöR, com alguns acréscimos. Ele justificava o envio tardio do manuscrito ainda incompleto com uma convalescência inesperada e reiterava seu interesse em que o *Esboço* fosse publicado já no início do semestre de inverno.[129]

Em uma passagem algo enigmática dessa carta, Kelsen reafirma a continuidade da Áustria como Estado independente, com a qual buscava confirmar mais uma vez que a publicação de um manual de Direito Público austríaco "de modo algum representa[va] um risco":

> Caso as últimas notícias políticas tenham reforçado suas já anteriormente manifestadas dúvidas quanto à viabilidade da existência da Áustria, creio poder assegurar-lhe mais uma vez que – até onde consigo julgar a situação – a permanência dessa entidade estatal está assegurada por um dos fatores mais fortes que atuam na política: o ciúme de seus vizinhos. Somente uma guerra poderia colocar seriamente em questão a existência da Áustria, e não considero tal evento provável num futuro próximo.[130]

A editora mandou imprimir, conforme o contrato, 2.000 exemplares do *Esboço*; Kelsen receberia 25 exemplares gratuitos e 75 exemplares para resenha. Como honorário, foi finalmente acordado o pagamento de 10% do preço de capa da edição de formato brochura por cada exemplar vendido; esse valor deveria ser pago anualmente com base nas vendas, e os balanços deveriam ser apresentados pela editora até, no máximo, 1º de julho do ano seguinte.[131] Werner Siebeck mostrou-se incomodado com a designação "manual didático" (*Lehrbuch*) utilizada por Kelsen em sua carta de 6 de setembro de 1922, pois "em nossa correspondência anterior falava-se de um esboço (*Grundriss*) e não de um manual didático (*Lehrbuch*)".[132] O editor destacou essa observação levando em conta a extensão do manuscrito,

> pois a extensão, que calculei em cerca de 12 maços e ½ de folhas tipográficas,[133] corresponde muito mais a um esboço (*Grundriss*) do que a um manual (*Lehrbuch*), sem mencionar que a designação esboço (*Grundriss*) é de importância nada desprezível para impulsionar as vendas.[134]

Com uma carta sem data, que, no entanto, deve ter sido enviada antes de 16 de setembro de 1922, Kelsen remeteu o manuscrito do primeiro bloco da segunda parte, de modo que, em meados de setembro de 1922, já estavam disponíveis partes substanciais do manuscrito. A editora ainda teria de aguardar o segundo bloco da segunda parte; mesmo assim, Kelsen insistia para que a composição tipográfica começasse imediatamente, "para que o livro [pudesse] sair ainda no fim de outubro";[135] de todo modo, ele só poderia enviar a última parte do texto depois que tivesse em mãos a segunda prova tipográfica de seu relatório para o JöR, volume 11 (1922), o que, naquele momento, ainda não era o caso. Na resposta, a editora daria uma notícia pouco animadora:

> Mesmo que eu estivesse em condições de iniciar imediatamente a composição, o seu esboço (*Grundriss*) não poderia,

> nas atuais circunstâncias, ser publicado até o fim de outubro, pois a impressão de um livro de 12 maços, nas condições atuais, exige no mínimo um mês de trabalho.[136]

Somente em anexo a uma carta de 4 de outubro de 1922, Kelsen enviaria a última parte do manuscrito original para a composição e impressão do *Esboço*, parte esta que consistia essencialmente no relatório a ser publicado no volume 11 (1922) do JöR, com algumas alterações. Com a mesma correspondência, ele encaminhava também o contrato de publicação devidamente assinado. Nessa oportunidade, Kelsen expressou um desejo até então não comunicado: que a editora lhe pagasse "devido à constante desvalorização da moeda, um adiantamento correspondente por ocasião do lançamento do livro".[137] A editora respondeu observando

> que, no caso de um honorário percentual, a desvalorização da moeda já é levada em consideração, na medida em que o autor participa proporcionalmente de qualquer aumento do preço de venda que venha a ser necessário em razão dessa desvalorização.[138]

Por fim, os editores se declararam dispostos, em carta de 16 de fevereiro de 1923, a pagar antecipadamente a Kelsen "uma parte da tiragem (...), digamos talvez 200 exemplares, com base no preço de venda nacional vigente no momento do pagamento", de modo que o "honorário por esses 200 exemplares pagos antecipadamente (...) estaria totalmente quitado com esse adiantamento". "Dada a insignificância do valor", Kelsen acabaria por renunciar ao adiantamento, mas pediu que "a quantia de 150.000 coroas ou o valor correspondente em marcos fosse transferido como honorário pela elaboração do índice remissivo"[139] a Ludwig Adamovich.[140]

4. Correção, publicação, frustração

Cerca de um mês após o envio da última parte do manuscrito, já em novembro de 1922, a editora entrou em contato com Kelsen para solicitar um texto de autoapresentação do *Esboço* a ser incluído nos chamados "Cadernos Verdes" ("Grüne Hefte"), isto é, no catálogo com que a editora regularmente anunciava novas publicações.[141] Tudo já se encaminhava para a publicação do livro e a atenção da editora estava já voltada para o marketing. Contudo, pouco depois, Kelsen ainda tentaria realizar correções significativas nas provas tipográficas das páginas 49 e 58.[142] A essa altura, a consolidação da obra já havia avançado significativamente além da página 49, de modo que as alterações propostas dificilmente poderiam ser consideradas sem que disso resultasse impacto para as páginas que se seguiriam às correções pretendidas;[143] a editora pediu, então, encarecidamente que intervenções desse tipo fossem deixadas para uma eventual segunda edição.[144]

Kelsen declarou-se de acordo com a exclusão dessas correções, mas não se deu inteiramente por vencido. Na mesma ocasião, solicitou "fazer uma pequena adição – composta apenas de algumas palavras – à página 211 das provas tipográficas", pedindo ainda que a editora lhe enviasse "essa prova, juntamente com as correções feitas anteriormente, para uma nova revisão".[145] A editora atendeu prontamente ao novo pedido, já bem familiarizada com o autor prata da casa; essa, no entanto, não seria a última oportunidade de intervenção por parte do "minucioso" Hans Kelsen. Ao devolver a prova tipográfica corrigida da página 211, em 6 de dezembro de 1922, ele apresentou à editora o manuscrito de uma nova seção inteirinha a ser inserida na obra, isto é, numa obra que já estava quase completamente diagramada e vinha sendo gradualmente impressa:

> Em decorrência dos mais recentes acontecimentos na Áustria, que se seguem ao Tratado de Estado de Genebra, sou forçado a inserir uma nova seção entre a seção "III. A Constituição

> Federal" e a seção "IV. As Constituições estaduais", a qual intitulo: IV. O Tratado de Estado de Genebra de outubro de 1922. A seção "As Constituições estaduais" passará, portanto, a ter o número V, e o parágrafo final ("O futuro da Constituição austríaca"), o número VI.[146]

Em uma carta enviada no dia seguinte, Kelsen observou que havia se esquecido "de pedir que me fosse enviada, inicialmente, uma prova tipográfica ainda não diagramada dessa parte",[147] de modo que alterações mais significativas ainda fossem possíveis. Apesar de constantemente ter atribuído grande importância à publicação do *Esboço* o quanto antes – e de preferência já em outubro de 1922 –, Kelsen não conseguiu abrir mão de incluir na obra, ao final de dezembro de 1922, as modificações que agora julgava necessárias em função da superveniência dos Protocolos de Genebra.[148] Dada a relevância dessas novidades materiais no Direito Positivo, a editora aceitou o "manuscrito suplementar" sem maiores comentários, limitando-se a expressar laconicamente a esperança de que, dali em diante, a Áustria viesse a conhecer condições mais estáveis, "de modo que o seu *Esboço* não seja logo ultrapassado, nas suas diferentes partes, pela evolução dos acontecimentos".[149]

Em 30 de dezembro de 1922, a editora escreveu a Kelsen para lhe transmitir votos de feliz ano novo, expressando ao mesmo tempo sua satisfação pelo fato de que o *Esboço* seria finalmente publicado nos primeiros meses de 1923.[150] Em 3 de janeiro de 1923, a editora cobrou a devolução das provas revisadas, ressaltando que o envio tardio dessas provas contrariava o desejo de Kelsen de que a obra fosse publicada rapidamente.[151] Em 7 de janeiro de 1923, Kelsen enviou seus próprios votos de ano novo, remeteu à editora o índice remissivo elaborado por Adamovich, juntamente com o sumário e o prefácio, e solicitou o reenvio das provas tipográficas para que pudesse fazer novas correções (!) –solicitação esta acompanhado da promessa de devolvê-las sem demora. Como pós-escrito de sua carta, Kelsen apresentaria um último pedido:

> Se possível, peço ainda que sejam feitas as seguintes correções:
>
> p. 22: (no título:) "Constituição de Dezembro"[152] e Revolução de Novembro
>
> p. 64: (no título:) O controle jurídico etc. (em vez de controle jurídico etc.).[153]

Apesar da promessa de celeridade, a editora se viu ainda obrigada e enviar um novo lembrete a Kelsen em 17 de janeiro de 1923 – dessa vez, devido à pendência do envio do índice remissivo corrigido. O editor mencionava que ainda esperava "lançar o Esboço (*Grundriss*) em momento promissor durante o semestre de inverno".[154]

Por fim, o manual pôde ser adquirido nas livrarias a partir do início de fevereiro de 1923.[155] A pedido de Kelsen, exemplares da obra foram enviados a um total de dez colegas, entre eles cinco atuantes na Alemanha – Heinrich Triepel (1868-1946), Berlim; Gerhart Anschütz (1867-1948), Heidelberg; Fritz Stier-Somlo (1873-1932), Colônia; Walter Jellinek, Kiel; e Hans Nawiasky (1880-1961), Munique –, dois na Suíça – Walter Burckhard (1871-1939), Berna; e Fritz Fleiner (1867-1937), Zurique –, e três que, como ele, lecionavam na Áustria – Max Kulisch (1870-1946), Innsbruck; Karl Lamp (1866-1962), Innsbruck; e Max Layer (1866-1941), Graz. Os 15 exemplares gratuitos previstos contratualmente foram enviados a Kelsen em seu endereço em Viena.[156] Em abril de 1923, outro exemplar gratuito foi encaminhado pela editora a Ernst Schwind (1865-1932), em Viena.[157]

Após a publicação da obra, Kelsen não escondeu sua insatisfação com o baixo preço de mercado do livro[158] – algo que, por sua vez, a editora não deixou sem resposta. Assim, a relação entre as duas partes, que já se encontrava abalada pelo conflito entre Kelsen e Fritz Sander (1889-1939)[159] – ambos autores da casa – e logo passaria por tensões ainda maiores,[160] tornou-se um pouco mais complicada:

> Preocupa-me bastante sua objeção de que o preço de mercado do livro é muito baixo. Antigamente não era raro que autores se queixassem de que seus editores fixavam preços demasiadamente altos para suas obras. Isso sempre me pareceu compreensível, pois o autor tem, afinal, um interesse ideal de que seu livro seja amplamente difundido – o que exige um preço acessível.
>
> Isso, porém, mudou consideravelmente nos últimos anos. Desde que os autores passaram a receber seus honorários como percentuais sobre o preço de venda, parece que os interesses materiais dos autores passaram a conflitar com os ideais. (...) Para facilitar a adoção do seu livro entre os estudantes – que também na Áustria atravessam graves dificuldades financeiras –, fixou-se o preço de capa tão baixo quanto possível. E continuo convencido de que essa foi a decisão correta.[161]

Que o manual vendeu bem é algo que se pode depreender da primeira prestação de contas feita pela editora: até o final de agosto de 1923, cerca de sete meses após seu lançamento, já haviam sido vendidos mais de 600 exemplares – cerca 30% da tiragem total –, e uma nova edição, a ser publicada em breve, não parecia improvável. Apesar desse êxito, Kelsen mostrou-se frustrado:

> Diante desse fato, o senhor há de compreender que estou, de certo modo, desapontado com o sucesso material que esse livro me proporcionou. Recebo por 604 exemplares 763.378 marcos e 26,01 francos suíços. Dadas as condições atuais do marco, essa quantia equivale ao preço de uma passagem no bonde de Viena.[162]

A questão do preço do livro e do pagamento dos honorários voltou à tona em dezembro de 1923, por ocasião de novos acertos de contas. Ao saber que lhe cabiam 3.593.520 coroas pela venda de 713 exemplares até então, Kelsen avaliou que "materialmente (...) o resultado não foi exatamente brilhante" e pediu à editora que, para o futuro – já pensando na segunda edição de sua obra *Hauptprobleme*,[163] que, à época, estava sendo encaminhada e prestes a ser publicada –, o seu "percentual de lucro fosse pago antecipadamente a cada 500 exemplares".[164]

A resposta da editora foi a seguinte:

> Houve, de fato, certa desvalorização do montante que lhe era devido, conforme a prestação de contas referente ao primeiro semestre de 1923, também porque o senhor não dispôs imediatamente do crédito assim que recebeu nosso relatório.[165]

No entanto, a editora propôs pagar antecipadamente os honorários correspondentes aos exemplares restantes até completar a venda de mil unidades.

Por carta de 14 de janeiro de 1924, Kelsen aceitou as condições propostas.[166] Uma planilha de vendas datada de dezembro de 1924 revela, porém, que naquele ano foram vendidos apenas 133 exemplares, tendo havido uma grande desaceleração no interesse pelo manual – e, ao contrário do que se imaginava inicialmente, uma segunda edição da obra nunca chegou a ser publicada.[167]

III. Ducto da obra: o primeiro manual da Escola de Viena

O *Esboço* de Kelsen, tanto do ponto de vista dogmático quanto do ponto de vista histórico, oferece um panorama aprofundado do desenvolvimento constitucional da Áustria desde 1848: ele oferece, em especial, uma exposição densa da transição jurídica da Monarquia dos Habsburgos para a Primeira República nos anos de 1918 a 1920 – incrementada por elementos autobiográficos e informações de bastidores – e culmina numa espécie de comentário sumário da sistemática e do conteúdo da B-VG de 1920, cujo desenho fora projetado em grande medida por Kelsen e pelos técnicos do serviço legislativo/constitucional a Chancelaria Federal – a "casa de máquinas"[168] do processo constituinte austríaco.

Trata-se não apenas do primeiro manual didático de Direito Constitucional da Primeira República, mas também da primeira obra didática redigida no interior da Escola de Viena e na tradição da Teoria Pura do Direito.[169] Não estamos, é verdade, diante de um escrito programático, em que se anuncia uma nova leitura teórica da matéria de Direito Positivo abordada, mas antes de uma introdução histórica aparentemente convencional ao Direito Constitucional austríaco, acompanhada de uma análise estrutural sistemática das disposições da B-VG de 1920 – uma análise que, não obstante, deixa entrever, da forma quase desavisada, os influxos da Teoria Pura do Direito. Foi provavelmente por meio deste e outros trabalhos similares da Escola de Viena – muito mais do que por suas contribuições estritamente teóricas – que Kelsen acabou se tornando o "patriarca oficial da dogmática do Direito Constitucional austríaco".[170]

Embora tenha sido o primeiro manual de Direito Constitucional sob a vigência da B-VG de 1920, o *Esboço* de Kelsen não é exatamente uma obra revolucionária. Ainda assim, ele se diferencia claramente dos manuais tradicionais do gênero por pelo menos quatro características diretamente relacionadas à autoria de Kelsen.

Em primeiro lugar, o *Esboço* contém, como já mencionado, diversas passagens de caráter autobiográfico, nas quais Kelsen deixa transparecer sua vivência como participante direto do processo de elaboração constitucional na Áustria – tanto como especialista jurídico da Chancelaria Federal quanto como membro do Comissão de Constituição (*Verfassungsunterauschuss*) no Parlamento. Nessas passagens, ele revela, aqui e ali, verdadeiras "informações privilegiadas", isto é, enriquece o texto com acontecimentos de bastidores de outro modo inacessíveis.[171]

Em segundo lugar, e em estreita ligação com o ponto anterior, o *Esboço* oferece – justamente em virtude da atuação de Kelsen na então recente transformação constitucional – uma espécie de dogmática contextualizada *avant la lettre*,[172] tal como já se podia observar no comentário à Constituição comumente referido sob a alcunha de "Kelsen/Froehlich/Merkl".[173] Certas disposições constitucionais ganham um colorido especial quando se esclarecem as circunstâncias históricas que motivaram suas formulações; da mesma forma, a inserção do contexto histórico ajuda a tornar compreensíveis algumas lacunas ou silêncios do texto constitucional.[174]

Em terceiro lugar, Kelsen insere ocasionalmente observações de cunho ou técnico-legislativo – legispoiético,[175] como ele dizia – sobre determinadas disposições dos textos constitucionais que analisa, valendo-se por vezes de intuições de Teoria do Direito para esclarecer escolhas normativas bem ou malsucedidas.[176] Sempre com um olho atento aos eventuais ou prováveis problemas de implementação e decisão associados às diferentes formulações da moldura normativa, o manual se propunha a marcar pontos de discussão e possível reforma constitucional.

Em quarto lugar, o *Esboço* se articula como uma dogmática constitucional iluminada por uma perspectiva de Teoria do Direito e, nesse sentido, por ela desmistificada – no espírito da Teoria Pura do Direito. Trata-se de um trabalho acadêmico – segundo as pretensões de Kelsen: científico – que não teme a crítica ideológica e se recusa a reafirmar ou justificar o *common sense* dogmático do Direito. Como manual, a obra realiza, em chave didática, aquilo que Kelsen pretendia alcançar em termos teóricos – só que de forma menos polêmica do que nos textos mais abertamente "jusfilosóficos" da Escola de Viena. E, talvez por isso mesmo, de modo mais palatável aos leitores mais apegados às figuras e ao jargão típicos do dogmática convencional.

Isso talvez explique sua influência ainda maior na formação de gerações subsequentes: o *Esboço* ajudou a moldar aquele estilo de pensamento sóbrio e desmistificador que mais tarde se tornaria marca registrada da doutrina constitucional austríaca – o chamado *modus austriacus*,[177] que, por sua vez, é tributário, em alguma medida, da Teoria Pura do Direito. Essa teoria é como que injetada subcutaneamente, via *Esboço*, no corpus acadêmico do Direito Público, atuando abaixo da superfície, ao longo da exposição dogmática e histórica do manual. Além disso, tanto por seu projeto quanto por sua execução, o *Esboço* desmente a lenda de que Kelsen e a Escola de Viena teriam cultivado uma abordagem seca, a-histórica e puramente logicista do Direito. Pelo contrário: Kelsen apresenta uma Constituição ainda "em processo de desenvolvimento", que só poderia ser compreendida "dentro do contexto desse processo".[178]

O *Esboço* revela, além de um Kelsen publicista, preocupado com a reformulação dogmática dos problemas correntes do Direito Positivo, também um Kelsen historiador constitucional. Um Kelsen que pratica uma história jurídica que reconhece as circunstâncias que produzem e configuram as instituições e normas constitucionais, mas que não as reduz a mero resultado de processos políticos. Antes, Kelsen insiste na necessidade de se perceber a forma jurídico-constitucional como co-determinante, isto é, como fator ativo de conformação desses processos.

A sobriedade teórico-jurídica que caracteriza o *Esboço* – e que se deve, sem dúvida, também ao contexto em que a obra foi concebida e à sua vinculação à trajetória pessoal e profissional de Kelsen – não deve ser confundida com ausência de paixão.[179] Assim como já ocorria nos relatórios publicados no *Jahrbuch des öffentlichen Rechts* que serviram de base para a segunda parte do livro, Kelsen se revela aqui de forma particularmente marcante como um observador constitucional engajado – em alguns momentos entusiasmado, em outros visivelmente apreensivo. A defesa da anexação ao Reich alemão (*Anschluss*) e a expressão da esperança de que essa união entre o Estado alemão e o austríaco se concretize, com as quais ele – poeticamente, citando Conrad F. Meyer (1825–1898) – encerra o texto, são testemunhos eloquentes dessa postura.[180]

IV. Ressonância e recepção do manual

No início de 1923 – em plena inflação galopante dos anos 1920, na Alemanha – o *Esboço* podia ser adquirido por 5.600 marcos.[181] O manual de Kelsen não apenas contou inicialmente com boas vendas, como também encontrou ressonância e foi objeto de recepção na literatura especializada e entre colegas da área, o que se evidencia, dentre outros aspectos, pela expressiva quantidade de resenhas publicadas na época,[182] algumas das quais assinadas por membros da própria Escola de Viena.[183]

Considerando que a B-VG de 1920 – apesar de numerosas posteriores modificações – ainda constitui, mais de cem anos após sua promulgação, a base do Direito Constitucional austríaco atualmente válido, e que Kelsen é amplamente reconhecido como seu "arquiteto", aquele esboço inicial, que viria a ser o primeiro manual didático então dedicado ao novo documento constitucional, continua sendo consultado tanto na academia quanto na prática do Direito.[184] Assim, alguns ainda recorrem a essa obra – de modo semelhante ao que ocorre com o "Kelsen/Froehlich/Merkl", mesmo que talvez em menor escala – "não sem reverência, como a uma revelação, na esperança de que a partir dela a própria Constituição nos dirija a palavra".[185]

Sinal de sua relativa atualidade para o discurso sobre o Direito Constitucional austríaco são as reimpressões tardias do manual, já nas décadas de 1970 e 1980.

Reimpressões:

- *Österreichisches Staatsrecht.* Ein Grundriß entwicklungsgeschichtlich dargestellt. Reimpressão inalterada da edição de Tübingen, 1923. Aalen: Scientia, 1970.
- *Österreichisches Staatsrecht.* Ein Grundriß entwicklungsgeschichtlich dargestellt. 2ª reimpressão inalterada da edição de Tübingen, 1923. Aalen: Scientia, 1981.

Reimpressão parcial:

- "Die Entstehung der Republik Österreich und ihrer Verfassung". *In*: KLECATSKY, Hans R. (Coord.). *Die Republik Österreich*: Gestalt und Funktion ihrer Verfassung. Viena: Herder, 1968, pp. 9-74.

Por outro lado, quando se pensa globalmente, há que se notar que até hoje não existia qualquer tradução desta obra para qualquer idioma que seja – em parte por se tratar de um manual e, em parte, porque se trata, ao contrário dos escritos teóricos amplamente conhecidos e consumidos de Kelsen, de um livro de Direito Positivo e dogmática constitucional voltado ao Direito austríaco dos anos 1920, ancorado em suas especificidades. Esse destino contrasta fortemente com o das obras carros-chefe do programa de pesquisa da Escola de Viena – enquanto a primeira edição da *Reine Rechtslehre* (1934) conta com tradução para 15 idiomas, a segunda edição (1960) já foi traduzida para 17.

Kelsen costumava dizer que não se importava com as resenhas publicadas sobre seus livros. Muito mais relevantes, segundo ele, eram aquelas discretas notas de rodapé, quase imperceptíveis, por meio das quais os colegas demonstravam ter assimilado seus trabalhos – valendo-se de ideias e pesquisas uns dos outros para levar adiante a construção gradual do conhecimento.[186] A presente tradução de uma obra histórica e dogmática de Hans Kelsen – seu primeiro manual didático –, viabilizada pela Editora Contracorrente, oferece ao público brasileiro a oportunidade de entrar em contato com um Kelsen menos difundido. Não se trata aqui do autor dos grandes manifestos metodológicos, mas de um Kelsen que, com discrição, põe em prática sua proposta teórica-metodológica e nos lega um manual sóbrio redigido em tempos turbulentos que, em alguns momentos, pode servir de orientação acadêmica à medida que buscamos nossos próprios caminhos, sem nos desonerar da inescapável tarefa política de não apenas continuar construindo, por conta própria, um "teto"[187] comum para a experiência constitucional brasileira, mas também de preservá-lo naquilo que tem de fundamental – no contexto de seu próprio processo de transformação e desenvolvimento.

Colônia, junho de 2025

RODRIGO G. CADORE

Pesquisador e Docente (Lehrbeauftragter) na Faculdade de Direito da Universidade de Freiburg (Alemanha). Membro sênior do Centro de Pesquisas Hans Kelsen (Hans-Kelsen-Forschungsstelle) de Freiburg, onde atua como comentador das obras completas de Hans Kelsen (HKW). Atualmente, trabalha em tese de livre-docência a ser defendida na Faculdade de Direito da Universidade de Freiburg.

REFERÊNCIAS BIBLIOGRÁFICAS

Apresentação

BONIFÁCIO, Maria de Fátima. *A Monarquia Constitucional, 1807-1910*. Alfragide: D. Quixote, 2024.

DALY, Tom Gerald. *The Alchemists: Questioning our faith in courts as democracy-builders*. Cambridge: Cambridge University Press, 2017.

EISENMANN, Charles. *La justice constitutionnelle et la Haute Cour Constitutionnelle d'Autriche*. Paris: Librairie Générale de Droit et de Jurisprudence, 1928.

ERMACORA, Felix. *Quellen zum Österreichischen Verfassungsrecht (1920): Die Protokolle des Unterausschusses des Verfassungsausschusses samt Verfassungsentwürfen*. Viena: Berger, 1967.

FERREYRA, Raúl Gustavo. "Notas sobre a paz: propósito de um constitucionalismo cidadão". Trad. Ben-Hur Rava. *Revista Estudos Institucionais*, vol. 3, n. 2. 2017.

HÄBERLE, Peter. *Sobre el principio de la paz: la "cultura de la paz" el tópico de la teoria constitucional universal*. Buenos Aires: Ediar, 2021.

JABLONER, Clemens. "Verfassungsentwicklung und Verfassungsvoraussetzungen". In: EBERHARD, Harald *et al.* (Coord.). *100 Jahre Republik Österreich: Kontinuität – Brüche – Kompromisse*. Viena: Verlag Österreich, 2021.

KAISER, Gloria. *Dona Leopoldina: uma Habsburgo no trono brasileiro*. Trad. Christiane Rupp. Curitiba: Ed. Reler, 2008.

KISSINGER, Henry. *A World Restored: Metternich, Castlereagh, and the Problems of Peace, 1812-22*. Londres: Pickle Partners Publishing, 2017.

KRMAC, Dean. "Il censimento asburgico del 1857: criteri, metodi e risultati della prima rilevazione moderna di portata europea". *Popolazione e Storia*, vol. 9, n. 2, 2008.

MARCIC, René. *Verfassungsgerichtsbarkeit und Reine Rechtslehre*. Viena: Franz Deuticke, 1966.

MENCK, José Theodoro Mascarenhas. *D. Leopoldina, Imperatriz e Maria do Brasil*. 3ª ed. Brasília: Câmara dos Deputados, 2022.

MENDES, Gilmar Ferreira. *Jurisdição constitucional da liberdade para a liberdade*. Avaré: Contracorrente, 2025.

MOZZARELLI, Cesare. "Sovrano, aristocrazia e amministrazione: un profilo costituzionale". *In*: SCHIERA, Perangelo (Coord.). *La dinamica statale austriaca nel XVIII e XIX secolo. Strutture e tendenze di storia costituzionale prima e dopo Maria Teresa*. Bolonha: Il Mulino, 1987.

NORTON, Luiz. *A Côrte de Portugal no Brasil (notas, alguns documentos diplomáticos e cartas da Imperatriz Leopoldina)*. São Paulo: Companhia Editora Nacional, 1938.

ÖHLINGER, Theo. "The Genesis of the Austrian Model of Constitutional Review of Legislation". *Ratio Juris*, vol. 16, n. 2, 2003.

OLECHOWSKI, Thomas. "Die Anfänge der europäischen Verfassungsgerichtsbarkeit". *Díké – A Márkus Dezső Összehasonlító Jogtörténeti Kutatócsoport folyóirata*, vol. 4, n. 1, 2020.

______. "Kelsen als Pazifist". *In*: ALIPRANTIS, Nikitas; OLECHOWSKI, Thomas (Coord.). *Hans Kelsen: Die Aktualität eines grossen Rechtswissenschafters und Soziologen des 20. Jahrhunderts*. Viena: Manz Verlag, 2014.

PEYROU-PISTOULEY, Sylvie. *La Cour Constitutionnelle et le contrôle de la constitutionnalité des lois en Autriche*. Paris: Economica, 1993.

RAMIREZ, Ezekiel Stanley. *As relações entre a Áustria e o Brasil 1815-1889*. Trad. Américo Jacobina Lacombe. São Paulo: Companhia Editora Nacional, 1968.

STOURZH, Gerald. "The Multinational Empire Revisited: Reflections on Late Imperial Austria". *In*: ______. *From Vienna to Chicago and Back. Essays on Intellectual History and Political Thought in Europe and America*. Chicago: The University of Chicago Press, 2007.

WEBER, Regina. "Do Império à cidade multiétnica: austríacos no sul do Brasil". *Revista Brasileira de Estudos Populacionais*, vol. 38, 2021.

WIEDERIN, Ewald. "Denken vom Recht her. Über den modus austriacus in der Staatsrechtslehre". *In*: FIELITZ-SCHULZE, Helmut (Coord.). *Staatsrechtslehre als Wissenschaft*. Berlim: Duncker & Humblot, 2007.

ZUMBINI, Angela Ferrari. "Judicial review of administrative action in the Austro-Hungarian Empire. The formative Years (1890-1910)". *Italian Journal of Public Law*, vol. 10, nº 1, 2018.

Não sem paixão: Direito Público Austríaco de Kelsen

ADAMOVICH jun. *Grundriß des österreichischen Staatsrechtes (Verfassungs- und Verwaltungsrechtes)*. Viena: Druck und Verlag der Österreichischen Staatsdruckerei, 1927.

______. "Durch Verdrängung löst man keine Probleme. Recht, Gesetz – und die Erfahrungen von 1938". *In*: CHORHERR, Thomas (Coord.). *1938 – Anatomie eines Jahres*. Viena: Ueberreuter, 1987.

______. *Österreichisches Verfassungsrecht*. Viena/Leipzig: Hölder-Pichler-Tempsky, 1923.

ADAMOVICH sen., Ludwig; SPANNER, Hans; ADAMOVICH jun., Ludwig. *Handbuch des österreichischen Verfassungsrechts*. 6ª ed. Viena/Nova York: Springer, 1971.

ALBRICH, Thomas. "Vom Antijudaismus zum Antisemitismus in Österreich: Von den Anfängen bis Ende der 1920er Jahre". *In*: ENDERLE-BURCEL, Gertrude; REITER-ZATLOUKAL, Ilse (Coord.). *Antisemitismus in Österreich 1933-1938*. Viena/Colônia/Weimar: Böhlau, 2018.

BAUER, Otto. *Die österreichische Revolution*. Viena: Wiener Volksbuchhandlung, 1923.

BELLEN, Alexander van der. "Über die Schönheit unserer Bundesverfassung. Die Bundesverfassung bildet die 'Magna Charta' unseres Landes". *In*: HILPOLD, Peter; MATZKA, Manfred; HÄMMERLE,

Walter (Coord.). *100 Jahre Verfassung. 77 Stimmen zum Jubiläum des österreichischen Bundes-Verfassungsgesetzes [B-VG]. Ein Lesebuch*. Viena: Facultas, 2020.

BELLER, Steven. *Vienna and the Jews 1867-1938*: A Cultural History. Cambridge: Cambridge University Press, 1989.

BERCHTOLD, Klaus. *Verfassungsgeschichte der Republik Österreich*. vol. 1: 1918-1933. Fünfzehn Jahre Verfassungskampf. Viena/Nova York: Springer, 1998.

BRAUNEDER, Wilhelm. *Deutsch-Österreich 1918*: Die Republik entsteht. Viena/Munique: Amalthea, 2000.

BRUCKMÜLLER, Ernst. "Die Entwicklung des Österreichbewusstseins". *In*: KRIECHBAUMER, Robert (Coord.). *Österreichische Nationalgeschichte nach 1945*. Der Spiegel der Erinnerung: Die Sicht von Innen. vol. 1. Viena/Colônia/Weimar: Böhlau, 1998.

ENDERLE-BURCEL, Gertrude; HAAS, Hanns; MÄHNER, Peter; REISNER, Clemens (Coord.). *Der österreichische Staatsrat*: Protokolle des Vollzugsausschusses, des Staatsrates und des Geschäftsführenden Staatsratsdirektoriums. 21. Oktober 1918 bis 14. März 1919. vol. 1: 21. Oktober 1918 bis 14. November 1918. Viena: Verlag Österreich, Verlag der Österreichischen Akademie der Wissenschaften, 2008.

FELLNER, Fritz. "Der Vertrag von St. Germain". *In*: WEINZIERL, Erika; SKALNIK, Kurt (Coord.). *Österreich 1918-1938*: Geschichte der Ersten Republik. vol. 1. Graz/Viena/Colônia: Styria, 1983.

FRISCH, Hans von. *Lehrbuch des österreichischen Verfassungsrechtes*. Mit einem Anhang: Wortlaut des österreichischen Bundesverfassungsgesetzes. Viena/Berlim: Springer, 1932.

GOLDINGER, Walter; BINDER, Dieter A. *Geschichte der Republik Österreich 1918-1938*. Viena/Munique: Verlag für Geschichte und Politik, 1992.

HANISCH, Ernst. *Der lange Schatten des Staates*: Österreichische Gesellschaftsgeschichte im 20. Jahrhundert. Viena: Ueberreuter, 1994.

HÄUSLER, Wolfgang. *Ideen können nicht erschossen werden*: Revolution und Demokratie in Österreich 1789 – 1848 – 1918. Viena/Graz/Klagenfurt: Molden Verlag, in der Verlagsgruppe Styria, 2017.

JABLONER, Clemens. "Einige Austriaca der Reinen Rechtslehre". *In*: JABLONER, Clemens *et al.* (Coord.). *Scharfsinn im Recht*: Liber

Amicorum Michael Thaler zum 70. Geburtstag. Viena: Jan Sramek Verlag KG, 2019.

JUDSON, Peter M. *The Habsburg Empire*: A New History. Cambridge/Londres: Belknap Press, 2016.

KELSEN, Hans. "Verteidigung der Demokratie". *Blätter der Staatspartei* 2, 1932.

______. "Vom Wesen und Werte der Demokratie: Vortrag vor der Wiener Juristischen Gesellschaft am 5. November 1919". *Gerichtshalle* 63 [1919].

______. *Das Problem der Souveränität und die Theorie des Völkerrechts*: Beitrag zu einer reinen Rechtslehre. Tübingen: J. C. B. Mohr, 1920.

______. *Die Verfassungsgesetze der Republik Deutschösterreich*: Mit einer historischen Übersicht und kritischen Erläuterungen. Parte 1. Viena/Leipzig: Franz Deuticke, 1919.

______. *Österreichisches Staatsrecht*. Ein Grundriß entwicklungsgeschichtlich dargestellt. Tübingen: J. C. B. Mohr, 1923.

KELSEN, Hans; FROEHLICH, Georg; MERKL, Adolf Julius. *Die Verfassungsgesetze der Republik Österreich*: Mit historischen Einleitungen und kritischen Erläuterungen. Parte 5: Die Bundesverfassung vom 1. Oktober 1920. Viena/Leipzig: Franz Deuticke, 1922.

LÉVI-STRAUSS, Claude. *Das wilde Denken*. Frankfurt: Suhrkamp, 1968.

LICHTBLAU, Albert. "Integration, Vernichtungsversuch und Neubeginn – Österreichisch-jüdische Geschichte 1848 bis zur Gegenwart". *In*: BRUGGER, Eveline *et al.* (Coord.). *Geschichte der Juden in Österreich*. Viena: Ueberreuter, 2006.

MAMATEY, Victor S. "Die Errichtung der Republik". *In*: MAMATEY, Victor S.; LUŽA, Radomír (Coord.). *Geschichte der Tschechoslowakischen Republik 1918-1948*. Viena/Colônia/Graz: Böhlau, 1980.

MERKL, Adolf Julius. Die Lehre von der Rechtskraft, entwickelt aus dem Rechtsbegriff. Eine rechtstheoretische Untersuchung. Leipzig/Viena: F. Deuticke, 1923.

______. *Die Verfassung der Republik Deutschösterreich*. Ein kritisch-systematischer Grundriß. Viena/Leipzig: F. Deuticke, 1919.

MEYER, Conrad Ferdinand. "Deutsche Libertät". in: Huttens letzte Tage. Eine Dichtung [1872]. *In*: ZELLER, Hans; ZÄCH, Alfred (Coord.).

Conrad Ferdinand Meyer Sämtliche Werke. vol. 8: Huttens letzte Tage: eine Dichtung. Berna: Benteli, 1970.

NASKO, Siegfried. *Karl Renner*: Zu Unrecht umstritten? Eine Wahrheitssuche. Salzburg/Viena: Residenz, 2016.

OLECHOWSKI, Thomas. "Das 'Anschlußverbot' im Vertrag von Saint Germain". *In*: ZIEGERHOFER, Anita (Coord.). *Eine Friedensordnung für Europa?* Der Vertrag von St. Germain im Kontext der Pariser Vororte-Verträge. Göttingen: V&R unipress, 2019.

______. *Der österreichische Verwaltungsgerichtshof*: Geschichte der Verwaltungsgerichtsbarkeit in Österreich – das Palais der ehemaligen Böhmisch-Österreichischen Hofkanzlei, Viena: Verlag Österreich, 2001.

______. *Hans Kelsen*: Biographie eines Rechtswissenschaftlers. 2ª ed. Tübingen: Mohr Siebeck, 2021.

OLECHOWSKI, Thomas; RATHMANNER, Laura. "Kommentar zur Präambel". *In*: KALB, Herbert; OLECHOWSKI, Thomas; ZIEGERHOFER, Anita (Coord.). *Der Vertrag von St. Germain*: Kommentar. Viena: Manz, 2021.

PERNTHALER, Peter. "Der österreichische Bundesstaat im Spannungsfeld von Föderalismus und formalem Rechtspositivismus". *Österreichische Zeitschrift für Öffentliches Recht* 19, 1969.

______. *Die Staatsgründungsakte der österreichischen Bundesländer*: Eine staatsrechtliche Untersuchung über die Entstehung des Bundesstaates. Viena: W. Braunmüller, 1979.

RAUCHENSTEINER, Manfried. *Der Erste Weltkrieg und das Ende der Habsburgermonarchie 1914-1918*. Viena/Colônia/Weimar: Böhlau, 2013.

SCHÄFFER, Hein. "Merkls Darstellung und Kritik des B-VG 1920 und seiner Entwicklung". *In*: WALTER, Robert (Coord.). *Adolf J. Merkl*: Werk und Wirksamkeit. Ergebnisse eines internationalen Symposions in Wien (22.-23. März 1990). Viena: Manz, 1990.

SCHMETTERER, Christoph. "'Geheiligt, unverletzlich und unverantwortlich'. Die persönliche Rechtsstellung des Kaisers von Österreich im Konstitutionalismus". *Journal on European History of Law* 1, Heft 2, 2010.

______. "Das kaiserliche Erbe im B-VG". *Zeitschrift für Öffentliches Recht* 75, 2020.

SCHMID, Sebastian. "Die Entstehung der Republik aus der Sicht der Länder". *In*: JABLONER, Clemens; OLECHOWSKI, Thomas; ZELENY, Klaus (Coord.). *Die Verfassungsentwicklung 1918-1920 und Hans Kelsen*. Viena: Manz'sche Verlags- und Universitätsbuchhandlung, 2020.

STADLER, Karl R. *Hypothek auf die Zukunft*: Die Entstehung der österreichischen Republik 1918–1921. Viena/Frankfurt/Zurique: Europa Verlag, 1968.

WALTER, Robert. "Einführung: Die Entstehung des Bundes-Verfassungsgesetzes 1920 und seine Kommentierung". *In*: KELSEN, Hans; FROEHLICH, Georg; MERKL, Adolf Julius. *Die Verfassungsgesetze der Republik Österreich*. Mit historischen Einleitungen und kritischen Erläuterungen. Parte 5: Die Bundesverfassung vom 1. Oktober 1920. Viena/Leipzig: Franz Deuticke, 1922.

______. *Österreichisches Bundesverfassungsrecht*: System. Viena: Manz, 1972.

WIEDERIN, Ewald. "In aller Nüchternheit: Österreichs erster Verfassungskommentar" em *HKW* 8, pp. 27-37.

WISTRICH, Robert S. *Die Juden Wiens im Zeitalter Kaiser Franz Josephs*. Viena/Colônia/Weimar: Böhlau, 1999.

Direito Público Austríaco (Kelsen)

Além das obras citadas pelo próprio Kelsen, aqui se oferece apenas uma seleção, não exaustiva, das obras de apoio utilizadas na confecção das notas do tradutor [N.T.].

AUSTRIA STATISTISCHE ZENTRALKOMMISSION. *Die Wahlen für die Konstituierende Nationalversammlung*. vol. 1: Vorläufige statistische Ergebnisse. Viena: Staatsdruckerei, 1919.

BERNATZIK, Edmund (Coord.). *Die österreichischen Verfassungsgesetze mit Erläuterungen*. 2ª ed. Viena: Manz, 1911.*

______. *Rechtsprechung und materielle Rechtskraft*. Viena: Manz'sche k. k. Hof-Verlags und Universitätsbuchhandlung 1886.

______. *Republik und Monarchie*. Freiburg i. Br.: J.C.B. Mohr (Paul Siebeck), 1892.

ERMACORA, Felix (Coord.). *Materialien zur österreichischen Bundesverfassung*. vol. 1: Die Länderkonferenzen 1919/20 und die Verfassungsfrage. Viena: W. Braumüller, 1989.

HERRENLEBEN, Sebastian Gottlieb (Coord.). *Sammlung Oesterreichischer Gesetze und Ordnungen, Wie solche von Zeit zu Zeit vergangen und publiciret worden, So viele deren über die in Parte I & II Codicis Austriaci eingedruckten bis auf das Jahr 1720 weiter aufbringen waren*. Leipzig: Eisfeld, 1748.

KADEČKA, Ferdinand; SUCHOMEL, Hugo (Coord.). *Sammlung der von der Provisorischen Nationalversammlung für den Staat Deutschösterreich erlassenen Gesetze und der im Staatsgesetzblatt kundgemachten Beschlüsse der Nationalversammlung*. Viena: Tempsky, 1919.

KAMMERHOFER, Leopold. *Niederösterreich zwischen den Kriegen*: Wirtschaftliche, politische, soziale und kulturelle Entwicklung von 1918 bis 1938. Baden: Grasl, 1987.

KELSEN, Hans. "Das Proportional(wahl)system". *Der österreichische Volkswirt* 11 (1918/1919).

KELSEN, Hans. "Die Verfassungsnovelle". *Neue Freie Presse*, nº 19513, 20 dez. 1918.

KELSEN, Hans. "Reichsgesetz und Landesgesetz nach österreichischer Verfassung". *Archiv des öffentlichen Rechts* 32, 1914.

______. *Die Verfassungsgesetze der Republik Deutschösterreich*: Mit einer historischen Übersicht und kritischen Erläuterungen. Parte 1. Viena/Leipzig: Franz Deuticke, 1919.*

______. *Die Verfassungsgesetze der Republik Deutschösterreich*: Mit einer historischen Übersicht und kritischen Erläuterungen. Parte 2: Wahlordnung, Verfassungsnovelle. Viena/Leipzig: Franz Deuticke, 1919.*

______. *Die Verfassungsgesetze der Republik Deutschösterreich*: Mit einer historischen Übersicht und kritischen Erläuterungen. Parte 3. Viena/Leipzig: Franz Deuticke, 1919.*

______. *Die Verfassungsgesetze der Republik Österreich*: Mit einer historischen Übersicht und kritischen Erläuterungen. Parte 4. Viena/Leipzig: Franz Deuticke, 1920.*

KELSEN, Hans; FROEHLICH, Georg; MERKL, Adolf Julius. *Die Verfassungsgesetze der Republik Österreich*: Mit historischen Einleitungen und kritischen Erläuterungen. Parte 5: Die Bundesverfassung vom 1. Oktober 1920. Viena/Leipzig: Franz Deuticke, 1922.*

KLETEČKA, Thomas; SCHMIED-KOWARZIK, Anatol. "Einleitung". *In*: _____ (Coord.). *Die Protokolle des österreichischen Ministerrates 1848-1867*. II. Abteilung. Das Ministerium Schwarzenberg. vol. 3: 1. Mai 1850-30. September 1850. Viena: [s.n.], 2006, pp. IX-XXIX (XI)

LAMMASCH, Heinrich. *Die Lehre von der Schiedsgerichtsbarkeit in ihrem ganzen Umfange*. Stuttgart: W. Kohlhammer, 1913.

_____. *Grundriß des österreichischen Strafrechts*. Leipzig: Duncker & Humblot, 1899.

_____. *Auslieferungspflicht und Asylrecht*. Leipzig: Duncker & Humblot, 1887.

MERKL, Adolf Julius. *Escritos de Teoria do Direito*. Trad. Matheus Pelegrino da Silva. São Leopoldo: Unisinos, 2018.

_____. "Prolegomena einer Theorie des rechtlichen Stufenbaus". *In*: VERDROSS, Alfred (Coord.). *Gesellschaft, Staat und Recht*: Untersuchungen zur reinen Rechtslehre. Festschrift für Hans Kelsen zum 50. Geburtstag. Viena: Julius Springer, 1931.

_____. *Die Lehre von der Rechtskraft entwickelt aus dem Rechtsbegriff*. Leipzig/Viena: Deuticke, 1923.

_____. *Die Verfassung der Republik Deutschösterreich*. Ein kritisch-systematischer Grundriß. Viena/Leipzig: F. Deuticke, 1919.*

_____. "Die Rechtseinheit des österreichischen Staates: Eine staatsrechtliche Untersuchung auf Grund der Lehre von der lex posterior". *Archiv des öffentlichen Rechts*, vol. 37, 1918.

_____. "Das doppelte Rechtsantlitz: Eine Betrachtung aus der Erkenntnistheorie des Rechtes". *Juristische Blätter*, vol. 47, 1918.

_____. "Das Recht im Lichte seiner Anwendung". *Deutsche Richterzeitung*, vol. 8, 1916; vol. 9, 1917 (partes 2-4); vol. 11, 1919 (parte 5).

NAUMANN, Friedrich. "Das Kulturwahlrecht". *Süddeutsche Monatshefte* 5, vol. 1, 1908.

NEISSER, Karl; NEISSER, Otto (Coord.). *Die Geschäfstordnung des Abgeordnetenhauses des Reichsrates*: Ihre Geschichte und ihre praktische Handhabung von 1861 bis 1909. vol. 1: Geschichte und Materialen. Viena/Leipzig: [s.n.], 1909.

ROSSEAU, Jean-Jacques. *Du contrat social; ou Principes du droit politiques*. Amsterdã: [s.n.], 1762.

SPRINGER, Anton (Coord.). *Protokolle des Verfassungs-Ausschusses im Oesterreichischen Reichstage 1848-1849*. Leipzig: S. Hirzel, 1885.

STATISTISCHE ZENTRALKOMMISSION (Coord.). *Statistik der Nationalratswahlen des Jahres 1920*. vol. 1: Hauptergebnisse. Viena: Österreichische Staatsdruckerei, 1921.

STAUDIGL-CIECHOWICZ, Kamila. "Das Propinationsrecht und seine Aufhebung in Galizien". *BRGÖ*, 2023.

WITTMAYER, Leo. *Österreichisches Verfassungsrecht*. Berlim: Springer, 1923.

Zeitschrift für öffentliches Recht 1 (1919/1920).*

Zeitschrift für öffentliches Recht 2 (1921).*

Zeitschrift für öffentliches Recht 3 (1922/1923).*

Zeitschrift für öffentliches Recht 53 (1920).*

Zeitschrift für öffentliches Recht 54 (1921).*

Zeitschrift für öffentliches Recht 55 (1922).*

Zeitschrift für öffentliches Recht 56 (1923).*

Pósfacio

ADLER, Franz. "Literatur und Gesetzesausgaben zum neuen österreichischen und tschechoslowakischen Verfassungsrecht". *Zeitschrift für Völkerrecht* 12, 1923.

AICHLREITER, Josef W. "Artikel 139 B-VG". *In*: KNEIHS, Benjamin; LIENBACHER, Georg (Coord.). *Rill-Schäffer-Kommentar Bundesverfassungsrecht*. Viena: Verlag Österreich, 2004.

BERNATZIK, Edmund (Coord.). *Die österreichischen Verfassungsgesetze mit Erläuterungen*. 2ª ed. Viena: Manz, 1911.

CADORE, Rodrigo. "A Teoria Pura do Direito como produto da Escola Jurídica de Viena". *In*: SÓLON, Ari Marcelo *et al*. (Coord.). *Múltiplos olhares sobre o Direito*: homenagem aos 80 anos do Professor Emérito Celso Lafer. vol. 1. São Paulo: Quartier Latin, 2022.

______. "Editorischer Bericht 'Die Verfassung Österreichs – Teil 3 (1923/1924)" em *HKW* 9, pp. 525-545.

______. "Editorischer Bericht 'Die Verfassung Österreichs – Teil 2 (1922)'" em *HKW* 7, pp. 555-585 (562-567).

______. "Editorischer Bericht 'Die Verfassungsgesetze der Republik Deutschösterreich – Teil 5: Die Bundesverfassung vom 1. Oktober 1920 (1922)'" em *HKW* 8, pp. 505-573.

______. "Editorischer Bericht 'Hauptprobleme der Staatsrechtslehre entwickelt aus der Lehre vom Rechtssatze, 2. Aufl. (1923)'" em *HKW* 9, pp. 546-574 (567).

______. "Editorischer Bericht 'Zum Bundesverfassungsentwurf des Tiroler Landtages (1920)'" em *HKW* 6, pp. 642-668 (649-651).

DREIER, Horst. *Hans Kelsen zur Einführung*. Hamburg: Junius Verlag, 2023.

ENDERLE-BURCEL, Gertrude; HAAS, Hanns; MÄHNER, Peter; REISNER, Clemens (Coord.). *Der österreichische Staatsrat*: Protokolle des Vollzugsausschusses, des Staatsrates und des Geschäftsführenden Staatsratsdirektoriums. 21. Oktober 1918 bis 14. März 1919. vol. 1: 21. Oktober 1918 bis 14. November 1918. Viena: Verlag Österreich, Verlag der Österreichischen Akademie der Wissenschaften, 2008.

FUCHS, Viktor. "Ein Kernproblem der Verfassungsreform. Zur Frage der Entpolitisierung des Verfassungs- und des Verwaltungsgerichtshofes". *Reichspost*, nº 272, 2 out. 1929.

GASSNER, Miriam. "The Distaff Side? Hans Kelsen's Viennese Female Students". *Journal on European History of Law*, vol. 1, 2024.

HAMMANN, Konrad. *Paul Siebeck und sein Verlag*. Tübingen: Mohr Siebeck, 2021.

HANNAK, Jacques. *Karl Renner und seine Zeit*: Versuch einer Biographie. Viena: Europa, 1965.

HARMAT, Ulrike. *Ehe auf Widerruf?* Der Konflikt um das Eherecht in Österreich 1918-1938. Frankfurt: Vittorio Klostermann, 1999.

HERRNRITT, Rudolf. "Ein neues Buch über die österreichische Verfassung". *Neue Freie Presse*, nº 21126, 4 jul. 1923.

JABLONER, Clemens. "As primeiras autoras do Zeitschrift für öffentliches Recht". *Revista Direito e Práxis*, vol. 12, nº 3, 2021.

______. "Im Dienste der Bundesverfassung: Georg Froehlich". *In*: OLECHOWSKI, Thomas; ZELENY, Klaus; JABLONER, Clemens (Coord.). *Methodenreinheit und Erkenntnisvielfalt*: Aufsätze zur Rechtstheorie, Rechtsdogmatik und Rechtsgeschichte. Viena: Manz, 2013.

______. "Não Sem Paixão: Direito Público Austríaco de Kelsen". *In*: KELSEN, Hans. *Direito Público Austríaco*: um esboço apresentado em perspectiva histórica. Trad. Rodrigo G. Cadore. Avaré: Contracorrente, 2025, pp. 15-30.

JABLONER, Clemens; OLECHOWSKI, Thomas; ZELENY, Klaus (Coord.). *Die Verfassungsentwicklung 1918-1920 und Hans Kelsen*. Viena: Manz'sche Verlags- und Universitätsbuchhandlung, 2020.

JANIK, Allan; TOULMIN, Stephen. *Wittgenstein's Vienna*. Nova York: Simon and Schuster, 1973.

JELLINEK, Walter. "Revolution und Reichsverfassung. Bericht über die Zeit vom 9. November 1918 bis 31. Dezember 1919". *Jahrbuch des öffentlichen Rechts der Gegenwart* 9, 1920.

JESTAEDT, Matthias. "Integrierte und isolierte Verfassungsgerichtsbarkeit. Eingliederungs- und Verselbständigungsmodell in ihrer Wirkung auf die Verfassungsentwicklung". *In*: JESTAEDT, Matthias; SUZUKI, Hidemi (Coord.). *Verfassungsentwicklung II*: Verfassungsentwicklung durch Verfassungsgeschichte. Tübingen: Mohr Siebeck, 2019.

KAUFMANN, Erich. *Kritik der neukantischen Rechtsphilosophie*: Eine Betrachtung über die Beziehungen zwischen Philosophie und Rechtswissenschaft. Tübingen: J. C. B. Mohr, 1921.

KELSEN, Hans. "Autobiographie (1947)" em *HKW* 1, pp. 29-91 (49-55).

______. "Die Entwicklung des Staatsrechts in Oesterreich seit dem Jahre 1918". *In*: ANSCHÜTZ, Gerhard; THOMA, Richard (Coord.). *Handbuch des Deutschen Staatsrechts*. vol. 1. Tübingen: J. C. B. Mohr, 1930.

______. "Die Stellung der Länder in der künftigen Verfassung Deutschösterreichs". *Zeitschrift für Öffentliches Recht* 1, 1919/1920.

______. "Die Verfassung Deutschösterreichs". *Jahrbuch des öffentlichen Rechts der Gegenwart* 9, 1920.

______. "Die Verfassung Oesterreichs". *Jahrbuch des öffentlichen Rechts der Gegenwart* 11, 1922.

______. "Die Verfassung Oesterreichs". *Jahrbuch des öffentlichen Rechts der Gegenwart* 12, 1923/1924.

______. "Die Verfassung Oesterreichs". *Jahrbuch des öffentlichen Rechts der Gegenwart* 15, 1927.

______. "Die Verfassung Oesterreichs". *Jahrbuch des öffentlichen Rechts der Gegenwart* 18, 1930.

______. "Die Verfassung Öesterreichs". *Jahrbuch des öffentlichen Rechts der Gegenwart* 11, 1922.

______. "Über Staatsunrecht. Zugleich ein Beitrag zur Frage der Deliktsfähigkeit juristischer Personen und zur Lehre vom fehlerhaften Staatsakt". *[Grünhuts] Zeitschrift für das Privat- und Öffentliche Recht der Gegenwart* 40, 1914.

______. *Allgemeine Staatslehre*. Berlim: Springer, 1925.

______. *Das Problem der Souveränität und die Theorie des Völkerrechts*: Beitrag zu einer reinen Rechtslehre. Tübingen: J. C. B. Mohr, 1920.

______. *Der soziologische und der juristische Staatsbegriff*: Kritische Untersuchung des Verhältnisses von Staat und Recht. Tübingen: J. C. B. Mohr, 1922.

______. *Die Bundesexekution*. Ein Beitrag zur Theorie und Praxis des Bundesstaates unter besonderer Berücksichtigung der deutschen Reichs- und der österreichischen Bundesverfassung. Tübingen: J. C. B. Mohr, 1927.

______. *Die Verfassungsgesetze der Republik Deutschösterreich*: Mit einer historischen Übersicht und kritischen Erläuterungen. Parte 1. Viena/Leipzig: Franz Deuticke, 1919.

______. *Die Verfassungsgesetze der Republik Deutschösterreich*: Mit einer historischen Übersicht und kritischen Erläuterungen. Parte 2: Wahlordnung, Verfassungsnovelle. Viena/Leipzig: Franz Deuticke, 1919.

______. *Die Verfassungsgesetze der Republik Deutschösterreich*: Mit einer historischen Übersicht und kritischen Erläuterungen. Parte 3. Viena/Leipzig: Franz Deuticke, 1919.

______. *Die Verfassungsgesetze der Republik Österreich*: Mit einer historischen Übersicht und kritischen Erläuterungen. Parte 4. Viena/Leipzig: Franz Deuticke, 1920.

______. *Hauptprobleme der Staatsrechtslehre entwickelt aus der Lehre vom Rechtssatze*. 2ª ed. Tübingen J. C. B. Mohr, 1923.

_____. *Österreichisches Staatsrecht*. Ein Grundriß entwicklungsgeschichtlich dargestellt. Tübingen: J. C. B. Mohr, 1923.

_____. *Sobre o Ilícito de Estado*. Juntamente com uma Contribuição sobre a Questão da Capacidade Delitiva das Pessoas Jurídicas e para a Doutrina do Ato Estatal Eivado de Falha. Préfacio de Fernando Dias Menezes de Almeida. Tradução de Matheus Pelegrino da Silva. São Paulo: Faculdade de Direito, 2025.

_____. *Staatsform und Weltanschauung*. Tübingen: J. C. B. Mohr, 1933.

_____. *Über Grenzen zwischen juristischer und soziologischer Methode*: Vortrag gehalten in der Soziologischen Gesellschaft zu Wien. Tübingen: J. C. B. Mohr, 1911.

_____. *Vom Wesen und Wert der Demokratie*. Tübingen: J. C. B. Mohr, 1920.

KELSEN, Hans; FROEHLICH, Georg; MERKL, Adolf Julius. *Die Verfassungsgesetze der Republik Österreich*: Mit historischen Einleitungen und kritischen Erläuterungen. Parte 5: Die Bundesverfassung vom 1. Oktober 1920. Viena/Leipzig: Franz Deuticke, 1922.

KNAPPENBERGER-JANS, Silke. *Verlagspolitik und Wissenschaft*: Der Verlag J. C. B. Mohr (Paul Siebeck) im frühen 20. Jahrhundert. Wiesbaden: Harrassowitz, 2001.

KNIGHT, Max. "Erinnerungen an Hans Kelsen". *Aufbau*, 4 de maio 1973, p. 4.

KORB, Axel-Johannes. *Kelsens Kritiker*: Ein Beitrag zur Geschichte der Rechts- und Staatstheorie (1911-1934). Tübingen: Mohr Siebeck, 2010.

KUBEŠ, Vladímir. *Hans Kelsens und Franz Weyrs Leben und Werk* (Einige Skizzen). Brno: Masaryk University, 2024.

LECOUTRE, François; HERRERA, Carlos-Miguel (Coord.). *Les cercles viennois de l'entre-deux-guerres*. Mont-Saint-Aignan Cedex: Presses Universitaires de Rouen et du Havre, 2022.

LEIN, Richard; GASSNER, Miriam. "Neue Forschungen zur Entstehung des B-VG". *Zeitschrift für öffentliches Recht* 79, 2024.

LEPSIUS, Oliver. "Kontextualisierung als Aufgabe der Rechtswissenschaft". *JuristenZeitung* 74, 2019.

LESER, Norbert. "Hans Kelsen und die österreichische Bundesverfassung". *In*: ÖSTERREICHISCHE PARLAMENTARISCHE GESELLSCHAFT

(Coord.). *75 Jahre Bundesverfassung. Festschrift aus Anlaß des 75. Jahrestages der Beschlußfassung über das Bundes-Verfassungsgesetz*. Viena: Verl. Österreich, Österr. Staatsdr, 1995.

LIENBACHER, Georg. "Der Verfassungsdienst im Bundeskanzleramt". *In*: AKYÜREK, Metin *et al.* (Coord.). *Staat und Recht in europäischer Perspektive*: Festschrift Heinz Schäffer. Viena: Manz, 2006.

MERKL, Adolf Julius. "Der 'entpolitisierte' Verfassungsgerichtshof". *Der österreichische Volkswirt* 22, 1930.

_____. "Hans Kelsen als Verfassungspolitiker. Zu seinem fünfzigsten Geburtstag am 11. Oktober 1931". *Juristische Blätter* 60, 1931.

_____. *Die Verfassung der Republik Deutschösterreich*. Ein kritisch--systematischer Grundriß. Viena/Leipzig: F. Deuticke, 1919.

_____. *Allgemeines Verwaltungsrecht*. Viena/Berlim: Julius Springer, 1927.

_____. "[Resenha:] Österreichisches Staatsrecht. Ein Grundriß, entwicklungsgeschichtlich dargestellt von Universitätsprofessor Hans Kelsen, Tübingen, Verlag J. C. B. Mohr (Paul Siebeck) 1923, p. 256. *Zeitschrift für Verwaltung* 56, 1923, pp. 83-84.

N.N. "Amtlicher Teil". *Wiener Zeitung*, nº 103, 6 maio 1919.

_____. "Dekanswahl". *Wiener Abendpost*, nº 133, 14 jun. 1920.

_____. "Der Verfassungsgerichtshof". *Arbeiter-Zeitung*, nº 287, 19 out. 1921.

_____. "Ferialkurse über internationale Beziehungen. 7. bis 21. September 1922". *Neue Freie Presse*, nº 20797, 24 jul. 1922.

_____. "Internationale Hochschulkurse". *Neues Wiener Tagblatt*, nº 246, 17 set. 1922.

_____. "Die wirtschaftlichen Möglichkeiten Oesterreichs". *Der Nachmittag*, 25 nov. 1922.

OLECHOWSKI, Thomas. "Der Beitrag Hans Kelsens zur österreichischen Bundesverfassung". *In*: WALTER, Robert; OGRIS, Werner; OLECHOWSKI, Thomas (Coord.). *Hans Kelsen*: Leben – Werk – Wirksamkeit. Ergebnisse einer Internationalen Tagung, veranstaltet von der Kommission für Rechtsgeschichte Österreichs und dem Hans Kelsen-Institut (19.-21. April 2009). Viena: Manz, 2009.

_____. "Hans Kelsens Verfassungsentwürfe". *In*: JABLONER, Clemens; OLECHOWSKI, Thomas; ZELENY, Klaus (Coord.). *Die Verfas-*

sungsentwicklung 1918-1920 und Hans Kelsen. Viena: Manz'sche Verlags- und Universitätsbuchhandlung, 2020.

______. "The Controversy Surrounding Marriage Law in 20th Century Austria with a Special Emphasis on Constitutional Court Decisions Regarding the Dispensation Marriages". *Krakowskie Studia z Historii Państwa i Prawa* 10, 2017.

______. *Hans Kelsen*: Biographie eines Rechtswissenschaftlers. 2ª ed. Tübingen: Mohr Siebeck, 2021.

OSTERKAMP, Jana. "Verfassungshüter ohne politischen Rückhalt. Das tschechoslowakische Verfassungsgericht nach 1920 im Vergleich mit Österreich". *Beiträge zur Rechtsgeschichte Österreichs* 1, 2011.

R., "Das neue österreichische Staatsrecht". *Neues Wiener Abendblatt*, nº 87, 30 mar. 1923.

SCHMITZ, Georg. *Die Vorentwürfe Hans Kelsens für die österreichische Bundesverfassung*. Viena: Manz, 1981.

______. *Karl Renners Briefe aus Saint Germain und ihre rechtspolitischen Folgen*. Viena: Manz, 1991.

SCHORSKE, Carl. *Fin-de-Siècle Vienna*: Politics and Culture. Nova York: A.A. Knopf, 1980.

SEIPEL, Ignaz. "Entpolitisierung des Verfassungs- und des Verwaltungsgerichtes (1929)". *In*: ______. *Der Kampf um die österreichische Verfassung*. Viena: W. Braumüller, 1930.

SOMEK, Alexander. "Wissenschaft vom Verfassungsrecht: Österreich". *In*: BOGDANDY, Armin von; VILLALÓN, Pedro Cruz; HUBER, Peter M. (Coord.). *Handbuch*: Ius Publicum Europaeum. vol. 2: Offene Staatlichkeit – Wissenschaft vom Verfassungsrecht. Heidelberg: C. F. Müller, 2007.

STOURZH, Gerald. "Hans Kelsen, die österreichische Bundesverfassung und die rechtsstaatliche Demokratie". *Die Reine Rechtslehre in wissenschaftlicher Diskussion*, 1982.

TANNOUS, Thiago. *O Aluno do Aluno*: a controvérsia entre Hans Kelsen e Fritz Sander. São Paulo 2018.

TECHET, Péter. "Kultur- und Rechtskampf um das Wiener Krematorium (1922-1924). Ansätze der aktivistischen Verfassungsgerichtsbarkeit in der Ersten (österreichischen) Republik?" *Forum Historiae Iuris*,

2022. Disponível em: https://forhistiur.net/2022-05-techet. Acessado em: 11.07.2025.

______. "Rechtslage im Kinowesen in der Ersten Republik. Zensur- und Länderkompetenzfrage in der Judikatur des Verfassungsgerichtshofes". *Beiträge zur Rechtsgeschichte Österreichs* 13, 2023.

______. "Reigen um Kompetenzen. Arthur Schnitzlers 'Reigen' vor dem Verfassungsgerichtshof im Jahre 1921". *Beiträge zur Rechtsgeschichte Österreichs* 12, 2022.

TIMMS, Edward. *Dynamik der Kreise, Resonanz der Räume*: Die schöpferischen Impulse der Wiener Moderne. Viena: Bibliothek der Provinz, 2013.

VERDROSS, Alfred. *Völkerrecht*. Berlim: Springer, 1937.

WIEDERIN, Ewald. "Denken vom Recht her. Über den modus austriacus in der Staatsrechtslehre". *In*: SCHULZE-FIELITZ, Helmuth (Coord.). *Staatsrechtslehre als Wissenschaft*. Berlim: Duncker & Humblot, 2007.

______. "In aller Nüchternheit: Österreichs erster Verfassungskommentar" em *HKW* 8, pp. 27-37.

NOTAS

Apresentação (Mendes/Maia)

1 Cf. RAMIREZ, Ezekiel Stanley. *As relações entre a Áustria e o Brasil 1815-1889*. Trad. Américo Jacobina Lacombe. São Paulo: Companhia Editora Nacional, 1968, p. 2-3. É com justiça que se atribui à princesa Habsburgo protagonismo no processo de construção do Brasil. Cf. KAISER, Gloria. *Dona Leopoldina: uma Habsburgo no trono brasileiro*. Trad. Christiane Rupp. Curitiba: Ed. Reler, 2008.

2 Cf. BONIFÁCIO, Maria de Fátima. *A Monarquia Constitucional, 1807-1910*. Alfragide: D. Quixote, 2024, p. 27 e ss. para os dilemas do vintismo português.

3 MENCK, José Theodoro Mascarenhas. *D. Leopoldina, Imperatriz e Maria do Brasil*. 3ª ed. Brasília: Câmara dos Deputados, 2022, p. 53-68, principalmente.

4 KISSINGER, Henry. *A World Restored: Metternich, Castlereagh, and the Problems of Peace, 1812-22*. Londres: Pickle Partners Publishing, 2017, p. 147-162.

5 NORTON, Luiz. *A Côrte de Portugal no Brasil (notas, alguns documentos diplomáticos e cartas da Imperatriz Leopoldina)*. São Paulo: Companhia Editora Nacional, 1938, p. 238-239.

6 Embora não se possa subestimar o impacto da imigração austríaca no Brasil: WEBER, Regina. "Do Império à cidade multiétnica: austríacos no sul do Brasil". *Revista Brasileira de Estudos Populacionais*, vol. 38, 2021, p. 6, que mostra que a esmagadora maioria dos súditos do Império Austro-Húngaro que migraram para o Brasil – 80 % – era advinda da parte austríaca.

7 Em cooperação com o Hans-Kelsen Institut, de Viena, o Professor Matthias Jestaedt tem organizado a publicação da *Hans Kelsen Werke* pela prestigiosa editora Mohr Siebeck. Até a data de fechamento deste livro, foram dados à prensa dez volumes (o último de 2025: *Band 10 – Veröffentlichte Schriften 1925-1928*).

8 Um posfácio, também da pena de Rodrigo Cadore, explica o trabalho de tradução realizado.

9 MARCIC, René. *Verfassungsgerichtsbarkeit und Reine Rechtslehre*. Viena: Franz Deuticke, 1966, p. 58.

10 OLECHOWSKI, Thomas. "Die Anfänge der europäischen Verfassungsgericht sbarkeit". *Díké – A Márkus Dezső Összehasonlító Jogtörténeti Kutatócsoport folyóirata*, vol. 4, n. 1, 2020, p. 237.

11 DALY, Tom Gerald. *The Alchemists: Questioning our faith in courts as democracy-builders*. Cambridge: Cambridge University Press, 2017, p. 21, que alerta que a inspiração na corte kelseniana sempre se fez acompanhar de inevitáveis adaptações.

12 MENDES, Gilmar Ferreira. *Jurisdição constitucional da liberdade para a liberdade*. Avaré: Contracorrente, 2025, pp. 23-25.

13 *V.g.*, o recenseamento realizado pela ordenação imperial de 23 de março de 1857 é havido como o primeiro de cunho moderno, porquanto fundado em quatro princípios até hoje praticados: individualidade, instantaneidade, universalidade, periodicidade. Cf. KRMAC, Dean. "Il censimento asburgico del 1857: criteri, metodi e risultati della prima rilevazione moderna di portata europea." *Popolazione e Storia*, Vol. 9, n. 2, 2008, p. 9.

14 Trata-se, antes, de uma mentalidade tipicamente austríaca, presente inclusive quando da exposição/justificação de tais arranjos. Cf., por exemplo, o MOZZARELLI, Cesare. "Sovrano, aristocrazia e amministrazione: un profilo costituzionale". In: SCHIERA, Perangelo (Coord.). *La dinamica statale austriaca nel XVIII e XIX secolo. Strutture e tendenze di storia costituzionale prima e dopo Maria Teresa*. Bolonha: il Mulino, 1987, pp. 138-140, aludindo ao "Statistisch-geographische Beschreibung des Erzherzogthums Oestreich unter der Ens" (1ª ed. de 1792), do Barão (Joseph Marx) von Liechtenstern.

15 A jurisdição administrativa austríaca é usualmente lembrada como portadora de ambos atributos. Para a fase de formação desse paradigma de controle administrativo, Cf. ZUMBINI, Angela Ferrari. "Judicial review of administrative action in the Austro-Hungarian Empire. The formative Years (1890-1910)". *Italian Journal of Public Law*, vol. 10, n. 1., 2018.

16 EISENMANN, Charles. *La justice constitutionnelle et la Haute Cour Constitutionnelle d'Autriche*. Paris: Librairie Générale de Droit et de Jurisprudence, 1928, p. 165.

17 ERMACORA, Felix. *Quellen zum Österreichischen Verfassungsrecht (1920): Die Protokolle des Unterausschusses des Verfassungsausschusses samt Verfassungsentwürfen*. Viena: Berger, 1967, p. 9 e ss.

18 PEYROU-PISTOULEY, Sylvie. *La Cour Constitutionnelle et le contrôle de la constitutionnalité des lois en Autriche*. Paris: Economica, 1993, p. 43 e 44; ÖHLINGER, Theo. "The Genesis of the Austrian Model of Constitutional Review of Legislation". *Ratio Juris*, vol. 16, n. 2, 2003, p. 210.

19 Na feliz expressão de: WIEDERIN, Ewald. "Denken vom Recht her. Über den modus austriacus in der Staatsrechtslehre". In: FIELITZ-SCHULZE, Helmut (Coord.). *Staatsrechtslehre als Wissenschaft*. Berlim: Duncker & Humblot, 2007, pp. 293-317.

20 JABLONER, Clemens. "Verfassungsentwicklung und Verfassungsvoraussetzungen". In: EBERHARD, Harald *et al.* (Coord.). *100 Jahre Republik Österreich: Kontinuität – Brüche – Kompromisse*. Viena: Verlag Österreich, 2021, p. 5.

21 Era a autocompreensão, por exemplo, de Kelsen: STOURZH, Gerald. "The Multinational Empire Revisited: Reflections on Late Imperial Austria". In: ______. *From Vienna to Chicago and Back. Essays on Intellectual History and Political Thought in Europe and America*. Chicago: The University of Chicago Press, 2007, p. 138.

22 Um objetivo caro a Kelsen: OLECHOWSKI, Thomas. "Kelsen als Pazifist". In: ALIPRANTIS, Nikitas; OLECHOWSKI, Thomas (Coord.). *Hans Kelsen: Die Aktualität eines grossen Rechtswissenschafters und Soziologen des 20. Jahrhunderts*. Viena: Manzsche Verlag, 2014, pp. 119-130. E que hoje, embora por meio de outras perspectivas, passou a figurar como um dado do tipo "Estado Constitucional". Cf. FERREYRA, Raúl Gustavo. "Notas sobre a paz: propósito de um constitucionalismo cidadão". Trad. Ben-Hur Rava. *Revista Estudos Institucionais*, vol. 3, n. 2. 2017, pp. 1.045-1.073; e o clássico: HÄBERLE, Peter. *Sobre el principio de la paz: la "cultura de la paz" el tópico de la teoria constitutional universal*. Buenos Aires: Ediar, 2021.

Não sem paixão: *Direito Público Austríaco* de Kelsen (Jabloner)

1 Pela colaboração valiosa a este trabalho, agradeço à Mag.ª Laura Rathmanner.

2 *KELSEN, Hans. Österreichisches Staatsrecht.* Ein Grundriß entwicklungsgeschichtlich dargestellt. Tübingen: J. C. B. Mohr, 1923, p. 161 = HKW 10, pp. 29-263 (196 e s.) = *Direito Público Austríaco*: um esboço apresentado em perspectiva histórica. Trad. Rodrigo G. Cadore. Avaré: Contracorrente, 2025 (doravante: DPA), pp. 31-289 (206 e s.).

3 Vgl. *OLECHOWSKI, Thomas. Hans Kelsen*: Biographie eines Rechtswissenschaftlers. 2ª ed. Tübingen: Mohr Siebeck, 2021, pp. 271 e s. Foi também Olechowski quem popularizou a acertada designação de Kelsen como "arquiteto da Constitcição Federal" (p. 923).

4 Também o fundamento de validade da Constituição Federal, a Declaração de Independência de 27 de abril de 1945 (Proklamation über die Selbständigkeit Österreichs [Proclamação sobre a Independência da Áustria] [de 27 de abril de 1945], StGBl. 1945/1), foi erigido diante dos escombros do "Terceiro Reich".

5 Para o conceito, veja-se: *LÉVI-STRAUSS, Claude. Das wilde Denken.* Frankfurt: Suhrkamp, 1968, pp. 29-36.

6 *KELSEN, Hans. Österreichisches Staatsrecht.* Ein Grundriß entwicklungsgeschichtlich dargestellt. Tübingen: J. C. B. Mohr, 1923, p. V = HKW 10, pp. 29-263 (46) = DPA, pp. 31-288.

7 Kaiserliche Kundgebung vom 11. November 1918 [Proclamação Imperial de 11 de novembro de 1918], impresso em: *Wiener Zeitung*, nº 261 (edição especial), 11 nov. 1918.

8 Duas citações em: *KELSEN, Hans. Österreichisches Staatsrecht.* Ein Grundriß entwicklungsgeschichtlich dargestellt. Tübingen: J. C. B. Mohr, 1923, p. 76 = HKW 10, pp. 29-263 (122) = DPA, pp. 31-289 (114).

9 *KELSEN, Hans. Österreichisches Staatsrecht.* Ein Grundriß entwicklungsgeschichtlich dargestellt. Tübingen: J. C. B. Mohr, 1923, p. 77 = HKW 10, pp. 29-263 (122-123)= DPA, p. 116

10 Sobre a nomeção de Kelsen, veja-se, com mais detalhes: *OLECHOWSKI, Thomas. Hans Kelsen*: Biographie eines Rechtswissenschaftlers. 2ª ed. Tübingen: Mohr Siebeck, 2021, pp. 260 e s.

11 Cf. *OLECHOWSKI, Thomas. Hans Kelsen*: Biographie eines Rechtswissenschaftlers. 2ª ed. Tübingen: Mohr Siebeck, 2021, p. 313.

12 Cf. *OLECHOWSKI, Thomas. Hans Kelsen*: Biographie eines Rechtswissenschaftlers. 2ª ed. Tübingen: Mohr Siebeck, 2021, p. 313.

13 *WITTMAYER, Leo. Österreichisches Verfassungsrecht*. Berlim: Springer, 1923.

14 Ludwig Adamovich sen. auxiliou Kelsen na elaboração dos comentários à Constituição (cf. *KELSEN, Hans; FROEHLICH, Georg; MERKL, Adolf Julius. Die Verfassungsgesetze der Republik Österreich*. Mit historischen Einleitungen und kritischen Erläuterungen. Parte 5: Die Bundesverfassung vom 1. Oktober 1920. Viena/Leipzig: Franz Deuticke, 1922, p. VI = HKW 8, pp. 25-502 [42]), mas não foi discípulo de Kelsen, antes tendo dado continuidade à tradição do positivismo jurídico austríaco mais antigo; sobre a pessoa, cf. *WALTER, Robert*. "Einführung: Die Entstehung des Bundes-Verfassungsgesetzes 1920 und seine Kommentierung". *In*: *KELSEN, Hans; FROEHLICH, Georg; MERKL, Adolf Julius. Die Verfassungsgesetze der Republik Österreich*. Mit historischen Einleitungen und kritischen Erläuterungen. Parte 5: Die Bundesverfassung vom 1. Oktober 1920. Viena/Leipzig: Franz Deuticke, 1922, pp. 5-12 (11).

15 *ADAMOVICH sen., Ludwig. Österreichisches Verfassungsrecht*. Viena/Leipzig: Hölder-Pichler-Tempsky, 1923.

16 Veja-se, de modo detalhado: BERCHTOLD, *Klaus. Verfassungsgeschichte der Republik Österreich*. vol. 1: 1918-1933. Fünfzehn Jahre Verfassungskampf. Viena/Nova York: Springer, 1998, pp. 750-755.

17 *ADAMOVICH sen., Ludwig. Grundriß des österreichischen Staatsrechtes (Verfassungs- und Verwaltungsrechtes)*. Viena: Druck und Verlag der Österreichischen Staatsdruckerei, 1927 (2ª ed., Viena, 1932). A terceira edição, de 1935, já se referia à Constituição corporativa (ständische Verfassung) da Áustria. Outro manual – hoje quase não mais utilizado – "Lehrbuch des österreichischen Verfassungsrechtes", de Hans von Frisch, foi publicado em 1932 (*FRISCH, Hans von. Lehrbuch des österreichischen Verfassungsrechtes*. Mit einem Anhang: Wortlaut des österreichischen Bundesverfassungsgesetzes. Viena/Berlim: Springer, 1932).

18 *MERKL, Adolf Julius*. "[Resenha:] Österreichisches Staatsrecht. Ein Grundriß, entwicklungsgeschichtlich dargestellt von Universitätsprofessor Hans Kelsen". Tübingen: J. C. B. Mohr (Paul Siebeck), 1923, p. 256. *Zeitschrift für die Verwaltung* 56, 1923, pp. 83-84.

19 "[Resenha:] Österreichisches Staatsrecht. Ein Grundriß, entwicklungsgeschichtlich dargestellt von Universitätsprofessor Hans Kelsen". Tübingen: J. C. B. Mohr (Paul Siebeck), 1923, p. 256. *Zeitschrift für die Verwaltung* 56, 1923, pp. 83-84, p. 84, nota 3. Veja-se, também: *SCHÄFFER, Hein.*

"Merkls Darstellung und Kritik des B-VG 1920 und seiner Entwicklung". *In*: WALTER, Robert (Coord.). *Adolf J. Merkl*: Werk und Wirksamkeit. Ergebnisse eines internationalen Symposions in Wien (22.-23. März 1990). Viena: Manz, 1990, pp. 159-211 (169).

20 *MERKL, Adolf Julius. Die Lehre von der Rechtskraft, entwickelt aus dem Rechtsbegriff*. Eine rechtstheoretische Untersuchung. Leipzig/Viena: F. Deuticke, 1923.

21 *MERKL, Adolf Julius. Die Verfassung der Republik Deutschösterreich*. Ein kritisch-systematischer Grundriß. Viena/Leipzig: F. Deuticke, 1919.

22 *KELSEN, Hans; FROEHLICH, Georg; MERKL, Adolf Julius. Die Verfassungsgesetze der Republik Österreich*. Mit historischen Einleitungen und kritischen Erläuterungen. Parte 5: Die Bundesverfassung vom 1. Oktober 1920. Viena/Leipzig: Franz Deuticke, 1922 = HKW 8, pp. 52-502.

23 Veja-se, de modo detalhado: *SCHÄFFER, Hein*. "Merkls Darstellung und Kritik des B-VG 1920 und seiner Entwicklung". *In*: WALTER, Robert (Coord.). *Adolf J. Merkl*: Werk und Wirksamkeit. Ergebnisse eines internationalen Symposions in Wien (22.-23. März 1990). Viena: Manz, 1990.

24 Veja-se, derradeiramente: *ADAMOVICH sen., Ludwig; SPANNER, Hans; ADAMOVICH jun., Ludwig. Handbuch des österreichischen Verfassungsrechts*. 6ª ed. Viena/Nova York: Springer, 1971.

25 *WALTER, Robert. Österreichisches Bundesverfassungsrecht*: System. Viena: Manz, 1972, p. 1.

26 *KELSEN, Hans. Österreichisches Staatsrecht*. Ein Grundriß entwicklungsgeschichtlich dargestellt. Tübingen: J. C. B. Mohr, 1923, p. V = HKW 10, pp. 29-263 (46) = DPA, pp. 31-32.

27 *KELSEN, Hans. Österreichisches Staatsrecht*. Ein Grundriß entwicklungsgeschichtlich dargestellt. Tübingen: J. C. B. Mohr, 1923, pp. 223-227 e 227-237 = HKW 10, pp. 29-263 (249-253) e (253-262) = DPA, pp.31-289

28 *KELSEN, Hans. Österreichisches Staatsrecht*. Ein Grundriß entwicklungsgeschichtlich dargestellt. Tübingen: J. C. B. Mohr, 1923, p. V = HKW 10, pp. 29-263 (46) = DPA, pp. 31-289 (31).

29 Veja-se, de modo detalhado: *OLECHOWSKI, Thomas. Hans Kelsen*: Biographie eines Rechtswissenschaftlers. 2ª ed. Tübingen: Mohr Siebeck, 2021, pp. 211-226.

30 *OLECHOWSKI, Thomas. Hans Kelsen*: Biographie eines Rechtswissenschaftlers. 2ª ed. Tübingen: Mohr Siebeck, 2021, pp. 229 e s.

31 Cf. *HÄUSLER, Wolfgang. Ideen können nicht erschossen werden*: Revolution und Demokratie in Österreich 1789 – 1848 – 1918. Viena/Graz/Klagenfurt: Molden Verlag, in der Verlagsgruppe Styria, 2017, col. 78.

32 *JUDSON, Peter M. The Habsburg Empire*: A New History. Cambridge/Londres: Belknap Press, 2016, p. 156.

33 Cf. *GOLDINGER, Walter; BINDER, Dieter A. Geschichte der Republik Österreich 1918-1938*. Viena/Munique: Verlag für Geschichte und Politik, 1992, p. 17.

34 Cf. *MAMATEY, Victor S.* "Die Errichtung der Republik". *In*: MAMATEY, Victor S.; LUŽA, Radomír (Coord.). *Geschichte der Tschechoslowakischen Republik 1918-1948*. Viena/Colônia/Graz: Böhlau, 1980, pp. 11-48 (13).

35 Cf. *SCHMETTERER, Christoph*. "'Geheiligt, unverletzlich und unverantwortlich'. Die persönliche Rechtsstellung des Kaisers von Österreich im Konstitutionalismus". *Journal on European History of Law* 1, Heft 2, 2010, pp. 2-8 (5).

36 Cf. *HANISCH, Ernst. Der lange Schatten des Staates*: Österreichische Gesellschaftsgeschichte im 20. Jahrhundert. Viena: Ueberreuter, 1994, p. 263: "o imperador e a família imperial há muito haviam perdido a credibilidade, seu mito estava esvaziado".

37 Acerca do chamado "Caso Sixtus", veja-se: *RAUCHENSTEINER, Manfried. Der Erste Weltkrieg und das Ende der Habsburgermonarchie 1914-1918*. Viena/Colônia/Weimar: Böhlau, 2013, pp. 931-941. Veja-se, também: *HANISCH, Ernst. Der lange Schatten des Staates*: Österreichische Gesellschaftsgeschichte im 20. Jahrhundert. Viena: Ueberreuter, 1994, pp. 240 e s.

38 "Derrota e revolução fundiram-se assim em uma unidade indissolúvel" – assim escreve: *BAUER, Otto. Die österreichische Revolution*. Viena: Wiener Volksbuchhandlung, 1923, p. 92.

39 Veja-se, por exemplo, *BELLER, Steven. Vienna and the Jews 1867-1938*: A Cultural History. Cambridge: Cambridge University Press, 1989, pp. 43-70.

40 Cf. *JUDSON, Peter M. The Habsburg Empire*: A New History. Cambridge/Londres: Belknap Press, 2016, p. 235; *WISTRICH, Robert S. Die Juden Wiens im Zeitalter Kaiser Franz Josephs*. Viena/Colônia/Weimar: Böhlau, 1999, pp. 148 e s.; *LICHTBLAU, Albert*. "Integration, Vernichtungsversuch und Neubeginn – Österreichisch-jüdische Geschichte 1848 bis zur Gegenwart". *In*: BRUGGER, Eveline *et al.* (Coord.). *Geschichte der Juden in Österreich*. Viena: Ueberreuter, 2006, pp. 447-565 (483).

41 *KELSEN, Hans. Österreichisches Staatsrecht*. Ein Grundriß entwicklungsgeschichtlich dargestellt. Tübingen: J. C. B. Mohr, 1923, p. 74 = HKW 10, pp. 29-263 (120-121) = DPA, pp. 31-289.

42 Três citações: *KELSEN, Hans. Österreichisches Staatsrecht*. Ein Grundriß entwicklungsgeschichtlich dargestellt. Tübingen: J. C. B. Mohr, 1923, pp. 73, 34 e 89 = HKW 10, pp. 29-263 (119, 84, 133) = DPA, pp. 31-289 (110, 70, 129). Alguns desses problemas pendentes, como aquele da repartição de competências, não puderam ser resolvidos com base na Constituição de Dezembro de 1867. Não obstante, representavam um acervo de problemas que permitiu o desenvolvimento de instrumentos teóricos e técnico-jurídicos característicos do estilo de pensamento da Teoria Pura do Direito,

cf. *JABLONER, Clemens*. "Einige Austriaca der Reinen Rechtslehre". *In*: JABLONER, Clemens *et al.* (Coord.). *Scharfsinn im Recht*: Liber Amicorum Michael Thaler zum 70. Geburtstag. Viena: Jan Sramek Verlag KG, 2019, pp. 3-18.

43 O fato de que a fundação do estado também foi percebida, do ponto de vista político, como uma "revolução", já se evidencia no título da obra de Otto Bauer: *Die österreichische Revolution* ["A Revolução Austríaca"] (*BAUER, Otto*. *Die österreichische Revolution*. Viena: Wiener Volksbuchhandlung, 1923).

44 Três citações: *KELSEN, Hans*. *Österreichisches Staatsrecht*. Ein Grundriß entwicklungsgeschichtlich dargestellt. Tübingen: J. C. B. Mohr, 1923, p. 79 = HKW 10, pp. 29-263 (124-125) = DPA, pp. 31-289 (119).

45 *KELSEN, Hans*. *Österreichisches Staatsrecht*. Ein Grundriß entwicklungsgeschichtlich dargestellt. Tübingen: J. C. B. Mohr, 1923, p. 80 = HKW 10, pp. 29-263 (125-126) = DPA, pp. 31-289 (119). Em perspectiva histórica, veja-se: *STADLER, Karl R*. *Hypothek auf die Zukunft*: Die Entstehung der österreichischen Republik 1918-1921. Viena/Frankfurt/Zurique: Europa Verlag, 1968, p. 69.

46 Cf. o parecer de Hans Kelsen a esse respeito: Die völkerrechtliche Stellung des Staates Deutsch-Österreich, vorgetragen am 6. November 1918 [a versão escrita da exposição, acrescida de um adendo, data de 29 de novembro de 1918], impresso em: ENDERLE-BURCEL, Gertrude; HAAS, Hanns; MÄHNER, Peter; REISNER, Clemens (Coord.). *Der österreichische Staatsrat*: Protokolle des Vollzugsausschusses, des Staatsrates und des Geschäftsführenden Staatsratsdirektoriums. 21. Oktober 1918 bis 14. März 1919. vol. 1: 21. Oktober 1918 bis 14. November 1918. Viena: Verlag Österreich, Verlag der Österreichischen Akademie der Wissenschaften, 2008, pp. 220-223. O texto se encontra, praticamente inalterado, publicado como "Exkurs über die völkerrechtliche Stellung Deutschösterreichs nach seiner Konstituierung" em: *KELSEN, Hans*. *Die Verfassungsgesetze der Republik Deutschösterreich*: Mit einer historischen Übersicht und kritischen Erläuterungen. Parte 1. Viena/Leipzig: Franz Deuticke, 1919 = HKW 5, pp. 24-129 (61-64). Veja-se, sobre isso: *OLECHOWSKI, Thomas*. *Hans Kelsen*: Biographie eines Rechtswissenschaftlers. 2ª ed. Tübingen: Mohr Siebeck, 2021, pp. 230-232.

47 Duas citações em: *KELSEN, Hans*. *Österreichisches Staatsrecht*. Ein Grundriß entwicklungsgeschichtlich dargestellt. Tübingen: J. C. B. Mohr, 1923, p. 80 = HKW 10, pp. 29-263 (125-126) = DPA, pp. 31-289 (119).

48 *KELSEN, Hans*. *Das Problem der Souveränität und die Theorie des Völkerrechts*: Beitrag zu einer reinen Rechtslehre. Tübingen: J. C. B. Mohr, 1920, pp. 314-317 = HKW 4, pp. 235-572 (567-569).

49 *KELSEN, Hans*. *Österreichisches Staatsrecht*. Ein Grundriß entwicklungsgeschichtlich dargestellt. Tübingen: J. C. B. Mohr, 1923, p. 80 = HKW 10, pp. 29-263 (125-126)= DPA, pp. 31-289 (119).

50 Essa interpretação encontra-se de forma relativamente clara na chamada "nota de cobertura" do Tratado de Saint-Germain, cf. Beilage 73. Begleitnote zu den Friedensbedingungen vom 2. September. Begleitworte zur Antwort der alliierten und assoziierten Mächte an den Präsidenten der österreichischen Delegation [Anexo 73. Nota de acompanhamento às condições de paz de 2 de setembro. Palavras de acompanhamento à resposta das Potências Aliadas e Associadas ao presidente da delegação austríaca] em *Deutschösterreichische Friedensdelegation, Bericht über die Tätigkeit der deutschösterreichischen Friedensdelegation in St. Germain-en-Laye*, vol. 2, Viena, 1919, pp. 310-317 (310-312). No próprio tratado, contudo, evitou-se uma definição inequívoca sobre essa questão, veja-se, sobre isso: *OLECHOWSKI, Thomas; RATHMANNER, Laura.* "Kommentar zur Präambel". *In*: KALB, Herbert; OLECHOWSKI, Thomas; ZIEGERHOFER, Anita (Coord.). *Der Vertrag von St. Germain*: Kommentar. Viena: Manz, 2021, pp. 71-85, números de margem 155-182 (80, número de margem 178).

51 Embora a elaboração de um catálogo próprio de direitos fundamentais e liberdades fosse um desiderato para o futuro da Constituição Federal – segundo *KELSEN, Hans. Österreichisches Staatsrecht.* Ein Grundriß entwicklungsgeschichtlich dargestellt. Tübingen: J. C. B. Mohr, 1923, p. 237 = HKW 10, pp. 29-263 (262) = DPA, pp. 31-289 –, a Lei Fundamental do Estado de 21 de dezembro de 1867 sobre os Direitos Gerais dos Cidadãos do Estado nos Reinos e Províncias representados no Conselho Imperial, RGBl. 1867/142, teria sido – como afirmou Kelsen posteriormente – "não o pior produto do liberalismo político do século XIX" (*KELSEN, Hans.* "Autobiographie" [1947]. *In*: HKW 1, pp. 29-91 [66]).

52 Além disso, existe ainda uma série de outras continuidades entre a Constituição de Dezembro de 1867 e a Constituição Federal – cf. *SCHMETTERER, Christoph.* "Das kaiserliche Erbe im B-VG". *Zeitschrift für Öffentliches Recht* 75, 2020, pp. 3-19.

53 Cf., acima, p. 15.

54 *KELSEN, Hans. Österreichisches Staatsrecht.* Ein Grundriß entwicklungsgeschichtlich dargestellt. Tübingen: J. C. B. Mohr, 1923, p. 165 = HKW 10, pp. 29-263 (200-201) = DPA, p. 211.

55 Cf. *KELSEN, Hans. Österreichisches Staatsrecht.* Ein Grundriß entwicklungsgeschichtlich dargestellt. Tübingen: J. C. B. Mohr, 1923, p. 165 = HKW 10, pp. 29-263 (200-201) = DPA, pp. 31-289.

56 Nesse sentido, já: *MERKL, Verfassung* (nota 20), p. 160.

57 *KELSEN, Hans. Österreichisches Staatsrecht.* Ein Grundriß entwicklungsgeschichtlich dargestellt. Tübingen: J. C. B. Mohr, 1923, p. 102 = HKW 10, pp. 29-263 (145-146) = DPA, pp. 31-289 (142).

58 Cf. Bericht des Verfassungsausschusses über den Entwurf eines Gesetzes, womit die Republik Österreich als Bundesstaat eingerichtet wird (Bundes-Verfassungsgesetz) [Relatório da Comissão Constitucional sobre o projeto de

lei que institui a República da Áustria como Estado federal (Lei Constitucional Federal)], 991 BlgKNV 1-10 (4) (doravante: VfAB B-VG 1920).

59 Cf. *BRAUNEDER, Wilhelm. Deutsch-Österreich 1918*: Die Republik entsteht. Viena/Munique: Amalthea, 2000, pp. 273 e s.

60 Cf. *PERNTHALER, Peter. Die Staatsgründungsakte der österreichischen Bundesländer*: Eine staatsrechtliche Untersuchung über die Entstehung des Bundesstaates. Viena: W. Braunmüller, 1979, pp. 27 e s.

61 Sobre a questão da interpretação da fundação do Estado, veja-se, de modo detalhado e sistematizando todas as alternativas teóricas: *BRAUNEDER, Wilhelm. Deutsch-Österreich 1918*: Die Republik entsteht. Viena/Munique: Amalthea, 2000, p. 273.

62 *PERNTHALER, Peter.* "Der österreichische Bundesstaat im Spannungsfeld von Föderalismus und formalem Rechtspositivismus". *Österreichische Zeitschrift für Öffentliches Recht* 19, 1969, pp. 361-379 (362).

63 Cf. *PERNTHALER, Peter. Die Staatsgründungsakte der österreichischen Bundesländer*: Eine staatsrechtliche Untersuchung über die Entstehung des Bundesstaates. Viena: W. Braunmüller, 1979, p. 365.

64 Sobre a "psicologia de Estado" ("Staatspsychologie"), bem como sobre todo o resto, veja-se, recentemente, de modo acurado: *SCHMID, Sebastian.* "Die Entstehung der Republik aus der Sicht der Länder". *In*: JABLONER, Clemens; OLECHOWSKI, Thomas; ZELENY, Klaus (Coord.). *Die Verfassungsentwicklung 1918-1920 und Hans Kelsen.* Viena: Manz'sche Verlags- und Universitätsbuchhandlung, 2020, pp. 85-100 (90-96).

65 Cf. *BAUER, Otto. Die österreichische Revolution.* Viena: Wiener Volksbuchhandlung, 1923, p. 221.

66 Cf. *HANISCH, Ernst. Der lange Schatten des Staates*: Österreichische Gesellschaftsgeschichte im 20. Jahrhundert. Viena: Ueberreuter, 1994, pp. 285 e s.

67 *KELSEN, Hans. Österreichisches Staatsrecht.* Ein Grundriß entwicklungsgeschichtlich dargestellt. Tübingen: J. C. B. Mohr, 1923, p. 238 = HKW 10, p. 29-263 (263) = DPA, pp. 288-289, citado a partir da obra "Huttens letzte Tage", de Meyer: "Paciência – há de vir a data (Kelsen escreve "tempo"/"a hora exata" [Zeit], onde no original se lê "dia"/"data" [Tag]), em que uma só tenda será armada sobre toda a terra alemã unida. Paciência – o que amadurece devagar, tardará a envelhecer na caminhada. Quando outros murcham, seremos *Estado*" (*MEYER, Conrad Ferdinand.* "Deutsche Libertät". in: Huttens letzte Tage. Eine Dichtung [1872]. *In*: ZELLER, Hans; ZÄCH, Alfred (Coord.). *Conrad Ferdinand Meyer Sämtliche Werke.* vol. 8: Huttens letzte Tage: eine Dichtung. Berna: Benteli, 1970, pp. 73 e s. [74]).

68 *WIEDERIN, Ewald.* "In aller Nüchternheit: Österreichs erster Verfassungskommentar". *In*: HKW 8, pp. 27-37.

69 Cf. *OLECHOWSKI, Thomas. Hans Kelsen*: Biographie eines Rechtswissenschaftlers. 2ª ed. Tübingen: Mohr Siebeck, 2021, pp. 52 e s.

70 *KELSEN, Hans*. "Verteidigung der Demokratie". *Blätter der Staatspartei* 2, 1932, pp. 90-98 (98). Um outro exemplo é o final de "Essência e Valor da Democracia", em que Kelsen relata de forma marcante "um episódio da vida de Jesus" – a narrativa bíblica de Jesus diante de Pilatos, segundo João 18, 37-40 – e declara que, diante dos "crentes políticos", não quer "de modo algum invocar o fato de que a voz do povo, afinal de contas, foi aqui a voz de Deus, que, por esse caminho doloroso, chamou de volta para si o seu Filho". (*KELSEN, Hans*. "Vom Wesen und Werte der Demokratie: Vortrag vor der Wiener Juristischen Gesellschaft am 5. November 1919". *Gerichtshalle* 63 [1919], pp. 292-294 e 304-308 [308] = HKW 4, pp. 175-198 [197 e s.]).

71 Cf. *FELLNER, Fritz*. "Der Vertrag von St. Germain". *In*: WEINZIERL, Erika; SKALNIK, Kurt (Coord.). *Österreich 1918-1938*: Geschichte der Ersten Republik. vol. 1. Graz/Viena/Colônia: Styria, 1983, pp. 85-106.

72 Sobre isso, de modo detalhado: *OLECHOWSKI, Thomas*. "Das 'Anschlußverbot' im Vertrag von Saint Germain". *In*: ZIEGERHOFER, Anita (Coord.). *Eine Friedensordnung für Europa?* Der Vertrag von St. Germain im Kontext der Pariser Vororte-Verträge. Göttingen: V&R unipress, 2019, pp. 371-385.

73 Cf. *KELSEN, Hans*. *Österreichisches Staatsrecht*. Ein Grundriß entwicklungsgeschichtlich dargestellt. Tübingen: J. C. B. Mohr, 1923, p. 147 = HKW 10, pp. 29-263 (185) = DPA, pp. 31-289.

74 Cf. *FELLNER, Fritz*. "Der Vertrag von St. Germain". *In*: WEINZIERL, Erika; SKALNIK, Kurt (Coord.). *Österreich 1918-1938*: Geschichte der Ersten Republik. vol. 1. Graz/Viena/Colônia: Styria, 1983, pp. 94 e s.; veja-se, também: *STADLER, Karl R*. *Hypothek auf die Zukunft*: Die Entstehung der österreichischen Republik 1918-1921. Viena/Frankfurt/Zurique: Europa Verlag, 1968, pp. 70 e s.

75 Cf. Art. 2 Gesetz vom 21. Oktober 1919 über die Staatsform [Lei de 21 de outubro de 1919 sobre a forma de Estado], StGBl. 1919/484.

76 Cf. *KELSEN, Hans*. *Österreichisches Staatsrecht*. Ein Grundriß entwicklungsgeschichtlich dargestellt. Tübingen: J. C. B. Mohr, 1923, pp. 146 e s. = HKW 10, pp. 29-263 (184 e s.) = DPA, pp. 31-289.

77 Cf. *BRUCKMÜLLER, Ernst*. "Die Entwicklung des Österreichbewusstseins". *In*: KRIECHBAUMER, Robert (Coord.). *Österreichische Nationalgeschichte nach 1945*. Der Spiegel der Erinnerung: Die Sicht von Innen. vol. 1. Viena/Colônia/Weimar: Böhlau, 1998, pp. 369-396 (371-373).

78 Três citações: *KELSEN, Hans*. *Österreichisches Staatsrecht*. Ein Grundriß entwicklungsgeschichtlich dargestellt. Tübingen: J. C. B. Mohr, 1923, p. 238 = HKW 10, pp. 29-263 (263) = DPA, pp. 31-289 (288).

79 Quanto à percepção contemporânea, veja-se a frase do presidente federal austríaco sobre a "beleza da nossa Constituição Federal", que se tornou algo como um "dito consagrado" (*BELLEN, Alexander van der*. "Über die Schönheit unserer Bundesverfassung. Die Bundesverfassung bildet die 'Magna Charta' unseres Landes". *In*: HILPOLD, Peter; MATZKA, Manfred;

HÄMMERLE, Walter (Coord.). *100 Jahre Verfassung. 77 Stimmen zum Jubiläum des österreichischen Bundes-Verfassungsgesetzes [B-VG]. Ein Lesebuch*. Viena: Facultas, 2020, pp. 10-11).

80 Veja-se: *ADAMOVICH jun., Ludwig*. "Durch Verdrängung löst man keine Probleme. Recht, Gesetz – und die Erfahrungen von 1938". *In*: CHORHERR, Thomas (Coord.). *1938 – Anatomie eines Jahres*. Viena: Ueberreuter, 1987, pp. 399-411 (403 e s.), que destaca o antigo "dilema" da casa alemã de Habsburgo-Lorena entre a aspiração à supremacia no espaço germânico e – devido aos numerosos membros de outros grupos étnicos em seus territórios – a coesão das Terras da Coroa.

81 Cf. *BAUER, Otto. Die österreichische Revolution*. Viena: Wiener Volksbuchhandlung, 1923, pp. 269 e s.

82 Cf. entrevista de Renner no Wiener Tagblatt: *N.N.*, Staatskanzler a.D. Dr. Renner: 'Ich stimme mit Ja.'. Neues Wiener Tagblatt nº 25908, de 3 de abril 1938, p. 3.

83 Cf. *NASKO, Siegfried. Karl Renner*: Zu Unrecht umstritten? Eine Wahrheitssuche. Salzburg/Viena: Residenz, 2016, pp. 332 e s.

84 O fato de Kelsen manter certas ligações nesse meio é evidenciado pela mensagem de felicitações – de outra forma difícil de compreender – publicada no jornal Salzburger Nachrichten de 21 de fevereiro de 1962, na qual Kelsen parabeniza calorosamente o jurista Egbert Mannlicher, conhecido por sua filiação ao nacional-socialismo, por ocasião de seu 80º aniversário. Kelsen havia trabalhado com Mannlicher na elaboração da Constituição, veja-se VfAB B-VG 1920 (nota 58), p. 511. Sobre isso, veja-se: *OLECHOWSKI, Thomas. Hans Kelsen*: Biographie eines Rechtswissenschaftlers. 2ª ed. Tübingen: Mohr Siebeck, 2021, p. 271; sobre Mannlicher, veja-se também *OLECHOWSKI, Thomas. Der österreichische Verwaltungsgerichtshof*: Geschichte der Verwaltungsgerichtsbarkeit in Österreich – das Palais der ehemaligen Böhmisch-Österreichischen Hofkanzlei, Viena: Verlag Österreich, 2001, pp. 60-62.

85 A questão se coloca em função da ascendência judaica de Kelsen, cf. *OLECHOWSKI, Thomas. Hans Kelsen*: Biographie eines Rechtswissenschaftlers. 2ª ed. Tübingen: Mohr Siebeck, 2021, pp. 379 e s.

86 Cf. *ALBRICH, Thomas*. "Vom Antijudaismus zum Antisemitismus in Österreich: Von den Anfängen bis Ende der 1920er Jahre". *In*: ENDERLE-BURCEL, Gertrude; REITER-ZATLOUKAL, Ilse (Coord.). *Antisemitismus in Österreich 1933-1938*. Viena/Colônia/Weimar: Böhlau, 2018, pp. 37-60 (50-56).

87 Cf. *OLECHOWSKI, Thomas. Hans Kelsen*: Biographie eines Rechtswissenschaftlers. 2ª ed. Tübingen: Mohr Siebeck, 2021, p. 369.

88 Veja-se a entrevista publicada em um relatório jornalístico: *N.N.*, "Professor Outlines the Basis for Austro-German Anschluss: Union between the Two Countries Seen as a Moral and Political Requirement". *Christian Science Monitor* de 20 abril de 1927, p. 17.

Direito Público Austríaco (Kelsen)

1 Gesetz vom 1. Oktober 1920, womit die Republik Österreich als Bundesstaat eingerichtet wird (Bundes-Verfassungsgesetz), BGBl 1920/1 [Lei de 1º de outubro de 1920, que estabelece a República da Áustria como um estado federal (Constituição Federal), Diário Oficial 1920/1] (doravante: B-VG 1920).

2 Ludwig Adamovich sênior (1890-1955), professor de Direito Constitucional e juiz constitucional. De 1918 a 1927, foi funcionário administrativo do governo da província da Baixa Áustria [Niederösterreich] e da Chancelaria Federal; em 1924, obteve a livre-docência [Habilitation] em Viena; de 1927 a 1928, foi professor na Universidade Alemã de Praga; de 1928 a 1934, na Universidade de Graz (reitor em 1931/1932); de 1934 a 1938, na Universidade de Viena (reitor em 1935/1936). Foi membro da Corte Constitucional de 1930 a 1933 e de 1945 a 1955 (vice-presidente de 1945 a 1946, presidente de 1946 a 1955), membro do Conselho de Estado [Staatsrat] e da Câmara dos Deputados [Bundestag] de 1934 a 1938; ministro da Justiça em 1938. Foi forçado a se aposentar como professor universitário após a anexação da Áustria pela Alemanha [Anschluss] em 1938 e reabilitado em 1945 (1945–1947, reitor da Universidade de Viena). Participou significativamente da elaboração da emenda de 1929 à Constituição Federal, bem como da Constituição Transitória de 1945. Obras relevantes: *Die Prüfung der Gesetze und Verordnungen durch den österreichischen Verfassungsgerichtshof*. Leipzig/Viena: Deuticke, 1923; *Grundriss des österreichischen Staatsrechts (Verfassungs- und Verwaltungsrechtes)*. Viena: [s.n.], 1928 (a partir da quarta edição, a obra foi dividida em: *Grundriss des österreichischen Verfassungsrechts*, Viena, 1947; *Grundriss des österreichischen Verwaltungsrechts*, Viena, 1947; *Grundriss des österreichischen Verfassungsrechts*. Viena, 1947); *Die österreichischen Verfassungsgesetze des Bundes*. Viena: Springer, 1925 (8ª ed., Viena, 1953).

3 Esta nota se refere à literatura listada por Kelsen, p. 33, nota i. BERNATZIK, Edmund (Coord.). Die österreichischen Verfassungsgesetze mit Erläuterungen. 2ª ed. Viena: Manz, 1911. Edmund Bernatzik (1854-1919), professor de Direito Público: 1891-1893 professor ordinário em Basel, 1893 em Graz, 1894-1919 na Universidade de Viena (1910/1911, reitor); 1900-1905 membro suplente; 1905-1918 membro do Tribunal de Justiça do Império; 1818-1891 membro do Tribunal Constitucional Austro-Alemão. Obras importantes: Rechtsprechung und materielle Rechtskraft, Viena, 1886; Republik und Monarchie, Freiburg i. Br., 1892 (2ª ed., Tübingen, 1919); (Coord.). Die Österreichischen Verfassungsgesetze, Leipzig, 1906 (2ª ed., Viena, 1911).

4 Verfassungsurkunde des österreichischen Kaiserstaates [Documento Constitucional do Estado Imperial Austríaco] em Allerhöchstes Patent vom 25. April 1848. Verfassungs-Urkunde des österreichischen Kaiserstaates, PGS 1848/49 (doravante: Constituição Pillersdorf de 1848).

5 Franz Xaver Freiherr von Pillersdorf (1786-1862), funcionário público e estadista. De 1808-1811, secretário de Governo no Conselho de Estado [Staatsrat] e na Conferência de Estado [Konferenzrat] para Assuntos Domésticos. De 1811-1815, secretário da Corte. De 1815-1817, conselheiro da Corte na Câmara Geral da Corte. A partir de 1817, designado especialmente a serviço do ministro das Finanças Johann Philipp Graf von Stadion (1763-1824). De 1824-1832, vice-presidente na Câmara Geral da Corte. De 1832-1848, chanceler da Corte na Chancelaria da Corte Unida. No ano revolucionário de 1848, ministro do Interior a partir de 20 de março e também primeiro-ministro a partir de 4 de maio; renunciou em 8 de julho. Foi deputado até dezembro e vice-presidente do Parlamento de Kremsier a partir de outubro. Em seguida, foi condenado ao ostracismo e viveu em reclusão, mas voltou a ser membro da Câmara dos Deputados de 1861 a 1862. A primeira Constituição moderna da Áustria leva seu nome.

6 Cf. §§ 1, 2 Constituição Pillersdorf de 1848 (nota 4).

7 Cf. § 10 Constituição Pillersdorf de 1848 (nota 4).

8 Cf. §§ 34-36 Constituição Pillersdorf de 1848 (nota 4).

9 Cf. § 45 Constituição Pillersdorf de 1848 (nota 4).

10 Cf. §§ 10, 8, 5, 32 Constituição Pillersdorf de 1848 (nota 4).

11 Cf. §§ 17-31 Constituição Pillersdorf 1848 (nota 4).

12 Cf. §§ 54-57 Constituição Pillersdorf de 1848 (nota 4).

13 § 1 Provisorische Wahlordnung zur Verfassungsurkunde vom 25. April 1848 [Regulamento eleitoral provisório para o documento constitucional de 25 de abril de 1848] em Allerhöchstes Patent vom 9. Mai 1848. Provisorische Wahlordnung für den ersten oesterreichischen Reichstag, PGS 1848/57 (doravante: RWO 1848 I).

14 Cf. § 24 RWO 1848 I (nota 13).

15 Cf. § 31 (2) RWO 1848 I (nota 13).

16 Proclamation. Erklärung des ersten Reichstages als einen constituierenden nur mit einer Kammer und abgeordnete Abänderungen der früheren Wahlordnungen [Proclamação. Declaração do Primeiro Parlamento como Parlamento Constituinte dotado de apenas uma Câmara e emendas secundárias aos regulamentos eleitorais anteriores], PGS 1848/65.

17 Von Seiner k.k. Majestät angeordneten Aenderungen der provisorischen Wahlordnung, Erlaß des k.k. Ministeriums des Innern vom 30. May 1848 [Alterações nos regulamentos eleitorais provisórios ordenadas por Sua Majestade, Resolução do Ministério do Interior de 30 de maio de 1848], PGS 1848/75 (doravante: RWO 1848 II).

18 Kelsen se equivoca aqui: o § 16 (2) RWO 1848 II (nota 17) é idêntico ao § 31 (2) RWO 1848 I (nota 13).

19 Entwurf der Constitutionsurkunde nach den Beschlüssen des Verfassungsausschusses [Esboço da Carta Constitucional de acordo com as

resoluções da Comissão de Constituição], reimpresso em: SPRINGER, Anton (Coord.). *Protokolle des Verfassungs-Ausschusses im Oesterreichischen Reichstage 1848-1849*. Leipzig: S. Hirzel, 1885, pp. 365-383 (doravante: Esboço Kremsier 1848-1849).

20 Franz Joseph I (1830-1916), imperador da Áustria e rei da Hungria de 1848 a 1916. Ele se tornou imperador da Áustria em 2 de dezembro de 1848, depois que seu tio Ferdinando I (1793-1875) e seu pai Franz Karl (1802-1878) abdicaram do trono para dar uma nova cara à monarquia após ter de conter várias revoluções.

21 Ferdinand I de Habsburgo (1793-1875), imperador da Áustria de 1835 a 1848.

22 Reichsverfassung für das Kaiserthum Oesterreich [Constituição Imperial para o Império da Áustria] em Kaiserliches Patent vom 4. März 1849, die Reichsverfassung für das Kaiserthum Oesterreich enthaltend, RGBl. 1849/150 (doravante: Constituição outorgada de 4 de março de 1849).

23 Kaiserliches Manifest vom 4. März 1949, wodurch der Reichstag von Kremsier aufgelöset, und den Völkern Oesterreichs aus eigener Macht des Kaisers eine Reichsverfassung für das gesammte Kaiserthum Oesterreich verliehen wird [Manifesto Imperial de 4 de março de 1949, dissolvendo o Parlamento de Kremsier e concedendo aos povos da Áustria uma Constituição Imperial para todo o Império da Áustria pelo próprio poder do imperador], RGBl. 1849/149.

24 Cf. § 2 Esboço Kremsier 1849-1848 (nota 19).

25 Cf. §§ 34-35, 114 Esboço Kremsier 1848-1849 (nota 19).

26 Cf. §§ 35, 73, 94, 95, 99 Esboço Kremsier 1848-1849 (nota 19).

27 Cf. §§ 87-88, 160 Esboço Kremsier 1848-1849 (nota 19).

28 Cf. §§ 35, 111-116 Esboço Kremsier 1848-1849 (nota 19).

29 Cf. §§ 38, 102-104 Esboço Kremsier 1848-1849 (nota 19).

30 Cf. §§ 64-65, 42, 44 Esboço Kremsier 1848-1849 (nota 19).

31 Cf. § 132 Esboço Kremsier 1848-1849 (nota 19).

32 § 139 Esboço Kremsier 1848-1849 (nota 19) – aspas inseridas pelo tradutor.

33 § 140 Esboço Kremsier 1848-1849 (nota 19) – aspas inseridas pelo tradutor.

34 §§ 1, 6 Entwurf der Grundrechte des österreichischen Volkes [Esboço dos Direitos Fundamentais do Povo Austríaco], publicado em: *Wiener Zeitung*, nº 238 (Extra-Blatt zur Abend-Beilage), 23 dez. 1848 (doravante: Esboço Direitos Fundamentais de Kremsier 1848).

35 Staatsgrundgesetz vom 21. December 1867, über die allgemeinen Rechte der Staatsbürger für die im Reichsrathe vertretenen Königreiche und Länder [Lei Fundamental do Estado de 21 de dezembro de 1867 sobre os direitos gerais dos cidadãos dos reinos e províncias representados no Conselho Imperial], RGBl. 1867/142 (doravante: LFE Direitos Cidadãos 1867).

36 Cf. § 1 Constituição outorgada de 4 de março de 1849 (nota 22).

37 Cf. § 37 Constituição outorgada de 4 de março de 1849 (nota 22).

38 Cf. § 38 Constituição outorgada de 4 de março de 1849 (nota 22).

39 Cf. §§ 40-41 Constituição outorgada de 4 de março de 1849 (nota 22).

40 Cf. § 43 (1) Constituição outorgada de 4 de março de 1849 (nota 22).

41 Cf. § 44 (2) Constituição outorgada de 4 de março de 1849 (nota 22), em conjunto com a correção de erros de impressão de acordo com o RGBl. 1850/436 (após a p. 1910).

42 Cf. § 46 Constituição outorgada de 4 de março de 1849 (nota 22).

43 Cf. § 78 Constituição outorgada de 4 de março de 1849 (nota 22).

44 Cf. § 35 Constituição outorgada de 4 de março de 1849 (nota 22).

45 Cf. § 36 alínea k, § 67 Constituição outorgada de 4 de março de 1849 (nota 22).

46 Cf., por exemplo, 18 Landes-Ordnung [Ordenança Provincial] em Landes-Ordnung und Landtags-Wahlordnung für das Erzherzogthum Oesterreich unter der Enns em Patent vom 26. Februar 1861. Die Verfassung der österreichischen Monarchie, nebst zwei Beilagen, RGBl. 1861/20, Beilage II a, pp. 75-80 [Ordenança Provincial e Regulamento Eleitoral da Assembleia Provincial para o Arquiducado da Áustria Inferior, no Decreto de 26 de fevereiro de 1861. A Constituição da Monarquia Austríaca, com dois anexos, RGBl. 1861/20, Anexo II a] (doravante: OP Áustria Inferior 1861).

47 Cf. § 84 Constituição outorgada de março de 1849 (nota 22).

48 Cf. § 93 (1) Constituição outorgada de 4 de março de 1849 (nota 22).

49 Cf. § 92 Constituição outorgada de 4 de março de 1849 (nota 22).

50 Cf. § 87 Constituição outorgada de 4 de março de 1849 (nota 22).

51 § 14 Gesetz vom 21. December 1867, wodurch das Grundgesetz über die Reichsvertretung vom 26. Februar 1861 abgeändert wird [da Lei de 21 de dezembro de 1867, que altera a Lei Fundamental sobre a Representação Imperial de 26 de fevereiro de 1861], RGBl. 1867/141 (doravante: LF Representação Imperial 1867).

52 Cf. §§ 96-97 Constituição outorgada de 4 de março de 1849 (nota 22).

53 Cf. §§ 14, 28 Constituição Pillersdorf de 1848 (nota 4); §§ 39, 132 Esboço Kremsier 1848-1849 (nota 19); §§ 20, 99 Constituição outorgada de 4 de março de 1849 (nota 22).

54 § 106 Constituição outorgada de 4 de março de 1849 (nota 22) – aspas inseridas pelo tradutor.

55 Kaiserliches Patent vom 4. März 1849, über die, durch die constitutionelle Staatsform gewährleisteten politischen Rechte [Patente Imperial de 4 de março de 1849 sobre os direitos políticos garantidos pela forma constitucional de governo], RGBl. 1849/151.

56 Esboço Direitos Fundamentais de Kremsier 1848 (nota 34).

57 LFE Direitos Cidadãos 1867 (nota 35).

58 Cf. § 120 Constituição outorgada de 4 de março de 1849 (nota 22).

59 Kaiserliches Patent vom 30. Dezember 1849, wodurch die Landesverfassung für das Erzherzogthum Oesterreich unter der Enns sammt der dazu gehörigen Landtags-Wahlordnung erlassen und verkündet wird [Patente Imperial de 30 de dezembro de 1849, pela qual a Constituição Provincial para o Arquiducado da Áustria Inferior, juntamente com o respectivo Regulamento Eleitoral da Assembleia Provincial, é promulgada e publicada], RGBl. 1850/1; Kaiserliches Patent vom 30. Dezember 1849, wodurch die Landesverfassung für das Erzherzogthum Oesterreich ob der Enns sammt der dazu gehörigen Landtags-Wahlordnung erlassen und verkündet wird [Patente Imperial de 30 de dezembro de 1849, pela qual a Constituição Provincial para o Arquiducado da Áustria Superior, juntamente com o respectivo Regulamento Eleitoral da Assembleia Provincial, é promulgada e publicada], RGBl. 1850/2; Kaiserliches Patent vom 30. Dezember 1849, wodurch die Landesverfassung für das Herzogthum Salzburg sammt der dazu gehörigen Landtags-Wahlordnung erlassen und verkündet wird [Patente Imperial de 30 de dezembro de 1849, pela qual a Constituição Provincial para o Ducado de Salzburgo, juntamente com o respectivo Regulamento Eleitoral da Assembleia Provincial, é promulgada e publicada], RGBl. 1850/3; Kaiserliches Patent vom 30. Dezember 1849, wodurch die Landesverfassung für das Herzogthum Kärnthen sammt der dazu gehörigen Landtags-Wahlordnung erlassen und verkündet wird [Patente Imperial de 30 de dezembro de 1849, pela qual a Constituição Estadual para o Ducado da Caríntia, juntamente com o respectivo Regulamento Eleitoral da Assembleia Provincial, é promulgada e publicada], RGBl. 1850/8; Kaiserliches Patent vom 30. Dezember 1849, wodurch die Landesverfassung für das Herzogthum Krain sammt der dazu gehörigen Landtags-Wahlordnung erlassen und verkündet wird [Patente Imperial de 30 de dezembro de 1849, pela qual a Constituição Provincial para o Ducado de Carniola, juntamente com o respectivo Regulamento Eleitoral da Assembleia Provincial, é promulgada e publicada], RGBl. 1850/9; Kaiserliches Patent vom 30. Dezember 1849, wodurch die Landesverfassung für das Herzogthum Ober- und Niederschlesien sammt der dazu gehörigen Landtags-Wahlordnung erlassen und verkündet wird [Patente Imperial de 30 de dezembro de 1849, pela qual a Constituição Provincial para os Ducados da Alta e Baixa Silésia, juntamente com o respectivo Regulamento Eleitoral da Assembleia Provincial, é promulgada e publicada], RGBl. 1850/11; Kaiserliches Patent vom 30. Dezember 1849, wodurch die Landesverfassung für das Herzogthum Steyermark sammt der dazu gehörigen Landtags-Wahlordnung erlassen und verkündet wird [Patente Imperial de 30 de dezembro de 1849, pela qual a Constituição Provincial para o Ducado da Estíria, juntamente com o respectivo Regulamento Eleitoral da Assembleia Provincial, é promulgada e publicada], RGBl. 1850/12; Kaiserliches Patent vom 30. December 1849, wodurch die Landesverfassung für die Markgrafschaft Mähren sammt der dazu gehörigen Landtags-Wahlordnung erlassen und verkündet wird [Patente Imperial de 30 de dezembro de 1849, pela qual a Constituição Provincial para o Marquesado da

Morávia, juntamente com o respectivo Regulamento Eleitoral da Assembleia Provincial, é promulgada e publicada], RGBl. 1850/18; Kaiserliches Patent vom 30. Dezember 1849, wodurch die Landesverfassung für das Königreich Böhmen sammt der dazu gehörigen Landtags-Wahlordnung erlassen und verkündet wird [Patente Imperial de 30 de dezembro de 1849, pela qual a Constituição Provincial para o Reino da Boêmia, juntamente com o respectivo Regulamento Eleitoral da Assembleia Provincial, é promulgada e publicada], RGBl. 1850/21; Kaiserliches Patent vom 30. Dezember 1849, wodurch die Landesverfassung für die gefürstete Grafschaft Tirol mit dem Lande Voralberg sammt der dazu gehörigen Landtags-Wahlordnung erlassen und verkündet wird [Patente Imperial de 30 de dezembro de 1849, pela qual a Constituição Provincial para o Condado Principesco do Tirol com a região de Vorarlberg, juntamente com o respectivo Regulamento Eleitoral da Assembleia Provincial, é promulgada e publicada], RGBl. 1850/22; Kaiserliches Patent vom 25. Jänner 1850, wodurch die Landesverfassung für die gefürstete Grafschaft Görz und Gradiska und die Markgrafschaft Istrien sammt der dazu gehörigen Landtags-Wahlordnung erlassen und verkündet wird [Patente Imperial de 25 de janeiro de 1850, pela qual a Constituição Provincial para o Condado Principesco de Gorizia e Gradisca e para o Marquesado da Ístria, juntamente com o respectivo Regulamento Eleitoral da Assembleia Provincial, é promulgada e publicada], RGBl. 1850/26; Kaiserliches Patent vom 12. April 1850, wodurch die Verfassung für die reichsunmittelbare Stadt Triest erlassen und verkündet wird [Patente Imperial de 12 de abril de 1850, pela qual a Constituição para a cidade imperial imediata de Trieste é promulgada e publicada], RGBl. 1850/139; Kaiserliches Patent vom 29. September 1850, wodurch die Landesverfassung und die Landtags-Wahlordnung für die Königreiche Galizien und Lodomerien mit den Herzogthümern Auschwitz und Zator und dem Großherzogthume Krakau erlassen und verkündet wird [Patente Imperial de 29 de setembro de 1850, pela qual a Constituição Provincial e o Regulamento Eleitoral da Assembleia Provincial para os Reinos da Galícia e Lodoméria, juntamente com os Ducados de Auschwitz e Zator e o Grão-Ducado de Cracóvia, são promulgados e publicados], RGBl. 1850/386; Kaiserliches Patent vom 29. September 1850, wodurch die Landesverfassung und die Landtags-Wahlordnung für das Großherzogthum Bukowina erlassen und verkündet wird [Patente Imperial de 29 de setembro de 1850, pela qual a Constituição Provincial e o Regulamento Eleitoral da Assembleia Provincial para o Grão-Ducado da Bucovina são promulgados e publicados], RGBl. 1850/387; Kaiserliches Patent vom 7. Mai 1850, womit ein neues Grundgesetz für die croatisch-slavonische und die banatisch-serbische Militärgrenze genehmiget wird [Patente Imperial de 7 de maio de 1850, pela qual uma nova Lei Fundamental para a Fronteira Militar croata-eslavônia e a Fronteira Militar sérvio-banata é aprovada], RGBl. 1850/243.

60 Aparentemente, trata-se de um caso de não execução fática das ordenanças provinciais, veja *KLETEČKA, Thomas; SCHMIED-KOWARZIK, Anatol.* "Einleitung". *In*: ______ (Coord.). *Die Protokolle des österreichischen*

Ministerrates 1848-1867. II. Abteilung. Das Ministerium Schwarzenberg. vol. 3: 1. Mai 1850-30. September 1850. Viena: Verlag der ÖAW, 2006, pp. IX-XXIX (XI).

61 Kaiserliches Patent vom 31. December 1851, wirksam für den ganzen Umfang des Reiches, womit die Verfassungs-Urkunde vom 4. März 1849, Nr. 150 des R.G.B., außer Gesetzeskraft erklärt, jedoch die Gleichheit aller Staats-Angehörigen vor dem Gesetze, sowie die Unzulässigkeit und die Abstellung jedes bäuerlichen Unterthänigkeits- oder Hörigkeits-Verbandes und der damit verbundenen Leistungen ausdrücklich bestätiget, ferner für die zunächst wichtigsten und dringendsten Richtungen der organischen Gesetzgebung eine Reihe von Grundsätzen festgestellt, bis zur Kundmachung der hiernach auszuarbeitenden Gesetze aber die Beobachtung der dermalen in Wirksamkeit bestehenden Gesetze angeordnet wird [Patente Imperial de 31 de dezembro de 1851, aplicável a todo o território do Império, pela qual a Carta Constitucional de 4 de março de 1849, nº 150 do RGBl., é revogada, porém a igualdade de todos os súditos perante a lei, bem como a inadmissibilidade e a abolição de qualquer vínculo de sujeição ou servidão camponesa e das obrigações a ela associadas, são expressamente confirmadas, além disso, para as direções mais importantes e urgentes da legislação orgânica, uma série de princípios são estabelecidos, até a promulgação das leis a serem elaboradas com base nesses princípios, porém, a observância das leis atualmente em vigor é determinada], RGBl. 1852/2 (doravante: Patente Silvester I 1851); Kaiserliches Patent vom 31. December 1851, wirksam für Oesterreich ob und unter der Enns, Salzburg, Steiermark, Kärnthen, Krain, Görz und Gradiska, Istrien, Triest, Tirol und Vorarlberg, Böhmen, Mähren, Schlesien, Galizien und Lodomerien, Krakau, Bukowina und Dalmatien, wodurch das Patent vom 4. März 1849 (Nr. 151 des R.G.B.) und die darin für die genannten Kronländer verkündeten Grundrechte außer Gesetzeskraft gesetzt, jedoch jede in diesen Kronländern gesetzlich anerkannte Kirche und Religionsgesellschaft in dem Rechte der gemeinsamen öffentlichen Religionsübung, dann in der selbständigen Verwaltung ihrer Angelegenheiten, ferner im Besitze und Genusse der für ihre Cultus-, Unterrichts- und Wohltätigkeits-Zwecke bestimmten Anstalten, Stiftungen und Fonde erhalten und geschützt wird [Patente Imperial de 31 de dezembro de 1851, aplicável à Áustria Superior e Inferior, Salzburgo, Estíria, Caríntia, Carniola, Gorizia e Gradisca, Ístria, Trieste, Tirol e Vorarlberg, Boêmia, Morávia, Silésia, Galícia e Lodoméria, Cracóvia, Bucovina e Dalmácia, pela qual a Patente de 4 de março de 1849 (nº 151 do RGBl.) e os direitos fundamentais nela promulgados para os referidas províncias da Coroa são revogados, porém, toda igreja e comunidade religiosa legalmente reconhecida nessas províncias da Coroa é mantida e protegida no direito ao exercício público comum de sua religião, bem como na administração autônoma de seus assuntos, além disso, na posse e usufruto das instituições, fundações e fundos destinados aos seus fins de culto, ensino e beneficência], RGBl. 1852/3; Grundsätze für organische Einrichtungen in den Kronländern des österreichischen Kaiserstaates, in: Allerhöchstes

Cabinetsschreiben Seiner Majestät des Kaisers vom 31. December 1851, an den Minister-Präsidenten, wordurch die für die organische Gesetzgebung des Reiches festgestellten Grundsätze mit dem Auftrage mitgetheilt werden, daß ohne alle Verzögerung von den Ministerien zu den Arbeiten der Ausführung geschritten und die Resultate sofort Seiner Majestät vorgelegt werden sollen [Princípios para as disposições orgânicas nas províncias da Coroa do Império Austríaco, em: Carta Régia de Sua Majestade Imperial de 31 de dezembro de 1851 ao Presidente do Conselho de Ministros, pela qual os princípios estabelecidos para a legislação orgânica do Império são comunicados com a determinação de que os ministérios iniciem imediatamente os trabalhos de implementação e submetam os resultados sem demora à Sua Majestade], RGBl. 1852/4 (doravante: Patente Silvester III 1851).

62 Kaiserliches Patent vom 13. April 1851, wodurch das Statut für den Reichsrath erlassen und kundgemacht wird [Patente Imperial de 13 de abril de 1851, que promulga e divulga o estatuto do Conselho Imperial], RGBl. 1851/92 (doravante: Estatuto Conselho Imperial 1851).

63 Cf. §§ 1, 2, 4, 7, 10 Estatuto Conselho Imperial 1851 (nota 62).

64 Cf. § 13 (1), § 14 sentença 1, §§ 16, 30 Estatuto Conselho Imperial 1851 (nota 62).

65 Linhas 1-2 Allerhöchstes Cabinetschreiben Seiner Majestät des Kaisers an den Reichsrathspräsidenten vom 20. August 1851, womit demselben die (unter Nr. 194 des Reichsgesetzblattes vorkommenden) Beschlüsse über die Bezeichnung der Verantwortlichkeit und die künftige Stellung des Ministeriums mitgetheilt und mehrere Abänderungen in der Stellung und dem Statute des Reichsrathes festgesetzt werden [Carta Régia de Sua Majestade Imperial ao Presidente do Conselho Imperial de 20 de agosto de 1851, pela qual lhe são comunicadas as resoluções (constantes do nº 194 do Diário Oficial do Império) sobre a definição da responsabilidade e a futura posição do ministério, bem como determinadas várias alterações na posição e no estatuto do Conselho Imperial], RGBl. 1851/196.

66 Cf. § 5 Estatuto Conselho Imperial 1851 (nota 62).

67 Allerhöchstes Cabinetschreiben Seiner Majestät des Kaisers an den Ministerpräsidenten vom 20. August 1851, womit die Bedeutung und der Umfang der Verantwortlichkeit des Ministeriums, so wie die hieraus für die Verpflichtungen und die künftige Stellung desselben fließenden Bestimmungen festgesetzt werden [Carta do Gabinete Superior de Sua Majestade, o Imperador, ao Primeiro-Ministro, de 20 de agosto de 1851, definindo o significado e o escopo da responsabilidade do Ministério, bem como as disposições decorrentes para as obrigações e a posição futura do mesmo], RGBl. 1851/194.

68 Cf. §§ 84, 91 da Constituição outorgada de 4 março de 1849 (nota 22).

69 Patente Silvester I 1851 (nota 61).

70 Patente Silvester III 1851 (nota 61).

71 Cf. nº 4-6 Patente Silvester III 1851 (nota 61).

72 Cf. nº 19 (1) Patente Silvester III 1851 (nota 61).

73 Cf. nº 10 (1) Patente Silvester III 1851 (nota 61).

74 Cf. nº 17 Patente Silvester III 1851 (nota 61).

75 Cf. nos. 20-29 Patente Silvester III 1851 (nota 61).

76 Kaiserliche Verordnung vom 18. April 1850, wirksam für alle jene Kronländer, für welche das Allerhöchste Patent vom 4. März 1849 erflossen ist, mit welcher das Verhältnis der katholischen Kirche zur Staatsgewalt festgestellt wird [Decreto Imperial de 18 de abril de 1850, válido para todas as províncias da Coroa para as quais a Patente Suprema de 4 de março de 1849 foi emitida, pelo qual a relação da Igreja Católica com a autoridade estatal é determinada], RGBl. 1850/156; Kaiserliche Verordnung vom 23. April 1850, wirksam für alle jene Kronländer, für welche das Allerhöchste Patent vom 4. März 1849 erflossen ist, mit welcher die Beziehungen der katholischen Kirche zum öffentlichen Unterrichte näher bestimmt werden [Decreto Imperial de 23 de abril de 1850, válido para todas as províncias da Coroa para as quais a Patente Suprema de 4 de março de 1849 foi emitida, pelo qual a relação da Igreja Católica com a educação pública é determinada em mais detalhes], RGBl. 1850/157.

77 Conventio inter Sanctitatem Suam Pium IX Summum Pontificem et Majestatum Suam Caesareo-Regiam Apostolicam Franciscum Josephum I. Imperatorem Austriae, reimpressa em: Kaiserliches Patent vom 5. November 1855, wirksam für den ganzen Umfang des Reiches, womit das zwischen Seiner Heiligkeit Papst Pius IX. und Seiner kaiserlich-königlichen Apostolischen Majestät Franz Joseph I., Kaiser von Oesterreich, am 18. August 1855 zu Wien abgeschlossene Uebereinkommen (Concordat) kundgemacht und angeordnet wird, daß die Bestimmungen desselben, mit Vorbehalt der in den Artikeln I und II dieses Patentes angedeuteten Anordnungen im ganzen Umfange des Reiches von dem Zeitpuncte der Kundmachung dieses Patentes an in volle Gesetzeskraft zu treten haben [Patente Imperial de 5 de novembro de 1855, aplicável a todo o território do Império, pela qual é promulgado o acordo (Concordata) celebrado em 18 de agosto de 1855, em Viena, entre Sua Santidade o Papa Pio IX e Sua Majestade Imperial e Real Apostólica Francisco José I, Imperador da Áustria, e ordenado que as disposições desse acordo, com a reserva das determinações indicadas nos Artigos I e II desta Patente, entrem em plena vigência em todo o território do Império a partir da data de sua publicação], RGBl. 1855/195 (doravante: Concordata 1855).

78 Kaiserliches Patent vom 8. October 1856, wirksam für den ganzen Umfang des Reiches, womit, in Ausführung des Artikels X des Concordates, über die Eheangelegenheiten der Katholiken im Kaiserthume Oesterreich, in soweit sie dem Bereiche der bürgerlichen Gesetzgebung angehören, ein neues Gesetz erlassen, und festgesetzt wird, daß dasselbe mit dem 1. Jänner 1857 seinem vollen Inhalte nach in Wirksamkeit zu treten habe [Patente Imperial de 8

de outubro de 1856, em vigor para toda a extensão do Império, pela qual, em implementação do Artigo X da Concordata, uma nova lei é promulgada sobre os assuntos matrimoniais dos católicos no Império da Áustria, na medida em que pertencem à área da legislação civil, e é determinado que a mesma entrará em vigor em sua totalidade em 1º de janeiro de 1857], RGBl. 1856/185.

79 § 1 Kaiserliches Patent vom 5. März 1860, womit eine Verstärkung des Reichsrathes durch außerordentliche Reichsräthe angeordnet wird, und die Bestimmungen über die Zusammensetzung und den Wirkungskreis des verstärkten Reichsrathes getroffen werden [Patente Imperial de 5 de março de 1860, pela qual é ordenado o fortalecimento do Conselho Imperial por meio de conselheiros imperiais extraordinários, e estabelecidas as disposições sobre a composição e o âmbito de atuação do Conselho Imperial Reforçado], RGBl. 1860/56 (doravante: Patente Conselho Imperial Reforçado 1860).

80 A lista tríplice tem origem no Direito canônico (cf. can. 377 § 3 Codex Iuris Canonici 1983, em: AAS 75 II (1983)) e consiste em uma lista de indicações com três nomes para o preenchimento de cargos importantes.

81 Cf. §§ 3-4 Patente Conselho Imperial Reforçado 1860 (nota 79) – Kelsen faz paráfrase.

82 § 13 (1), §§ 16, 17, 37 Estatuto Conselho Imperial 1851 (nota 62).

83 Cf. § 10 (1) Patente Conselho Imperial Reforçado 1860 (nota 79).

84 Kaiserliche Verordnung vom 5. März 1860, wodurch die, sogleich nach Activirung der Landesvertretungen vorzunehmenden Wahlen für den verstärkten Reichsrath mit der weiteren Bestimmung angeordnet werden, daß bis zur Einberufung der, aus den Landesvertretungen zu ernennenden außerordentlichen Reichsräthe die vorläufige Beiziehung anderer befähigter Männer aus den einzelnen Kronländern zu den Berathungen des verstärkten Reichsrathes stattzufinden, und daß der verstärkte Reichsrath zur Prüfung des Staatsvoranschlages für das Verwaltungsjahr 1861 im Monate Mai 1860 zusammenzutreten hat [Decreto Imperial de 5 de março de 1860, pelo qual são ordenadas as eleições para o Conselho Imperial Reforçado, a serem realizadas imediatamente após a ativação das representações provinciais, com a determinação adicional de que, até a nomeação dos conselheiros imperiais extraordinários pelas representações provinciais, homens qualificados das diferentes terras da Coroa sejam temporariamente convocados para participar das deliberações do Conselho Imperial Reforçado, e de que este deverá reunir-se no mês de maio de 1860 para examinar o orçamento estatal do ano administrativo de 1861], RGBl. 1860/57 (doravante: Regulamento Eleitoral Conselho Imperial Reforçado 1860).

85 Patente Conselho Imperial Reforçado 1860 (nota 79).

86 Cf. § Regulamento Eleitoral Conselho Imperial Reforçado 1860 (nota 84).

87 Cf. § 22 (1) Geschäfts-Ordnung für den verstärkten Reichsrath [Regimento Interno para o Conselho Imperial Reforçado], reimpressa em: *Verhandlungen*

des verstärkten Reichsrathes (Separat-Abdruck aus der kaiserlichen Wiener Zeitung.), Viena, 1860, pp. XI-XIII.

88 Allerhöchstes Handschreiben Seiner Majestät des Kaisers an den durchlauchtigsten Herrn Erzherzog-Reichsraths-Präsidenten vom 17. Juli 1860, womit Höchstdemselben der Allerhöchste Beschluß mitgetheilt wird, daß Seine k. k. Apostolische Majestät künftig die Einführung neuer Steuern und Auflagen, dann die Erhöhung der bestehenden Steuer- und Gebührensätze bei den directen Steuern, bei der Verzehrungssteuer und bei den Gebühren von Rechtsgeschäften, Urkunden, Schriften und Amtshandlungen, endlich die Aufnahme neuer Anlehen, mit Ausnahme der Fälle einer Kriegsgefahr, nur mit Zustimmung des verstärkten Reichsrathes anordnen werden [Carta Régia de Sua Majestade Imperial ao Ilustríssimo Arquiduque Presidente do Conselho Imperial, de 17 de julho de 1860, pela qual lhe é comunicado o Decreto Régio determinando que Sua Majestade Imperial e Real Apostólica, no futuro, somente ordenará a introdução de novos impostos e tributos, bem como o aumento das alíquotas dos impostos diretos, do imposto sobre consumo e das taxas sobre transações jurídicas, documentos, escrituras e atos administrativos, além da contração de novos empréstimos – exceto em casos de perigo de guerra – com a aprovação do Conselho Imperial Reforçado], RGBl. 1860/181 (doravante: Carta Régia Impostos Conselho Imperial 1860) – Kelsen faz paráfrase.

89 Kelsen provavelmente está se referindo à parte do relatório do Comitê do Conselho Imperial Reforçado conhecida como "Moção da Maioria", que continha considerações sobre a organização da monarquia (reimpresso em: *Verhandlungen des verstärkten Reichsrathes (Separat-Abdruck aus der kaiserlichen Wiener Zeitung)*, Viena, 1860, pp. 333-335 (décima-sexta sessão de 22 de setembro de 1860)).

90 Kaiserliches Manifest vom 20. October 1860 [Manifesto Imperial de 20 de outubro de 1860], RGBl. 1860/225.

91 Kaiserliches Diplom vom 20. October 1860, zur Regelung der inneren staatsrechtlichen Verhältnisse der Monarchie [Diploma Imperial de 20 de outubro de 1860, que regulamenta as relações constitucionais internas da monarquia], RGBl. 1860/226 (doravante: Diploma de outubro de 1860).

92 Carlos VI (1685-1740), imperador romano-alemão, arquiduque da Áustria.

93 Sanção Pragmática (Sanctio Pragmatica, Ueber die Erbfolge des Durchlauchtigsten Ertz-Hauses Oesterreich, 19. April 1713, reimpressa em: HERRENLEBEN, Sebastian Gottlieb (Coord.). *Sammlung Oesterreichischer Gesetze und Ordnungen, Wie solche von Zeit zu Zeit vergangen und publiciret worden, So viele deren über die in Parte I & II Codicis Austriaci eingedruckten bis auf das Jahr 1720 weiter aufbringen waren*. Leipzig: Eisfeld, 1748, p. 683) é como se costuma referir à declaração da ordem sucessória dinástica (habsburga) anteriormente mantida em sigilo, promulgada em 12 de setembro de 1703 pelo imperador Carlos VI. Por meio dela, foram estabelecidas a indivisibilidade e a inseparabilidade de todos os reinos e

territórios hereditários dos Habsburgos. A ordem sucessória unificada instituiu a primogenitura linear com sucessão feminina subsidiária, permitindo assim a sucessão da filha mais velha do imperador Carlos VI, Maria Teresa (1717-1780) (doravante: Sanção Pragmática 1713).

94 Carta Régia Impostos Conselho Imperial 1860 (nota 88).

95 Art. I-III Diploma de outubro de 1860 (nota 91) – ênfase de Kelsen.

96 Allerhöchstes Handschreiben vom 20. Oktober 1860 [Carta Régia de 20 de outubro de 1860], impressa em: *Wiener Zeitung*, nº 249, 21 out. 1860, p. 4235.

97 Kaiserliches Patent vom 20. October 1860, womit das Statut über die Landesvertretung im Herzogthume Steiermark erlassen wird [Patente Imperial de 20 de outubro de 1860 que promulga o Estatuto da Representação Provincial no Ducado da Estíria], RGBl. 1860/227.

98 Kaiserliches Patent vom 20. October 1860, womit das Statut über die Landesvertretung im Herzogthume Kärnthen erlassen wird [Patente Imperial de 20 de outubro de 1860 que promulga o Estatuto da Representação Provincial no Ducado da Caríntia], RGBl. 1860/232.

99 Kaiserliches Patent vom 20. October 1860, womit das Statut über die Landesvertretung im Herzogthume Salzburg erlassen wird [Patente Imperial de 20 de outubro de 1860 que promulga o Estatuto da Representação Provincial no Ducado de Salzburgo], RGBl. 1860/238.

100 [Kaiserliches Patent vom 20. October 1860, womit das Statut über die Landesvertretung für die gefürstete Grafschaft Tirol erlassen wird [Patente Imperial de 20 de outubro de 1860, com a qual é emitido o estatuto sobre a representação provincial para o condado principesco do Tirol], RGBl. 1860/254.

101 Patent vom 26. Februar 1861. Die Verfassung der Österreichischen Monarchie, nebst zwei Beilagen [Patente de 26 de fevereiro de 1861: A Constituição da Monarquia Austríaca, juntamente com dois suplementos], RGBl. 1861/20 (doravante: Patente Fevereiro 1861) – o Anexo II (pp. 75-311) contém quinze ordenações provinciais.

102 Patente Fevereiro 1861 (nota 101).

103 Cf. art. I, III (1), art. VI da Patente Fevereiro 1861 (nota 101).

104 Grundgesetz über die Reichsvertretung, in: Patent vom 26. Februar 1861. Die Verfassung der österreichischen Monarchie, nebst zwei Beilagen [Lei Fundamental sobre a Representação Imperial, em: Patente de 26 de fevereiro de 1861. A Constituição da Monarquia Austríaca, com dois anexos], RGBl. 1861/20, Anexo I, pp. 72-74 (doravante: LF Representação Imperial 1861).

105 Cf., por exemplo, OP Áustria Inferior 1861 (nota 46).

106 Cf., por exemplo, Landtags-Wahlordnung [Regulamento Eleitoral da Assembleia Provincial], in: Landes-Ordnung und Landtags-Wahlordnung für das Erzherzogthum Österreich unter der Enns [Ordenança Provincial

e Regulamento Eleitoral da Assembleia Provincial para o Arquiducado da Áustria Inferior], in: Patent vom 26. Februar 1861. Die Verfassung der österreichischen Monarchie, nebst zwei Beilagen [Patente de 26 de fevereiro de 1861. A Constituição da Monarquia Austríaca, com dois anexos], RGBl. 1861/20, Anexo II a, pp. 81-89 (doravante RE Áustria Inferior 1861).

107 Cf., por exemplo, Anhang, in: Landes-Ordnung und Landtags-Wahlordnung für das Erzherzogthum Österreich unter der Enns, in: Patent vom 26. Februar 1861. Die Verfassung der österreichischen Monarchie, nebst zwei Beilagen [Anexo: em Regulamento Eleitoral da Assembleia Provincial, em: Ordenança Provincial e Regulamento Eleitoral da Assembleia Provincial para o Arquiducado da Áustria Inferior, em: Patente de 26 de fevereiro de 1861. A Constituição da Monarquia Austríaca, com dois anexos], RGBl. 1861/20, Anexo II a, pp. 81-89.

108 § 1 (2) LF Representação Imperial 1861 (nota 104).

109 Cf. §§ 2-5 LF Representação Imperial 1861 (nota 104).

110 Cf. § 6 LF Representação Imperial 1861 (nota 104).

111 Cf. § 7 (3) LF Representação Imperial 1861 (nota 104).

112 Cf. § 8 LF Representação Imperial 1861 (nota 104).

113 Cf. § 9 LF Representação Imperial 1861 (nota 104).

114 Cf. §§ 10-11 LF Representação Imperial 1861 (nota 104).

115 § 10 (1) LF Representação Imperial 1861 (nota 104).

116 Cf. § 10 (2) LF Representação Imperial 1861 (nota 104).

117 Cf., por exemplo, §§ 16-25 OP Áustria Inferior 1861 (nota 46).

118 Cf. § 12 (2) sentença 2 LF Representação Imperial 1861 (nota 104).

119 Cf. § 13 LF Representação Imperial 1861 (nota 104).

120 Cf. § 87 Constituição outorgada de 4 março de 1849 (nota 22).

121 Cf. § 15 LF Representação Imperial 1861 (nota 104).

122 Cf. § 18 LF Representação Imperial 1861 (nota 104).

123 Cf. § 20 (2) LF Representação Imperial 1861 (nota 104).

124 Landes-Ordnung, in: Landes-Ordnung und Landtags-Wahlordnung für das Küstenland, d.i. für die reichsunmittelbare Stadt Triest mit ihrem Gebiete, für die gefürstete Grafschaft Görz und Gradiska, und für die Markgrafschaft Istrien, in: Patent vom 26. Februar 1861. Die Verfassung der österreichischen Monarchie, nebst zwei Beilagen [Ordenança Provincial, em: Regulamento Provincial e Regulamento Eleitoral da Assembleia Provincial para o Litoral, ou seja, para a cidade imperial imediata de Trieste com seu território, para o Condado Principesco de Gorizia e Gradisca e para o Marquesado da Ístria, em: Patente de 26 de fevereiro de 1861. A Constituição da Monarquia Austríaca, com dois anexos], RGBl. 1861/20, Anexo II i, pp. 198-204.

125 Votos virilistas são aqueles concedidos a determinadas pessoas com base em sua posição, cf., por exemplo, § 3 lit a-b OP Áustria Inferior 1861 (nota 46).

126 No sistema de eleição por cúria, as pessoas com direito a voto são divididas em vários grupos (cúrias) – normalmente de acordo com sua obrigação fiscal ou propriedade – e cada grupo elege um determinado número de deputados.

127 Cf., por exemplo, § 3 OP Áustria Inferior 1861 (nota 46).

128 Cf., por exemplo, § 9, § 10 para 2, § 12 lit a-b RE Áustria Inferior 1861 (nota 106).

129 Cf., por exemplo, § 41 (1) RE Áustria Inferior 1861 (nota 106).

130 Cf., por exemplo, § 13 (1 RE Áustria Inferior 1861 (nota 106). Isso não se aplica aos deputados da classe eleitoral de grandes propriedades rurais e a certos outros grupos de eleitores, cf., por exemplo, §§ 9, 12 da RE Áustria Inferior 1861 (nota 106).

131 Cf., por exemplo, § 6 para (1) OP Áustria Inferior 1861 (nota 46).

132 Cf., por exemplo, § 7 OP Áustria Inferior 1861 (nota 46).

133 Cf., por exemplo, § 8 OP Áustria Inferior 1861 (nota 46).

134 Cf., por exemplo, § 10 (2) OP Áustria Inferior 1861 (nota 46).

135 Cf., por exemplo, § 4 OP Áustria Inferior 1861 (nota 46).

136 Cf., por exemplo, § 4 Landes-Ordnung, in: Landes-Ordnung und Landtags-Wahlordnung für das Erzherzogthum Oesterreich ob der Enns, in: Patent vom 26. Februar 1861. Die Verfassung der österreichischen Monarchie, nebst zwei Beilagen [Ordenança Provincial, em: Ordenança Provincial e Regulamento Eleitoral da Assembleia Provincial para o Arquiducado da Áustria Superior, em: Patente de 26 de fevereiro de 1861. A Constituição da Monarquia Austríaca, com dois anexos], RGBl. 1861/20, Anexo II b, pp. 91-96.

137 Cf., por exemplo, § 11 (2) OP Áustria Inferior 1861 (nota 46).

138 Cf., por exemplo, § 12-14 OP Áustria Inferior 1861 (nota 46).

139 Cf., por exemplo, § 17 OP Áustria Inferior 1861 (nota 46).

140 Por exemplo, § OP Áustria Inferior 1861 (nota 46) – aspas inseridas pelo tradutor.

141 Por exemplo, § 19 OP Áustria Inferior 1861 (nota 46) – aspas inseridas pelo tradutor.

142 Cf., por exemplo, §§ 20-22 OP Áustria Inferior 1861 (nota 46).

143 Cf., por exemplo, § 22 (1) OP Áustria Inferior 1861 (nota 46).

144 Cf., por exemplo, § 34 (1) OP Áustria Inferior 1861 (nota 46).

145 Cf., por exemplo, § 38 OP Áustria Inferior 1861 (nota 46).

146 Cf., por exemplo, § 41 OP Áustria Inferior 1861 (nota 46).

147 Cf., por exemplo, § 42 OP Áustria Inferior 1861 (nota 46).

148 A afirmação de Kelsen não pôde ser verificada. Em algumas províncias, o regente era chamado de "Landeschef", cf. § 36 (1) Landes-Ordnung, in: Landes-Ordnung und Landtags-Wahlordnung für das Herzogthum Salzburg,

in: Patent vom 26. Februar 1861. Die Verfassung der österreichischen Monarchie, nebst zwei Beilagen, RGBl. 1861/20 [Ordenança Provincial, em: Ordenança Provincial e Regulamento Eleitoral da Assembleia Provincial para o Ducado de Salzburgo, em: Patente de 26 de fevereiro de 1861. A Constituição da Monarquia Austríaca, com dois anexos], RGBl. 1861/20, Anexo II c, pp. 106-112; § 37 (1) Landes-Ordnung, in: Landes-Ordnung und Landtags-Wahlordnung für das Herzogthum Kärnthen, in: Patent vom 26. Februar 1861. Die Verfassung der österreichischen Monarchie, nebst zwei Beilagen [Ordenança Provincial, em: Ordenança Provincial e Regulamento Eleitoral da Assembleia Provincial para o Ducado da Caríntia, em: Patente de 26 de fevereiro de 1861. A Constituição da Monarquia Austríaca, com dois anexos], RGBl. 1861/20, Anexo II g, pp. 168-173; § 37 (1) Landes-Ordnung, in: Landes-Ordnung und Landtags-Wahlordnung für das Herzogthum Krain, Patent vom 26. Februar 1861. Die Verfassung der österreichischen Monarchie, nebst zwei Beilagen [Ordenança Provincial, em: Ordenança Provincial e Regulamento Eleitoral da Assembleia Provincial para o Ducado da Carniola, em: Patente de 26 de fevereiro de 1861. A Constituição da Monarquia Austríaca, com dois anexos], RGBl. 1861/20, Anexo II h, pp. 183-188; § 37 (1) Landes-Ordnung, in: Landes-Ordnung und Landtags-Wahlordnung für das Herzogthum Schlesien, in: Patent vom 26. Februar 1861. Die Verfassung der österreichischen Monarchie, nebst zwei Beilagen [Ordenança Provincial, em: Ordenança Provincial e Regulamento Eleitoral da Assembleia Provincial para o Ducado da Silésia, em: Patente de 26 de fevereiro de 1861. A Constituição da Monarquia Austríaca, com dois anexos], RGBl. 1861/20, Anexo II n, pp. 265-270; § 36 (1) Landes-Ordnung, in: Landes-Ordnung und Landtags-Wahlordnung für das Herzogthum Bukowina, in: Patent vom 26. Februar 1861. Die Verfassung der österreichischen Monarchie, nebst zwei Beilagen [Ordenança Provincial, em: Ordenança Provincial e Regulamento Eleitoral da Assembleia Provincial para o Ducado da Bucovina, em: Patente de 26 de fevereiro de 1861. A Constituição da Monarquia Austríaca, com dois anexos], RGBl. 1861/20, Anexo II p, pp. 297-302. Somente posteriormente foi introduzido o título de "presidente provincial" para os chefes de província de Salzburgo, Caríntia, Carniola, Silésia e Bucovina, cf. § 5 Gesetz vom 19. Mai 1868, über die Einrichtung der politischen Verwaltungsbehörden in den Königreichen Böhmen, Dalmatien, Galizien und Lodomerien mit den Herzogthümern Auschwitz und Zator und dem Großherzogthume Krakau, den Erzherzogthümern Oesterreich unter und ob der Enns, den Herzogthümern Salzburg, Steiermark, Kärnthen, Krain, Bukowina, der Markgrafschaft Mähren, den Herzogthümern Ober- und Nieder-Schlesien, der gefürsteten Grafschaft Tirol und dem Land Vorarlberg, der Markgrafschaft Istrien, der gefürsteten Grafschaft Görz und Gradiska und der Stadt Triest mit ihrem Gebiete [Lei de 19 de maio de 1868, sobre a organização das autoridades administrativas políticas nos Reinos da Boêmia, Dalmácia, Galícia e Lodoméria, juntamente com os Ducados de Auschwitz e Zator e o Grão-Ducado de Cracóvia, nos Arquiducados da Áustria Inferior e Superior, nos Ducados de Salzburgo, Estíria, Caríntia, Carniola, Bucovina, no Marquesado da Morávia, nos Ducados da Alta e Baixa Silésia, no Condado

Principesco do Tirol e na região de Vorarlberg, no Marquesado da Ístria, no Condado Principesco de Gorizia e Gradisca e na cidade de Trieste com seu território], RGBl. 1868/44 (doravante: Lei da Administração Provincial 1868).

149 A função do regente foi regulamentada pela primeira vez na Patente de Fevereiro. Entretanto, não há ali informações sobre o processo de nomeação, cf., por exemplo, § 37 OP Áustria Inferior 1861 (nota 46). A nomeação foi regulamentada pela primeira vez no § 13 (1) da Lei da Administração Provincial 1868 (nota 148).

150 Cf., por exemplo, § 37 OP Áustria Inferior 1861 (nota 46).

151 Estatuto do Conselho Imperial de 1851 (nota 62).

152 Patente Conselho Imperial Reforçado 1860 (nota 79).

153 Kaiserliches Patent vom 26. Februar 1861, womit die Auflösung des ständigen und verstärkten Reichsrathes verfügt, die Einsetzung eines Staatsrathes angeordnet und das Statut für letzteren kundgemacht wird [Patente Imperial de 26 de fevereiro de 1861, que decreta a dissolução do Conselho Imperial permanente e reforçado, ordena o estabelecimento de um Conselho de Estado e promulga o estatuto para este último], RGBl. 1861/22.

154 Statut für den Staatsrath, in: Kaiserliches Patent [vom 26. Februar 1861], womit die Auflösung des ständigen und verstärkten Reichsrathes verfügt, die Einsetzung eines Staatsrathes angeordnet und das Statut für letzteren kundgemacht wird [Estatuto para o Conselho de Estado, em: Patente Imperial [de 26 de fevereiro de 1861], que decreta a dissolução do Conselho Imperial permanente e reforçado, ordena a nomeação de um Conselho de Estado e promulga o estatuto para este último], RGBl. 1861/22 (doravante: Estatuto Conselho de Estado 1861).

155 Cf. §§ 1-3 Estatuto Conselho de Estado 1861 (nota 154).

156 Cf. § 5 Estatuto Conselho de Estado 1861 (nota 154).

157 Gesetz vom 3. October 1861, wirksam für das Königreich Böhmen, das lombardisch-venetianische Königreich, das Königreich Dalmatien, das Königreich Galizien und Lodomerien mit den Herzogthümern Auschwitz und Zator und dem Großherzogthume Krakau, das Erzherzogthum Oesterreich unter der Enns, das Erzherzogthum Oesterreich ob der Enns, das Herzogthum Salzburg, das Herzogthum Steiermark, das Herzogthum Kärnthen, das Herzogthum Krain, das Herzogthum Bukowina, die Markgrafschaft Mähren, das Herzogthum Ober- und Niederschlesien, die gefürstete Grafschaft Tirol und Vorarlberg, die Markgrafschaft Istrien sammt der gefürsteten Grafschaft Görz und Gradiska und der Stadt Triest mit ihrem Gebiete, in Betreff der Unverletzlichkeit und Unverantwortlichkeit der Mitglieder des Reichsrathes und der Landtage [Lei de 3 de outubro de 1861, aplicável ao Reino da Boêmia, ao Reino Lombardo-Veneto, ao Reino da Dalmácia, ao Reino da Galícia e Lodoméria, juntamente com os Ducados de Auschwitz e Zator e o Grão-Ducado de Cracóvia, ao Arquiducado da Áustria Inferior, ao Arquiducado da Áustria Superior, ao Ducado de Salzburgo, ao Ducado

da Estíria, ao Ducado da Caríntia, ao Ducado da Carniola, ao Ducado da Bucovina, ao Marquesado da Morávia, aos Ducados da Alta e Baixa Silésia, ao Condado Principesco do Tirol e Vorarlberg, ao Marquesado da Ístria, juntamente com o Condado Principesco de Gorizia e Gradisca e a cidade de Trieste com seu território, referente à inviolabilidade e irresponsabilidade dos membros do Conselho Imperial e das Assembleias Provinciais], RGBl. 1861/98 (doravante: Lei Imunidade de 1861).

158 § 16 LF Representação Imperial 1867 (nota 51).

159 Gesetz vom 27. October 1862, wirksam für das Königreich Böhmen, das lombardisch-venetianische Königreich, das Königreich Dalmatien, das Königreich Galizien und Lodomerien mit den Herzogthümern Auschwitz und Zator und dem Großherzogthume Krakau; die Erzherzogthümer Oesterreich unter und ob der Enns; die Herzogthümer Ober- und Nieder-Schlesien, Steiermark, Kärnthen, Krain, Salzburg und Bukowina; die Markgrafschaft Mähren; die gefürstete Grafschaft Tirol und das Land Vorarlberg; die gefürstete Grafschaft Görz und Gradiska; die Markgrafschaft Istrien und die Stadt Triest mit ihrem Gebiete, zum Schutze der persönlichen Freiheit [Lei de 27 de outubro de 1862, aplicável ao Reino da Boêmia, ao Reino Lombardo-Veneto, ao Reino da Dalmácia, ao Reino da Galícia e Lodoméria, juntamente com os Ducados de Auschwitz e Zator e o Grão-Ducado de Cracóvia; aos Arquiducados da Áustria Inferior e Superior; aos Ducados da Alta e Baixa Silésia, Estíria, Caríntia, Carniola, Salzburgo e Bucovina; ao Marquesado da Morávia; ao Condado Principesco do Tirol e à região de Vorarlberg; ao Condado Principesco de Gorizia e Gradisca; ao Marquesado da Ístria e à cidade de Trieste com seu território, para a proteção da liberdade pessoal], RGBl. 1862/87 (doravante: Lei Liberdade Pessoal 1862).

160 Gesetz vom 27. October 1861, wirksam für das Königreich Böhmen, das lombardisch-venetianische Königreich, das Königreich Dalmatien, das Königreich Galizien und Lodomerien, mit den Herzogthümern Auschwitz und Zator und dem Großherzogthume Krakau; die Erzherzogthümer Oesterreich unter und ob der Enns, die Herzogthümer Ober- und Nieder-Schlesien, Steiermark, Kärnthen, Krain, Salzburg und Bukowina, die Markgrafschaft Mähren, die gefürstete Grafschaft Tirol und das Land Vorarlberg; die gefürstete Grafschaft Görz und Gradisca; die Markgrafschaft Istrien und die Stadt Triest mit ihrem Gebiete, zum Schutze des Hausrechtes [Lei de 27 de outubro de 1861, aplicável ao Reino da Boêmia, ao Reino Lombardo-Veneto, ao Reino da Dalmácia, ao Reino da Galícia e Lodoméria, juntamente com os Ducados de Auschwitz e Zator e o Grão-Ducado de Cracóvia; aos Arquiducados da Áustria Inferior e Superior; aos Ducados da Alta e Baixa Silésia, Estíria, Caríntia, Carniola, Salzburgo e Bucovina; ao Marquesado da Morávia; ao Condado Principesco do Tirol e à região de Vorarlberg; ao Condado Principesco de Gorizia e Gradisca; ao Marquesado da Ístria e à cidade de Trieste com seu território, para a proteção do direito à inviolabilidade do lar], RGBl. 1862/88 (doravante: Lei Inviolabilidade Lar 1862).

161 Art. 8 (2), art. 9 (2) LFE Direitos Cidadãos 1867 (nota 35).

162 Kaiserliches Patent vom 20. September 1865, womit die Wirksamkeit des durch das kaiserliche Patent vom 26. Februar 1861 kundgemachten Grundsatzes über die Reichsvertretung sistirt wird [Patente Imperial de 20 de setembro de 1865, pela qual é suspensa a eficácia do princípio sobre a Representação Imperial promulgado pela Patente Imperial de 26 de fevereiro de 1861], RGBl. 1865/89.

163 Kaiserliches Manifest vom 20. September 1865 [Manifesto Imperial de 20 de setembro de 1865], RGBl. 1865/88.

164 Patente Fevereiro 1861 (nota 101).

165 1867. évi XII. törvényczikk a magyar korona országai és az Ő Felsége uralkodása alatt álló többi országok között fenforgó közös érdekü viszonyokról, sezek elintézésének módjáról [Artigo de Lei XII de 1867 sobre as relações de interesse comum entre as províncias da Coroa Húngara e as outras províncias sob o domínio de Sua Majestade, e sobre o procedimento para a resolução dessas questões] (doravante: Compromisso Húngaro 1867).

166 O Compromisso Húngaro 1867 (nota 165) foi promulgado em 12 de junho de 1867 e sancionado em 2 de julho de 1867.

167 Kaiserliches Patent vom 2. Jänner 1867, Giltig für Böhmen, Dalmatien, Galizien und Lodomerien mit Krakau, Oesterreich unter und ob der Enns, Salzburg, Steiermark, Kärnthen, Krain, Bukowina, Mähren, Schlesien, Tirol, Vorarlberg, Istrien, Görz und Gradiska und Triest mit seinem Gebiete [Patente Imperial de 2 de janeiro de 1867, aplicável à Boêmia, Dalmácia, Galícia e Lodoméria com Cracóvia, Áustria Inferior e Superior, Salzburgo, Estíria, Caríntia, Carniola, Bucovina, Morávia, Silésia, Tirol, Vorarlberg, Ístria, Gorizia e Gradisca e Trieste com seu território], RGBl. 1867/1.

168 Allerhöchste Entschließung vom 4. Februar 1867 [Resolução suprema de 4 de fevereiro de 1867], impressa em: Stenographische Protokolle des Landtages für das Herzogthum Salzburg, 2. Wahlperiode, 1. Session 1867, pp. 5-6.

169 Sete leis aprovadas em 21 de dezembro de 1867 (RGBl. 1867/141-147), que formaram a base da Constituição austríaca de 1867 a 1918, são chamadas coletivamente de "Constituição de Dezembro".

170 Gesetz vom 16. Juli 1867, wodurch der § 13 des Grundgesetzes über die Reichsvertretung vom 26. Februar 1861 abgeändert wird [Lei de 16 de julho de 1867 que altera a Seção 13 da Lei Fundamen tal sobre Representação Imperial de 26 de fevereiro de 1861], RGBl. 1867/98.

171 § 14 LF Representação Imperial 1867 (nota 51).

172 Gesetz vom 25. Juli 1867, über die Verantwortlichkeit der Minister für die im Reichsrathe vertretenen Königreiche und Länder [Lei de 25 de julho de 1867, sobre a responsabilidade dos ministros para os reinos e territórios representados no Conselho Imperial], RGBl. 1867/101 (doravante: Lei Responsabilidade Ministerial 1867).

173 Cf. p. 77 e s.

174 Gesetz vom 15. November 1867 über das Vereinsrecht [Lei de 15 de novembro de 1867 sobre o direito de associação], RGBl. 1867/134 (doravante: Lei Direito Associação 1867).

175 Gesetz vom 15. November 1867 über das Versammlungsrecht [Lei de 15 de novembro de 1867 sobre o direito de reunião], RGBl. 1867/135 (doravante: Lei Direito Reunião 1867).

176 Cf. p. 93 e s.

177 LF Representação Imperial 1867 (nota 51).

178 LFE Direitos Cidadãos 1867 (nota 35).

179 Staatsgrundgesetz vom 21. December 1867, über die Einsetzung eines Reichsgerichtes [Lei Fundamental do Estado de 21 de dezembro de 1867 sobre o estabelecimento de um Tribunal de Justiça do Império], RGBl. 1867/143 (doravante: LF Tribunal de Justiça do Império 1867).

180 Staatsgrundgesetz vom 21. December 1867, über die richterliche Gewalt [Lei Fundamental de Estado de 21 de dezembro de 1867, sobre o Poder Judiciário], RGBl. 1867/144 (doravante: LFE Poder Judiciário 1867).

181 Staatsgrundgesetz vom 21. December 1867, über die Ausübung der Regierungs- und der Vollzugsgewalt, [Lei Fundamental de Estado de 21 de dezembro de 1867 sobre o exercício do poder governamental e executivo], RGBl. 1867/145 (doravante: LFE Poder Governamental 1867).

182 Gesetz vom 21. December 1867, betreffend die allen Ländern der österreichischen Monarchie gemeinsamen Angelegenheiten und die Art ihrer Behandlung [Lei de 21 de dezembro de 1867, referente aos assuntos comuns a todos os territórios da Monarquia Austríaca e à forma de seu tratamento], RGBl. 1867/146 (doravante: Lei Delegações 1867).

183 § 15 (2) LF Representação Imperial 1867 (nota 51).

184 Patente Fevereiro 1861 (nota 101).

185 LF Representação Imperial 1867 (nota 51).

186 Cf. § 1 LF Representação Imperial 1867 (nota 51).

187 § 1 LF Representação Imperial 1867 (nota 51) com a redação dada pelo RGBl. 1907/15.

188 Compare §§ 2-5 LF Representação Imperial 1867 (nota 51) com os §§ 2-5 LF Representação Imperial 1861 (nota 104).

189 § 5 LF Representação Imperial 1867 (nota 51) com a redação dada pelo RGBl. 1907/16.

190 Cf. § 6 LF Representação Imperial 1867 (nota 51).

191 Cf. § 7 LF Representação Imperial 1867 (nota 51).

192 Gesetz vom 29. Juni 1868, über die Durchführung von unmittelbaren Wahlen in das Abgeordnetenhaus des Reichsrathes [Lei de 29 de junho de 1868 sobre a realização de eleições diretas para a Câmara dos Deputados do Conselho Imperial], RGBl. 1868/82.

193 Kaiserliches Patent vom 5. October 1870, betreffend die Anordnung der unmittelbaren Wahl der auf das Königreich Böhmen entfallenden Zahl von Mitgliedern des Hauses der Abgeordneten [Patente Imperial de 5 de outubro de 1870, referente à determinação da eleição direta do número de membros da Câmara dos Deputados correspondente ao Reino da Boêmia], RGBl. 1870/119].

194 Gesetz vom 13. März 1872, betreffend eine Zusatzbestimmung zum § 18 des Staatsgrundgesetzes über die Reichsvertretung vom 21. December 1867, Nr. 141 R.G.Bl.] [Lei de 13 de março de 1872, referente a uma disposição adicional ao § 18 da Lei Fundamental sobre a Representação Imperial de 21 de dezembro de 1867, nº 141 RGBl.], RGBl. 1872/24.

195 Cf. §§ 6-7 LF Representação Imperial 1867 (nota 51) com a redação dada pelo RGBl. 1873/40.

196 Gesetz vom 2. April 1873, betreffend die Wahl der Mitglieder des Abgeordnetenhauses des Reichsrathes [Lei de 2 de abril de 1873, referente à eleição dos membros da Câmara dos Deputados do Conselho Imperial], RGBl. 1873/41 (doravante: Regulamento Eleitoral Conselho Imperial 1873).

197 Art. I Gesetz vom 4. October 1882, womit einige Bestimmungen der Reichsrathswahlordnung (Gesetz vom 2. April 1873, R.G.Bl. Nr. 41) abgeändert werden [Lei de 4 de outubro de 1882, pela qual algumas disposições do Regulamento Eleitoral do Conselho Imperial (Lei de 2 de abril de 1873, RGBl. nº 41) são alteradas], RGBl. 1882/142.

198 Eduard Taaffe (1833-1895), funcionário público e estadista. Ingressou no serviço público em 1852. Entre 1862 e 1867, atuou como chefe de Governo do Ducado de Salzburgo. Em 1867, ocupou sucessivamente os cargos de ministro do Interior, vice-primeiro-ministro e, posteriormente, ministro da Defesa. Entre 1868 e 1870, exerceu interinamente o cargo de primeiro-ministro, sendo confirmado de forma definitiva. Entre 1870 e 1871, voltou a atuar como ministro do Interior e, de 1871 a 1879, serviu como regente do Tirol. De 1879 a 1893, ocupou novamente o cargo de primeiro-ministro da Áustria, acumulando a função de ministro do Interior.

199 Art. I Gesetz vom 14. Juni 1896, wodurch das Grundgesetz über die Reichsvertretung vom 21. December 1867 (R.G.Bl. Nr. 141) beziehungsweise die Gesetze vom 2. April 1873 (R.G.Bl. Nr. 40) und vom 12. November 1886 (R.G.Bl. Nr. 162) abgeändert und ergänzt werden [Lei de 14 de junho de 1896, pela qual a Lei Fundamental sobre a Representação Imperial de 21 de dezembro de 1867 (RGBl. nº 141), bem como as Leis de 2 de abril de 1873 (RGBl. nº 40) e de 12 de novembro de 1886 (RGBl. nº 162), são alteradas e complementadas], RGBl. 1896/168.

200 Art. I Gesetz vom 14. Juni 1896, wodurch die Reichsrathswahlordnung abgeändert, beziehungsweise ergänzt wird [Lei de 14 de junho de 1896, pela qual o Regulamento Eleitoral do Conselho Imperial é alterado e complementado], RGBl. 1896/169.

201 Art. I Gesetz vom 5. December 1896, betreffend die Abänderung des § 9 der Reichrathswahlordnung vom 2. April 1873, beziehungsweise vom 4. October 1882 [Lei de 5 de dezembro de 1896, referente à alteração do § 9 do Regulamento Eleitoral do Conselho Imperial de 2 de abril de 1873, bem como de 4 de outubro de 1882], RGBl. 1896/226.

202 Kasimir Felix Conde Badeni (1846-1909), político polonês. Obteve o título de Doutor em Direito em Cracóvia em 1866 e, a partir do mesmo ano, ingressou no serviço público. Entre 1879 e 1886, atuou como Delegado do Governo e conselheiro da corte em Cracóvia. De 1888 a 1895, exerceu o cargo de Regente da Galícia e Lodoméria. Entre 1895 e 1897, foi primeiro-ministro da Áustria e ministro do Interior. Durante seu governo, foi promulgada a reforma eleitoral para o Conselho Imperial em 1896.

203 LF Representação Imperial 1867 (nota 51) com a redação dada pelo RGBl. 1907/15.

204 Gesetz vom 26. Jänner 1907, betreffend die Wahl der Mitglieder des Abgeordnetenhauses des Reichsrates [Lei de 26 de janeiro de 1907, referente à eleição dos membros da Câmara dos Deputados do Conselho Imperial], RGBl. 1907/17 (doravante: Regulamento Eleitoral Conselho Imperial 1907)

205 Max(imilian Josef Marie Johann) Vladimir Freiherr von Beck (1854-1943), político. Doutor em Direito em Viena em 1878, atuou no serviço público a partir de 1876: 1880-1906 no Ministério da Agricultura (chefe de Seção a partir de 1900); 1906-1908 primeiro-ministro; 1907-1918 membro da Câmara dos Pares; 1915-1919 presidente do Supremo Tribunal de Contas; 1919-1934 presidente do Tribunal de Contas; 1919-1938 presidente da Sociedade Austríaca da Cruz Vermelha. Seu nome está associado à introdução do sufrágio universal e à conclusão do Compromisso Austro-Húngaro em 1907.

206 Cf. § 4 Regulamento Eleitoral Conselho Imperial 1907 (nota 204) em conjunto com o § 7 (1) LF Representação Imperial 1867 (nota 51), conforme alteração pelo RGBl. 1907/15.

207 Cf. § 6 (1) Regulamento Eleitoral Conselho Imperial 1907 (nota 204); § 7 (1) LF Representação Imperial 1867 (nota 51), conforme alteração pelo RGBl. 1907/15.

208 Cf. § 4 Regulamento Eleitoral Conselho Imperial 1907 (nota 204) em conjunto com o § 7 (2) LF Representação Imperial 1867 (nota 51), conforme alterado pelo RGBl. 1907/15.

209 Cf. § 1 Regulamento Eleitoral Conselho Imperial 1907 (nota 204).

210 Cf. § 30 Regulamento Eleitoral Conselho Imperial 1907 (nota 204).

211 Cf. §§ 33-34 Regulamento Eleitoral Conselho Imperial 1907 (nota 204).

212 Cf. § 5 Regulamento Eleitoral Conselho Imperial 1907 (nota 204).

213 Cf. § 17 (1) Regulamento Eleitoral Conselho Imperial 1873 (nota 196) com a redação dada pelo RGBl. 1896/169.

214 Cf. § 4 (3) Regulamento Eleitoral Conselho Imperial 1907 (nota 204).

215 § 3 Gesetz vom 12. Mai 1873, in Betreff der Geschäftsordnung des Reichsrathes [Lei de 12 de maio de 1873, referente ao Regimento Interno do Conselho Imperial], RGBl. 1873/94 (doravante: Regimento Interno Conselho Imperial 1873).

216 Cf. § 3 Geschäfts-Ordnung für das Abgeordnetenhaus des Reichsrathes, Beschluss vom 10. November 1873 (Stenographische Protokolle über die Sitzungen des Hauses der Abgeordneten des österreichischen Reichsrathes, VIII. Session 1873-1879, pp. 44). [Regimento Interno da Câmara dos Deputados do Conselho Imperial, decisão de 10 de novembro de 1873 (Protocolos Taquigráficos das Sessões da Câmara dos Deputados do Conselho Imperial Austríaco, VIII Sessão 1873-1879, p. 44)]. O texto do Regimento Interno pode ser encontrado em: Nr. 8 dos Anexos aos Stenographische Protokollen des Abgeordnetenhauses, VIII. Session 1873-1879, pp. 21-33.

217 § Seção 41 (1) Regulamento Eleitoral Conselho Imperial 1907 (nota 204).

218 Cf. § 8 LF Representação Imperial 1867 (nota 51).

219 Compare § 8 (1) LF Representação Imperial 1861 (nota 104) com § 9 S 1 LF Representação Imperial 1867 (nota 51).

220 Compare § 8 (1) LF Representação Imperial 1861 (nota 104) com § 9 S 2 LF Representação Imperial 1867 (nota 51).

221 Cf. § 9 S 3 LF Representação Imperial 1867 (nota 51).

222 Cf. § 10 LF Representação Imperial 1867 (nota 51).

223 Cf. § 19 LF Representação Imperial 1867 (nota 51).

224 Cf. § 7 (1) LF Representação Imperial 1867 (nota 51).

225 § 7 LF Representação Imperial 1867 (nota 51) com a redação dada pelo RGBl. 1873/40.

226 Cf. § 18 (1), 2 LF Representação Imperial 1867 (nota 51) com a redação dada pelo RGBl. 1873/40.

227 Cf. § 13 (1), (2) LF Representação Imperial 1867 (nota 51).

228 § 15 (2) LF Representação Imperial 1867 (nota 51); Lei Delegações 1867 (nota 182).

229 § 15 LF Representação Imperial 1867 (nota 51) com a redação dada pelo RGBl. 1873/40.

230 Cf. § 23 LF Representação Imperial 1867 (nota 51).

231 Geschäftsordnug für das Haus der Abgeordneten [vom 28. April 1861] [Regimento Interno da Câmara dos Deputados [de 28 de abril de 1861]], impresso em: NEISSER, Karl; NEISSER, Otto (Coord.). *Die Geschäfstordnung des Abgeordnetenhauses des Reichsrates*: Ihre Geschichte und ihre praktische Handhabung von 1861 bis 1909. vol. 1: Geschichte und Materialen. Viena/ Leipzig: [s.n.], 1909, pp. 101-118.

232 Gesetz vom 31. Juli 1861, in Betreff der Geschäftsordnung des Reichsrathes [Lei de 31 de julho de 1861, referente ao Regimento Interno do Conselho

Imperial], RGBl. 1861/78 (doravante: Regimento Interno Conselho Imperial 1861).

233 Geschäftsordnung des Herrenhauses, Beschluss vom 26. Juli 1862 [Regimento Interno da Câmara dos Pares, Resolução de 12 de agosto de 1861] (Stenographische Protokolle über die Sitzungen des Hauses der Abgeordneten des österreichischen Reichsrathes, I. Session 1861-1862, p. 1014). O texto do regimento interno pode ser encontrado em: Stenographische Protokolle des Hauses der Abgeordneten des österreichischen Reichsrathes, I. Session 1861-1862, pp. 1003-1014.

234 Geschäftsordnung des Abgeordnetenhauses, Beschluss vom 12. August 1861 [Regimento Interno da Câmara dos Deputados, Resolução de 12 de agosto de 1861] (Stenographische Protokolle über die Sitzungen des Hauses der Abgeordneten des österreichischen Reichsrathes, I. Session 1861-1862, p. 760). O texto do regimento interno pode ser encontrado em: Stenographische Protokolle des Hauses der Abgeordneten des österreichischen Reichsrathes, I. Session 1861-1862, pp. 234-253.

235 Cf. §§ 10-15 Regimento Interno Conselho Imperial 1861 (nota 232).

236 Gesetz vom 15. Mai 1868, womit mehrere Paragraphe des Gesetzes in Betreff der Geschäftsordnung des Reichsrathes vom 31. Juli 1861, Reichs-Gesetz-Blatt Nr. 78, abgeändert werden [Lei de 15 de maio de 1868, pela qual diversos parágrafos da Lei referente ao Regimento Interno do Conselho Imperial de 31 de julho de 1861, RGBl. nº 78, são alterados], RGBl. 1868/42.

237 Regimento Interno Conselho Imperial 1861 (nota 232).

238 §§ 35, 37, 40 Geschäftsordnung des Abgeordnetenhauses, Beschluss vom 2. März 1875 [Regimento Interno da Câmara dos Deputados, Resolução de 2 de março de 1875] (Stenographische Protokolle über die Sitzungen des Hauses der Abgeordneten des österreichischen Reichsrathes, VIII. Session 1873-1879, p. 4163) (doravante: Regimento Interno da Câmara dos Deputados 1875). O texto do regimento interno pode ser encontrado em: Nr. 333 dos Suplementos Stenographischen Protokollen des Abgeordnetenhauses, VIII. Session 1873-1879, pp. 1-15.

239 Cf. §§ 56-58 Regimento Interno da Câmara dos Deputados 1875 (nota 238).

240 Cf. Beschluss vom 25. November 1897 [Resolução de 25 de novembro de 1897] (Stenographische Protokolle über die Sitzungen des Hauses der Abgeordneten des österreichischen Reichsrathes, XIII. Session 1897, pp. 1813 e ss.).

241 Veja: Stenographische Protokolle über die Sitzungen des Hauses der Abgeordneten des österreichischen Reichsrathes, XIV. Session 1898, p. 9 (Pres. von Fuchs).

242 Art. 10 LFE Poder Governamental 1867 (nota 181).

243 Gesetz vom 10. Juni 1869, über die Kundmachung von Gesetzen und Verordnungen durch das Reichsgesetzblatt [Lei de 10 de junho de 1869, sobre a publicação de leis e regulamentos por meio do Diário Oficial do

Império (Reichsgesetzblatt)], RGBl. 1869/113 (doravante: Lei Diário Oficial do Império 1869).

244 Kaiserliches Patent vom 4. März 1849, wodurch die Einführung eines allgemeinen Reichs-Gesetz- und Regierungsblattes, sowie der Landes-Gesetz- und Regierungsblätter angeordnet wird [Patente Imperial de 4 de março de 1849, pela qual é ordenada a introdução de um Diário Geral de Leis e Governo do Império, bem como dos Diários de Leis e Governo Provinciais], RGBl. 1849/153.

245 Cf. § Lei Diário Oficial do Império 1869 (nota 243).

246 Cf. § 2 (1), (2) Lei Diário Oficial do Império 1869 (nota 243).

247 Cf. § 6 (1) Lei Diário Oficial do Império 1869 (nota 243).

248 § Seção 16 (1) LF Representação Imperial 1867 (nota 51).

249 § 15 LF Representação Imperial 1861 (nota 104).

250 Cf. § 16 (2-5) LF Representação Imperial 1867 (nota 51).

251 Lei Imunidade 1861 (nota 157).

252 Cf. § 16 (2-5) LF Representação Imperial 1867 (nota 51).

253 Cf. § 17 LF Representação Imperial 1867 (nota 51).

254 §§ 11-12 LF Representação Imperial 1867 (nota 51) com a redação dada pelo RGBl. 1907/15.

255 Cf., por exemplo, §§ 18-25 OP Áustria Inferior 1861 (nota 46).

256 Os direitos de propinação são entendidos como o direito de produzir, vender e servir bebidas alcoólicas. Sobre isso, pode-se consultar, por exemplo: *STAUDIGL-CIECHOWICZ, Kamila*. "Das Propinationsrecht und seine Aufhebung in Galizien". *BRGÖ*, 2023, pp. 242-253.

257 § 11 (2) LF Representação Imperial 1867 (nota 51) – aspas inseridas pelo tradutor.

258 § Seção 12 (1) LF Representação Imperial 1867 (nota 51) com a redação dada pelo RGBl. 1907/15 – aspas inseridas pelo tradutor.

259 Art. III Gesetz vom 26. Jänner 1907, wodurch die §§ 1, 6, 7, 12 und 18 des Grundgesetzes über die Reichsvertretung vom 21. Dezember 1867, R.G.Bl. Nr. 141, beziehungweise die Gesetze vom 2. April 1873, R.G.Bl. Nr. 40, vom 12. November 1886, R.G.Bl. Nr. 162, und vom 14. Juni 1896, R.G.Bl. Nr. 168, abgeändert werden [Lei de 26 de janeiro de 1907, pela qual os §§ 1, 6, 7, 12 e 18 da Lei Fundamental sobre a Representação Imperial de 21 de dezembro de 1867, RGBl. nº 141, bem como as Leis de 2 de abril de 1873, RGBl. nº 40, de 12 de novembro de 1886, RGBl. nº 162, e de 14 de junho de 1896, RGBl. nº 168, são alteradas], RGBl. 1907/15.

260 § S 12 (2), (3) LF Representação Imperial 1867 (nota 51) com a redação dada pelo RGBl. 1907/15 – aspas inseridas pelo tradutor.

261 § 12 (2) LF Representação Imperial 1867 (nota 51) – aspas inseridas pelo tradutor.

262 § 11 (1) LF Representação Imperial 1867 (nota 51) – aspas inseridas pelo tradutor.

263 § 10 LF Representação Imperial 1861 (nota 104).

264 Cf., por exemplo, § 38 (3) OP Áustria Inferior 1861 (nota 46).

265 § 11 (2), lit a-c LF Representação Imperial 1867 (nota 51).

266 Art. 6 (1) LFE Poder Governamental 1867 (nota 181).

267 Cf. § 11 (2) lit. a LF Representação Imperial 1867 (nota 51) com o art. 6 LFE Poder Governamental 1867 (nota 181).

268 Cf., por exemplo, para o Reich alemão, *LABAND, Paul. Das Staatsrecht des Deutschen Reiches*. vol. 2, 4ª ed. Tübingen/Leipzig: J. C. B. Mohr, 1901, pp. 123 e ss.

269 Cf. art. 10 LFE Poder Governamental 1867 (nota 181).

270 Kaiserliche Verordnung vom 21. November 1866, über die Regelung des Staats-Rechnungs- und Controlsdienstes bei sämmtlichen Zweigen der Civilverwaltung, mit Ausnahme der politischen und Justizverwaltung in Ungarn, Kroatien, Slavonien und in Siebenbürgen [Decreto Imperial de 21 de novembro de 1866, sobre a regulamentação do serviço de contabilidade e controle estatal em todos os ramos da administração civil, com exceção da administração política e judicial na Hungria, Croácia, Eslavônia e Transilvânia], RGBl. 1866/140.

271 Cf. §§ 7, 9, 17, 8 Gesetz vom 10. Juni 1868, über die Gebarung und Controle der gemeinsamen schwebenden Schuld, RGBl. 1868/53; §§ 6, 10 Gesetz vom 10. Juni 1868, über die Gebarung und Controle der consolidirten Staatsschuld und der nicht gemeinsamen schwebenden Schuld [Lei de 10 de junho de 1868, sobre a gestão e o controle da dívida flutuante comum, RGBl. 1868/53; §§ 6 e 10 da Lei de 10 de junho de 1868, sobre a gestão e o controle da dívida estatal consolidada e da dívida flutuante não comum], RGBl. 1868/54 (doravante: Lei Controle Dívida Pública 1868).

272 Cf. § 20 LF Representação Imperial 1867 (nota 51).

273 Cf. § 21 LF Representação Imperial 1867 (nota 51).

274 Cf., por exemplo, § 17 (2) OP Áustria Inferior 1861 (nota 46).

275 Cf. art. 10 LFE Poder Governamental 1867 (nota 181).

276 Kaiserliche Verordnung vom 17. Februar 1863, betreffend die Kundmachung und den Beginn der verbindenden Kraft der Landesgesetze [Decreto Imperial de 17 de fevereiro de 1863, referente à promulgação e à entrada em vigor das leis provinciais], RGBl. 1863/19.

277 Cf., por exemplo, § 3 OP Áustria Inferior 1861 (nota 46) tal qual emendado por LGBl Áustria Interior 1907/131; § 15 Landtagswahlordnung für das Erzherzogtum Österreich unter der Enns, in: Gesetz vom 21. Oktober 1907, mit welchem mehrere Bestimmungen der Landesordnung für das Erzherzogtum Österreich unter der Enns vom 26. Februar 1861 geändert werden und womit eine neue Landtagswahlordnung für das Erzherzogtum

Österreich unter der Enns erlassen wird [Regulamento Eleitoral da Assembleia Provincial para o Arquiducado da Áustria Inferior, em: Lei de 21 de outubro de 1907, pela qual diversas disposições do Regulamento Provincial para o Arquiducado da Áustria Inferior de 26 de fevereiro de 1861 são alteradas e um novo Regulamento Eleitoral da Assembleia Provincial para o Arquiducado da Áustria Inferior é promulgado], LGBl Áustria Inferior 1907/131 (doravante: Regulamento Eleitoral Áustria Inferior 1907).

278 Cf., por exemplo, o § 1º Gesetz vom 21. Oktober 1907, womit für die in Gemäßheit der §§ 3 und 7 der Landtagswahlordnung vom 21. Oktober 1907, L.G.Bl. Nr. 131, vorzunehmenden Wahlen in den Landtag des Erzherzogtums Österreich unter der Enns die Wahlpflicht eingeführt wird] [Lei de 21 de outubro de 1907, pela qual é introduzida a obrigatoriedade do voto para as eleições a serem realizadas nos termos dos §§ 3 e 7 do Regulamento Eleitoral da Assembleia Provincial de 21 de outubro de 1907, LGBl nº 131, para a Assembleia Provincial do Arquiducado da Áustria Inferior], LGBl Österreich unter der Enns 1907/132].

279 Cf. § 3 Gesetz vom 27. November 1905, wirksam für die Markgrafschaft Mähren und die mährischen Enklaven in Schlesien mit welchem eine neue Landtagswahlordnung erlassen wird [Lei de 27 de novembro de 1905, aplicável ao Marquesado da Morávia e aos enclaves morávios na Silésia, pela qual um novo Regulamento Eleitoral da Assembleia Provincial é promulgado], LGBl Mähren 1906/2.

280 Cf., por exemplo, § 11 Regulamento Eleitoral Áustria Inferior 1907 (nota 277).

281 §§ LF 11-12 Representação Imperial 1867 (nota 51).

282 Art. 11 LFE Poder Governamental 1867 (nota 181).

283 Compare § 12 LF Representação Imperial 1861 (nota 104) com art. I Diploma de outubro de 1860 (nota 91)

284 § 13 LF Representação Imperial 1861 (nota 104).

285 § 13 LF Representação Imperial 1861 (nota 104).

286 § 87 Constituição outorgada de 4 março de 1849 (nota 22).

287 Kelsen escreve, no original, "são": "sind". Compare com § 14 LF Representação Imperial 1867 (nota 51), onde se lê "é": "ist".

288 Kelsen escreve, no original, "à": "auf die". Compare com § 14 LF Representação Imperial 1867 (nota 51), onde se lê "a esta": "auf diese".

289 § 14 Representação Imperial 1867 (nota 51) – aspas inseridas pelo tradutor.

290 Cf. art. 2 LFE Poder Governamental 1867 (nota 181).

291 Sanção Pragmática 1713 (nota 93).

292 Compromisso Húngaro 1867 (nota 165).

293 Cf. art. 1 LFE Poder Governamental 1867 (nota 181).

294 §§ 58, 63 Strafgesetz über Verbrechen, Vergehen und Uebertretungen, in: Kaiserliches Patent vom 27. Mai 1852, wodurch eine neue, durch die späteren Gesetze ergänzte, Ausgabe des Strafgesetzbuches über schwere Verbrechen und schwere Polizeiübertretungen vom 3. September 1803, mit Aufnahme mehrerer neuer Bestimmungen als alleiniges Strafgesetz über Verbrechen, Vergehungen und Uebertretungen für den ganzen Umfang des Reichs, mit Ausnahme der Militärgränze, kundgemacht, und mit 1. September 1852 angefangen in Wirksamkeit gesetzt wird [Código Penal sobre Crimes, Delitos e Infrações, em: Patente Imperial de 27 de maio de 1852, pela qual uma nova edição do Código Penal sobre Crimes Graves e Infrações Graves de Polícia, de 3 de setembro de 1803, complementada pelas leis posteriores e incorporando diversas novas disposições, é promulgada como o único Código Penal aplicável a crimes, delitos e infrações em todo o território do Império, com exceção da Fronteira Militar, e entra em vigor em 1º de setembro de 1852], RGBl. 1852/117.

295 Cf. art. VIII (1) 1 Gesetz vom 1. August 1895, betreffend die Einführung des Gesetzes über die Ausübung der Gerichtsbarkeit und die Zuständigkeit der ordentlichen Gerichte in bürgerlichen Rechtssachen (Jurisdictionsnorm) [Lei de 1º de agosto de 1895 relativa à introdução da lei sobre o exercício da jurisdição e a competência dos tribunais ordinários em matéria civil (norma de jurisdição)], RGBl. 1895/110.

296 Cf. § 154 a. 1 Gesetz vom 25. October 1896, betreffend die directen Personalsteuern [Lei de 25 de outubro de 1896 relativa a impostos pessoais diretos], RBGl 1896/220].

297 Cf. art. VIII (1) a. 1 Gesetz vom 25. Mai 1882, betreffend den allgemeinen Zolltarif des österreichisch-ungarischen Zollgebietes [Lei de 25 de maio de 1882 referente à tarifa alfandegária geral para o território alfandegário austro-húngaro], RGBl. 1882/47.

298 Cf. art. I (1) Gesetz vom 2. October 1865, über die gebührenfreie Benützung der k.k. Postanstalt (Portofreiheit) [Lei de 2 de outubro de 1865, sobre o uso isento de taxas da agência postal imperial e real (isenção de porte)], RGBl. 1865/108.

299 Art. 2 LFE Poder Governamental 1867 (nota 181).

300 § 1 Lei Responsabilidade Ministerial 1867 (nota 172).

301 Cf. art. 5 LFE Poder Governamental 1867 (nota 181).

302 Cf. art. 4 LFE Poder Governamental 1867 (nota 181).

303 Cf. art. 3 LFE Poder Governamental 1867 (nota 181).

304 Cf. § 2 Lei Responsabilidade Ministerial 1867 (nota 172).

305 Cf. § 7 (1), § 11 (2) Lei Responsabilidade Ministerial 1867 (nota 172).

306 Cf. § 16 Lei Responsabilidade Ministerial 1867 (nota 172).

307 Cf. § 19 Lei Responsabilidade Ministerial 1867 (nota 172).

308 Cf. § 21 Lei Responsabilidade Ministerial 1867 (nota 172).

309 Cf. § 23 Lei Responsabilidade Ministerial 1867 (nota 172).

310 Cf. § 27 Lei Responsabilidade Ministerial 1867 (nota 172).

311 Cf. § 29 Lei Responsabilidade Ministerial 1867 (nota 172).

312 Cf. § 2 (1) Lei da Administração Provincial 1868 (nota 148).

313 Cf. § 5 (1) Lei da Administração Provincial 1868 (nota 148).

314 Cf. § 10 (1), § 11 Lei Administração Provincial 1868 (nota 148).

315 Cf. § 13 (1), 2 Lei Administração Provincial 1868 (nota 148).

316 Cf. §§ 4, 11 Lei Administração Provincial 1868 (nota 148).

317 Cf. § 10 (1) Gesetz vom 25. Mai 1868, wodurch grundsätzliche Bestimmungen über das Verhältnis der Schule zur Kirche erlassen werden [Lei de 25 de maio de 1868 que promulga disposições fundamentais sobre a relação entre a escola e a igreja], RGBl. 1868/48 (doravante: Lei Escola/Igreja 1868).

318 Cf. Verordnung des Finanzministeriums vom 12. December 1855, wirksam für alle Kronländer der Monarchie, womit die Bestimmungen über die Herstellung der Gleichförmigkeit im Organismus der Finanz-Bezirksbehörden bekannt gegeben werden [Decreto o Ministério das Finanças de 12 de dezembro de 1855, aplicável a todos os territórios da Coroa da Monarquia, pelo qual são divulgadas as disposições para a unificação da estrutura organizacional das autoridades distritais financeiras], RGBl. 1855/217.

319 Cf. §§ 6, 225 Allgemeines österreichisches Berggesetz, in: Kaiserliches Patent vom 23. Mai 1854, womit für den ganzen Umfang der Monarchie ein allgemeines Berggesetz erlassen wird [Lei Geral Austríaca de Mineração, em: Patente Imperial de 23 de maio de 1854, pela qual uma Lei Geral de Mineração é promulgada para todo o território da Monarquia], RGBl. 1854/146.

320 Cf. § 1 Amts-Unterricht für die k.k. Post- und Telegraphen-Directionen. H. Minist. Z. 5019 [Instrução oficial para as Diretorias de Correios e Telégrafos Imperial e Real], in: Post- und Telegraphen-Verordnungsblatt für das Verwaltungsgebiet des k.k. Handelsministeriums de 14 de março de 1885, nº 18, pp. 104-130.

321 Cf. § 2 Verordnung des Handelsministers vom 23. Juni 1884, betreffend die Organisation der Staats-Eisenbahnverwaltung in den im Reichsrathe vertretenen Königreichen und Ländern, sowie die Standorte der in Gemäßheit dieser Organisation zu errichtenden Eisenbahn-Betriebsdirectionen [Decreto do Ministro do Comércio de 23 de junho de 1884, relativo à organização da administração ferroviária estatal nos reinos e províncias representados no Conselho Imperial, bem como à localização das direções operacionais ferroviárias a serem estabelecidas conforme essa organização], RGBl. 1884/103.

322 Cf. § 9 Kundmachung des Ackerbauministeriums vom 3. April 1873, in Betreff der künftigen Verwaltung der Staats- und Fondsforste und Domänen [Edital do Ministério da Agricultura de 3 de abril de 1873, referente à futura administração das florestas estatais e fundiárias, bem como das propriedades dominiais], RGBl. 1873/44.

323 §§ 11-12 Representação Imperial 1867 (nota 51).

324 Art. 14 LFE Poder Judiciário 1867 (nota 180).

325 Cf. art. 1 (1) LFE Poder Judiciário 1867 (nota 180).

326 Cf. art. 6 (1) LFE Poder Judiciário 1867 (nota 180).

327 Cf. art. 5 LFE Poder Judiciário 1867 (nota 180).

328 Cf. art. 6 (1), (2) LFE Poder Judiciário 1867 (nota 180).

329 Cf. art. 7 LFE Poder Judiciário 1867 (nota 180).

330 Gesetz vom 12. Juli 1872, womit zur Durchführung des Artikels 9 des Staatsgrundgesetzes vom 21. December 1867 (R.G.Bl. Nr. 144) über die richterliche Gewalt, das Klagerecht der Parteien wegen der von richterlichen Beamten in Ausübung ihrer amtlichen Wirksamkeit zugefügten Rechtsverletzungen geregelt wird [Lei de 12 de julho de 1872, pela qual, para a implementação do artigo 9 da Lei Fundamental de 21 de dezembro de 1867 (RGBl. nº 144) sobre o Poder Judiciário, é regulamentado o direito de ação das partes por violações de direitos causadas por funcionários judiciais no exercício de suas funções], RGBl. 1872/112 (doravante: Lei Sindicância 1872).

331 Cf. § 1 Lei Sindicância 1872 (nota 330).

332 Cf. art. 10 LFE Poder Judiciário 1867 (nota 180).

333 Cf. art. 11 LFE Poder Judiciário 1867 (nota 180).

334 Cf. art. 12 LFE Poder Judiciário 1867 (nota 180).

335 Cf. Gesetz vom 27. November 1896, womit Vorschriften über die Besetzung, innere Einrichtung und Geschäftsordnung der Gerichte erlassen werden (Gerichtsorganisationsgesetz), RGBl. 1896/217; Gesetz vom 1. August 1895, über die Ausübung der Gerichtsbarkeit und die Zuständigkeit der ordentlichen Gerichte in bürgerlichen Rechtssachen (Jurisdictionsnorm), RGBl. 1895/111; Strafproceß-Ordnung, in: Gesetz vom 23. Mai 1873, betreffend die Einführung einer Strafproceß-Ordnung [Lei de 27 de novembro de 1896, pela qual são promulgadas disposições sobre a composição, organização interna e regimento dos tribunais (Lei de Organização Judiciária), RGBl. 1896/217; Lei de 1º de agosto de 1895, sobre o exercício da jurisdição e a competência dos tribunais ordinários em questões de Direito Civil (Norma de Jurisdição), RGBl. 1895/111; Código de Processo Penal, em: Lei de 23 de maio de 1873, referente à introdução de um Código de Processo Penal], RGBl. 1873/119 (doravante: Código de Processo Penal 1873).

336 Cf. art. 13 LFE Poder Judiciário 1867 (nota 180); § 29 Lei Responsabilidade Ministerial 1867 (nota 172).

337 § 2 (4) Código de Processo Penal 1873 (nota 335).

338 Art. 2-17 Constitution de la République Française du 4 Novembre 1848, Bulletin des Lois de la République Française 10 série, nº 87, pp. 575-606.

339 Art. 4-24 Constitution du Royaume de Belgique du 7 février 1831, Bulletin officiel des décrets du Congrès National de la Belgique et des arrêts du pouvoir exécutif 1831, nº 44.

340 Esboço Direitos Fundamentais de Kremsier 1848 (nota 34).

341 Cf. §§ 23-32 Constituição outorgada de 4 março de 1849 (nota 22).

342 LFE Direitos Cidadãos 1867 (nota 35).

343 Art. 149 (1) B-VG 1920 (nota 1).

344 Cf. art. 1 LFE Direitos Cidadãos 1867 (nota 35).

345 Cf. §§ 28-31 Allgemeines bürgerliches Gesetzbuch, in: Patent vom 1ten Junius 1811, JGS 1811/946 [Código Civil Geral, em: Patente de 1º de junho de 1811, JGS 1811/946] (doravante: Código Civil 1811).

346 § 2 Gesetz vom 3. December 1863, betreffend die Regelung der Heimatverhältnisse, RGBl. 1863/105; § 2 (1), § 5 Gesetz vom 5. December 1896, wodurch einige Bestimmungen des Gesetzes vom 3. December 1863 (R.G.Bl. Nr. 105), betreffend die Regelung der Heimatverhältnisse, abgeändert werden [Lei de 3 de dezembro de 1863, referente à regulamentação das relações de domicílio, RGBl. 1863/105; § 2, inciso 1, § 5 da Lei de 5 de dezembro de 1896, pela qual algumas disposições da Lei de 3 de dezembro de 1863 (RGBl. nº 105) sobre a regulamentação das relações de domicílio são alteradas], RGBl. 1896/222.

347 Cf. § 32 Código Civil 1811 (nota 345).

348 Patent vom 24ten März 1832 [Auswanderungspatent] [Patente de 24 de março de 1832 [patente de emigração]], em: Hofdecret der vereinigten Hofkanzley vom 2ten April 1832, an sämmtliche Länderstellen, JGS 1832/2557.

349 Art. 4 (3) LFE Direitos Cidadãos 1867 (nota 35).

350 Art. 1 (1) LFE Direitos Cidadãos 1867 (nota 35).

351 Art. 6 B-VG 1920 (nota 1).

352 Art. 2 LFE Direitos Cidadãos 1867 (nota 35) – ênfase de Kelsen.

353 Art. 3 (1) LFE Direitos Cidadãos 1867 (nota 35) – ênfase de Kelsen.

354 Art. 3 (2) LFE Direitos Cidadãos 1867 (nota 35).

355 § 29 Código Civil 1811 (nota 345).

356 Art. 4 (1) LFE Direitos Cidadãos 1867 (nota 35).

357 Art. 4 (2) LFE Direitos Cidadãos 1867 (nota 35) – aspas inseridas pelo tradutor, parêntesis inseridos por Kelsen.

358 Art. 119 (2) B-VG 1920 (nota 1).

359 Art. 4 (3) (4) LFE Direitos Cidadãos 1867 (nota 35).

360 Art. 5 LFE Direitos Cidadãos 1867 (nota 35).

361 § 365 Código Civil 1811 (nota 345).

362 Gesetz vom 18. Februar 1878, betreffend die Enteignung zum Zwecke der Herstellung und des Betriebes von Eisenbahnen [Lei de 18 de fevereiro de

1878, referente à desapropriação para fins de construção e operação de ferrovias], RGBl. 1878/30.

363 Cf., por exemplo, § 24 (1) Z 7 Gesetz vom 6. August 1909, betreffend die Abwehr und Tilgung von Tierseuchen, RGBl. 1909/177; § 8 (4) Gesetz vom 14. April 1913, betreffend die Verhütung und Bekämpfung übertragbarer Krankheiten [Lei de 6 de agosto de 1909, referente à prevenção e erradicação de doenças animais, RGBl. 1909/177; § 8 (4) da Lei de 14 de abril de 1913, referente à prevenção e controle de doenças transmissíveis], RGBl. 1913/67.

364 Art. 6 LFE Direitos Cidadãos 1867 (nota 35).

365 Cf., por exemplo, art. 11 (1), 13 (1), 14 (1) LFE Direitos Cidadãos 1867 (nota 35).

366 Kelsen escreve, no original, "*encaminhamento*": "*Ueberweisung*"; compare com § 1 (1) Gesetz vom 27. Juli 1871, in Betreff der Regelung der polizeilichen Abschaffung und des Schubwesens, RGBl. 1871/88 [Lei de 27 de julho de 1871, referente à regulamentação da remoção policial e do sistema de deportação, RGBl. 1871/88] (doravante: SchubG 1871), onde se lê: "*remessa*": "*Verweisung*".

367 § 1 SchubG 1871 (nota 366) – aspas inseridas pelo tradutor, parêntesis inseridos por Kelsen, ênfases em parte inseridas por Kelsen, em parte constantes no texto original citado por ele.

368 § 2 SchubG 1871 (nota 366) – aspas inseridas pelo tradutor, parêntesis inseridos por Kelsen.

369 Cf. art. 6 (2) LFE Direitos Cidadãos 1867 (nota 35).

370 Art. 7 sentença 1 LFE Direitos Cidadãos 1867 (nota 35).

371 § 15 (2) Representação Imperial 1867 (nota 51).

372 Art. 7 sentença 2 LFE Direitos Cidadãos 1867 (nota 35) – aspas inseridas pelo tradutor.

373 Kelsen escreve, no original, algo como "estar sujeito": "behaftet". Compare com art. 7 LFE Direitos Cidadãos 1867 (nota 35), onde se lê algo como "ser onerado": "belastet".

374 Art. 8 (1) LFE Direitos Cidadãos 1867 (nota 35) – ênfase de Kelsen.

375 Lei Liberdade Pessoal 1862 (nota 159).

376 Cf. art. 8 (2) LFE Direitos Cidadãos 1867 (nota 35).

377 Art. 149 (1) B-VG 1920 (nota 1).

378 Parêntesis inseridos por Kelsen.

379 Quatro citações: §§ 1, 2, 4, 5 Lei Liberdade Pessoal 1862 (nota 159) – aspas inseridas pelo tradutor.

380 SchubG 1871 (nota 366); cf. p. 89 e s.

381 § 6 Lei Liberdade Pessoal 1862 (nota 159) – aspas inseridas pelo tradutor.

382 Cf. §§ 7-10 Lei Liberdade Pessoal 1862 (nota 159).

383 Art. 8 (3) LFE Direitos Cidadãos 1867 (nota 35) – aspas inseridas pelo tradutor.

384 Art. 9 LFE Direitos Cidadãos 1867 (nota 35).

385 Lei Inviolabilidade Lar 1862 (nota 160).

386 Cf. art. 9 (2) LFE Direitos Cidadãos 1867 (nota 35).

387 Art. 149 (1) B-VG 1920 (nota 1).

388 § 1 Lei Inviolabilidade Lar 1862 (nota 160) – aspas inseridas pelo tradutor.

389 § 2 (1) Lei Inviolabilidade Lar 1862 (nota 160) – aspas inseridas pelo tradutor.

390 Cf. § 2 (2-3) Lei Inviolabilidade Lar 1862 (nota 160).

391 Cf. § 4 Lei Inviolabilidade Lar 1862 (nota 160).

392 Cf. § 6 (1) Lei Inviolabilidade Lar 1862 (nota 160).

393 Art. 10 LFE Direitos Cidadãos 1867 (nota 35) – ênfase de Kelsen.

394 §§ 146-149 Código de Processo Penal 1873 (nota 335).

395 §§ 1, 5 Gesetz vom 6. April 1870, zum Schutze des Brief- und Schriftengeheimnisses, RGBl. 1870/42, § 1 Gesetz vom 26. Mai 1879, betreffend die Anwendung des §. 5 des Gesetzes vom 6. April 1870 (R.G.Bl. Nr. 42) zum Schutze des Brief- und Schriftengeheimnisses auf Fälle der Desinficirung von Briefen [Lei de 6 de abril de 1870 para a proteção do sigilo de cartas e escritos, RGBl. 1870/42; § 1 da Lei de 26 de maio de 1879, referente à aplicação do § 5 da Lei de 6 de abril de 1870 (RGBl. nº 42) para a proteção do sigilo de cartas e escritos aos casos de desinfecção de cartas], RGBl. 1879/79.

396 § 89 Concursordnung, Gesetz vom 25. December 1868, zur Einführung einer Concursordnung [Regulamento de falência, Lei de 25 de dezembro de 1868, que introduz um regulamento de falência], RGBl. 1869/1.

397 §§ 32, 52-53 Briefpost-Ordnung: Hofkammer-Decret de 6 de novembro de 1838, an sämmtliche Länderstellen, Cameral-Gefällen-Verwaltungen und Cameral-Magistrate [Ordem postal para correspondência: Decreto da Câmara da Corte de 6 de novembro de 1838, dirigido a todas as repartições territoriais, administrações de rendas cameralistas e magistraturas cameralistas], PGS 1838/143.

398 Art. 11 LFE Direitos Cidadãos 1867 (nota 35) – aspas inseridas pelo tradutor, ênfase e parêntesis inseridos por Kelsen.

399 Art. 12 LFE Direitos Cidadãos 1867 (nota 35) – aspas inseridas pelo tradutor, ênfase inserida por Kelsen.

400 Kaiserliches Patent vom 26. November 1852, wirksam für den ganzen Umfang des Reiches, mit Ausnahme der Militärgränze, wodurch neue gesetzliche Bestimmungen über Vereine (Vereinsgesetz) angeordnet werden [Patente Imperial de 26 de novembro de 1852, em vigor para todo o Império, com exceção do distrito militar, ordenando novas disposições legais sobre associações (Lei das Associações)], RGBl. 1852/253 (doravante: Lei Associações 1852).

401 Lei Direito Associação 1867 (nota 174).

402 Lei Direito Reunião 1867 (nota 175).

403 Cf. § 38 Lei Direito Associação 1867 (nota 174).

404 Cf. §§ 1-2 Lei Associações 1852 (nota 400).

405 Cf. §§ 3, 2 Lei Direito Associação 1867 (nota 174).

406 Cf. § 4 Lei Direito Associação 1867 (nota 174).

407 Cf. § 6 Lei Direito Associação 1867 (nota 174).

408 Cf. § 24 em conjunto com § 20 Lei Direito Associação 1867 (nota 174).

409 Cf. §§ 30, 33, 34 Lei Direito Associação 1867 (nota 174).

410 Nº 3 Beschluß der Provisorischen Nationalversammlung vom 30. Oktober 1918 [betreffend das Preß, Vereins- und Versammlungsrecht] [Resolução da Assembleia Nacional Provisória de 30 de outubro de 1918 [relativa ao direito de imprensa, associação e reunião], StGBl. 1918/3] (doravante: Resolução sobre Censura 1918).

411 Art. 149 (1) B-VG 1920 (nota 1).

412 Cf. § 2 (1) Lei Direito Reunião 1867 (nota 175).

413 Cf. § 4 Lei Direito Reunião 1867 (nota 175).

414 Cf. § 3 (1), § 7 Lei Direito Reunião 1867 (nota 175).

415 Cf. § 9 Lei Direito Reunião 1867 (nota 175).

416 Cf. § 5 Lei Direito Reunião 1867 (nota 175).

417 Gesetz vom 26. Jänner 1907, betreffend strafrechtliche Bestimmungen zum Schutze der Wahl- und Versammlungsfreiheit [Lei de 26 de janeiro de 1907, referente a disposições de Direito Penal para a proteção da liberdade de eleição e reunião], RGBl. 1907/18.

418 Gesetz vom 9. Jänner 1919, betreffend strafrechtliche Bestimmungen zum Schutze der Wahl- und Versammlungsfreiheit, [Lei de 9 de janeiro de 1919, referente a disposições de Direito Penal para a proteção da liberdade de eleição e reunião], RGBl. 1919/17.

419 Art. 13 (1) LFE Direitos Cidadãos 1867 (nota 35).

420 Art. 13 (2) LFE Direitos Cidadãos 1867 (nota 35) – aspas inseridas pelo tradutor, parêntesis inseridos por Kelsen.

421 Resolução sobre Censura 1918 (nota 410).

422 Nº 1 Resolução sobre Censura 1918 (nota 410).

423 Nº 2, sentença 3 Resolução sobre Censura 1918 (nota 410).

424 Nº 2, sentença 2 Resolução sobre Censura 1918 (nota 410).

425 Art. 14 LFE Direitos Cidadãos 1867 (nota 35).

426 Art. 14 (1-2) LFE Direitos Cidadãos 1867 (nota 35) – aspas inseridas pelo tradutor, parêntesis inseridos por Kelsen.

427 Cf. §§ 139, 216 Código Civil 1811 (nota 345).

428 Gesetz vom 25. Mai 1868, wodurch die interconfessionellen Verhältnisse der Staatsbürger in den darin angegebenen Beziehungen geregelt werden [Lei de 25 de maio de 1868 que regulamenta as relações interconfessionais dos cidadãos nas relações especificadas na mesma], RGBl. 1868/49 (doravante: Lei Relações Interconfessionais 1868).

429 Cf. art. 1 (1-2) Lei Relações Interconfessionais 1868 (nota 428).

430 Cf. art. 2 (1-2) Lei Relações Interconfessionais 1868 (nota 428).

431 Cf. art. 4 (1) Lei Relações Interconfessionais 1868 (nota 428).

432 §§ 1, 3 Gesetz vom 14. Mai 1869, durch welches die Grundsätze des Unterrichtswesens bezüglich der Volksschule festgestellt werden [Lei de 14 de maio de 1869, pela qual são determinados os princípios do sistema de ensino com relação às escolas primárias], RGBl. 1869/62.

433 Art. 8 Lei Relações Interconfessionais 1868 (nota 428).

434 Art. 15 LFE Direitos Cidadãos 1867 (nota 35) – aspas inseridas pelo tradutor, ênfase inserida por Kelsen.

435 Kelsen escreve, no original, "comunidade religiosa": "Religionsgemeinschaft". Compare com art. 15 LFE Direitos Cidadãos 1867 (nota 35), onde se lê "associação religiosa": "Religionsgesellschaft".

436 Art. 16 15 LFE Direitos Cidadãos 1867 (nota 35) – aspas inseridas pelo tradutor, ênfase inserida por Kelsen.

437 § 1 Gesetz vom 20. Mai 1874, betreffend die gesetzliche Anerkennung von Religionsgesellschaften [Lei de 20 de maio de 1874, referente ao reconhecimento legal de associações religiosas], RGBl. 1874/68 (doravante: Lei Reconhecimento 1874].

438 § 14 Lei Reconhecimento 1874 (nota 437).

439 Cf. § 4 Representação Imperial 1867 (nota 51); para as assembleias provinciais, cf., por exemplo, § 3 lit a OP Áustria Inferior 1861 (nota 46).

440 Artigos 62-69 do Tratado de Saint-Germain-en-Laye de 10 de setembro de 1919, impresso em: StGBl. 1920/303 (doravante: Saint-Germain 1919).

441 Art. 149 (1) B-VG 1920 (nota 1).

442 Art. 17 LFE Direitos Cidadãos 1867 (nota 35) – aspas inseridas pelo tradutor, ênfase inserida por Kelsen.

443 Lei Escola/Igreja 1868 (nota 317).

444 Cf. art. 5, 8 Concordata 1855 (nota 77).

445 Art. 18 LFE Direitos Cidadãos 1867 (nota 35) – aspas inseridas pelo tradutor, ênfase inserida por Kelsen.

446 Art. 19 LFE Direitos Cidadãos 1867 (nota 35) – aspas inseridas pelo tradutor.

447 Cf. art. 62-69 Saint-Germain 1919 (nota 440).

448 Art. 20 LFE Direitos Cidadãos 1867 (nota 35).

449 Art. 149 (2) B-VG 1920 (nota 1).

450 Cf. art. 149 (2) B-VG 1920 (nota 1).

451 Gesetz vom 5. Mai 1869, womit auf Grund des Artikel 20 des Staatsgrundgesetzes vom 21. December 1867, R.G.Bl. Nr. 142, die Befugnisse der verantwortlichen Regierungsgewalt zur Verfügung zeitweiliger und örtlicher Ausnahmen von den bestehenden Gesetzen bestimmt werden [Lei de 5 de maio de 1869, que, com base no artigo 20 da Lei Fundamental de Estado de 21 de dezembro de 1867, RGBl. nº 142, determina os poderes da autoridade governamental responsável para fazer exceções temporárias e locais às leis existentes], RGBl. 1869/66 (doravante: Lei Exceções 1869).

452 Cf. § 1 para 1-2 Lei Exceções 1869 (nota 451).

453 § 11 Lei Exceções 1869 (nota 451) – Kelsen faz paráfrase.

454 § 140 Esboço Kremsier 1848-1849 (nota 19).

455 § 106 Constituição outorgada de 4 março de 1849 (nota 22).

456 § 5 (4) Estatuto Conselho de Estado 1861 (nota 154).

457 Gesetz vom 12. Juni 1868, betreffend die Aufhebung des Staatsrathes, RGBl. 1868/60 [Lei de 12 de junho de 1868, referente à abolição do Conselho de Estado, RGBl. 1868/60].

458 Art. 2, 3 LF Tribunal de Justiça do Império 1867 (nota 179) – Kelsen faz paráfrase.

459 § 1 (1), § 2 (1) Gesetz vom 22. October 1875, wodurch in theilweiser Abänderung des Staatsgrundgesetzes vom 21. December 1867 (R.G.Bl. Nr. 143) Bestimmungen über die Entscheidung von Competenzconflicten zwischen dem Verwaltungsgerichtshofe und den ordentlichen Gerichten, sowie zwischen dem Verwaltungsgerichtshofe und dem Reichsgerichte getroffen werden [Lei de 22 de outubro de 1875, que, em alteração parcial da Lei Fundamental de Estado de 21 de dezembro de 1867 (RGBl. nº 143), contém disposições sobre a resolução de conflitos de jurisdição entre o Supremo Tribunal Administrativo e os Tribunais Ordinários, bem como entre o Supremo Tribunal Administrativo e o Tribunal de Justiça do Império], RGBl. 1876/37 (doravante: Lei Conflito de Competência 1876).

460 § 35 Gesetz vom 18. April 1869, betreffend die Organisation des Reichsgerichtes, das Verfahren vor demselben und die Vollziehung seiner Erkenntnisse [Lei de 18 de abril de 1869 sobre a organização do Tribunal de Justiça do Império, os procedimentos perante ele e a execução de suas decisões], RGBl. 1869/44 (doravante: Lei Tribunal de Justiça do Império 1869).

461 Art. 5 LF Tribunal de Justiça do Império 1867 (nota 179) – aspas inseridas pelo tradutor, parêntesis inseridos por Kelsen.

462 Lei Tribunal de Justiça do Império 1869 (nota 460).

463 Art. 15 (2) LFE Poder Judiciário 1867 (nota 180) – Kelsen faz paráfrase.

464 Kelsen escreve, no original: “1873”; o correto, contudo, é: “1876”.

465 Gesetz vom 22. October 1875, betreffend die Errichtung eines Verwaltungsgerichtshofes, RGBl. 1876/36 [Lei de 22 de outubro de 1875, referente à criação de um Supremo Tribunal Administrativo, RGBl. 1876/36] (doravante: Lei Supremo Tribunal Administrativo 1875).

466 Gesetz vom 19. März 1894, womit §. 10 des Gesetzes vom 22. October 1875 (R.G.Bl. Nr. 36 ex 1876), betreffend die Errichtung eines Verwaltungsgerichtshofes, abgeändert wird, RGBl. 1894/53 [Lei de 19 de março de 1894 que altera o § 10 da Lei de 22 de outubro de 1875 (RGBl. nº 36 ex 1876) referente à criação de um Supremo Tribunal Administrativo], RGBl. 1894/53.

467 Gesetz vom 21. September 1905, mit welchem einige Bestimmungen des Gesetzes vom 22. Oktober 1875, R.G.Bl. Nr. 36 ex 1876, betreffend die Errichtung eines Verwaltungsgerichtshofes, abgeändert werden, RGBl. 1905/149 [Lei de 21 de setembro de 1905 que altera determinadas disposições da Lei de 22 de outubro de 1875, RGBl. nº 36 ex 1876, relativa à criação de um Supremo Tribunal Administrativo, RGBl. 1905/149].

468 § 2 (1) Lei Supremo Tribunal Administrativo 1875 (nota 465) – aspas inseridas pelo tradutor.

469 Cf. § 3 Lei Supremo Tribunal Administrativo 1875 (nota 465) – Kelsen faz paráfrase.

470 Cf. § 48 Lei Supremo Tribunal Administrativo 1875 (nota 465).

471 § 5 (1), (2) Lei Supremo Tribunal Administrativo 1875 (nota 465) – aspas inseridas pelo tradutor.

472 Cf. § 7 (1) Lei Supremo Tribunal Administrativo 1875 (nota 465).

473 Cf. 6 (1), (2) Lei Supremo Tribunal Administrativo 1875 (nota 465).

474 Cf. § 28 Lei Supremo Tribunal Administrativo 1875 (nota 465).

475 § 7 (2) Lei Supremo Tribunal Administrativo 1875 (nota 465) – aspas inseridas pelo tradutor.

476 Compare § 10 (1) Lei Supremo Tribunal Administrativo 1875 (nota 465) com § 10 (1) Lei Supremo Tribunal Administrativo 1875 conforme alterada pelo RGBl. 1894/53.

477 Cf. § 10 (3), (4) Lei Supremo Tribunal Administrativo 1875 (nota 465) – Kelsen faz paráfrase.

478 Cf. §§ 28, 13 (1), (3) Lei Supremo Tribunal Administrativo 1875 (nota 465).

479 Lei Delegações 1867 (nota 182).

480 Sanção Pragmática 1713 (nota 93).

481 Leopoldo I (1640-1705), imperador do Sacro Império Romano-Germânico (1658-1705), rei da Hungria e da Boêmia.

482 1723. évi II. törvényczikk, Ő császári és királyi legszentségesebb felsége fölséges osztrák háza nőágának Magyarország szent koronájában s a régtől fogva hozzákapcsolt részekben való folytonos királyi örökösödéséről, 7. §

(Ő császári és királyi legszentségesebb felsége fölséges osztrák háza nőágának Magyarország szent koronájában s a régtől fogva hozzákapcsolt részekben való folytonos királyi örökösödéséről, 7. § [§ 7 do Artigo de Lei II do ano de 1723, sobre o direito ininterrupto de sucessão hereditária real do sexo feminino da Sereníssima e Sagrada Majestade Imperial e Real da Casa da Áustria, com relação à Santa Coroa da Hungria e aos territórios a ela tradicionalmente vinculados].

483 Lei Delegações 1867 (nota 182).

484 Cf. § 5 (1) Lei Delegações 1867 (nota 182).

485 Cf. §§ 5, 16, 18 Lei Delegações 1867 (nota 182).

486 Cf. § 5 (2) Lei Delegações 1867 (nota 182) – Kelsen faz paráfrase.

487 Cf. § 1 alínea b Lei Delegações 1867 (nota 182); § 12 Compromisso Húngaro 1867 (nota 165); § 13 Wehrgesetz, in: Gesetz vom 5. Dezember 1868, womit für die im Reichsrathe vertretenen Königreiche und Länder die Art und Weise der Erfüllung der Wehrpflicht geregelt wird [Lei de 5 de dezembro de 1868, que regula a forma de cumprimento do serviço militar obrigatório nos reinos e províncias representados no Conselho Imperial], RGBl. 1868/151 (doravante: Lei Serviço Militar Obrigatório 1868); 1868. évi XL. törvényczikk a véderőről, 13. § § 13 do Artigo de Lei XL de 1868 sobre as Forças Armadas (doravante: Lei Serviço Militar Hungria 1868).

488 Cf. § 1 Lei Serviço Militar Obrigatório 1868 (nota 487); § 1 Lei Serviço Militar Hungria 1868 (nota 487).

489 Cf. §§ 6-8, Lei Delegações 1867 (nota 182); de modo similar: §§ 29, 34, 35 A Lei Serviço Militar Hungria 1868 (nota 487).

490 Cf. §§ 33-36 Compromisso Húngaro 1867 (nota 165).

491 Cf. § 3 Lei Delegações 1867 (nota 182); de modo similar: §§ 40-41 Compromisso Húngaro 1867 (nota 165).

492 Cf. Gesetz vom 24. December 1867, über die Beitragsleistung der im Reichsrathe vertretenen Königreiche und Länder zu dem Aufwande für die allen Ländern der österreichischen Monarchie gemeinsamen Angelegenheiten [Lei de 24 de dezembro de 1867 sobre a contribuição dos reinos e províncias representados no Conselho Imperial para as despesas relativas aos assuntos comuns a todos as províncias da Monarquia Austríaca], RGBl. 1868/2.

493 Art. XXV Staatsvertrag zwischen Oesterreich-Ungarn, Deutschland, Frankreich, Großbritannien, Italien, Rußland und der Türkei, abgedruckt in: RGBl. 1879/43 [Tratado entre a Áustria-Hungria, Alemanha, França, Reino Unido, Itália, Rússia e o Império Otomano, publicado em: RGBl. 1879/43].

494 Allerhöchste Entschließung vom 26. Februar 1879 [Resolução Imperial de 26 de fevereiro de 1879], Sammlung der für Bosnien und die Hercegovina erlassenen Gesetze, Verordnungen und Normalweisungen, Bd. 4: Nachträge zur Sammlung der für Bosnien und die Hercegovina erlassenen Gesetze, Verordnungen und Normalweisungen 1878-1880, Viena 1881, p. 10.

495 Cf. Ah. Handschreiben an die beiden Ministerpräsidenten und Ah. Handschreiben an den Minister des Äußern vom 5. Oktober 1908 [Carta régia aos dois primeiros-ministros e carta régia ao ministro dos Negócios Estrangeiros de 5 de outubro de 1908], *In*: *BERNATZIK, Edmund* (Coord.). *Die österreichischen Verfassungsgesetze mit Erläuterungen.* 2ª ed. Viena: Manz, 1911, p. 1030; Ah. Handschreiben an den gemeinsamen Finanzminister [Ah. Carta manuscrita para o Ministro Conjunto das Finanças] e Ah. Proklamation an das bonisch-herzegowinische Volk vom 5. Oktober 1908 [Proclamação ao povo da Bósnia-Herzegovina de 5 de outubro de 1908], reimpressos em: *Wiener Zeitung*, nº 231, 7 out. 1908, pp. 1-2.

496 Kelsen escreve, no original, "diretos": "direkten". Compare com § 2 (2) Lei Delegações 1867 (nota 182), onde se lê "indiretos": "indirecten".

497 § 2 Lei Delegações 1867 (nota 182) – aspas inseridas pelo tradutor.

498 Compare § 6 Lei Delegações 1867 (nota 182) com os §§ 8, 13, 16 Compromisso Húngaro 1867 (nota 165).

499 Compare § 1 alínea b Lei Delegações 1867 (nota 182) com § 11 Compromisso Húngaro 1867 (nota 165).

500 Cf., por exemplo, § 1 alínea a Lei Delegações 1867 (nota 182).

501 Cf. § 3 Compromisso Húngaro 1867 (nota 165).

502 Esta nota se refere à literatura citada por Kelsen, p. 111, nota i. Sobre as publicações de Kelsen: KELSEN, Hans. *Die Verfassungsgesetze der Republik Deutschösterreich*: Mit einer historischen Übersicht und kritischen Erläuterungen. Parte 1. Viena/Leipzig: Franz Deuticke, 1919 = HKW 5, pp. 24-129; KELSEN, Hans. *Die Verfassungsgesetze der Republik Deutschösterreich*: Mit einer historischen Übersicht und kritischen Erläuterungen. Parte 2: Wahlordnung, Verfassungsnovelle. Viena/Leipzig: Franz Deuticke, 1919 = HKW 5, pp. 130-255; KELSEN, Hans. *Die Verfassungsgesetze der Republik Deutschösterreich*: Mit einer historischen Übersicht und kritischen Erläuterungen. Parte 3. Viena/Leipzig: Franz Deuticke, 1919 = HKW 5, pp. 256-437; KELSEN, Hans. *Die Verfassungsgesetze der Republik Österreich.* Mit einer historischen Übersicht und kritischen Erläuterungen. Parte 4. Viena/Leipzig: Franz Deuticke, 1920 = HKW 5, pp. 438-608; KELSEN, Hans; FROEHLICH, Georg; MERKL, Adolf Julius. *Die Verfassungsgesetze der Republik Österreich.* Mit historischen Einleitungen und kritischen Erläuterungen. Parte 5: Die Bundesverfassung vom 1. Oktober 1920. Viena/Leipzig: Franz Deuticke, 1922 = HKW 8, pp. 25-502.

Sobre a publicação de Merkl: MERKL, Adolf Julius. *Die Verfassung der Republik Deutschösterreich.* Ein kritisch-systematischer Grundriß. Viena/Leipzig: F. Deuticke, 1919].

Sobre Merkl: Adolf Julius Merkl (1890-1970) foi professor de Direito Público, teórico do Direito e membro destacado da Escola Jurídica de Viena. Atuou na Chancelaria do Estado e na Chancelaria Federal entre 1918 e 1921, sendo colaborador próximo de Karl Renner (1870-1950). Merkl desempenhou papel relevante nos trabalhos preparatórios para a Constituição Federal austríaca de 1920. Obteve sua habilitação em 1919 na Universidade de Viena, sob a supervisão de Hans Kelsen. Entre 1920 e 1930, atuou como professor extraordinário; em 1930, recebeu o título de professor ordinário; e de 1932 a 1938, funcionou como efetivo professor ordinário da Faculdade de Direito e Ciências do Estado de Viena. Em abril de 1938, foi licenciado "até nova ordem" e acabou aposentado permanentemente no final de março de 1940. Posteriormente, lecionou como efetivo professor ordinário na Universidade de Tübingen, de 1943 a 1950, e, de 1950 a 1965, reassumiu a cátedra em Viena. Merkl foi o mais importante e também o primeiro aluno de Kelsen. Como cofundador da Teoria Pura do Direito, exerceu influência duradoura em seu desenvolvimento. Entre suas principais obras, destacam-se: *MERKL, Adolf Julius.* "Das Recht im Lichte seiner Anwendung". *Deutsche Richterzeitung*, vol. 8, 1916, pp. 584-592 (parte 1); vol. 9, 1917, pp. 162-176, 394-398 e 443-450 (partes 2-4); vol. 11, 1919, pp. 290-298 (parte 5), pp. 85-146; *MERKL, Adolf Julius.* "Das doppelte Rechtsantlitz: Eine Betrachtung aus der Erkenntnistheorie des Rechtes". *Juristische Blätter*, vol. 47, 1918, pp. 425-427, 444-447 e 463-465; *MERKL, Adolf Julius.* "Die Rechtseinheit des österreichischen Staates: Eine staatsrechtliche Untersuchung auf Grund der Lehre von der lex posterior". *Archiv des öffentlichen Rechts*, vol. 37, 1918, pp. 56-121; *MERKL, Adolf Julius. Die Lehre von der Rechtskraft entwickelt aus dem Rechtsbegriff.* Leipzig/Viena: Deuticke, 1923; *MERKL, Adolf Julius. Allgemeines Verwaltungsrecht.* Viena/Berlim: Julius Springer, 1927; *MERKL, Adolf Julius.* "Prolegomena einer Theorie des rechtlichen Stufenbaus". *In*: VERDROSS, Alfred (Coord.). *Gesellschaft, Staat und Recht*: Untersuchungen zur reinen Rechtslehre. Festschrift für Hans Kelsen zum 50. Geburtstag. Viena: Julius Springer, 1931, pp. 252-294. Alguns dos principais trabalhos de Merkl estão traduzidos para o português e reunidos em: *MERKL, Adolf Julius. Escritos de Teoria do Direito.* Trad. Matheus Pelegrino da Silva. São Leopoldo: Unisinos, 2018].

Sobre a ZöR: *Zeitschrift für öffentliches Recht* 1 (1919/1920); *Zeitschrift für öffentliches Recht* 2 (1921); *Zeitschrift für öffentliches Recht* 3 (1922/1923). A *Zeitschrift für öffentliches Recht* (ZöR), fundada em 1914 sob significativa influência de Hans Kelsen, consolidou-se entre 1919 e 1934 como o principal órgão de publicação da chamada Escola de Viena da Teoria do Direito. Durante esse período, sob a coedição de Kelsen, a revista publicou numerosos textos de seus discípulos e colaboradores. Em certos volumes, como o 3.º (1922/1923), a quase totalidade dos artigos provinha do círculo de Kelsen. Ao todo, os textos de Kelsen e de seus alunos chegaram a representar mais de 36% do conteúdo publicado na ZöR entre 1919 e 1934].

Sobre a ZfV: *Zeitschrift für Verwaltung* 53 (1920); *Zeitschrift für Verwaltung* 54 (1921); *Zeitschrift für Verwaltung* 55 (1922); *Zeitschrift für Verwaltung* 56 (1923). A *Zeitschrift für Verwaltung* começou a ser publicada em janeiro de 1921 como sucessora da tradicional *Österreichische Zeitschrift für Verwaltung* (fundada em 1868 por Carl Jaeger [1836-1920)). A nova série da revista foi concebida como um foro científico e politicamente neutro para o exame crítico da administração pública austríaca no contexto das reformas administrativas previstas pela Constituição Federal de 1920, com ênfase especial na administração interna e financeira. A redação e a direção editorial ficaram a cargo de Adolf Julius Merkl, discípulo de Hans Kelsen e, então, recém-nomeado professor extraordinário da Faculdade de Direito e Ciências do Estado da Universidade de Viena. A revista foi publicada apenas até 1924].

503 Resolution des Klubs der deutschen Sozialdemokraten im Abgeordnetenhaus vom 3. Oktober 1918 [Resolução do clube dos social-democratas alemães na Câmara dos Deputados de 3 de outubro de 1918], parcialmente impressa em: *Wiener Zeitung*, nº 229, 5 de out. 1918, p. 6.

504 Cf. Bericht über die Parteiberatungen vom 4. Oktober 1918 [Relatório sobre as deliberações partidárias de 4 de outubro de 1918], em: *Wiener Zeitung*, nº 229, 5 out. 1918, p. 6.

505 Kaiserliches Manifest vom 16. Oktober 1918 [Manifesto Imperial de 16 de outubro de 1918], impresso em: *Wiener Zeitung*, nº 240 (edição especial), 17 out. 1918.

506 Cf. Beschluß der Vertreter aller deutschen Parteien des Abgeordnetenhauses vom 17. Oktober 1918 [Resolução dos representantes de todos os partidos alemães na Câmara dos Deputados de 17 de outubro de 1918], impressa em: *Neue Freie Presse* nº 19450 de 18 de outubro de 1918, Morgenblatt, p. 3.

507 Cf. Stenographisches Protokoll der Provisorischen Nationalversammlung [Protocolo Estenográfico da Assembleia Nacional Provisória] (doravante: StProtPNV) 4.

508 Cf. StProtPNV (nota 507) 5.

509 Beschluß der Provisorischen Nationalversammlung für Deutschösterreich vom 30. Oktober 1918 über die grundlegenden Einrichtungen der Staatsgewalt [Resolução da Assembleia Nacional Provisória da Áustria Alemã de 30 de outubro de 1918 sobre as instituições fundamentais do poder estatal, StGBl. 1918/1 (doravante: Resolução poder estatal 1918).

510 Karl I. (Carlos I) (1887-1922), último imperador da Áustria e rei da Hungria de 1916 a 1918. Como sobrinho-neto do imperador Franz Joseph I (1830-1916), tornou-se herdeiro do trono após o assassinato de Franz Ferdinand (1863-1914) em Sarajevo, em 28 de junho de 1914, e imperador após a morte de Franz Joseph, em 21 de novembro de 1916. Após o fim da monarquia, exilou-se na Suíça e, em 1921, após tentativas de restauração dos Habsburgos na Hungria, foi para a Madeira, onde morreu em 1922; beatificado em 2004.

511 Kaiserliche Kundgebung vom 11. November 1918 [Proclamação Imperial de 11 de novembro de 1918], impresso em: *Wiener Zeitung*, nº 261 (edição especial), 11 nov.1918.

512 Heinrich Lammasch (1853-1920), professor de Direito Penal e Internacional, político e estadista. Habilitou-se em Direito Penal em Viena em 1879, professor associado em Viena a partir de 1882, professor associado em Innsbruck de 1885 a

1889 e, novamente, professor associado em Viena de 1889 a 1913, onde também foi "patrono" de Kelsen. Membro da Câmara dos Pares (Partido do Centro) de 1899 a 1918, delegado nas Conferências de Haia em 1899 e 1907, membro do "Institut de Droit International" e, em 1918, último primeiro-ministro da Monarquia Austro-Húngara. Foi membro do movimento internacional pela paz e do pacifista "Meinl Group". Obras importantes: *Auslieferungspflicht und Asylrecht*. Leipzig: Duncker & Humblot, 1887; *Grundriß des österreichischen Strafrechts*. Leipzig: Duncker & Humblot, 1899 (5ª ed., Viena, 1926, editada por Theodor Rittler); *Die Lehre von der Schiedsgerichtsbarkeit in ihrem ganzen Umfange*. Stuttgart: W. Kohlhammer, 1913.

513 E, contrário, LFE Poder Governamental 1867 (nota 181).

514 Latim: pro rata parte; português: divisão pro rata, isto é, divisão proporcional de uma responsabilidade ou reivindicação.

515 § 16 Resolução poder estatal 1918 (nota 509).

516 § 1 Resolução poder estatal 1918 (nota 509).

517 Cf. §§ 2-3 Resolução poder estatal 1918 (nota 509).

518 Essa eleição ocorreu em 13 de junho de 1911.

519 De acordo com o § 18 § 1 LF Representação Imperial 1867 (nota 51), conforme emendado pelo RGBl. 1873/40, os deputados eram eleitos para um mandato de seis anos.

520 § 1 Gesetz vom 16. Juli 1917, betreffend die Verlängerung der Wahlperiode der Mitglieder des Abgeordnetenhauses des Reichsrates [Lei de 16 de julho de 1917 relativa à extensão do mandato eleitoral dos membros da Câmara dos Deputados do Conselho Imperial], RGBl. 1917/300.

521 Cf. § 16 LF Representação Imperial 1867 (nota 51).

522 Cf. StProtPNV (nota 507) 4.

523 Cf. StProtPNV (nota 507) 123.

524 Kelsen escreve, no original: "24". O correto, contudo, é: "27".

525 Cf. StProtPNV (nota 507) 158.

526 Cf. § 4 Resolução poder estatal 1918 (nota 509).

527 Cf. § 2 Resolução poder estatal 1918 (nota 509).

528 Cf. § 12 (1) LF Representação Imperial 1867 (nota 51).

529 No regulamento eleitoral curial, as pessoas com direito a voto são divididas em vários grupos (cúrias) – normalmente de acordo com sua capacidade tributária ou propriedades –, cada um dos quais elege um determinado número de deputados, cf., por exemplo, §§ 3, 10a OP Áustria Inferior 1861 (nota 46); §§ 11-16 Regulamento Eleitoral da Áustria Inferior 1907 (nota 277).

530 Cf. § 7 (1) LF Representação Imperial 1867 (nota 51) com a redação dada pelo RGBl. 1907/15.

531 Gesetz vom 14. November 1918, betreffend die Übernahme der Staatsgewalt in den Ländern [Lei de 14 de novembro de 1918 relativa à assunção do poder

estatal nos estados federados], StGBl. 1918/24 (doravante: Lei poder estatal nos estados 1918).

532 Cf. § 1 Lei poder estatal nos estados 1918 (nota 531).

533 Patente Fevereiro 1861 (nota 101), Anexo II (pp. 75-311) contém quinze ordenanças provinciais.

534 § 2 Resolução poder estatal 1918 (nota 509).

535 § 7 Resolução poder estatal 1918 (nota 509).

536 Cf. § 7 Resolução poder estatal 1918 (nota 509).

537 § 1 Gesetz vom 12. November 1918 über die Kundmachung von Gesetzen und Verordnungen durch das Staatsgesetzblatt [Lei de 12 de novembro de 1918 sobre a publicação de leis e decretos por meio do Diário Oficial do Estado], StGBl. 1918/7 (doravante: Lei Diário Oficial Estado 1918).

538 Lei Diário Oficial do Império 1869 (nota 243).

539 Já a primeira instrução de execução publicada Diário Oficial do Estado em 16 de novembro de 1918 foi emitida por um Ministério de Estado: Vollzugsanweisung des Deutschösterreichischen Staatsamtes für Volksernährung vom 2. November 1918 [betreffend die Erhöhung der Übernahmepreise für einzelne im Jahre 1918 geerntete Frucht- und Futtergattungen] [Instrução de execução do Ministério de Estado para a Alimentação Popular da Áustria Alemã de 2 de novembro de 1918 [relativa ao aumento dos preços de aquisição para certos tipos de frutas e forragens colhidas no ano de 1918], StGBl. 1918/8.

540 Cf., por exemplo, §§ 17, 19 (1) lit b, 38 OP Áustria Inferior 1861 (nota 46).

541 Cf. § 3 Resolução poder estatal 1918 (nota 509).

542 Cf., por exemplo, Gesetz vom 15. Februar 1867 für das Königreich Böhmen, betreffend die Kundmachung der Landes-Gesetze und der Verordnungen der Landesbehörden [Lei de 15 de fevereiro de 1867 para o Reino da Boêmia, relativa à publicação de leis provinciais e decretos das autoridades provinciais], LGBl. Böhmen 1867/13.

543 De qualquer forma, era necessária a autorização imperial para as resoluções da Assembleia Provincial que envolvessem a venda, o ônus permanente ou a penhora dos ativos originais (por exemplo, § 20 (2) OP Áustria Inferior 1861 [nota 46]) ou sobretaxas mais altas sobre impostos diretos ou outras taxas provinciais (por exemplo, § 22 (2) OP Áustria Inferior 1861 [nota 46]).

544 Cf. § 4 (1) Resolução poder estatal 1918 (nota 509).

545 Cf. § 5 (1) Resolução poder estatal 1918 (nota 509).

546 Cf. § 7 Resolução poder estatal 1918 (nota 509).

547 Cf. § 8 Resolução poder estatal 1918 (nota 509).

548 Cf. § 10 Resolução poder estatal 1918 (nota 509).

549 Cf. § 11 Resolução poder estatal 1918 (nota 509).

550 Cf. § 12 (2) Resolução poder estatal 1918 (nota 509).

551 Lei Responsabilidade Ministerial 1867 (nota 172).

552 Cf. § 9 (2) Resolução poder estatal 1918 (nota 509).

553 Cf. § 15 Resolução poder estatal 1918 (nota 509).

554 Art. 3 Lei Forma Governo 1918 (p. 122, nota de rodapé iv, N.T.).

555 Cf., contrário, § 6 (2) Resolução poder estatal 1918 (nota 509).

556 Cf. § 5 (2) Resolução poder estatal 1918 (nota 509).

557 Cf. §§ 5, 13 Lei da Administração Provincial 1868 (nota 148).

558 Cf., por ex., §§ 2, 4 OP Áustria Inferior 1861 (nota 46).

559 Lei poder estatal nos estados (nota 531).

560 Cf. §§ 3-4 Lei poder estatal nos estados (nota 531).

561 Cf. §§ 2, 3 (2), 4 (2) Lei poder estatal nos estados (nota 531).

562 Cf. § 8 Lei poder estatal nos estados (nota 531).

563 Gesetz vom 5. Dezember 1918 über die Kontrolle der Staatsschuld Deutschösterreichs [Lei de 5 de dezembro de 1918 sobre o controle da dívida nacional da Áustria Alemã], StGBl. 1918/88 (doravante: Lei Dívida Nacional 1918).

564 Cf. § 1 Lei Dívida Nacional 1918 (nota 563).

565 Bericht des Finanzausschusses, betreffend den Gesetzentwurf über die Kontrolle der Staatsschuld Deutschösterreichs, 42 der Beilagen zu den Stenographischen Protokollen der Provisorischen Nationalversammlung für Deutschösterreich 1918-1919 [Relatório da Comissão de Finanças, referente ao projeto de lei sobre o controle da dívida nacional da Áustria Alemã, 42 dos Suplementos aos Protocolos Estenográficos da Assembleia Nacional Provisória da Áustria Alemã 1918-1919], pp. 1-2 (2).

566 Cf. § 5 Lei Dívida Nacional 1918 (nota 563).

567 LFE Direitos Cidadãos 1867 (nota 35).

568 Verordnung des Gesamtministeriums vom 25. Juli 1914, womit Ausnahmen von den bestehenden Gesetzen verfügt werden [Decreto do Colegiado dos Ministérios de 25 de julho de 1914, que decreta exceções às leis existentes], RGBl. 1914/158.

569 Lei Exceções 1869 (nota 451).

570 Resolução sobre Censura 1918 (nota 410).

571 Art. 149 (1) B-VG 1920 (nota 1).

572 Cf. No. 1 Resolução sobre Censura 1918 (nota 410).

573 Vollzugsanweisung der Staatsregierung vom 18. April 1919 über die Aufhebung der auf Grund des Gesetzes vom 5. Mai 1869, R.G.Bl. Nr. 66, getroffenen Ausnahmeverfügungen [Instrução de execução do Governo do Estado de 18 de abril de 1919 sobre a revogação das medidas de exceção adotadas com base na Lei de 5 de maio de 1869, RGBl. nº 66], StGBl. 1919/240.

574 Art. 20 LFE Direitos Cidadãos 1867 (nota 35).

575 Cf. art. 149 (2) B-VG 1920 (nota 1).

576 Gesetz vom 5. Dezember 1918 über das deutschösterreichische Staatsbürgerrecht [Lei de 5 de dezembro de 1918 sobre a cidadania austro--alemã], StGBl. 1918/91 (doravante: Lei Cidadania Austro-Alemã 1918).

577 § 1 (1) Lei Cidadania Austro-Alemã 1918 (nota 576) – aspas inseridas pelo tradutor.

578 Gesetz vom 22. November 1918 über Umfang, Grenzen und Beziehungen des Staatsgebietes von Deutschösterreich [Lei de 22 de novembro de 1918 sobre a extensão, as fronteiras e as relações do território da Áustria Alemã], StGBl. 1918/40 (doravante: Lei Território Áustria Alemã 1918).

579 Cf. § 1 (2) Lei Cidadania Austro-Alemã 1918 (nota 576).

580 Cf. § 2 (1) Lei Cidadania Austro-Alemã 1918 (nota 576).

581 Cf. § 3 Lei Cidadania Austro-Alemã 1918 (nota 576).

582 Grundgesetz vom 22. November 1918 über die richterliche Gewalt, StGBl. 1918/38 [Lei Fundamental de 22 de novembro de 1918 sobre o Poder Judiciário], StGBl. 1918/38 (doravante: LF Poder Judiciário 1918).

583 LFE Poder Judiciário 1867 (nota 180).

584 § 1 LF Poder Judiciário 1918 (nota 582) – aspas inseridas pelo tradutor.

585 Cf. § 5 (1) LF Poder Judiciário 1918 (nota 582).

586 Art. 6 LFE Poder Judiciário 1867 (nota 180).

587 § 6 (2) LF Poder Judiciário 1918 (nota 582) – aspas inseridas pelo tradutor, ênfase adicionada por Kelsen.

588 Cf. § 7 (1) LF Poder Judiciário 1918 (nota 582).

589 Art. 5 LFE Poder Judiciário 1867 (nota 180).

590 Cf. art. 7 LFE Poder Judiciário 1867 (nota 180); § 10 LF Poder Judiciário 1918 (nota 582).

591 § 14 LF Representação Imperial 1867 (nota 51).

592 Cf. § 10 LF Poder Judiciário 1918 (nota 582).

593 § 12 (2) LF Poder Judiciário 1918 (nota 582) – aspas inseridas pelo tradutor. Cf. § 1 (1) Lei Sindicância 1872 (nota 330).

594 Art. 3 Lei Forma Governo 1918 (p. 122, nota de rodapé iv, N.T.).

595 Cf. § 16 (1) LF Poder Judiciário 1918 (nota 582).

596 Cf. § 16 (2-4) LF Poder Judiciário 1918 (nota 582).

597 Latim: solemnis; português: solene, festivo.

598 Cf. art. 1 Lei Forma Governo 1918 (p. 122, nota de rodapé iv, N.T.).

599 Cf. art. 5-6, 8 Lei Forma Governo 1918 (p. 122, nota de rodapé iv, N.T.).

600 Cf. art. 2 Lei Forma Governo 1918 (p. 122, nota de rodapé iv, N.T.).

601 [Vorspruch] Protokoll über die konstituierende Landesversammlung in Steiermark am 6. November 1918 [[Preâmbulo] Protocolo da Assembleia

Constituinte Estadual na Estíria em 6 de novembro de 1918], Stmk LGBl. 1918/78.

602 [Vorspruch] Vorläufige Verfassung des Landes Kärnten. Beschluß der vorläufigen Landesversammlung vom 11. November 1918, Nr. 1, LA Z. 16745/18 [[Preâmbulo] Constituição Provisória do Estado da Caríntia. Resolução da Assembleia Estadual Provisória de 11 de novembro de 1918, Nº 1, LA Z. 1675/18], impressa em: Veröffentlichungen über die Beratungen der Kärntner vorläufigen Landesversammlung in der Zeit vom 11. November 1918 bis 4. Juli 1921, Klagenfurt 1922, S. 3-5 (doravante: Constituição Provisória Caríntia 1918).

603 Kundmachung des Landesrates des Landes Salzburg vom 9. November 1918, Nr. 1, L.-B., betreffend die Verlautbarung einer neuen Verfassung für das Land Salzburg [Promulgação do Conselho Estadual do Estado de Salzburgo de 9 de novembro de 1918, nº 1, L.-B., referente à publicação de uma nova Constituição para o Estado de Salzburgo], Sbg LGBl. 1918/59 (doravante: Promulgação ref. Constituição Salzburg 1918), impresso em: *KELSEN, Hans. Die Verfassungsgesetze der Republik Deutschösterreich*: Mit einer historischen Übersicht und kritischen Erläuterungen. Parte 3. Viena/Leipzig: Franz Deuticke, 1919, pp. 203-208 = HKW 5, pp. 256-437 (418-421) – a versão publicada no Diário Oficial do Estado de Salzburgo (Sbg LGBl) não contém, porém, o preâmbulo mencionado por Kelsen.

604 Em 25 de outubro de 1918, o Comitê Executivo da Áustria Alemã adotou, em sua 7ª sessão, a decisão de apresentar à Assembleia Nacional a seguinte proposta de resolução: "a Assembleia Nacional delibera: até que se estabeleça definitivamente a organização administrativa da Áustria Alemã, serão convocadas assembleias legislativas provisórias e comitês estaduais (Landesausschüsse) para representar os estados federados (Länder). Os partidos políticos alemães de cada estado devem acordar: (1) de que forma a representação legislativa provisória deve ser composta; (2) como constituir os comitês estaduais nos estados onde ainda não existem, e como proceder às nomeações para esses comitês nos casos em que nem todos os partidos estejam neles representados. O Comitê Executivo deve ser informado sobre a constituição das assembleias legislativas provisórias e dos comitês regionais" (Protokoll der 7. Sitzung des Vollzugsausschusses der Provisorischen Nationalversammlung vom 25. Oktober 1918 [Protoclo da 7ª sessão do Comitê Executivo da Assembleia Nacional Provisória de 25 de outubro de 1918], impresso em: ENDERLE-BURCEL, Gertrude; HAAS, Hanns; MÄHNER, Peter (Coord.). *Der österreichische Staatsrat*: Protokolle des Vollzugsausschusses, des Staatsrates und des Geschäftsführenden Staatsratsdirektoriums. 21. Oktober 1918 bis 14. März 1919, Bd. 1: 21. Oktober 1918 bis 14. November 1918, Viena: Verlag Österreich, Verlag der Österreichischen Akademie der Wissenschaften, 2008, pp. 34-40 (40).

Nos Protocolos Estenográficos da Assembleia Nacional Provisória, contudo, tal proposta não aparece. O plano inicial, segundo o qual a Assembleia Nacional deveria encarregar os estados federados da constituição do poder estadual, foi evidentemente abandonado, e a questão retomada pelo Comitê

Executivo. No protocolo da 10ª sessão do Comitê Executivo, de 29 de outubro de 1918, não se encontra qualquer incumbência expressa aos estados. Três "proclamações", requeridas por Karl Renner na 9ª sessão de 28 de outubro de 1918, presumivelmente continham tal incumbência (cf. ENDERLE-BURCEL, Gertrude; HAAS, Hanns; MÄHNER, Peter (Coord.). *Der österreichische Staatsrat*: Protokolle des Vollzugsausschusses, des Staatsrates und des Geschäftsführenden Staatsratsdirektoriums. 21. Oktober 1918 bis 14. März 1919, Bd. 1: 21. Oktober 1918 bis 14. November 1918, Viena: Verlag Österreich, Verlag der Österreichischen Akademie der Wissenschaften, 2008, p. 45). Elas foram aprovadas na 10ª sessão, sendo então a sua publicação ordenada (cf. Protokoll der 10. Sitzung des Vollzugsausschusses der Provisorischen Nationalversammlung vom 29. Oktober 1918 [Protocolo da 10ª sessão do Comitê Exectuvio da Assembleia Nacional Provisória de 29 de outubro de 1918], impresso em: ENDERLE-BURCEL, Gertrude; HAAS, Hanns; MÄHNER, Peter (Coord.). *Der österreichische Staatsrat*: Protokolle des Vollzugsausschusses, des Staatsrates und des Geschäftsführenden Staatsratsdirektoriums. 21. Oktober 1918 bis 14. März 1919, Bd. 1: 21. Oktober 1918 bis 14. November 1918, Viena: Verlag Österreich, Verlag der Österreichischen Akademie der Wissenschaften, 2008, pp. 53-62 (59).

605 Erklärung vom 18. November 1918, Stenographische Berichte der Provisorischen Landesversammlung für Oberösterreich 1918-1919 [Declaração de 18 de novembro 1918, Relatórios Estenográficos da Assembleia Estadual Provisória para a Alta Áustria 1918-1919] 8 (doravante: Declaração Adesão Alta Áustria 1918), p. 8; Erklärung vom 3. November 1918, 1 der Beilagen zu den stenographischen Berichten der provisorischen Vorarlberger Landesversammlung 1918-1919 [Declaração de 3 de novembro de 1918, 1 dos anexos aos relatórios estenográficos da Assembleia Estadual Provisória de Vorarlberg].

606 *Baixa Áustria (Niederösterreich):* Conforme comunicou a presidência do Governo Estadual da Baixa Áustria à Chancelaria de Estado com data de 7 de março de 1919, a Assembleia Estadual "até agora não aprovou uma declaração de adesão ao estado da Áustria Alemã". No entanto, num posfácio manuscrito consta a seguinte observação: "ainda que tal deliberação expressa não tenha sido tomada, a intenção de adesão resulta das ações concludentes como a designação de representantes para a Assembleia Nacional Provisória, as eleições para a Assembleia Nacional Constituinte etc." (Carta Z. 1036/2 St.K., recebida em 8 de março de 1919, reproduzida em: KAMMERHOFER, Leopold. *Niederösterreich zwischen den Kriegen*: Wirtschaftliche, politische, soziale und kulturelle Entwicklung von 1918 bis 1938. Baden: Grasl, 1987, p. [8] da seção de imagens entre as pp. 80 e 81).

Tirol: Também o Tirol confirmou indiretamente sua adesão por meio de uma resolução: "tendo em vista a concepção adotada pelo governo da Áustria Alemã em Viena quanto à posição jurídico-constitucional dos diversos estados, o Conselho Nacional do Tirol – que futuramente terá de prestar contas à representação definitiva do povo tirolês – sente-se obrigado a fazer a seguinte declaração de princípio: Assim como o próprio Conselho Nacional do Tirol, também o atual governo em Viena tem apenas a missão de conduzir a transição do antigo regime para a nova ordem. Suas leis e disposições possuem, portanto, apenas caráter provisório, e cabe exclusivamente às futuras representações populares, a serem eleitas com base no sufrágio universal, igual, direto e secreto, sem distinção de sexo, estabelecer instituições permanentes, sobretudo no domínio do Direito Constitucional do Estado federal e dos estados federados. O Conselho Nacional do Tirol se pronunciou a favor da forma republicana de governo e da adesão à República da Áustria Alemã, sob reserva da regulamentação definitiva da estrutura jurídico-constitucional do estado pela futura representação popular, a ser eleita com base no sufrágio universal, igual, direto e secreto, sem distinção de sexo. Até lá, o Conselho Nacional do Tirol exercerá a administração mantendo a autonomia do estado" (Resolução do Conselho Nacional do Tirol de 25 de novembro de 1918, reproduzida em: *Wiener Abendpost* [Suplemento do *Wiener Zeitung*], nº 271 de 26 de novembro de 1918, p. 1).

607 Beschluß der provisorischen Landesversammlung für Deutschböhmen vom 29. Oktober 1918 [Resolução da Assembleia Estadual Provisória para a Boêmia Alemã de 29 de outubro de 1918] (doravante: Declaração Adesão Boêmia Alemã 1918), impressa em: KELSEN, Hans. *Die Verfassungsgesetze der Republik Deutschösterreich*: Mit einer historischen Übersicht und kritischen Erläuterungen. Parte 3. Viena/Leipzig: Franz Deuticke, 1919, pp. 209-213 = HKW 5, pp. 256-437 (422-424).

608 Vorläufige Verfassung der deutschösterreichischen Provinz Sudetenland [Constituição Provisória da Província Austro-Alemna de Sudetenland], in: Beschluß der provisorischen Landesversammlung des Sudetenlandes vom 16. November 1918 (doravante: Constituição Provisória Sudetenland 1918), impressa em: KELSEN, Hans. *Die Verfassungsgesetze der Republik Deutschösterreich*: Mit einer historischen Übersicht und kritischen Erläuterungen. Parte 3. Viena/Leipzig: Franz Deuticke, 1919, pp. 219-224 = HKW 5, pp. 256-437 (428-431).

609 Declaração Adesão Alta Áustria 1918 (nota 605).

610 Beschluß der provisorischen Landesversammlung für Steiermark [Resolução da Assembleia Estadual Provisória da Estíria], in: Protokoll über die konstituierende Landesversammlung in Steiermark am 6. November 1918, Stmk LGBl 1918/78, pp. 232-234 (doravante: Declaração Adesão Estíria 1918).

611 Constituição Provisória Caríntia 1918 (nota 602).

612 § 1 (2) Lei Território Áustria Alemã 1918 (nota 578).

613 Abschnitt I Z 1 Beschluß der provisorischen Kreisversammlung Deutsch-Südmährens vom 3. November 1918 [Seção I, nº 1: Resolução da Assembleia Distrital Provisória da Morávia Meridional Alemã de 3 de novembro de 1918] impressa em: Znaimer Wochenblatt nº 93 de 20 de novembro de 1918, pp. 1 e s.

614 Gesetz vom 28. November 1918 über die provisorische Landesordnung für die Provinz Deutschböhmen [Lei de 28 de novembro de 1918 sobre a Constituição provisória para a província Boêmia Alemã], LGBl Deutschböhmen 1918/1 (doravante: Constituição Provisória Boêmia-Alemã 1918).

615 Gesetz vom 6. Dezember 1918, wirksam für das Land Steiermark, womit eine Landesordnung für das Land Steiermark erlassen wird [Lei de 6 de dezembro de 1918, válida para o estado Estíria, com a qual é promulgada uma Constituição provisória para o estado Estíria], Stmk LGBl 1919/50 (doravante: Constituição Provisória Estíria 1919).

616 Cf., por ex., § 38 OP Áustria Inferior 1861 (nota 46).

617 § 1 Lei poder estatal nos estados 1918 (nota 531) – ênfase de Kelsen.

618 Beschluß der Provisorischen Nationalversammlung für Deutschösterreich vom 12. November 1918, betreffend die feierliche Beitrittserklärung der Länder, Kreise und Gaue des Staatsgebietes [Resolução da Assembleia Nacional Provisória da Áustria Alemã de 12 de novembro de 1918, relativa à solene declaração de adesão dos Estados, distritos e regiões do território nacional], StGBl. 1918/23.

619 Declaração Adesão Alta Áustria 1918 (nota 605).

620 I. Parte Principal Z 2 Constituição Provisória Caríntia 1918 (nota 602) – ênfase de Kelsen.

621 Gesetz vom 19. Dezember 1918, womit einige Bestimmungen des Beschlusses der Provisorischen Nationalversammlung für Deutschösterreich über die grundlegenden Einrichtungen der Staatsgewalt vom 30. Oktober 1918, St.G.Bl. Nr. 1, abgeändert oder ergänzt werden [Lei de 19 de dezembro de 1918 que altera ou complementa determinadas disposições da resolução da Assembleia Nacional Provisória da Áustria Alemã sobre as instituições básicas do poder estatal de 30 de outubro de 1918, StGBl. nº 1], StGBl. 1918/139 (doravante: Emenda Constitucional 1918).

622 Cf. §§ 1-2 Emenda Constitucional 1918 (nota 621).

623 Veja-se, por exemplo, a chamada *Lex Kemetter*. Trata-se de alterações propostas pelo deputado August Maria Kemetter (1866-1945) que foram aprovadas na segunda leitura do projeto de lei sobre a cidadania da Áustria Alemã na sessão da Assembleia Nacional Provisória de 27 de novembro de 1918 (cf. 40 der Beilagen zu den Stenographischen Protokollen der Provisorischen Nationalversammlung für Deutschösterreich 1918-1919 [Suplemento 40 aos Protocolos Estenográficos da Assembleia Nacional Provisória da Áustria Alemã 1918-1919], pp. 5-6) e adotadas na terceira leitura (StProtPNV [nota 507] 183-184). Após comunicação do Conselho de Estado, que apontou a inviabilidade política da *Lex Kemetter*, a lei então vigente foi revogada em 5 de dezembro de 1918, e a Comissão Constitucional foi incumbida de apresentar novo relatório sobre a matéria (StProtPNV [nota 507] 191-199). Na comissão, o deputado Kemetter não renovou sua proposta da sessão anterior (StProtPNV [nota 507] 281, relator Schacherl). A Assembleia Nacional Provisória aprovou então o

parecer da Comissão Constitucional (69 der Beilagen zu den Stenographischen Protokollen der Provisorischen Nationalversammlung für Deutschösterreich 1918-1919 [Suplemento 69 aos Protocolos Estenográficos da Assembleia Nacional Provisória da Áustria Alemã 1918-1919]), cujo conteúdo correspondia à proposta original (StProtPNV [nota 507] 283). Cf. Lei Cidadania Austro-Alemã 1918 (nota 576); *KELSEN, Hans*. "Die Verfassungsnovelle". *Neue Freie Presse*, nº 19513, de 20 de dezembro de 1918, Morgenblatt, pp. 3-4 = HKW 4, pp. 59-67.

624 Cf. § 4 Emenda Constitucional 1918 (nota 621).

625 Cf. § 5 (1-2) Emenda Constitucional 1918 (nota 621).

626 Cf. § 10 Emenda Constitucional 1918 (nota 621).

627 Cf. § 3 (3), § 4 (7) Emenda Constitucional 1918 (nota 621).

628 Cf. § 3 (2) Emenda Constitucional 1918 (nota 621).

629 Cf. § 11 (2) Emenda Constitucional 1918 (nota 621).

630 Cf. § 3 (2) Emenda Constitucional 1918 (nota 621).

631 Cf. § 11 (1), § 12 Emenda Constitucional 1918 (nota 621).

632 Cf. § 3 (2) Emenda Constitucional 1918 (nota 621).

633 Cf. § 13 Emenda Constitucional 1918 (nota 621).

634 Cf. § 4 (1) Lei Dívida Nacional 1918 (nota 563).

635 Erário (do latim *aerarium*) designa o patrimônio do Estado; já o erário da Corte (Hofärar) é "aquele patrimônio que, embora pertença ao Estado, é destinado ao serviço da Corte" (*KELSEN, Hans*. *Die Verfassungsgesetze der Republik Deutschösterreich*: Mit einer historischen Übersicht und kritischen Erläuterungen. Parte 3. Viena/Leipzig: Franz Deuticke, 1919, p. 167 = HKW 5, pp. 256-437 [392]), ou seja, rata-se prioritariamente do patrimônio destinado à manutenção representativa da Casa e Corte.

636 Beschluß IV des Staatsrates in seiner 35. Sitzung vom 16. November 1918 [Resolução IV do Conselho de Estado em sua 35ª sessão em 16 de novembro de 1918]: "O Conselho de Estado encarrega o notário do Estado de administrar os bens da Coroa, até a elaboração da lei prevista sobre a execução relativa a tais bens, com a assistência do diretor central Oskar Ritter von Keller, bem como de zelar pela sua supervisão".

637 Cf. § 6 (2) Emenda Constitucional 1918 (nota 621).

638 Cf. § 7 Emenda Constitucional 1918 (nota 621).

639 Cf. § 8 Emenda Constitucional 1918 (nota 621).

640 Os funcionários públicos foram classificados, até 1921, em onze classes hierárquicas, as quais se orientavam, em princípio, conforme o cargo ocupado por cada funcionário, cf. Gesetz vom 15. April 1873, betreffend die Regelung der Bezüge der activen Staatsbeamten [Lei de 15 de abril de 1873, referente à regulamentação da remuneração de funcionários públicos ativos], RGBl. 1873/47.

641 Cf. § 9 (1-2) Emenda Constitucional de 1918 (nota 621).

642 Cf. § 10 (1) Emenda Constitucional de 1918 (nota 621).

643 Gesetz vom 6. Februar 1919 über den Staatsrechnungshof [Lei de 6 de fevereiro de 1919 sobre o Tribunal de Contas do Estado], StGBl. 1919/85 (doravante: Lei do Tribunal de Contas de 1919).

644 Cf. §§ 3-4 Lei do Tribunal de Contas de 1919 (nota 643).

645 Cf. § 5 Lei do Tribunal de Contas de 1919 (nota 643).

646 Cf. § 9 Lei do Tribunal de Contas de 1919 (nota 643).

647 Lei Controle Dívida 1868 (nota 271).

648 Cf. § 16 Lei do Tribunal de Contas de 1919 (nota 643).

649 Gesetz vom 6. Februar 1919 über die Errichtung eines deutschösterreichischen Verwaltungsgerichtshofe [Lei de 6 de fevereiro de 1919 sobre a criação de um Tribunal Administrativo Austro-Alemão], StGBl. 1919/88 (doravante: Lei Tribunal Administrativo 1919).

650 Cf. § 2 (1) Lei Tribunal Administrativo 1919 (nota 649).

651 Cf. § 3 (1-2) Lei Tribunal Administrativo 1919 (nota 649).

652 Cf. art. 15 LFE Poder Judiciário 1867 (nota 180).

653 Cf. art. 2-3 LF Tribunal de Justiça do Império 1867 (nota 179).

654 Gesetz vom 25. Jänner 1919 über die Errichtung eines deutschösterreichischen Verfassungsgerichtshofes, StGBl 1919/48 [Lei de 25 de janeiro de 1919 sobre a criação de um Tribunal Constitucional Austro-Alemão], StGBl. 1919/48 (doravante: Lei Tribunal Constitucional 1919).

655 Gesetz vom 3. April 1919, womit die Aufgabe des ehemaligen Staatsgerichtshofes auf den Deutschösterreichischen Verfassungsgerichtshof übertragen und das Gesetz vom 25. Jänner 1919, St.G.Bl. Nr. 48, über die Errichtung eines deutschösterreichischen Verfassungsgerichtshofes abgeändert und ergänzt wird, StGBl. 1919/212 [Lei de 3 de abril de 1919 que transfere a função do antigo Tribunal de Responsabilidade do Estado para o Tribunal Constitucional Austro-Alemão e altera e complementa a Lei de 25 de janeiro de 1919, St.G.Bl. nº 48, sobre a criação de um Tribunal Constitucional Austro-Alemão], StGBl. 1919/212 (doravante: Emenda Lei Tribunal Constitucional 1919).

656 Cf. § 1 Lei Tribunal Constitucional 1919 (nota 654).

657 Cf. § 9 (2) Resolução poder estatal 1918 (nota 509).

658 Art. 15 Gesetz vom 14. März 1919 über die Volksvertretung [Lei de 14 de março de 1919 sobre a representação popular], StGBl. 1919/179 (doravante: Lei Representação Popular 1919).

659 Cf. art. 1 Emenda Lei Tribunal Constitucional 1919 (nota 655).

660 Cf. art. 2 (1) (1) Emenda Lei Tribunal Constitucional 1919 (nota 655).

661 A proposta em forma de lista tríplice (Ternarvorschlag) tem origem no Direito canônico (cf. cân. 377 § 3 do Codex Iuris Canonici de 1983, em:

AAS 75 II (1983)) e consiste em uma lista com três nomes apresentada para a nomeação a cargos importantes.

662 Cf. art. 5 LF Tribunal de Justiça do Império 1867 (nota 179).

663 Cf. § 39 Lei Tribunal de Justiça do Império 1869 (nota 460).

664 Cf. art. 2 (1) 5 Emenda Lei Tribunal Constitucional 1919 (nota 655).

665 Gesetz vom 6. Februar 1919, betreffend vorläufige Bestimmungen über die bewaffnete Macht [Lei de 6 de fevereiro de 1919 relativa a disposições provisórias sobre as forças armada], StGBl. 1919/91 (doravante: Lei Forças Armadas 1919).

666 Cf. § 8 Emenda Constitucional de 1918 (nota 621).

667 Cf. § 1 Lei Forças Armadas 1919 (nota 665).

668 Cf. § 7 Lei Forças Armadas 1919 (nota 665).

669 Cf. § 8 (1), (3), (4) Lei Forças Armadas 1919 (nota 665).

670 Cf. § 2 Lei Forças Armadas 1919 (nota 665).

671 Gesetz vom 18. Dezember 1918 über die Einberufung der konstituierenden Nationalversammlung, StGBl. 1918/114 [Lei de 18 de dezembro de 1918 sobre a convocação da Assembleia Nacional Constituinte] (doravante: Lei Convocação ANC 1918).

672 Gesetz vom 18. Dezember 1918 über die Wahlordnung für die konstituierende Nationalversammlung [Lei de 18 de dezembro de 1918 sobre o regulamento eleitoral para a Assembleia Nacional Constituinte], StGBl. 1918/115 (doravante: Regulamento Eleitoral ANC 1918).

673 Cf. art. 2 Lei Convocação ANC 1918 (nota 671), § 1 Regulamento Eleitoral ANC 1918 (nota 672).

674 § 1 Gesetz vom 9. Jänner 1919, betreffend die Ergänzung des § 11 des Gesetzes vom 18. Dezember 1918, St.G.Bl. Nr. 115, über die Wahlordnung für die konstituierende Nationalversammlung und des Artikels II des Gesetzes vom 18. Dezember 1918, St.G.Bl. Nr. 114, über die Berufung der konstituierenden Nationalversammlung [Lei de 9 de janeiro de 1919, relativa à complementação do § 11 da Lei de 18 de dezembro de 1918, Diário da Legislação Estatal nº 115, sobre o regulamento eleitoral para a Assembleia Nacional Constituinte, e do artigo II da Lei de 18 de dezembro de 1918, Diário da Legislação Estatal nº 114, sobre a convocação da Assembleia Nacional Constituinte], StGBl. 1919/15.

675 Verordnung über die Teilnahme der Angehörigen der deutsch-österreichischen Republik an den Wahlen zur verfassunggebenden deutschen Nationalversammlung. Vom 7. Januar 1919 [Decreto sobre a participação dos cidadãos da República da Áustria Alemã nas eleições para a Assembleia Nacional Constituinte Alemã, de 7 de janeiro de 1919], RGBl. p. 15.

676 Cf. § 11 (2) Regulamento Eleitoral ANC 1918 (nota 672).

677 Kelsen escreve, no original, "regulamentos eleitorais imperiais": "Reichswahlordnungen". Contudo, o correto seria "regulamento eleitoral para o Conselho Imperial": "Reichsratswahlordnung".

678 Cf. § 4 (3) Regulamento Eleitoral Conselho Imperial 1907 (nota 204).

679 Cf. § 12 Regulamento Eleitoral ANC 1918 (nota 672).

680 Cf. § 13 Regulamento Eleitoral ANC 1918 (nota 672).

681 Cf. §§ 5-9 Regulamento Eleitoral ANC 1918 (nota 672).

682 Cf. § 14 (1), § 28 (2) Regulamento Eleitoral ANC 1918 (nota 672).

683 Cf. § 16 Regulamento Eleitoral ANC 1918 (nota 672).

684 Cf. § 5 (1) Regulamento Eleitoral ANC 1918 (nota 672).

685 Cf. § 18 Regulamento Eleitoral ANC 1918 (nota 672).

686 Cf. § 28 (1-2) Regulamento Eleitoral ANC 1918 (nota 672).

687 Cf. § 29 (1) Regulamento Eleitoral ANC 1918 (nota 672).

688 Cf. §§ 30-38 Regulamento Eleitoral ANC 1918 (nota 672).

689 § 51 Wahlordnung für die Wahlen zur verfassunggebenden deutschen Nationalversammlung. Vom 30. November 1918 [§ 51 da Regulamento Eleitoral para as Eleições da Assembleia Nacional Constituinte Alemã. De 30 de novembro de 1918, RGBl. S. 1353 (doravante: Regulamento Eleitoral ANC Alemã 1918).

690 O método de d'Hondt baseia-se no princípio de dividir o número total de votos obtidos por cada partido por uma série de números inteiros consecutivos (1, 2, 3, 4 etc.) até o número inteiro correspondente ao número de cadeiras a serem distribuídas, atribuindo-se os mandatos aos maiores quocientes resultantes dessa divisão, até que todas as cadeiras disponíveis sejam preenchidas. Suponha-se que existam 5 mandatos a distribuir. Cada partido tem seus votos divididos por 1, depois por 2, depois por 3, depois por 4, depois por 5. Todos os quocientes obtidos por essa divisão são organizados em uma lista geral, do maior ao menor. Os 5 maiores quocientes determinam quais partidos recebem os 5 mandatos, sendo que cada mandato vai para o partido correspondente ao quociente naquela posição. De modo aprofundado, veja-se: *KELSEN, Hans*. "Das Proportional(wahl)system". *Der österreichische Volkswirt* 11 (1918/1919), pp. 115-118, 133-136 e 147-151 (134-136) = HKW 4, pp. 25-50 (34-41).

691 Victor d'Hondt (1841-1901), professor belga de Direito Privado e Fiscal. D'Hondt foi um defensor do sistema de representação proporcional e descreveu, em 1882, um método baseado em quocientes para a distribuição de cadeiras. O método de d'Hondt, por exemplo, foi utilizado até 1983 para determinar a distribuição de cadeiras no Parlamento alemão. Obra importante: *Système pratique et raisonné de représentation proportionnelle*. Bruxelas: [s.n.], 1882.

692 Cf. § 33 Regulamento Eleitoral ANC 1918 (nota 672).

693 Ambas as citações: § 34 (2-4) Regulamento Eleitoral ANC (nota 672) – aspas inseridas pelo tradutor.

694 Cf. § 35 Regulamento Eleitoral ANC 1918 (nota 672).

695 Cf. § 51 Regulamento Eleitoral ANC Alemã 1918 (nota 689).

696 Cf. § 24 Regulamento Eleitoral ANC 1918 (nota 672).

697 Cf. § 33 Regulamento Eleitoral ANC 1918 (nota 672).

698 Cf. §§ 36-37 Regulamento Eleitoral ANC 1918 (nota 672).

699 Cf. § 40 Regulamento Eleitoral ANC 1918 (nota 672).

700 Art. 2 Gesetz vom 12. März 1919 über das besetzte Staatsgebiet (Lei de 12 de março sobre o território estatal ocupado), StGBl. 1919/175 (doravante: Lei Território Ocupado 1919).

701 Cf. AUSTRIA STATISTISCHE ZENTRALKOMMISSION. *Die Wahlen für die Konstituierende Nationalversammlung*. vol. 1: Vorläufige statistische Ergebnisse. Viena: Staatsdruckerei, 1919, pp. 13 e s.

702 Cf. Wahlen KNV (nota 701), pp. 39-43.

703 [Beschluss der Konstituierenden Nationalversammlung vom 4. April 1919] [Resolução da Assembleia Nacional Constituinte de 4 de abril de 1919], StProtKNV 232-238.

704 Art. 1 Lei Território Ocupado 1919 (nota 700).

705 § 1 Gesetz vom 6. Februar 1919, betreffend den Wahlgerichtshof für die Wahlen zur konstituierenden Nationalversammlung [Lei de 6 de fevereiro de 1919, relativa ao Tribunal Eleitoral para as eleições para a Assembleia Nacional Constituinte], StGBl. 1919/90 (doravante: Lei Tribunal Eleitoral 1919).

706 Cf. §§ 4-5 Lei Tribunal Eleitoral 1919 (nota 705).

707 Cf. § 13 (1) Lei Tribunal Eleitoral 1919 (nota 705).

708 Art. 1 (1) Lei Convocação ANC 1918 (nota 671).

709 Cf. Verordnung über die Wahlen zur verfassungsgebenden deutschen Nationalversammlung (Reichswahlgesetz). Vom 30. November 1918 [Decreto sobre as eleições para a Assembleia Nacional Constituinte Alemã de 30 de novembro de 1918], RGBl. p. 1345.

710 Gesetz vom 6. Februar 1919 über die Geschäftsordnung der Konstituierenden Nationalversammlung [Lei de 6 de fevereiro 1919 sobre o regimento interno da Assembleia Nacional Constituinte], StGBl. 1919/1010.

711 Gesetz vom 5. März 1919 über die Geschäftsordnung der konstituierenden Nationalversammlung [Lei de 5 de março de 1919 sobre o regimento interno da Assembleia Nacional Constituinte], StGBl. 1919/162 (doravante: Lei Regimento Interno ANC 1919).

712 Geschäftsordnung der Konstituierenden Nationalversammlung, Beschluss vom 5. März 1919 [Regimento Interno da Assembleia Nacional Constituinte, Resolução de 5 de março de 1919], StProtKNV 16 (doravante: Regimento Interno ANC 1919). O texto do regimento interno encontra-se em: 2 BlgKNV 7-31.

713 Cf. Regimento Interno Conselho Imperial 1873 (nota 215); Regimento Interno da Câmara dos Deputados 1875 (nota 238).

714 Lei Representação Popular 1919 (nota 658).

715 Gesetz vom 14. März 1919 über die Staatsregierung [Lei de 14 de março sobre o Governo do Estado], StGBl. 1919/180 (doravante: Lei Governo Estado 1919).

716 Cf. art. 1 (1) Lei Representação Popular 1919 (nota 658).

717 Cf. art. 1 (3) Lei Representação Popular 1919 (nota 658).

718 Cf. 1 (1) Lei Convocação ANC 1918 (nota 671).

719 Cf. art. 2 (1) Lei Representação Popular 1919 (nota 658).

720 Cf. art. 2 (2) Lei Representação Popular 1919 (nota 658).

721 Cf. art. 3 Lei Representação Popular 1919 (nota 658).

722 Cf. art. 6 (1) Lei Representação Popular 1919 (nota 658).

723 §§ 69-71 Lei Regimento Interno ANC 1919 (nota 711).

724 § 16 (2-5) LF Representação Imperial 1867 (nota 51).

725 Cf. art. 6 (2-4) Lei Representação Popular 1919 (nota 658).

726 Cf. art. 7-9 Lei Representação Popular 1919 (nota 658).

727 Cf. art. 35 (1) Die Verfassung des Deutschen Reichs. Vom 11. August 1919 [A Constituição da Federação Alemã], RGBl. p. 1383 (doravante: CF Weimar 1919).

728 Cf. art. 10 (1) Lei Representação Popular 1919 (nota 658).

729 Art. 10 (2) Lei Representação Popular 1919 (nota 658): "Präsidenten der Nationalversammlung" [Presidente da Assembleia Nacional].

730 Art. 10 (2) Lei Representação Popular 1919 (nota 658) – aspas inseridas pelo tradutor.

731 Cf. p. 175 e s.

732 Cf. art. 2 (1-2), art. 14 Lei Governo Estado 1919 (nota 715).

733 Cf. art. 12 Lei Governo Estado 1919 (nota 715).

734 § 2 Gesetz vom 3. April 1919, betreffend die Landesverweisung und die Übernahme des Vermögens des Hauses Habsburg-Lothringen [Lei de 3 de abril de 1919, relativa à expulsão do território nacional e à apropriação dos bens da Casa de Habsburgo-Lorena], StGBl. 1919/209 (doravante: Lei Apropriação Habsburgo-Lorena 1919).

735 Cf. art. 11 (1) Lei Representação Popular 1919 (nota 658).

736 Cf. art. 10 (4) Lei Representação Popular 1919 (nota 658).

737 Cf. art. 11 (1) Lei Representação Popular 1919 (nota 658).

738 Cf. art. 11 (4) Lei Representação Popular 1919 (nota 658).

739 Cf. art. 1 (1) Lei Representação Popular 1919 (nota 658).

740 Cf. art. 3 Lei Forma Governo 1918 (p. 122, nota de rodapé iv, N.T.); § 5 (2) Emenda Constitucional de 1918 (nota 621).

741 Cf. art. 12 Lei Representação Popular 1919 (nota 658).

742 Cf. por ex. § 38 (3) OP Áustria Inferior 1861 (nota 46).

743 § 12 LF Representação Imperial 1867 (nota 51) na versão RGBl. 1907/15.

744 Cf. art. 12 Lei Representação Popular 1919 (nota 658).

745 § 16 Resolução poder estatal 1918 (nota 509).

746 Cf. § 1 Lei poder estatal nos estados 1918 (nota 531).

747 Cf. art. 4 (1) Lei Representação Popular 1919 (nota 658).

748 Cf. § 7 Regimento Interno ANC 1919 (nota 711).

749 Cf. art. 4 (2) Lei Representação Popular 1919 (nota 658).

750 Cf. art. 5 Lei Representação Popular 1919 (nota 658).

751 Cf. p. 125 e s.

752 Cf. art. 14 Lei Representação Popular 1919 (nota 658).

753 Cf. art. 12, 14 (3) Lei Representação Popular 1919 (nota 658).

754 Cf. art. 14 (4), art. 5 Lei Representação Popular 1919 (nota 658).

755 Cf. art. 13 Lei Representação Popular 1919 (nota 658).

756 Art. 14 (1-2) Lei Representação Popular 1919 (nota 658).

757 Art. 5 (1) Lei Representação Popular 1919 (nota 658).

758 Cf. art. 15 Lei Representação Popular 1919 (nota 658).

759 Erlaß der Staatskanzlei St. Nr. 1500/1 ex 1919 – n.e [Decreto da Chancelaria de Estado nº 1500/1 ex 1919 – não estampado].

760 Cf. *KELSEN, Hans*. "Reichsgesetz und Landesgesetz nach österreichischer Verfassung". *Archiv des öffentlichen Rechts* 32, 1914, pp. 202-245, 390-438 (213 e s.) = HKW 3, pp. 359-425 (369).

761 Art. 10 Lei Forma Governo 1918 (p. 122, nota de rodapé iv, N.T.).

762 Cf. §§ 11-12 LF Representação Imperial 1867 (nota 51).

763 Gesetz vom 12. März 1919, womit eine neue Gemeindewahlordnung für die Stadt Wien erlassen wird [Lei de 12 de março de 1919, pela qual se promulga um novo regulamento eleitoral municipal para a cidade de Viena], Nö LGBl 1919/38; Gesetz vom 2. Mai 1919, betreffend die Abänderung der Gemeindeordnung und die Erlassung einer neuen Gemeindewahlordnung für Niederösterreich mit Ausnahme der Städte mit eigenem Statut [Lei de 2 de maio de 1919, referente à alteração da Lei Orgânica Municipal e à promulgação de um novo regulamento eleitoral municipal para a Baixa Áustria, com exceção das cidades com estatuto próprio], Nö LGBl 1919/85; Gesetz vom 16. April 1919, wirksam für das Land Oberösterreich, betreffend die Erlassung einer Gemeindewahlordnung für alle Gemeinden mit Ausnahme der Städte Linz und Steyr [Lei de 16 de abril de 1919, válida para o estado da Alta Áustria, referente à promulgação de um regulamento eleitoral municipal para todos os municípios, com exceção das cidades de Linz e Steyr], Oö LGBl 1919/59; Gesetz vom 18. März 1919 wirksam für das Land Salzburg, betreffend Erlassung einer neuen Gemeinde-Wahlordnung für die Gemeinden des Landes Salzburg mit Ausnahme der Landeshauptstadt [Lei de 18 de março de 1919, válida para o estado de Salzburgo, referente à promulgação de um novo regulamento eleitoral municipal para os municípios do

estado de Salzburgo, com exceção da capital do estado], Sbg LGBl 1919/52; Gesetz vom 23. August 1919, wirksam für das Land Tirol, womit eine neue Gemeindewahlordnung für alle Gemeinden des Landes mit Ausnahme der Städte mit eigenem Statut geschaffen wird [Lei de 23 de agosto de 1919, válida para o estado do Tirol, pela qual se promulga um novo regulamento eleitoral municipal para todos os municípios do estado, com exceção das cidades com estatuto próprio], Tir LGBl 1919/65; Gesetz vom 25. April 1919 über die Gemeindewahlordnung für die Gemeinden des Landes Vorarlberg [Lei de 25 de abril de 1919 sobre o regulamento eleitoral municipal para os municípios do estado de Vorarlberg,], Vbg LGBl 1919/35.

764 Art. 1, 6 (1) Lei Governo Estado 1919 (nota 715).

765 Cf. p. 175-178.

766 Cf. art. 2, 1 (2) Lei Governo Estado 1919 (nota 715).

767 Cf. art. 1 (1), art. 9 (2), art. 13 (2) Lei Governo Estado 1919 (nota 715).

768 § 4 Gesetz vom 14. März 1919 über die Vorbereitung der Sozialisierung [Lei de 14 de março de 1911 sobre a preparação da socialização], StGBl. 1919/181 (doravante: Lei Socialização 1919).

769 Cf. § 3 (2) Emenda Constitucional 1918 (nota 621).

770 Cf. art. 11 (2) Lei Governo Estado 1919 (nota 715).

771 Cf. art. 14 Lei Governo Estado 1919 (nota 715).

772 Cf. art. 13 (3) Lei Governo Estado 1919 (nota 715).

773 Cf. art. 2 (1-2) Lei Governo Estado 1919 (nota 715).

774 Cf. art. 2 (5) Lei Governo Estado 1919 (nota 715).

775 Cf. § 4 Lei Socialização 1919 (nota 768).

776 Cf. art. 2 (2) 5 Lei Governo Estado (nota 715).

777 Cf. § 7 (1) Regimento Interno ANC 1919 (nota 711).

778 Cf. art. 2 (2) Lei Governo Estado 1919 (nota 715).

779 Art. 2 (2) Lei Governo Estado 1919 (nota 715) – aspas inseridas pelo tradutor.

780 Kelsen escreve, no original, "perante o comitê principal reunido": "dem versammelten Hauptausschusse". Compare com o art. 2 (3) Lei Governo Estado 1919 (nota 715), em que se lê apenas "perante o comitê princial": "dem Hauptausschusse".

781 Cf. art. 2 (4-5) Lei Governo Estado 1919 (nota 715).

782 Cf. art. 3 Lei Governo Estado 1919 (nota 715).

783 § 23 Lei Responsabilidade Ministerial 1867 (nota 172).

784 Cf. art. 4 Lei Governo Estado 1919 (nota 715).

785 Cf. art. 1-3 Constitution of the United States of September 17, 1787.

786 A citação não se encontra de forma literal, mas apenas como passagem que expressa o mesmo sentido, em *ROSSEAU, Jean-Jacques. Du contrat social; ou Principes du droit politiques*. Amsterdã: [s.n.], 1762, Terceiro Livro, cap. 15

(pp. 235-245, especialmente: 238 e s.). A formulação, contudo, é empregada em: *NAUMANN, Friedrich*. "Das Kulturwahlrecht". *Süddeutsche Monatshefte* 5, vol. 1, 1908, pp. 340-346 (340): "quem será o pai dos modernos direitos eleitorais? Pensar-se-ia que fosse Rousseau, já que proclamou a soberania de todo o povo; mas assim que se toma o trabalho de reler os trechos correspondentes de sua obra principal (*Do Contrato Social*), constata-se que ele fulmina contra todos os representantes e exige a legislação direta pelo povo. Mesmo os representantes, uma vez eleitos, seriam – segundo ele – tiranos".

787 Cf. art. 2 (3-5) Lei Governo Estado 1919 (nota 715).

788 Cf. p. 181-186.

789 Cf. art. 6 (1) Lei Governo Estado 1919 (nota 715).

790 Cf. art. 1 (1) Lei Representação Popular 1919 (nota 658).

791 Cf. § 16 (1) LF Poder Judiciário 1918 (nota 582).

792 Cf. art. 7 (4) Lei Governo Estado 1919 (nota 715).

793 Latim: pro foro interno; português: pro domo, sem comunicação para fora; em conformidade com a consciência.

794 § 17 (1) Lei do Tribunal de Contas 1919 (nota 643).

795 Cf. § 14 Lei do Tribunal de Contas 1919 (nota 643).

796 Cf. art. 6 (2) Lei Governo Estado 1919 (nota 715).

797 Cf. art. 7 (1) Lei Governo Estado 1919 (nota 715).

798 § 5 (1) LF Poder Judiciário 1918 (nota 582).

799 Cf. art. 7 (2) Lei Governo Estado 1919 (nota 715).

800 § 5 (1) LF Poder Judiciário 1918 (nota 582).

801 Cf. § 3 (2) Lei Tribunal Administrativo 1919 (nota 649).

802 Cf. art. 8 Lei Governo Estado 1919 (nota 715).

803 Cf. art. 1 (1) Lei Representação Popular 1919 (nota 658); § 5 (1-2) Emenda Constitucional 1918 (nota 621).

804 Cf. p. 165 e s.

805 Cf. art. 5 (1) Lei Representação Popular 1919 (nota 658).

806 Cf. art. 9 (1) Lei Governo Estado 1919 (nota 715).

807 §§ 3, 5, 9, 11 Emenda Constitucional 1918 (nota 621).

808 Cf. art. 11 (1) Lei Governo Estado 1919 (nota 715).

809 Art. 13 (2) Lei Governo Estado 1919 (nota 715).

810 Cf. art. 9-10 Lei Governo Estado 1919 (nota 715).

811 Cf. art. 9 (2) Lei Governo Estado 1919 (nota 715).

812 Cf. art. 13 (1-2) Lei Governo Estado 1919 (nota 715).

813 Kelsen escreve, no original "diretrizes gerais sobre": "allgemeinen Richtlinien über". Compare com art. 12 Lei Governo Estado 1919 (nota 715), em que

se lê "diretrizes gerais dos artigos 9 e 10 sobre": "allgemeinen Richtlinien der Artikel 9 und 10 über".

814 Art. 12 Lei Governo Estado 1919 (nota 715) – aspas inseridas pelo tradutor.

815 § 1 Gesetz vom 3. April 1919 über die Aufhebung des Adels, der weltlichen Ritter- und Damenorden und gewisser Titel und Würden [Lei de 3 de abril de 1919 sobre a abolição da nobreza, das ordens seculares de cavalaria e de damas, bem como de certos títulos e dignidades], StGBl. 1919/211 (doravante: Lei Nobreza 1919) – aspas inseridas pelo tradutor.

816 Art. 149 (1) B-VG 1920 (nota 1).

817 Kelsen escreve, no original, "maiores" ou "mais significativas": "größeren". Compare com § 1 Lei Nobreza 1919 (nota 815), em que se lê "externas" ou "exteriores": "äußeren".

818 Cf. § 5 Lei Nobreza 1919 (nota 815).

819 Cf. § 2 Lei Nobreza 1919 (nota 815).

820 Lei Apropriação Habsburgo-Lorena 1919 (nota 734).

821 Art. 149 (1) B-VG 1920 (nota 1).

822 § 1 Lei Apropriação Habsburgo-Lorena 1919 (nota 734) – aspas inseridas pelo tradutor.

823 § 2 Lei Apropriação Habsburgo-Lorena 1919 (nota 734) – aspas inseridas pelo tradutor.

824 Art. 6 LFE Direitos Cidadãos 1867 (nota 35).

825 Cf. § 2 Lei Nobreza 1919 (nota 815).

826 Kelsen escreve, no original, "imperador como": "Kaiser als". Compare com § 3 Lei Apropriação Habsburgo-Lorena 1919 (nota 734), em que se lê "imperador na sua condição de": "Kaiser in seiner Eigenschaft als".

827 § 3 Lei Apropriação Habsburgo-Lorena 1919 (nota 734) – aspas inseridas pelo tradutor, informação entre parêntesis inserida por Kelsen.

828 Kelsen escreve, no original, "República é": "Republik ist". Compare com o § 5 Lei Apropriação Habsburgo-Lorena 1919 (nota 734), em que se lê "República da Áustria Alemã é": "Republik Deutschösterreich ist".

829 § 5 Lei Apropriação Habsburgo-Lorena 1919 (nota 734) – aspas inseridas pelo tradutor, informação entre parêntesis inserida por Kelsen.

830 Gesetz vom 8. Mai 1919 über das Staatswappen und das Staatssiegel der Republik Deutschösterreich [Lei de 8 de maio de 1919 sobre o brasão do estado e o selo estatal da República da Áustria Alemã (StGBl. 1919/257)], StGBl. 1919/257 (doravante: Lei Brasão 1919).

831 Art. 1 (1) Lei Brasão 1919 (nota 830) – aspas inseridas pelo tradutor, ênfase de Kelsen.

832 Art. 5, 6 (1) Lei Forma Estado 1919 (p. 137, nota de rodapé xxiii, N.T.).

833 Art. 149 (1) B-VG 1920 (nota 1).

834 Saint-Germain 1919 (nota 440).

835 Lei Forma Estado 1919 (p. 137, nota de rodapé xxiii, N.T.).

836 Cf. art. 1 Lei Forma Estado 1919 (p. 137, nota de rodapé xxiii, N.T.).

837 Cf. art. 1 Lei Forma Estado 1919 (p. 137, nota de rodapé xxiii, N.T.).

838 Art. 3 Lei Forma Estado 1919 (p. 137, nota de rodapé xxiii, N.T.).

839 Kelsen escreve, no original, "do Reich alemão": "des Deutschen Reiches". Compare com art. 2 Lei Forma Governo 1918 (p. 122, nota de rodapé iv, N.T.), em que se lê "da República Alemã": "der Deutschen Republik" – contudo, a citação se encontra no art. 3 Lei Forma Estado 1919 (p. 137, nota de rodapé xxiii, N.T.), que se refere tanto ao art. 2 Lei Forma Governo 1918 (p. 122, nota de rodapé iv, N.T.) quanto ao art. 1 Z 2 Gesetz vom 12. März über die Staatsform [Lei de 12 de março de 1919 sobre a forma de Estado], StGBl. 1919/174].

840 Art. 2 Lei Forma Governo 1918 (p. 122, nota de rodapé iv, N.T.).

841 Art. 88 Saint-Germain 1919 (nota 440).

842 Art. 64 Saint-Germain 1919 (nota 440).

843 Art. 70 Saint-Germain 1919 (nota 440) – segunda expressão entre parêntesis inserida por Kelsen.

844 § 2 (1) Lei Cidadania Austro-Alemã 1918 (nota 576).

845 Kelsen escreve, no original: "60"; o correto, contudo, é: "64".

846 As exceções se encontram nos art. 71-77 StV St.-Germain 1919 (nota 440).

847 Art. 65 Saint-Germain 1919 (nota 440).

848 Art. 230 Saint-Germain 1919 (nota 440) – aspas inseridas pelo tradutor.

849 Art. 78-82 Saint-Germain 1919 (nota 440).

850 Art. 78 (1) Saint-Germain 1919 (nota 440) – aspas inseridas pelo tradutor, expressão entre parêntesis inserida por Kelsen.

851 Art. 82 Saint-Germain 1919 (nota 440) – aspas inseridas pelo tradutor.

852 Art. 62-63, 66-69 Saint-Germain 1919 (nota 440).

853 Art. 62-69 Saint-Germain 1919 (nota 440).

854 Art. 149 (1) B-VG 1920 (nota 1).

855 Cf. art. 62 Saint-Germain 1919 (nota 440).

856 Art. 69 (1) Saint-Germain 1919 (nota 440).

857 Art. 63 (2) Saint-Germain 1919 (nota 440).

858 Cf. art. 15 LFE Direitos Cidadãos 1867 (nota 35).

859 Art. 66 (4) Saint-Germain 1919 (nota 440).

860 Art. 4 Lei Forma Estado 1919 (p. 137, nota de rodapé xxiii, N.T.).

861 Cf. art. 66 (4) Saint-Germain 1919 (nota 440).

862 Art. 19 (2) LFE Direitos Cidadãos 1867 (nota 35) – ênfase de Kelsen.

863 Art. 68 (1) Saint-Germain 1919 (nota 440).

864 No original, Kelsen cita, aqui, de modo ligeiramente equivocado, o art. 68 (1) do Tratado de Saint-Germain na passagem que vai de "onde" até "adequadas" ["wo (...) angemessene": "wo österreichische Staatsangehörige, die eine andere als die deutsche Sprache sprechen, einen beträchtlichen Teil der Bevölkerung bilden, angemessene"]; compare com art. 68 (1) Saint-Germain 1919 (nota 440): "onde resida um número relativamente considerável de nacionais austríacos de língua diferente do alemão, adequadas" ["wo eine verhältnismäßig beträchtliche Zahl anderssprachiger als deutscher österreichischer Staatsangehöriger wohnt, angemessene"].

865 Kelsen escreve, no original, "língua nativa" ["Muttersprache"]; compare com art. 68 (1) Saint-Germain 1919 (nota 440): "língua própria" ["eigenen Sprache"].

866 Art. 19 (3) LFE Direitos Cidadãos 1867 (nota 35) – aspas inseridas pelo tradutor, ênfase inserida por Kelsen.

867 Art. 68 (2) Saint-Germain 1919 (nota 440).

868 Art. 118-159 Saint-Germain 1919 (nota 440).

869 § 7 Lei Forças Armadas 1919 (nota 665).

870 Cf. art. 119 Saint-Germain 1919 (nota 440).

871 Cf. art. 120 Saint-Germain 1919 (nota 440).

872 Cf. 120 (3) Saint-Germain 1919 (nota 440) – aspas inseridas pelo tradutor.

873 Cf. art. 122 (1) Saint-Germain 1919 (nota 440).

874 Cf. 123 (1) Saint-Germain 1919 (nota 440) – aspas inseridas pelo tradutor.

875 Cf. art. 125 Saint-Germain 1919 (nota 440).

876 Cf. art. 126 Saint-Germain 1919 (nota 440).

877 Wehrgesetz vom 18. März 1920 [Lei de Defesa de 18 de março de 1920], StGBl. 1920/122 (doravante: Lei Defesa 1920).

878 § 1 (1) Lei Defesa 1920 (nota 877) – aspas inseridas pelo tradutor.

879 § 2 (1) Lei Defesa 1920 (nota 877) – aspas inseridas pelo tradutor.

880 Cf. § 20 Lei Defesa 1920 (nota 877).

881 Cf. § 22 Lei Defesa 1920 (nota 877).

882 § 3 Lei Defesa 1920 (nota 877) – aspas inseridas pelo tradutor, travessões inseridos por Kelsen.

883 § 15 (3) Lei Defesa 1920 (nota 877) – aspas inseridas pelo tradutor.

884 § 18 (3) Lei Defesa 1920 (nota 877).

A constituição federal

885 Art. 1 (1) Lei Convocação ANC 1918 (nota 671).

886 Lei Representação Popular 1919 (nota 658); Lei Governo Estado 1919 (nota 715).

887 Art. 1 (1) Gesetz vom 6. Juli 1920, womit die Gesetzgebungsperiode der Konstituierenden Nationalversammlung abgekürzt wird und einstweilige Bestimmungen für die Wahl der Staatsregierung getroffen werden [Lei de 6 de julho de 1920, pela qual se abrevia o período legislativo da Assembleia Nacional Constituinte e se estabelecem disposições provisórias para a eleição do Governo Federal], StGBl. 1920/283 (doravante: Lei Abreviatura ANC 1920).

888 Cf. p. 199 e s.

889 Cf. art. 4 (2–3) Lei Abreviatura ANC 1920 (nota 887).

890 Cf. art. 4 (1) Lei Abreviatura ANC 1920 (nota 887).

891 Cf. art. 6 Lei Abreviatura ANC 1920 (nota 887).

892 Gesetz vom 20. Juli 1920 über die Wahl und die Einberufung der Nationalversammlung [Lei de 20 de julho de 1920 sobre a eleição e a convocação da Assembleia Nacional], StGBl. 1920/317 (doravante: Lei Convocação Assembleia Nacional 1920).

893 Cf. § 1 Lei Convocação Assembleia Nacional 1920 (nota 892).

894 Cf. § 4 Lei Convocação Assembleia Nacional 1920 (nota 892).

895 Cf. art 1. (1) Gesetz vom 20. Juli 1920 über die Wahlordnung für die Nationalversammlung [Lei de 20 de julho de 1920 sobre o regulamento eleitoral para a Assembleia Nacional], StGBl. 1920/316 (doravante: Lei-Artigo Regulamento Eleitoral Assembleia Nacional 1920). As complementações e alterações estão contidas no artigo 2 da "Lei-Artigo Regulamento Eleitoral Assembleia Nacional 1920" e foram promulgadas como lei sobre o regulamento eleitoral para a Assembleia Nacional de 20 de julho de 1920, publicada no Diário Oficial de Leis de Estado, StGBl. 1920/351 (doravante: Regulamento Eleitoral Assembleia Nacional 1920).

896 Regulamento Eleitoral ANC 1918 (nota 672).

897 Cf., por exemplo, §§ 70, 72 Reichswahlordnung. Vom 1. Mai 1920 [Regulamento Eleitoral do Reich, de 1 de maio de 1920], RGBl. p. 713 na versão: Bekanntmachung vom 21. Dezember 1920 [Comunicação Oficial de 21 de dezembro de 1920], RGBl. p. 2171; Art. 55 Landeswahlgesetz vom 12. Mai 1920 für Landtagswahlen, Volksbegehren und Volksentscheidungen. Gesetz- und Verordnungs-Blatt für den Freistaat Bayern [Lei eleitoral estadual de 12 de maio de 1920 para eleições para as Assembleias Estaduais, iniciativas populares e referendos. Boletim de leis e decretos do Estado Livre da Baviera], p. 206; Art. 20 Landtagswahlgesetz vom 15. Mai 1920, Regierungsblatt für Württemberg [Lei eleitoral para a Assembleia Estadual de 15 de maio de 1920, Boletim Oficial do Governo de Württemberg], p. 250; § 3 Nr. 3 Gesetz (Vom 29. Juli 1920.) über die Landtagswahlen, das Volksvorschlagsrecht und die Volksabstimmung (Landtagswahlgesetz), Badisches Gesetz- und Verordnungs-Blatt [Lei (de 29 de julho de 1920) sobre as eleições para a Assembleia Estadual, o direito de proposta popular e o referendo (Lei Eleitoral Estadual), Boletim de Leis e Decretos de Baden], p. 444.

898 Cf. §§ 52-53 zákona č. 123/1920 Sb. z. a n. ze dne 29. února 1920, kterým se vydává řád volení do poslanecké sněmovny [§§ 52-53 Lei de 29 de fevereiro de 1920 relativa à promulgação do regulamento eleitoral para a Câmara dos Deputados, Coleção de Leis e Decretos da República Tchecoslovaca 123/1920].

899 Cf. §§ 38-38d Regulamento Eleitoral Assembleia Nacional 1920 (nota 895).

900 Cf. § 24 Regulamento Eleitoral ANC 1918 (nota 672).

901 Cf. § 9 (2) Regulamento Eleitoral Assembleia Nacional 1920 (nota 895).

902 Cf. § 14 (1) Regulamento Eleitoral Assembleia Nacional 1920 (nota 895).

903 Cf. § 16 (2) Regulamento Eleitoral Assembleia Nacional 1920 (nota 895).

904 Cf. § 29 Regulamento Eleitoral Assembleia Nacional 1920 (nota 895).

905 Art. 27 (1) B-VG 1920 (nota 1).

906 Cf. § 20 (1-2) Verfassungsgesetz vom 1. Oktober 1920, betreffend den Übergang zur bundesstaatlichen Verfassung [Lei Constitucional de 1 de outubro de 1920, referente à transição para a Constituição Federal], BGBl. 1920/2 (doravante: Lei Transição Constitucional 1920).

907 Constituição Federal de 29 de maio de 1874 (AS I 38) (doravante: CF Suíça 1874).

908 CF Weimar 1919 (nota 727).

909 Koalitionsabkommen vom 17. Oktober 1919 [Acordo de Coalizão de 17 de outubro de 1919], impresso em: ERMACORA, Felix (Coord.). *Materialien zur österreichischen Bundesverfassung*. vol. 1: Die Länderkonferenzen 1919/20 und die Verfassungsfrage. Viena: W. Braumüller, 1989, p. 350.

910 Karl Renner (1870-1950), político e estadista. De 1902 a 1922, deputado ao Parlamento da Baixa Áustria (pelo Partido Social-Democrata dos Trabalhadores); de 1907 a 1918, membro do Conselho Imperial (Reichsrat); de 1918 a 1920, membro da Assembleia Nacional Provisória e da Assembleia Constituinte; de 1918 a 1920, chanceler de Estado; em 1919, ministro do Interior; de 1919 a 1920, ministro das Relações Exteriores; em 1919, chefe da delegação austríaca em Saint-Germain; e de 1920 a 1934, membro da Câmara dos Deputados (presidente entre 1931 e 1933). Em 1945, chanceler federal e membro da Câmara dos Deputados (pelo SPÖ); de 1945 a 1950, presidente federal. Renner e Kelsen mantinham uma relação de proximidade política, científica e também pessoal. Obras importantes: *Österreichs Erneuerung*. 3 vols. Viena: I. Brand, 1916; *Marxismus, Krieg und Internationale*. Stuttgart: J. Dietz, 1917; *Staatswirtschaft, Weltwirtschaft und Sozialismus*. Berlim: Dietz, 1929.

911 Michael May[e]r (1864-1922), historiador, político e estadista. Em 1895, obteve a habilitação em História na Universidade de Innsbruck, onde se tornou professor extraordinário em 1900. Foi membro do Conselho Imperial (Reichsrat) de 1907 a 1911, pelo Partido Social-Cristão; membro da Assembleia Constituinte de 1919 a 1920; secretário de Estado para a reforma

constitucional e administrativa entre 1919 e 1920; membro do Câmara dos Deputados de 1920 a 1922; e entre 1920 e 1921, foi chanceler Federal e ministro das Relações Exteriores. Mayr foi um dos principais arquitetos da Constituição Federal Austríaca de 1920 (B-VG 1920).

912 A Conferência Interestadual de Salzburgo se realizou de 15 a 17 de fevereiro de 1920. Cf. ERMACORA, Felix (Coord.). *Materialien zur österreichischen Bundesverfassung*. vol. 1: Die Länderkonferenzen 1919/20 und die Verfassungsfrage. Viena: W. Braumüller, 1989, p. 89.

913 Cf. Vorentwurf einer Bundesstaatsverfassung (chamado: Mayr-Entwurf I 1920) [Pré-projeto de uma Constituição Federal (chamado: Esboço Mayr I 1920)], impresso em: ERMACORA, Felix (Coord.). *Die Entstehung der Bundesverfassung 1920*. vol. 4: Die Sammlung der Entwürfe zur Staats- bzw. Bundesverfassung. Viena: W. Braumüller, 1990, pp. 290-413.

914 A Conferência Interestadual de Linz se realizou de 20 a 23 de abril 1920. Cf. ERMACORA, Felix (Coord.). *Materialien zur österreichischen Bundesverfassung*. vol. 1: Die Länderkonferenzen 1919/20 und die Verfassungsfrage. Viena: W. Braumüller, 1989, p. 197.

915 Vorentwurf einer Bundesstaatsverfassung. Zweite Fassung [Pré-projeto de uma Constituição Federal. Segunda versão], impresso em: ERMACORA, Felix (Coord.). *Die Entstehung der Bundesverfassung 1920*. vol. 4: Die Sammlung der Entwürfe zur Staats- bzw. Bundesverfassung. Viena: W. Braumüller, 1990, pp. 290-413 (doravante: Projeto Mayr II 1920).

916 Otto Bauer (1881-1938), jurista, político e escritor; amigo próximo de Kelsen. Entre 1907 e 1914, foi secretário do clube dos deputados social-democratas no Conselho Imperial (Reichsrat); desde 1907, dirigiu a revista *Der Kampf* e integrou a redação do jornal *Arbeiter-Zeitung*. Entre 1918 e 1920, atuou como secretário de Estado para as Relações Exteriores e foi membro da Assembleia Constituinte de 1919 a 1920 (pelo Partido Operário Social-Democrata). De 1920 a 1934, foi membro da Câmara dos Deputados. Como principal autor do "Programa de Linz" de 1926, foi uma das figuras mais influentes da social-democracia austríaca no período entre guerras. Em 1934, fugiu para Brünn e, em 1938, emigrou para Paris, onde faleceu. Principais obras: *Die Nationalitätenfrage und die Sozialdemokratie*. Viena: [s.n.], 1907; *Der Weg zum Sozialismus*. Viena: Ignaz Brand, 1919; *Bolschewismus oder Sozialdemokratie?* Viena: Verlag der Wiener Volksbuchhandlung, 1920.

917 Respectivamente: Sozialdemokratischer Entwurf: Gesetz vom ... über die Bundesverfassung der Republik Österreich [Projeto social-democrata: Lei de (...) sobre a Constituição Federal da República da Áustria], in: Antrag der Abge- ordneten Abram, Gröger, Hafner, H. Hermann, Muchitsch, Skaret, Weber, Witternigg und Ge- nossen auf Schaffung einer Bundesverfassung für die Republik Österreich, 904 BlgKNV (chamado: Abram-Entwurf 1920 [Projeto Abram 1920]); Projeto Mayr II 1920 (nota 915); Christlichsozialer Entwurf: Gesetz vom ... betreffend die Bundesverfassung der Republik Österreich (chamado: Christlichsozialer Entwurf II 1920) [Projeto

cristão-social: Lei de (...) relativa à Constituição Federal da República da Áustria (chamado: Projeto Cristão-Social II de 1920)], in: Antrag der Abgeordneten Dr. Michael Mayr und Genossen, betreffend die Schaffung einer Bundesverfassung für die Republik Österreich, 888 BlgKNV.

918 StProtKNV 3470.

919 B-VG 1920 (nota 1). Conforme o § 22 (2) Lei Transição Constitucional 1920 (nota 906), a Constituição Federal originalmente promulgada como StGBl. 1920/450 deve ser republicada como a primeira promulgação do Diário Oficial Federal.

920 Art. 1 B-VG 1920 (nota 1) – aspas inseridas pelo tradutor.

921 Art. 2 (1) B-VG 1920 (nota 1) – aspas inseridas pelo tradutor.

922 Patente Fevereiro 1861 (nota 101).

923 Art. 2 (2) B-VG 1920 (nota 1).

924 Art. 114 B-VG 1920 (nota 1).

925 Verfassungsgesetz vom 29. Dezember 1921, womit ein selbständiges Land Wien gebildet wird (Trennungsgesetz) [Lei Constitucional de 29 de dezembro de 1921, pela qual é constituído o estado autônomo de Viena (Lei da Separação)], Wr LGBl 1921/153 (doravante: Lei Separação Viena 1921); Verfassungsgesetz vom 29. Dezember 1921, womit ein selbständiges Land Wien gebildet wird (Trennungsgesetz) [Lei Constitucional de 29 de dezembro de 1921, que constitui Viena como um Estado autônomo (Lei da Separação)], Nö LGBl 1921/346 (doravante: Lei Separação Baixa Áustria 1921).

926 Art. 2 (2), art. 3 (1) B-VG 1920 (nota 1).

927 Art. 3 (2) B-VG 1920 (nota 1).

928 Art. 4 B-VG 1920 (nota 1).

929 Art. 5 B-VG 1920 (nota 1).

930 Art. 6 B-VG 1920 (nota 1).

931 Art. 10-12 B-VG 1920 (nota 1).

932 Cf. art. 4 CF Weimar 1919 (nota 727).

933 Art. 9 B-VG 1920 (nota 1).

934 Art. 15 (5) B-VG 1920 (nota 1).

935 Art. 11 (2) B-VG 1920 (nota 1).

936 Art. 15 (2) B-VG 1920 (nota 1).

937 Art. 97 (2) B-VG 1920 (nota 1).

938 Art. 102 (1) B-VG 1920 (nota 1).

939 Art. 15 (3) B-VG 1920 (nota 1).

940 Art. 15 (4) B-VG 1920 (nota 1).

941 Art. 16 (1-2) B-VG 1920 (nota 1).

942 Art. 18 (1) B-VG 1920 (nota 1).

943 Art. 13-14 B-VG 1920 (nota 1).

944 Bundesverfassungsgesetz vom 3. März 1922 über die Regelung der finanziellen Beziehungen zwischen dem Bund und den Ländern (Gemeinden) (Finanz-Verfassungsgesetz) [Lei Constitucional Federal de 3 de março de 1922 sobre a regulamentação das relações financeiras entre a Federação e os Estados Federados (Municípios) (Lei Constitucional Financeira)], BGBl 1922/124 (doravante: Lei Constitucional Financeira 1922).

945 Cf. § 1 Lei Constitucional Financeira 1922 (nota 944).

946 Cf. § 2 Lei Constitucional Financeira 1922 (nota 944) – aspas inseridas pelo tradutor.

947 Cf. § 3 Lei Constitucional Financeira 1922 (nota 944) – aspas inseridas pelo tradutor.

948 Cf. § 3 Lei Constitucional Financeira 1922 (nota 944).

949 Cf. § 6 Lei Constitucional Financeira 1922 (nota 944).

950 § 11 LF Representação Imperial 1867 (nota 51).

951 Cf., por exemplo, §§ 18-19 OP Áustria Inferior 1861 (nota 46).

952 § 42 (2) lit f Lei Transição Constitucional 1920 (nota 906).

953 Kelsen comete um lapso gramatical aqui, no original, ao escrever "Was das allgemeine *Verhältnis von Bundes- und Landesgesetzen* gilt". Mais adequado seria algo como "Was das allgemeine *Verhältnis von Bundes- und Landesgesetzen* betrifft".

954 Cf. *KELSEN, Hans*. "Reichsgesetz und Landesgesetz nach österreichischer Verfassung". *Archiv des öffentlichen Rechts* 32, 1914) = HKW 3, pp. 359-425.

955 Cf. art. 140 B-VG 1920 (nota 1).

956 Art. 18 (1) B-VG 1920 (nota 1).

957 Art. 18 (2) B-VG 1920 (nota 1).

958 § 1 (1) Gesetz vom 24. Juli 1917, mit welchem die Regierung ermächtigt wird, aus Anlaß der durch den Kriegszustand verursachten außerordentlichen Verhältnisse die notwendigen Verfügungen auf wirtschaftlichem Gebiete zu treffen [Lei de 24 de julho de 1917, pela qual o governo é autorizado, em razão das circunstâncias extraordinárias causadas pelo estado de guerra, a tomar as disposições necessárias no campo econômico], RGBl. 1917/307.

959 § 7 (2) Lei Transição Constitucional (nota 906).

960 Cf. p. 273 e s.

961 Cf. p. 227-232.

962 Art. 24-25 B-VG 1920 (nota 1).

963 Cf. § 12 Regulamento Eleitoral Assembleia Nacional 1920 (nota 895).

964 Art. 26 B-VG 1920 (nota 1).

965 § 20 (2) Lei Transição Constitucional (nota 906).

966 Art. 27 (1) B-VG 1920 (nota 1).

967 Cf. art. 28 B-VG 1920 (nota 1) – aspas inseridas pelo tradutor.

968 Cf. art. 30 (1) B-VG 1920 (nota 1) – aspas inseridas pelo tradutor.

969 Art. 55 B-VG 1920 (nota 1).

970 Cf. art. 10 Lei Representação Popular 1919 (nota 658).

971 Conforme § 13 (1) Bundesgesetz vom 19. November 1920 über die Geschäftsordnung des Nationalrates [Lei Federal de 19 de novembro de 1920 sobre o Regimento Interno da Câmara dos Deputados], BGBl 1920/10 (doravante: Lei Regimento Interno da Câmara dos Deputados 1920), o número dos membros do Comitê Principal será determinado por resolução da Câmara dos Deputados.

972 Lei Regimento Interno da Câmara dos Deputados 1920 (nota 971).

973 Geschäftsordnung des Nationalrates, Beschluss vom 19. November 1920 [Regimento Interno Câmara Deputados, decisão de 19 de novembro de 1920], StProtNR 1. GP 17 (doravante: Regimento Interno Câmara Deputados 1920). O texto do regimento interno se encontra em: 12 BlgNR 1. GP 17-45.

974 Art. 30 B-VG 1920 (nota 1).

975 Cf. § 21 (1-2) Lei Transição Constitucional 1920 (nota 906); Entschließung des Bundespräsidenten vom 22. Juni 1922, womit die Zahl der vom Burgenland in den Bundesrat zu entsendenden Mitgliedern festgestellt wird [Resolução do presidente federal de 22 de junho de 1922, pela qual se determina o número de membros que o Burgenland deve enviar ao Conselho Federal], BGBl 1922/357.

976 Art. 34 (1-3), art, 35 (1-2) B-VG 1920 (nota 1).

977 Cf. art. 80 CF Suíça 1874 (nota 907).

978 Cf. Amendment XVII Constitution of the United States of September 17, 1787.

979 Cf. art. 61 CF Weimar 1919 (nota 727).

980 Art. 36 (1-2) B-VG 1920 (nota 1) – aspas inseridas pelo tradutor, expressão entre parêntesis inserida por Kelsen.

981 Art. 36 (3) B-VG 1920 (nota 1) – aspas inseridas pelo tradutor.

982 Geschäftsordnung des Bundesrates, Beschluss vom 7. Dezember 1920 [Regimento Interno Conselho Federal, Resolução de 7 de dezembro de 1920], StProtBR 12. O texto do regimento interno se encontra em: 1 BlgBR.

983 Art. 36 (1-2), art. 37 (2) B-VG 1920 (nota 1).

984 Art. 41 B-VG 1920 (nota 1).

985 Cf. § 17 Lei Regimento Interno Câmara Deputados 1920 (nota 971); §§ 36-45 Regimento Interno Câmara Deputados 1920 (cf. nota 973).

986 Art. 32 B-VG 1920 (nota 1).

987 Art. 31 B-VG 1920 (nota 1).

988 Art. 37 B-VG 1920 (nota 1).

989 Art. 42 (1-4) B-VG 1920 (nota 1).

990 Art. 42 (5) B-VG 1920 (nota 1).

991 Art. 35 (4) B-VG 1920 (nota 1).

992 Art. 15 (2) B-VG 1920 (nota 1).

993 Art. 44 (1) B-VG 1920 (nota 1).

994 Cf. art. 1 (2) Lei Representação Popular 1919 (nota 658).

995 Art. 44 (2), art. 45 (1), art. 46 (2-3) B-VG 1920 (nota 1).

996 Art. 47 B-VG 1920 (nota 1).

997 Art. 49 (1) B-VG 1920 (nota 1) – aspas inseridas pelo tradutor.

998 Latim: vacatio legis; português: período entre a publicação de uma norma e a entrada em vigor dela.

999 Art. 48-49 (1) B-VG 1920 (nota 1).

1000 Bundesgesetz vom 7. Dezember 1920 über das Bundesgesetzblatt [Lei Federal de 7 de dezembro 1920 sobre o Diário Oficial Federal], BGBl. 1920/33 (doravante: Lei DOF 1920).

1001 Cf. § 2 Lei DOF 1920 (nota 1000).

1002 Cf. art. 5 (1) Lei Representação Popular 1919 (nota 658).

1003 Cf. art. 42 (2-3) B-VG 1920 (nota 1).

1004 Cf. p. 235 e s, 239 e s.

1005 Art. 50 B-VG 1920 (nota 1).

1006 Art. 52 B-VG 1920 (nota 1).

1007 Art. 53 (1–2) B-VG 1920 (nota 1).

1008 Art. 54 B-VG 1920 (nota 1).

1009 Art. 56 B-VG 1920 (nota 1).

1010 Cf. art. 6 Lei Representação Popular 1919 (nota 658); art. 57 B-VG 1920 (nota 1).

1011 §§ 69-71 Regimento Interno ANC 1919 (nota 711); §§ 32-34 Lei Regimento Interno Câmara Deputados 1920 (nota 971).

1012 Art. 58 B-VG 1920 (nota 1) – aspas inseridas pelo tradutor.

1013 Art. 59 B-VG 1920 (nota 1).

1014 Art. 33 B-VG 1920 (nota 1).

1015 Art. 38 B-VG 1920 (nota 1).

1016 Art. 39 (1), art. 63 (2), art. 64 (2), art. 68 (2) B-VG 1920 (nota 1).

1017 Cf. art. 39 (2) B-VG 1920 (nota 1).

1018 Art. 40 B-VG 1920 (nota 1) – aspas inseridas pelo tradutor.

1019 Art. 60 (2-5) B-VG 1920 (nota 1) – aspas inseridas pelo tradutor, expressão entre parêntesis inserida por Kelsen.

1020 Art. 61 B-VG 1920 (nota 1) – aspas inseridas pelo tradutor, expressão entre parêntesis inserida por Kelsen.

1021 Art. 62 B-VG 1920 (nota 1).

1022 Art. 64 (1) B-VG 1920 (nota 1) – aspas inseridas pelo tradutor.

1023 Cf. abaixo p. 251 e s., 267 e s.

1024 Art. 93 B-VG 1920 (nota 1).

1025 Art. 65-66 B-VG 1920 (nota 1).

1026 Art. 68 B-VG 1920 (nota 1).

1027 Art. 63 B-VG 1920 (nota 1).

1028 Art. 69 (1) B-VG 1920 (nota 1).

1029 Lei Governo Estado 1919 (nota 715).

1030 Art. 70 (1) B-VG 1920 (nota 1) – aspas inseridas pelo tradutor.

1031 Lei Abreviatura ANC 1920 (nota 887).

1032 Art. 70 (2-4) B-VG 1920 (nota 1).

1033 Kelsen escreve, no original, "governo": "Regierung". Compare com art. 71 B-VG 1920 (nota 1), em que se lê "Governo Federal": "Bundesregierung".

1034 Art. 71 B-VG 1920 (nota 1) – aspas inseridas pelo tradutor, parêntesis inseridos por Kelsen.

1035 Art. 72 B-VG 1920 (nota 1) – aspas inseridas pelo tradutor.

1036 Art. 73 B-VG 1920 (nota 1) – aspas inseridas pelo tradutor.

1037 Art. 74 (1-2) B-VG 1920 (nota 1) – aspas inseridas pelo tradutor.

1038 Art. 75 B-VG 1920 (nota 1).

1039 Art. 77 (1) B-VG 1920 (nota 1) – aspas inseridas pelo tradutor.

1040 Art. 77, 78 (1) B-VG 1920 (nota 1).

1041 Art. 78 (2-3) B-VG 1920 (nota 1) – aspas inseridas pelo tradutor.

1042 Art. 76 B-VG 1920 (nota 1).

1043 Art. 20 B-VG 1920 (nota 1).

1044 Art. 23 (1) B-VG 1920 (nota 1) – aspas inseridas pelo tradutor.

1045 Lei Sindicância 1872 (nota 330).

1046 § 19 Lei Transição Constitucional (nota 906).

1047 § 12 (2) LF Poder Judiciário 1918 (nota 582) – aspas inseridas pelo tradutor.

1048 Art. 8-10 Saint-Germain 1919 (nota 440).

1049 Art. 8-10 Saint-Germain 1919 (nota 440).

1050 Art. 79 (2) B-VG 1920 (nota 1) – aspas inseridas pelo tradutor.

1051 Cf. § 20 (2), § 22 Lei Defesa 1920 (nota 877) na versão: BGBl 1921/248.

1052 Art. 79-80 B-VG 1920 (nota 1).

1053 Lei Defesa 1920 (nota 877).

1054 § 27 Lei Transição Constitucional 1920 (nota 906).

1055 LF Poder Judiciário 1918 (nota 582).

1056 Art. 82 (2) B-VG 1920 (nota 1).

1057 LFE Direitos Cidadãos 1867 (nota 35).

1058 Lei Liberdade Pessoal 1862 (nota 159).

1059 Art. 83 (2) B-VG 1920 (nota 1) – aspas inseridas pelo tradutor.

1060 Art. 83 (3) B-VG 1920 (nota 1).

1061 Kelsen escreve, no original, "wird". Compare-se com art. 84 B-VG (nota 1), onde se lê "ist".

1062 Art. 84 B-VG 1920 (nota 1) – aspas inseridas pelo tradutor.

1063 Art. 85 B-VG 1920 (nota 1) – aspas inseridas pelo tradutor.

1064 § 5 (1) LF Poder Judiciário 1918 (nota 582).

1065 Art. 86 B-VG 1920 (nota 1).

1066 Art. 87 B-VG 1920 (nota 1).

1067 § 7 (1) PJ Poder Judiciário 1918 (nota 1074).

1068 Art. 88 (1-2) B-VG 1920 (nota 1).

1069 Bundesgesetz vom 13. Juli 1921 über die Organisation und über das Verfahren des Verfassungsgerichtshofes [Lei Federal de 13 de julho de 1921 sobre a organização e o procedimento do Tribunal Constitucional], BGBl 1921/364 (doravante: Lei Tribunal Constitucional 1921).

1070 Art. 89 B-VG 1920 (nota 1).

1071 Cf. art. 139 B-VG 1920 (nota 1).

1072 § 50 Lei Tribunal Constitucional 1921 (nota 1069).

1073 § 52 (3) Lei Tribunal Constitucional 1921 (nota 1069).

1074 Art. 90 B-VG 1920 (nota 1) – aspas inseridas pelo tradutor.

1075 No original, Kelsen grafa a palavra "jurados" de modo diverso daquele que aparece na Constituição Federal, acrescentando também um artigo definido que não está presente no documento constitucional: "entscheiden die Geschworenen über". Compare com o art. 91 (2) B-VG 1920 (nota 1): "entscheiden Geschworne über".

1076 Art. 91 B-VG 1920 (nota 1) – aspas inseridas pelo tradutor.

1077 Art. 92 B-VG 1920 (nota 1).

1078 Art. 94 (1) B-VG 1920 (nota 1).

1079 Art. 95 (1-2) B-VG 1920 (nota 1).

1080 Art. 96 B-VG 1920 (nota 1) – aspas inseridas pelo tradutor.

1081 Kelsen escreve, no original: "den besonderen Bestimmungen", isto é, disposições específicas. Compare com o art. 97 (1) B-VG 1920 (nota 1): "den Bestimmungen", isto é, disposições.

1082 Art. 97 (1) B-VG 1920 (nota 1) – aspas inseridas pelo tradutor.

1083 Art. 99 (2) B-VG 1920 (nota 1).

1084 Art. 98 (1) B-VG 1920 (nota 1) – aspas inseridas pelo tradutor.

1085 Art. 98 (2-3) B-VG 1920 (nota 1) – aspas inseridas pelo tradutor.

1086 § 7 (5) Lei Constitucional Financeira 1922 (nota 944).

1087 Cf. art. 14 (4) Lei Representação Popular 1919 (nota 658).

1088 Art. 97 (2) B-VG 1920 (nota 1).

1089 Cf. art. 15 (1) Lei Representação Popular 1919 (nota 658).

1090 Art. 140 B-VG 1920 (nota 1).

1091 Art. 100 (1) B-VG 1920 (nota 1).

1092 Art. 101 B-VG 1920 (nota 1) – aspas inseridas pelo tradutor, ênfase adicionada por Kelsen.

1093 Art. 103 B-VG 1920 (nota 1).

1094 Art. 105 B-VG 1920 (nota 1).

1095 Art. 142 (2) lit d B-VG 1920 (nota 1).

1096 Art. 106 B-VG 1920 (nota 1) – aspas inseridas pelo tradutor.

1097 Art. 107 B-VG 1920 (nota 1).

1098 Cf. art. 115-122 B-VG 1920 (nota 1).

1099 Cf. § 5 (2), §§ 11, 13 Gesetz vom 19. Mai 1868, über die Errichtung der politischen Verwaltungsbehörden in den Königreichen Böhmen, Dalmatien, Galizien und Lodomerien mit den Herzogthümern Auschwitz und Zator und dem Großherzogthume Krakau, den Erzherzogthümern Oesterreich unter und ob der Enns, den Herzogthümern Salzburg, Steiermark, Kärnthen, Krain, Bukowina, der Markgrafschaft Mähren, den Herzogthümern Ober- und Nieder-Schlesien, der gefürsteten Grafschaft Tirol und dem Lande Vorarlberg, der Markgrafschaft Istrien, der gefürsteten Grafschaft Görz und Gradiska und der Stadt Triest mit ihrem Gebiete [Lei de 19 de maio de 1868 sobre a criação das autoridades administrativas políticas nos Reinos da Boêmia, Dalmácia, Galícia e Lodoméria com os Ducados de Auschwitz e Zator e o Grão-Ducado de Cracóvia, nos Arquiduquesados da Áustria Inferior e Superior, nos Ducados de Salzburgo, Estíria, Caríntia, Carniola, Bucovina, no Margraviato da Morávia, nos Ducados da Silésia Superior e Inferior, no Condado Principesco do Tirol e no território de Vorarlberg, no Margraviato da Ístria, no Condado Principesco de Gorizia e Gradisca e na cidade de Trieste com seu território], RGBl. 1868/44; § 11 Lei poder estatal nos estados 1918 (nota 531).

1100 Cf. Verordnung der Minister des Innern, der Justiz und der Finanzen vom 19. Jänner 1853, womit die Allerhöchsten Entschließungen über die Einrichtung und Amtswirksamkeit der Bezirksämter, Kreisbehörden und Statthaltereien, über die Einrichtung der Gerichtsstellen und das Schema der systemisirten Gehalte und Diäten-Classen, sowie über die Ausführung der Organisirung für die Kronländer Oesterreich ob und unter der Enns, Böhmen, Mähren,

Schlesien, Galizien und Lodomerien mit Krakau, Bukowina, Salzburg, Tirol mit Vorarlberg, Steiermark, Kärnthen, Krain, Görz, Gradiska und Istrien mit Triest, Dalmatien, Kroatien und Slawonien, Siebenbürgen, die serbische Wojwodschaft mit dem Banate kundgemacht werden [Decreto dos ministros do Interior, da Justiça e das Finanças de 19 de janeiro de 1853, pelo qual se promulgam as Supremas Resoluções sobre a organização e o funcionamento dos cartórios distritais, autoridades de círculo e governos provinciais, sobre a organização dos tribunais e o esquema dos salários sistematizados e das classes de dietas, bem como sobre a execução da organização para as Terras da Coroa da Áustria Superior e Inferior, Boêmia, Morávia, Silésia, Galícia e Lodoméria com Cracóvia, Bucovina, Salzburgo, Tirol com Vorarlberg, Estíria, Caríntia, Carniola, Gorizia, Gradisca e Ístria com Trieste, Dalmácia, Croácia e Eslavônia, Transilvânia, o Voivodato Sérvio com o Banato], RGBl. 1853/10.

1101 Art. 115, 116, 119 (1), art. 120 B-VG 1920 (nota 1).

1102 Art. 121 B-VG 1920 (nota 1) – aspas inseridas pelo tradutor, ênfase adicionada por Kelsen.

1103 Kelsen escreve, no original, "ele": "Er"; compare com o art. 122 (2) B-VG 1920 (nota 1), em que se lê "o Tribunal de Contas": "Der Rechnungshof".

1104 Art. 122-127 B-VG 1920 (Nota 1) – aspas inseridas pelo tradutor, ênfase adicionada por Kelsen.

1105 Cf. § 47 Einstweilige Landesordnung für das Burgenland, in: Bundesverfassungsgesetz vom 7. April 1922, womit im Sinne des § 2 des Bundesverfassungsgesetzes vom 25. Jänner 1921, B.G.Bl. Nr. 85, eine einstweilige Landesordnung und eine einstweilige Landtagswahlordnung für das Burgenland erlassen werden [Ordem constitucional provisória para o Burgenland, conforme estabelecido na Lei Constitucional Federal de 7 de abril de 1922, pela qual, nos termos do § 2 da Lei Constitucional Federal de 25 de janeiro de 1921, B.G.Bl. nº 85, são promulgadas uma ordem estadual provisória e uma ordem provisória de eleições para o Parlamento estadual (Landtag) do Burgenland] (2. Bundesverfassungsgesetz über das Burgenland [Segunda Lei Constitucional Federal sobre Burgenland]), BGBl. 1922/202 idF BGBl. 1922/328 (doravante: Constituição Provisória Burgenland 1922).

1106 Art. 129 (1) B-VG 1920 (nota 1) – aspas inseridas pelo tradutor, ênfase adicionada por Kelsen.

1107 Cf. art. 15 (2) LFE Poder Judiciário 1867 (nota 180).

1108 Art. 129 (1-2) B-VG 1920 (nota 1).

1109 § 7 (8) Lei Constitucional Financeira 1922 (nota 944).

1110 Cf. § 3 lit e Lei Supremo Tribunal Administrativo 1875 (nota 465).

1111 Art. 129 (3) B-VG 1920 (nota 1).

1112 Art. 131 B-VG 1920 (nota 1).

1113 Cf. § 7 Lei Supremo Tribunal Administrativo 1875 (nota 465).

1114 Art. 133 B-VG 1920 (nota 1).

1115 Art. 134-135 B-VG 1920 (nota 1) – aspas inseridas pelo tradutor.

1116 Art. 132 B-VG 1920 (nota 1).

1117 Cf. § 1 Lei Tribunal Constitucional 1919 (nota 654).

1118 Art. 137 B-VG 1920 (nota 1).

1119 Cf. § 2 (1) Lei Conflito de Competência 1876 (nota 459).

1120 Art. 144 (1) B-VG 1920 (nota 1) – aspas inseridas pelo tradutor, expressão entre parêntesis e ênfase adicionadas por Kelsen.

1121 Cf. art. 3 lit b LF Tribunal de Justiça do Império 1867 (nota 179).

1122 Cf. art. II (1) Z 5 Emenda Lei Tribunal Constitucional 1919 (nota 655).

1123 Art. 144 (2) B-VG 1920 (nota 1) – aspas inseridas pelo tradutor.

1124 Art. 139 (1) B-VG 1920 (nota 1).

1125 Cf. art. 140 (1) B-VG 1920 (nota 1).

1126 Art. 139 (2) B-VG 1920 (nota 1).

1127 Cf. § 50 Lei Tribunal Constitucional 1921 (nota 1069).

1128 Art. 140 (1-2) B-VG 1920 (nota 1).

1129 Art. 144 (3) B-VG 1920 (nota 1) – aspas inseridas pelo tradutor.

1130 § 14 (1) Lei Constitucional Financeira 1922 (nota 944).

1131 § 7 (2) Lei Constitucional Financeira 1922 (nota 944).

1132 Cf. § 7 (7) Lei Constitucional Financeira 1922 (nota 944).

1133 Art. 141 B-VG 1920 (nota 1) – aspas inseridas pelo tradutor.

1134 Cf. art. I Emenda Lei Tribunal Constitucional 1919 (nota 655).

1135 Art. 142 (1) B-VG 1920 (nota 1) – aspas inseridas pelo tradutor.

1136 § 2 Lei Responsabilidade Ministerial 1867 (nota 172).

1137 Art. 105 (1) B-VG 1920 (nota 1).

1138 Art. 142 (3) B-VG 1920 (nota 1) – aspas inseridas pelo tradutor.

1139 Kelsen escreve, no original, "da legislação federal" "der Bundesgesetzgebung"; no contexto, provavelmente trata-se de deslize e ele, de fato, quis escrever "da Lei Federal": "des Bundesgesetzes".

1140 Cf. § 69 Lei Tribunal Constitucional 1921 (nota 1069).

1141 Kelsen escreve, no original: "acusação contra um governador de Estado pelo": "Anklage eines Landeshauptmanns durch"; compare, porém, com § 68 Lei Tribunal Constitucional 1921 (nota 1069), em que se lê "acusação conforme o Artigo 142, lit. D, da Constituição Federal pelo": "Anklage nach Artikel 142, lit. D, des Bundes-Verfassungsgesetzes".

1142 Cf. § 68 Lei Tribunal Constitucional 1921 (nota 1069).

1143 Art. 145 B-VG 1920 (nota 1).

1144 Art. 146 B-VG 1920 (nota 1) – aspas inseridas pelo tradutor, ênfase adicionada por Kelsen.

1145 § 34 Lei Tribunal Constitucional 1921 (nota 1069).

1146 § 1 (1) Lei Tribunal Constitucional 1921 (nota 1069).

1147 Cf. art. 147 B-VG 1920 (nota 1) – aspas inseridas pelo tradutor, expressões entre parêntesis e ênfase adicionadas por Kelsen.

1148 Cf. § 1 (2) Lei Tribunal Constitucional 1921 (nota 1069) – aspas inseridas pelo tradutor.

1149 Kelsen escreve, no original, o numeral "3"; compare com § 2 (1) Lei Tribunal Constitucional 1921 (nota 1069), onde se lê "três": "drei".

1150 Cf. § 2 (1) Lei Tribunal Constitucional 1921 (nota 1069) – aspas inseridas pelo tradutor, expressão entre parêntesis adicionada por Kelsen. No modelo institucional do Tribunal Constitucional austríaco estabelecido pela Constituição Federal de 1920, a Lei Federal de 13 de julho de 1921 detalhou sua organização. O tribunal era composto por um presidente, um vice-presidente, doze membros e seis suplentes (Ersatzmänner), todos nomeados pelo presidente federal com base em propostas vinculantes da Câmara dos Deputados e do Conselho Federal. Dentro dessa estrutura, destacavam-se os "ständigen Referenten" (relatores permanentes), escolhidos dentre os membros, aos quais competia a preparação dos processos designados pelo presidente do tribunal. O relator permanente elaborava um relatório e formulava uma proposta de "Erkenntnis" (decisão), que era então submetida à deliberação colegiada. A introdução das chamadas "Haussitzungen" (reuniões internas), nas quais o presidente, o vice-presidente e os relatores discutiam previamente os casos, institucionalizou a centralidade técnica dessa função e a busca por uma jurisprudência uniforme. A atividade dos "ständigen Referenten" conferia-lhes significativa influência sobre as decisões do tribunal e era remunerada com uma compensação financeira adicional, superior à dos demais membros, para refletir sua maior responsabilidade.

1151 Cf. § 6 (1), § 7 Lei Tribunal Constitucional 1921 (nota 1069).

1152 Cf. § 15, 18 (1) Lei Tribunal Constitucional 1921 (nota 1069).

1153 Art. 142-143 B-VG 1920 (nota 1).

1154 Cf. § 16 (2) Lei Tribunal Constitucional 1921 (nota 1069).

1155 Cf. §§ 62-64 Lei Tribunal Constitucional 1921 (nota 1069).

1156 Art. 149 B-VG 1920 (nota 1).

1157 LFE Direitos Cidadãos 1867 (nota 35).

1158 Lei Liberdade Pessoal 1862 (nota 159).

1159 Lei Inviolabilidade Lar 1862 (nota 160).

1160 Resolução sobre Censura 1918 (nota 410).

1161 Art. 20 LFE Direitos Cidadãos 1867 (nota 35).

1162 Lei Exceções 1869 (nota 451).

1163 Art. 1 LFE Direitos Cidadãos 1867 (nota 35); art. 6 B-VG 1920 (nota 1).

1164 Art. 4 (2) LFE Direitos Cidadãos 1867 (nota 35); art. 119 (2) B-VG 1920 (nota 1).

1165 Art. 13 (2) Sentença 2 LFE Direitos Cidadãos 1867 (nota 35); Z 2 (2) Sentença 1 Resolução sobre Censura 1918 (nota 410).

1166 Art. 15-16 LFE Direitos Cidadãos 1867 (nota 35); art. 63 Saint-Germain 1919 (nota 440).

1167 Art. 2 LFE Direitos Cidadãos 1867 (nota 35).

1168 Art. 7 B-VG 1920 (nota 1).

1169 Art. 19 LFE Direitos Cidadãos 1867 (nota 35).

1170 Cf. art. 4 Lei Forma Estado 1919 (p. 137, nota de rodapé xxiii, N.T.).

1171 Art. 8 B-VG 1920 (nota 1).

1172 Lei Apropriação Habsburgo-Lorena 1919 (nota 734).

1173 Lei Nobreza 1919 (nota 815).

1174 Lei Brasão 1919 (nota 830).

1175 Cf. art. 5 Lei Forma Estado 1919 (p. 137, nota de rodapé xxiii, N.T.).

1176 Art. 62-69 Saint-Germain 1919 (nota 440).

1177 Cf. § 42 (1) Lei Transição Constitucional 1920 (nota 906).

1178 Lei Constitucional Financeira 1922 (nota 944).

1179 §§ 11-12 LF Representação Imperial 1867 (nota 51).

1180 § 42 (2) lit b, c Lei Transição Constitucional 1920 (nota 906) – aspas inseridas pelo tradutor.

1181 Kelsen escreve, no original: "167"; o correto, contudo, é: "842" – o protocolo foi publicado na edição 842 do Diário Oficial Federal (BGBl.).

1182 Protokoll Nr. I, in: Genfer Protokolle vom 4. Oktober 1922 [über den Wiederaufbau Österreichs] [Protocolo nº I, em: Protocolos de Genebra de 4 de outubro de 1922 [sobre a reconstrução da Áustria]], publicado em: BGBl 1922/842 (doravante: Protocolo Genebra I 1922); Protokoll Nr. II, in: Genfer Protokolle vom 4. Oktober 1922 [über den Wiederaufbau Österreichs] [Protocolo nº II, em: Protocolos de Genebra de 4 de outubro de 1922 [sobre a reconstrução da Áustria]], publicado em: BGBl 1922/842 (doravante: Protocolo Genebra II 1922); Protokoll Nr. III, in: Genfer Protokolle vom 4. Oktober 1922 [über den Wiederaufbau Österreichs] [Protocolo nº III, em: Protocolos de Genebra de 4 de outubro de 1922 [sobre a reconstrução da Áustria]], publicado em: BGBl 1922/842 (doravante: Protocolo Genebra III 1922).

1183 Protocolo Genebra I 1922 (nota 1182) – ênfase de Kelsen.

1184 Z 4 Protocolo Genebra III 1922 (nota 1182).

1185 Art. 6-8, 10, 12 Protocolo Genebra II 1922 (nota 1182).

1186 Art. 12 (1) Protocolo Genebra II 1922 (nota 1182) – aspas inseridas pelo tradutor.

1187 Z 3 Protocolo Genebra III 1922 (nota 1182).

1188 Bundesgesetz vom 27. November 1922 über die zur Aufrichtung der Staats- und Volkswirtschaft der Republik Österreich zu treffenden Maßnahmen (Wiederaufbaugesetz) [Lei Federal de 27 de novembro de 1922 sobre as medidas a serem tomadas para reconstruir o estado e a economia nacional da República da Áustria (Lei de Reconstrução), BGBl 1922/843 (doravante: Lei Reconstrução 1922).

1189 Beilage WiederaufbauG 1922 (nota 1188): Das Reform- und Finanzprogramm auf Grund der am 4. Oktober 1922 in Genf unterzeichnetet Konvention [Suplemento Lei Reconstrução1922 (nota 1188): o programa financeiro e de reforma baseado na convenção assinada em Genebra em 4 de outubro de 1922].

1190 Seção E § 1 (3) Lei Reconstrução 1922 (nota 1188) – ênfase de Kelsen.

1191 Art. I-II, VI-VII Bundesverfassungsgesetz vom 26. November 1922 über die Ausübung der außerordentlichen Vollmachten, die der Bundesregierung gemäß dem Genfer Protokolle Nr. III vom 4. Oktober 1922 eingeräumt werden [Lei Constitucional Federal de 26 de novembro de 1922 sobre o exercício dos poderes extraordinários conferidos ao Governo Federal nos termos do Protocolo nº III de Genebra, de 4 de outubro de 1922], BGBl 1922/844 (doravante: Lei Poderes Extraordinários 1922).

1192 Art. I Lei Poderes Extraordinários 1922 (nota 1191) – aspas inseridas pelo tradutor, ênfase adicionada por Kelsen.

1193 Art. II (1) Lei Poderes Extraordinários 1922 (nota 1191) – aspas inseridas pelo tradutor.

1194 Art. II (7) Lei Poderes Extraordinários 1922 (nota 1191) – aspas inseridas pelo tradutor.

1195 Art. II (8) Lei Poderes Extraordinários 1922 (nota 1191) – aspas inseridas pelo tradutor.

1196 Cf. art. III Lei Poderes Extraordinários 1922 (nota 1018).

1197 No. 3 Protocolo Genebra III 1922 (nota 1188).

1198 Lei poder estatal nos estados (nota 531).

1199 Lei Representação Popular 1919 (nota 658).

1200 Cf., por exemplo, OP Áustria Inferior 1861 (nota 46).

1201 Cf. art. 99 (1) B-VG 1920 (nota 1).

1202 Cf. art. 95-107 B-VG 1920 (nota 1).

1203 § 4 Bundesverfassungsgesetz vom 25. Jänner 1921 über die Stellung des Burgenlandes als selbständiges und gleichberechtigtes Land im Bund und über seine vorläufige Einrichtung [Lei Constitucional Federal de 25 de janeiro de 1921 sobre a posição de Burgenland como estado autônomo e com igualdade de poderes na federação e sobre sua organização provisória], BGBl 1921/85 (doravante: LCF Burgenland 1921) – Kelsen faz paráfrase.

1204 § 12 Lei Transição Constitucional 1920 (nota 906).

1205 Art. II Verordnung der Bundesregierung vom 22. Juli 1921, womit für das Burgenland Übergangsbestimungen für die Zeit bis zur endgültigen Einführung der Bundesverfassung im Burgenland getroffen werden (Verfassungsübergangsverordnung, V.Ü.V.B.), [Decreto do Governo Federal de 22 de julho de 1921, que estabelece disposições transitórias para Burgenland até a introdução definitiva da Constituição Federal em Burgenland (Decreto de Transição Constitucional, V.Ü.V.B.)], BGBl 1921/475.

1206 Bundesverfassungsgesetz vom 7. April 1922, womit im Sinne des § 2 des Bundesverfassungsgesetzes vom 25. Jänner 1921, B.G.Bl. Nr. 85, eine einstweilige Landesordnung und eine einstweilige Landeswahlordnung erlassen werden (2. Bundesverfassungsgesetz über das Burgenland) [Lei Constitucional Federal de 7 de abril de 1922, pela qual, nos termos do § 2º da Lei Constitucional Federal de 25 de janeiro de 1921, B.G.Bl. nº 85, são promulgadas uma ordem constitucional provisória e um regulamento estadual provisório (2ª LCF Burgenland 1921)], BGBl 1922/202.

1207 § 2 LCF Burgenland 1921 (nota 1203).

1208 Cf. §§ 16, 34-35, 22, 11 Constituição Provisória Burgenland 1922 (nota 1105).

1209 Cf. § 38 (1), § 44 (2) Constituição Provisória Burgenland 1922 (nota 1105).

1210 § 44 (3) Constituição Provisória Burgenland 1922 (nota 1105) – Kelsen faz paráfrase.

1211 Cf. § 47 (1) Constituição Provisória Burgenland 1922 (nota 1105).

1212 Constituição Provisória Caríntia 1918 (nota 602).

1213 Lei poder estatal nos estados (nota 531).

1214 Art. VII-VIII Convocação Constituinte Caríntia 1919 (pp. 172-173, nota de rodapé liv, N.T.).

1215 Entschließung der vorläufigen Landesversammlung vom 26. November 1920, Ktn StProt GP 10, Blatt 54 (Kärntner Landesarchiv, Landtagsamt, Schachtel 9) [Resolução da Assembleia Estadual provisória de 26 de novembro de 1920, Ktn StProt GP 10, folha 54 (Arquivo Estadual da Caríntia, Secretaria do Parlamento Estadual, caixa 9)].

1216 Gesetz vom 10. März 1921 über den verfassunggebenden Landtag von Kärnten [Lei de 10 de março sobre a Assembleia Estadual Constituinte da Caríntia], Ktn LGBl 1921/36 (doravante: Lei Constituinte Caríntia 1921).

1217 Convocação Constituinte Caríntia 1919 (pp. 172-173, nota de rodapé liv, N.T.).

1218 Lei poder estatal nos estados (nota 531); Lei Representação Popular 1919 (nota 658).

1219 Cf. art I (1) Lei Constituinte Caríntia 1921 (nota 1216).

1220 Cf. art. 14 (3) Lei Representação Popular 1919 (nota 658).

1221 Cf. art. 101-106 B-VG 1920 (nota 1).

1222 Lei poder estatal nos estados 1918 (nota 531); Lei Representação Popular 1919 (nota 658).

1223 Art. 114 B-VG 1920 (nota 1).

1224 Gesetz vom 28. September 1920 über die gemeinsame Landesverfassung von Niederösterreich [Lei de 28 de setembro de 1920 sobre a Constituição Estadual Conjunta da Baixa Áustria], Nö LGBl 1920/86 assim como Wr LGBl 1920/9.

1225 Gesetz vom 10. November 1920, womit die Verfassung der Bundeshauptstadt Wien erlassen wird [Lei de 10 de novembro de 1920, com a qual a Constituição da Capital Federal Viena é promulgada], Wr LGBl 1920/1 (doravante: Constituição Viena 1920).

1226 Gesetz vom 30. November 1920 über die Verfassung des Landes Niederösterreich-Land (Landes-Verfassungsgesetz) [Lei de 30 de novembro de 1920 sobre a Constituição Estadual da Baixa Áustria (Lei Constitucional Estadual)], Nö LGBl 1920/1 (doravante: Constituição Estadual Baixa Áustria 1920).

1227 Lei Separação Baixa Áustria 1921 (nota 925); Lei Separação Viena 1921 (nota 925).

1228 Verfassungsgesetz vom 29. Dezember 1921, mit welchem die gemeinsame Landesverfassung von Niederösterreich (Gesetz vom 28. Dezember 1920, L.G.Bl. für Niederösterreich-Land Nr. 86 und L.G.Bl. für Wien Nr. 9) außer Kraft gesetzt wird [Lei constitucional de 29 de dezembro de 1921, pela qual se revoga a Constituição Estadual Conjunta da Baixa Áustria (Lei de 28 de dezembro de 1920, Boletim de Leis da Baixa Áustria nº 86 e Boletim de Leis de Viena nº 9)], Nö LGBl 1921/364 assim como Wr LGBl 1921/157.

1229 Cf. art. 12 (1), art. 16 (1), art. 21 (1) Constituição Estadual Baixa Áustria 1920 (nota 1226).

1230 Cf. art. 46 (1) Constituição Estadual Baixa Áustria 1920 (nota 1226).

1231 Gesetz vom 18. März 1919 wirksam für das Land Oberösterreich betreffend die Grundzüge der Landesvertretung [Lei de 18 de março de 1919, válida para o estado da Alta Áustria, relativa aos princípios fundamentais da representação estadual], Oö LGBl 1919/23 (doravante: Lei Representação Alta Áustria 1919).

1232 Lei poder estatal nos estados 1918 (nota 531); Lei Representação Popular 1919 (nota 658).

1233 Cf. art. III, VII (2) Lei Representação Alta Áustria 1919 (nota 1231).

1234 De acordo com o art. VIII, § 3 Lei Representação Alta Áustria 1919 (nota 1231), o Governo Estadual era composto apenas pelo governador de Estado e seus substitutos; juntamente com os conselheiros estaduais eleitos, eles formavam o Conselho Estadual (Landesrat).

1235 Cf. art. 14 (3) Lei Representação Popular 1919 (nota 658).

1236 Promulgação ref. Constituição Salzburg 1918 (nota 603).

1237 Gesetz vom 16. Februar 1921, über die Verfassung des Landes Salzburg (Landes-Verfassungsgesetz) [Lei de 16 de fevereiro sobre a Constituição Estadual de Salzburgo (Lei Constitucional Estadual)], Sbg LGBl 1921/44, wv (DFB) Sbg LGBl 1921/58 (doravante: Constituição Estadual Salzburgo 1921).

1238 Cf. art. 11, 14 Constituição Estadual Salzburgo 1921 (nota 1237).

1239 Cf. art. 21-27 Constituição Estadual Salzburgo 1921 (nota 1237).

1240 Cf. art. 46 (1) Constituição Estadual Salzburgo 1921 (nota 1237).

1241 Declaração Adesão Estíria 1918 (nota 607).

1242 Constituição Provisória Estíria 1919 (nota 615).

1243 Gesetz vom 26. November 1920, womit eine vorläufige Landesverfassung für das Land Steiermark erlassen wird [Lei de 26 de novembro de 1920, com a qual uma Constituição Estadual provisória para o estado da Estíria é promulgada], Stmk LGBl 1921/1 (doravante: Constituição Provisória Estíria 1920).

1244 Cf. § 16 (1) Constituição Provisória Estíria 1920 (nota 1243).

1245 §50 (5) Constituição Provisória Estíria 1920 (nota 1243) – aspas inseridas pelo tradutor.

1246 Cf. § 50 (5), (6) Constituição Provisória Estíria 1920 (nota 1243).

1247 Cf. § 23 (1), §§ 31, 33 Constituição Provisória Estíria 1920 (nota 1243).

1248 Gesetz vom 14. April 1919, wirksam für das Land Tirol, mit Ausnahme des geschlossenen italienischen Siedlungsgebietes, über die Einberufung des verfassunggebenden Landtages [Lei de 14 de abril de 1919, válida para o estado do Tirol, com exceção da zona de colonização italiana contínua, sobre a convocação da Assembleia Estadual Constituinte], Tir LGBl 1919/25.

1249 Gesetz vom 8. November 1921, betreffend die Landesordnung von Tirol [Lei de 8 de novembro de 1921, relativa à ordem constitucional do Tirol], Tir LGBl 1921/145 (doravante: Constituição Tirol 1921).

1250 Cf. § 9 (1) Constituição Tirol 1921 (nota 1249).

1251 Kelsen escreve, no original, apenas "os presidentes": "die Vorsitzenden"; compare com § 12 (5) Constituição Tirol 1921 (nota 1249), em que se lê "os presidentes em questão": "die betreffenden Vorsitzenden".

1252 § 12 (5) Constituição Tirol 1921 (nota 1249) – aspas inseridas pelo tradutor.

1253 Cf. 27 (3) Constituição Tirol 1921 (nota 1249); art. 101 B-VG 1920 (nota 1).

1254 Cf. § 23 (1) Constituição Tirol 1921 (nota 1249).

1255 § 4 (1) Gesetz vom 20. Jänner 1919, betreffend die Kundmachung der von der Tiroler Landesversammlung beschlossenen Gesetze und der von der Landesregierung und dem Landesrate ausgehenden Verordnungen [Lei de 20 de janeiro de 1919, relativa à promulgação das leis aprovadas pela Assembleia Estadual do Tirol e dos decretos emitidos pelo Governo Estadual e pelo Conselho Estadual], Tir LGBl 1919/1.

1256 Art. 14 (3) Lei Representação Popular 1919 (nota 658).

1257 Kelsen escreve, no original, "publicação de uma": "Kundmachung einer". Compara com § 24 Lei Representação Popular 1919 (nota 658), em que se lê "publicação, no Diário Oficial do Estado, de uma": "Kundmachung im Landesgesetzblatte einer".

1258 § 24 Constituição Tirol 1921 (nota 1249) – aspas inseridas pelo tradutor.

1259 Cf. §§ 22-25 Constituição Tirol 1921 (nota 1249).

1260 Cf. § 43 (1) Constituição Tirol 1921 (nota 1249).

1261 Kelsen escreve, no original, "e um": "und ein". Compara com§ 43 (2) Constituição Tirol 1921 (nota 1249), em que se lê "e respectivamente um": "und je ein".

1262 § 43 (2) Constituição Tirol 1921 (nota 1249) – aspas inseridas pelo tradutor.

1263 Gesetz vom 14. März 1919 über die Verfassung des Landes Vorarlberg [Lei de 14 de março de 1919 sobre a Constituição Estadual de Vorarlberg], Vbg LGBl 1919/22 (doravante: Constituição Vorarlberg 1919).

1264 Cf. § 13, § 9 (1) Constituição Vorarlberg 1919 (nota 1263).

1265 Cf. art. 14 (3) Lei Representação Popular 1919 (nota 658).

1266 Kelsen escreve, no original, "eleitores a": "Wähler die"; compare com o art. 4 Constituição Vorarlberg 1919 (nota 1263), em que se lê "eleitores, cuja capacidade de voto foi autenticada, por meio de assinatura": "Wähler, deren Stimmberechtigung beglaubigt ist, unterschriftlich die".

1267 Kelsen escreve "objetos" ("Gegenstände"), o que, no contexto, traduzi por "questões específicas"; compare com o art. 5 Constituição Vorarlberg 1919 (nota 1263), em que se lê "diretrizes" ou "princípios": "Grundsätze".

1268 Art. 4-5 Constituição Vorarlberg 1919 (nota 1263) – aspas inseridas pelo tradutor.

1269 Cf. § 6 (1-3) Constituição Vorarlberg 1919 (nota 1263).

1270 § 6 (4) Constituição Vorarlberg 1919 (nota 1263) – aspas inseridas pelo tradutor.

1271 Cf. art. 101-106 B-VG 1920 (nota 1).

1272 Cf. p. 280 e s.

1273 Cf. § 120 (1), § 121 Constituição Viena 1920 (nota 1225).

1274 Cf. § 123 (1) Constituição Viena 1920 (nota 1225).

1275 Cf. art. 101 (2) B-VG 1920 (nota 1).

1276 Cf. § 125 (1) Constituição Viena 1920 (nota 1225).

1277 Cf. § 141 (1), § 142 (1) Constituição Viena 1920 (nota 1225).

1278 Cf. § 45 Constituição Viena 1920 (nota 1225).

1279 Cf. § 76 Constituição Viena 1920 (nota 1225).

1280 Conrad Ferdinand (1825-1898), poeta e tradutor suíço. Obras importantes: *Zwanzig Balladen von einem Schweizer*. Stuttgart: [s.n.], 1864; *Engelberg*: Eine Dichtung. Leipzig: [s.n.], 1872 (4ª ed., Leipzig, 1894); *Huttens letzte Tage*. Leipzig: [s.n.], 1872 (12ª ed., Leipzig, 1898); *Jürg Jenatsch*: Eine alte Bündnergeschichte. Leipzig: [s.n.], 1876.

1281 Kelsen escreve, no original, "o tempo" ("die Zeit"), traduzido aqui, por questões de estilo, ritmo e rima, como "data exata". Nos versos de Conrad Ferdinand Meyer, porém, lê-se "o dia" ("der Tage"), cf. *MEYER, Conrad Ferdinand*. "Deutsche Libertät". in: Huttens letzte Tage. Eine Dichtung [1872]. *In*: ZELLER, Hans; ZÄCH, Alfred (Coord.). *Conrad Ferdinand Meyer Sämtliche Werke*. vol. 8: Huttens letzte Tage: eine Dichtung. Berna: Benteli, 1970, pp. 73 e s. (74).

1282 *MEYER, Conrad Ferdinand*. Deutsche Libertät (nota 1281), pp. 73 e s. (74), versos 23 e s., 29 e s. – ênfase de Kelsen.

Posfácio (Cadore)

1 *KELSEN, Hans*. *Österreichisches Staatsrecht*. Ein Grundriß entwicklungsgeschichtlich dargestellt. Tübingen: J. C. B. Mohr, 1923 = HKW 10, pp. 29-263 = *Direito Público Austríaco*: um esboço apresentado em perspectiva histórica. Trad. Rodrigo G. Cadore. São Paulo: Contracorrente, 2025 (doravante, DPA). O subtítulo original se traduz, literalmente, por "um esboço apresentado em perspectiva histórico-evolutiva". A editora Contracorrente optou, por razões de estilo e mercado, pela formulação "um esboço apresentado em perspectiva histórica" como subtítulo da edição brasileira.

2 *R*., "Das neue österreichische Staatsrecht". *Neues Wiener Abendblatt*, nº 87, 30 mar. 1923, p. 5.

3 Gesetz vom 1. Oktober 1920, womit die Republik Österreich als Bundesstaat eingerichtet wird (Bundes-Verfassungsgesetz), BGBl 1920/1 [Lei de 1º de outubro de 1920, que estabelece a República da Áustria como um Estado federal (Constituição Federal), Boletim Oficial 1920/1].

4 As obras completas de Kelsen são publicadas, assim como o original do presente manual há um século, pela editora Mohr Siebeck (Tübingen) e vêm sendo gradualmente colocadas à disposição da comunidade acadêmica também em formato digital open access: https://kelsen.online/index.html.

5 *JABLONER, Clemens*. "Não Sem Paixão: Direito Público Austríaco de Kelsen". *In*: DPA, pp. 15-30.

6 Sobre os editores, bem como sobre o programa da editora J. C. B. Mohr (Paul Siebeck), veja-se: *KNAPPENBERGER-JANS, Silke*. *Verlagspolitik und Wissenschaft*: Der Verlag J. C. B. Mohr (Paul Siebeck) im frühen 20. Jahrhundert. Wiesbaden: Harrassowitz, 2001, pp. 19-25 (sobre Paul Siebeck), pp. 25-29 (sobre Oskar Siebeck), pp. 29-31 (sobre Werner Siebeck),

pp. 244-284 (sobre o programa da editora para as ciências jurídicas e do Estado). Veja também: *HAMMANN, Konrad. Paul Siebeck und sein Verlag*. Tübingen: Mohr Siebeck, 2021, pp. 243-252.

7 Três citações: Carta de Adolf Julius Merkl à editora J. C. B. Mohr (Paul Siebeck) de 12 de abril de 1921, em: Handschriftenabteilung der Staatsbibliothek zu Berlin – Preußischer Kulturbesitz, Nachlass 488 (Verlagsarchiv Mohr Siebeck). Também as demais cartas citadas a seguir, enviadas e recebidas pela editora J. C. B. Mohr (Paul Siebeck) – incluindo contratos editoriais, relatórios de vendas e outros documentos semelhantes – encontram-se arquivadas ali.

8 *KELSEN, Hans. Hauptprobleme der Staatsrechtslehre entwickelt aus der Lehre vom Rechtssatze*. Tübingen: J. C. B. Mohr, 1911 = HKW 2, pp. 21-878.

9 *KELSEN, Hans. Über Grenzen zwischen juristischer und soziologischer Methode*: Vortrag gehalten in der Soziologischen Gesellschaft zu Wien. Tübingen: J. C. B. Mohr (Paul Siebeck), 1911 = HKW 3, pp. 22-55.

10 *KELSEN, Hans. Das Problem der Souveränität und die Theorie des Völkerrechts*: Beitrag zu einer reinen Rechtslehre. Tübingen: J. C. B. Mohr, 1920 = HKW 4, pp. 235-572.

11 *KELSEN, Hans. Der soziologische und der juristische Staatsbegriff*: Kritische Untersuchung des Verhältnisses von Staat und Recht. Tübingen: J. C. B. Mohr, 1922 = HKW 7, pp. 69-350.

12 *KELSEN, Hans*. "Vom Wesen und Wert der Demokratie". *Archiv für Sozialwissenschaft und Sozialpolitik* 47 (1920/1921), S. 50-85 (Archiv) = *KELSEN, Hans. Vom Wesen und Wert der Demokratie*. Tübingen: J. C. B. Mohr, 1920 (Separatdruck) = HKW 6, pp. 122-157.

13 Cf. Carta de Hans Kelsen à editora J. C. B. Mohr (Paul Siebeck) de 27 de agosto de 1910.

14 Duas citações: Carta de Hans Kelsen à editora J. C. B. Mohr (Paul Siebeck) de 4 de maio de 1922.

15 No idioma original: "Grundriß der österreichischen Verfassung, nach ihrer historischen Entwicklung dargestellt".

16 Cf. Carta de Hans Kelsen à editora J. C. B. Mohr (Paul Siebeck) de 27 de agosto de 1910: "caso considere relevante, posso colocar à sua disposição recomendações, tanto a meu respeito quanto sobre meu trabalho, emitidas por autoridades reconhecidas na minha área de especialização".

17 Cf. Carta de Hans Kelsen à editora J. C. B. Mohr (Paul Siebeck) de 15 de maio de 1921– anotação à mão de Werner Siebeck: "será que já não temos Kelsen demais?"

18 Kelsen foi nomeado professor ordinário em 19 de julho de 1919. Cf. Österreichisches Staatsarchiv (ÖStA), Allgemein-Verwaltungsarchiv (AVA), Unterricht Allgemein, Universität Wien, 4 Jus, Personalakt Hans Kelsen, Z 15646/1919 (doravante: PA Kelsen).

19 Cf. *LESER, Norbert*. "Hans Kelsen und die österreichische Bundesverfassung". *In*: Österreichische parlamentarische Gesellschaft (Coord.). *75 Jahre Bundesverfassung. Festschrift aus Anlaß des 75. Jahrestages der Beschlußfassung über das Bundes-Verfassungsgesetz*. Viena: Verl. Österreich, Österr. Staatsdr, 1995, pp. 780-805 (804); *OLECHOWSKI, Thomas*. "Der Beitrag Hans Kelsens zur österreichischen Bundesverfassung". *In*: WALTER, Robert; OGRIS, Werner; OLECHOWSKI, Thomas (Coord.). *Hans Kelsen*: Leben – Werk – Wirksamkeit. Ergebnisse einer Internationalen Tagung, veranstaltet von der Kommission für Rechtsgeschichte Österreichs und dem Hans Kelsen-Institut (19.-21. April 2009). Viena: Manz, 2009, pp. 211-230 (228). Sobre a multifacetada participação de Kelsen no processo de desenvolvimento da Constituição Federal austríaca de 1920, veja-se: JABLONER, Clemens; OLECHOWSKI, Thomas; ZELENY, Klaus (Coord.). *Die Verfassungsentwicklung 1918-1920 und Hans Kelsen*. Viena: Manz'sche Verlags- und Universitätsbuchhandlung, 2020; *CADORE, Rodrigo*. "Editorischer Bericht 'Die Verfassungsgesetze der Republik Deutschösterreich – Teil 5: Die Bundesverfassung vom 1. Oktober 1920 (1922)'" em HKW 8, pp. 505-573 (521-555).

20 Carta de Hans Kelsen à editora J. C. B. Mohr (Paul Siebeck) de 12 de maio de 1922.

21 As seguintes monografias de Kelsen foram publicadas, ainda durante sua vida, pela editora Mohr: *KELSEN, Hans. Hauptprobleme der Staatsrechtslehre entwickelt aus der Lehre vom Rechtssatze*. Tübingen: J. C. B. Mohr, 1911, XXVII, 709 pp.= HKW 2, pp. 21-878; *KELSEN, Hans. Über Grenzen zwischen juristischer und soziologischer Methode*: Vortrag gehalten in der Soziologischen Gesellschaft zu Wien. Tübingen: J. C. B. Mohr, 1911, 64 pp. = HKW 3, pp. 22-55; *KELSEN, Hans. Das Problem der Souveränität und die Theorie des Völkerrechts*: Beitrag zu einer reinen Rechtslehre. Tübingen: J. C. B. Mohr, 1920, X, 320 pp. = HKW 4, pp. 235-572; *KELSEN, Hans. Vom Wesen und Wert der Demokratie*. Tübingen: J. C. B. Mohr, 1920 (Separatdruck) = HKW 6, pp. 122-157; *KELSEN, Hans. Der soziologische und der juristische Staatsbegriff*: Kritische Untersuchung des Verhältnisses von Staat und Recht. Tübingen: J. C. B. Mohr, 1922, IV, 253 pp. = HKW 7, pp. 69-350; *KELSEN, Hans. Hauptprobleme der Staatsrechtslehre entwickelt aus der Lehre vom Rechtssatze*. 2ª ed. Tübingen J. C. B. Mohr, 1923, XXXVI, 709 pp. = HKW 9, pp. 324-350; *KELSEN, Hans. Österreichisches Staatsrecht*. Ein Grundriß entwicklungsgeschichtlich dargestellt. Tübingen: J. C. B. Mohr, 1923, VIII, 256 pp. = HKW 10, pp. 29-263; *KELSEN, Hans. Die Bundesexekution*. Ein Beitrag zur Theorie und Praxis des Bundesstaates unter besonderer Berücksichtigung der deutschen Reichs- und der österreichischen Bundesverfassung. Tübingen: J. C. B. Mohr, 1927, 186 pp. [Separata de: *Festgabe für Fritz Fleiner zum 60. Geburtstag 24. Januar 1927*]; *KELSEN, Hans. Das Problem der Souveränität und die Theorie des Völkerrechts*: Beitrag zu einer reinen Rechtslehre. 2ª ed. Tübingen: J. C. B. Mohr, 1928, XII, 320 pp.; *KELSEN, Hans. Der soziologische und der juristische Staatsbegriff*:

Kritische Untersuchung des Verhältnisses von Staat und Recht. Tübingen: J. C. B. Mohr, 1922, VIII, 253 pp.; *KELSEN, Hans. Vom Wesen und Wert der Demokratie*. 2ª ed. Tübingen: J. C. B. Mohr, 1929, VII, 119 pp.; *KELSEN, Hans. Staatsform und Weltanschauung*. Tübingen: J. C. B. Mohr, 1933, 30 pp.

22 *KELSEN, Hans*. "Die Entwicklung des Staatsrechts in Oesterreich seit dem Jahre 1918". *In*: ANSCHÜTZ, Gerhard; THOMA, Richard (Coord.). *Handbuch des Deutschen Staatsrechts*. vol. 1. Tübingen: J. C. B. Mohr, 1930, pp. 147-165.

23 Sobre e relação entre a Teoria Pura do Direito e editora Deuticke, veja-se *CADORE, Rodrigo*. "Editorischer Bericht 'Die Verfassungsgesetze der Republik Deutschösterreich – Teil 5: Die Bundesverfassung vom 1. Oktober 1920 (1922)'" em HKW 8, pp. 509-513.

24 *KELSEN, Hans. Österreichisches Staatsrecht*. Ein Grundriß entwicklungsgeschichtlich dargestellt. Tübingen: J. C. B. Mohr, 1923, p. VI = HKW 10, pp. 29-263 (46 e s.) = DPA, pp. 31-289.

25 *KELSEN, Hans. Österreichisches Staatsrecht*. Ein Grundriß entwicklungsgeschichtlich dargestellt. Tübingen: J. C. B. Mohr, 1923, pp. 1-73 = HKW 10, pp. 29-263 (50-119) = DPA, pp. 33-110.

26 *KELSEN, Hans. Österreichisches Staatsrecht*. Ein Grundriß entwicklungsgeschichtlich dargestellt. Tübingen: J. C. B. Mohr, 1923, pp. 74-238 = HKW 10, pp. 29-263 (120-263) = DPA, pp. 209-271.

27 *KELSEN, Hans; FROEHLICH, Georg; MERKL, Adolf Julius. Die Verfassungsgesetze der Republik Österreich*. Mit historischen Einleitungen und kritischen Erläuterungen. Parte 5: Die Bundesverfassung vom 1. Oktober 1920. Viena/Leipzig: Franz Deuticke, 1922 = HKW 8, pp. 25-502.

28 *KELSEN, Hans. Österreichisches Staatsrecht*. Ein Grundriß entwicklungsgeschichtlich dargestellt. Tübingen: J. C. B. Mohr, 1923, pp. 154-223 = HKW 10, pp. 29-263 (191-249) = DPA, pp. 199-271.

29 Cf. *KELSEN, Hans. Österreichisches Staatsrecht*. Ein Grundriß entwicklungsgeschichtlich dargestellt. Tübingen: J. C. B. Mohr, 1923, pp. 239-256 = HKW 10, pp. 29-263 (686-769). A presente edição brasileira opta por não traduzir o índice remissivo.

30 *BERNATZIK, Edmund* (Coord.). *Die österreichischen Verfassungsgesetze mit Erläuterungen*. 2ª ed. Viena: Manz, 1911; *KELSEN, Hans. Die Verfassungsgesetze der Republik Deutschösterreich*: Mit einer historischen Übersicht und kritischen Erläuterungen. Parte 1. Viena/Leipzig: Franz Deuticke, 1919 = HKW 5, pp. 24-129; *KELSEN, Hans. Die Verfassungsgesetze der Republik Deutschösterreich*: Mit einer historischen Übersicht und kritischen Erläuterungen. Parte 2: Wahlordnung, Verfassungsnovelle. Viena/Leipzig: Franz Deuticke, 1919 = HKW 5, pp. 130-255; *KELSEN, Hans. Die Verfassungsgesetze der Republik Deutschösterreich*: Mit einer historischen Übersicht und kritischen Erläuterungen. Parte 3. Viena/Leipzig:

Franz Deuticke, 1919 = HKW 5, pp. 256-437; *KELSEN, Hans. Die Verfassungsgesetze der Republik Österreich*. Mit einer historischen Übersicht und kritischen Erläuterungen. Parte 4. Viena/Leipzig 1920 = HKW 5, pp. 438-608; *KELSEN, Hans; FROEHLICH, Georg; MERKL, Adolf Julius. Die Verfassungsgesetze der Republik Österreich*. Mit historischen Einleitungen und kritischen Erläuterungen. Parte 5: Die Bundesverfassung vom 1. Oktober 1920. Viena/Leipzig: Franz Deuticke, 1922 = HKW 8, pp. 25-502; *MERKL, Adolf Julius. Die Verfassung der Republik Deutschösterreich*. Ein kritisch--systematischer Grundriß. Viena/Leipzig: F. Deuticke, 1919.

31 Cf. *CADORE, Rodrigo*. "Editorischer Bericht 'Die Verfassung Österreichs – Teil 2 (1922)'" em HKW 7, pp. 555-585 (562-567).

32 *KELSEN, Hans*. "Die Verfassung Deutschösterreichs". *Jahrbuch des öffentlichen Rechts der Gegenwart* 9, 1920, pp. 245-290 = HKW 6, pp. 53-119; *KELSEN, Hans*. "Die Verfassung Oesterreichs". *Jahrbuch des öffentlichen Rechts der Gegenwart* 11, 1922, pp. 232-274 = HKW 7, pp. 351-432.

33 *KELSEN, Hans*. "Die Verfassung Oesterreichs". *Jahrbuch des öffentlichen Rechts der Gegenwart* 12, 1923/1924, pp. 126-161 = HKW 9, pp. 259-323.

34 Cf. *CADORE, Rodrigo*. "Editorischer Bericht 'Die Verfassung Österreichs – Teil 3 (1923/1924)" em HKW 9, pp. 525-545.

35 *KELSEN, Hans*. "Die Verfassung Oesterreichs". *Jahrbuch des öffentlichen Rechts der Gegenwart* 12, 1923/1924, pp. 126-161 = HKW 9, pp. 259-323.

36 Ao longo de uma década, Kelsen publicou um total de cinco relatórios sobre o Direito Constitucional austríaco no JöR, numa espécie de romance em cadeia: *KELSEN, Hans*. "Die Verfassung Deutschösterreichs". *Jahrbuch des öffentlichen Rechts der Gegenwart* 9, 1920 = HKW 6, pp. 53-119; *KELSEN, Hans*. "Die Verfassung Oesterreichs". *Jahrbuch des öffentlichen Rechts der Gegenwart* 11, 1922 = HKW 7, pp. 351-432; *KELSEN, Hans*. "Die Verfassung Oesterreichs". *Jahrbuch des öffentlichen Rechts der Gegenwart* 12, 1923/1924 = HKW 9, pp. 259-323; *KELSEN, Hans*. "Die Verfassung Oesterreichs". *Jahrbuch des öffentlichen Rechts der Gegenwart* 15, 1927, pp. 51-103; *KELSEN, Hans*. "Die Verfassung Oesterreichs". *Jahrbuch des öffentlichen Rechts der Gegenwart* 18, 1930, pp. 130-185.

37 *KELSEN, Hans; FROEHLICH, Georg; MERKL, Adolf Julius. Die Verfassungsgesetze der Republik Österreich*. Mit historischen Einleitungen und kritischen Erläuterungen. Parte 5: Die Bundesverfassung vom 1. Oktober 1920. Viena/Leipzig: Franz Deuticke, 1922 = HKW 8, pp. 25-502.

38 Cf. *CADORE, Rodrigo*. "Editorischer Bericht 'Die Verfassung Oesterreichs – Teil 2 (1922)'" em HKW 7, pp. 555-585 (579-581).

39 Cf. *CADORE, Rodrigo*. "Editorischer Bericht 'Die Verfassungsgesetze der Republik Deutschösterreich – Teil 5: Die Bundesverfassung vom 1. Oktober 1920 (1922)'" em HKW 8, pp. 505-573.

40 Beschluß der Provisorischen Nationalversammlung für Deutschösterreich vom 30. Oktober 1918 über die grundlegenden Einrichtungen der Staatsgewalt

[Resolução da Assembleia Nacional Provisória da Áustria Alemã de 30 de outubro de 1918 sobre as instituições fundamentais do poder estatal], StGBl. 1918/1.

41 Carta de Hans Kelsen a Adolf Schärf de 6 de dezembro de 1955, citada em: *HANNAK, Jacques*. *Karl Renner und seine Zeit*: Versuch einer Biographie. Viena: Europa, 1965, pp. 402-404 (402 e s.).

42 Kelsen relata com riqueza de detalhes como pôde acompanhar de perto, nas últimas semanas de seu serviço no Ministério da Guerra, os acontecimentos decisivos daquele momento: *KELSEN, Hans*. "Autobiographie (1947)" em HKW 1, pp. 29-91 (49-55).

43 O Gabinete de Heinrich Lammasch (1853-1920) esteve no poder de 27 de outubro a 11 de novembro de 1918; já em 30 de outubro de 1918, contudo, transferiu as funções de governo ao Conselho de Estado da Áustria Alemã, sob a liderança do chanceler de Estado Karl Renner (1870-1950).

44 *KELSEN, Hans*. "Autobiographie (1947)" em HKW 1, pp. 29-91 (54).

45 Tagesbericht der Staatskanzlei vom 3. November 1918, citado em: *SCHMITZ, Georg*. *Karl Renners Briefe aus Saint Germain und ihre rechtspolitischen Folgen*. Viena: Manz, 1991, p. 20 c/ nota 105.

46 Staatsratsprotokoll Nr. 23 vom 7. November 1918 [Protocolo do Conselho de Estado Nº 23 de 7 de novembro 1918], impresso em: *ENDERLE-BURCEL, Gertrude; HAAS, Hanns; MÄHNER, Peter* (Coord.). *Der österreichische Staatsrat*: Protokolle des Vollzugsausschusses, des Staatsrates und des Geschäftsführenden Staatsratsdirektoriums. 21. Oktober 1918 bis 14. März 1919. vol. 1: 21. Oktober 1918 bis 14. November 1918. Viena: Verlag Österreich, Verlag der Österreichischen Akademie der Wissenschaften, 2008, pp. 236-253 (251). Detalhadamente sobre a criação e o desenvolvimento do serviço legislativo da Chancelaria de Estado: *SCHMITZ, Georg*. *Karl Renners Briefe aus Saint Germain und ihre rechtspolitischen Folgen*. Viena: Manz, 1991, pp. 17-26; *LIENBACHER, Georg*. "Der Verfassungsdienst im Bundeskanzleramt". *In*: AKYÜREK, Metin *et al.* (Coord.). *Staat und Recht in europäischer Perspektive*: Festschrift Heinz Schäffer. Viena: Manz, 2006, pp. 427-455.

47 Protokoll über die am 8. November 1918 im Lokal XVII des Parlamentsgebäudes abgehaltene Beratung über die Frage der völkerrechtlichen Stellung des Staates Deutsch-Österreich [Protocolo da reunião realizada em 8 de novembro de 1918, no salão XVII do edifício do Parlamento, sobre a questão da posição do Estado da Áustria Alemã no Direito Internacional], impresso em: *ENDERLE-BURCEL, Gertrude; HAAS, Hanns; MÄHNER, Peter* (Coord.). *Der österreichische Staatsrat*: Protokolle des Vollzugsausschusses, des Staatsrates und des Geschäftsführenden Staatsratsdirektoriums. 21. Oktober 1918 bis 14. März 1919. vol. 1: 21. Oktober 1918 bis 14. November 1918. Viena: Verlag Österreich, Verlag der Österreichischen Akademie der Wissenschaften, 2008, pp. 219-223.

48 Sobre isso, veja-se a introdução de Clemens Jabloner, neste volume.

49 Sobre isso: *OLECHOWSKI, Thomas*. "Der Beitrag Hans Kelsens zur österreichischen Bundesverfassung". *In*: WALTER, Robert; OGRIS, Werner; OLECHOWSKI, Thomas (Coord.). *Hans Kelsen*: Leben – Werk – Wirksamkeit. Ergebnisse einer Internationalen Tagung, veranstaltet von der Kommission für Rechtsgeschichte Österreichs und dem Hans Kelsen-Institut (19.-21. April 2009). Viena: Manz, 2009, p. 212 c/ nota 11. No essencial, Kelsen imprimiu esse parecer sob o tíutulo de "Exkurs über die völkerrechtliche Stellung Deutschösterreichs nach seiner Konstituierung" na primeira parte de sua coletânea "Verfassungsgesetze" (*KELSEN, Hans*. *Die Verfassungsgesetze der Republik Deutschösterreich*: Mit einer historischen Übersicht und kritischen Erläuterungen. Parte 1. Viena/Leipzig: Franz Deuticke, 1919, pp. 37-40 = HKW 5, pp. 24-129 (61-64)).

50 Vertrag vom 25. November 1918 [contrato de 25 de novembro de 1918], impresso em: *SCHMITZ, Georg*. *Karl Renners Briefe aus Saint Germain und ihre rechtspolitischen Folgen*. Viena: Manz, 1991, pp. 150-152 (152). Kelsen recebeu inicialmente uma remuneração anual de 6.000 coroas por seus serviços; a partir de 1° de outubro de 1919, seu honorário foi elevado para 12.000 coroas.

51 *JABLONER, Clemens*. "Im Dienste der Bundesverfassung: Georg Froehlich". *In*: OLECHOWSKI, Thomas; ZELENY, Klaus; JABLONER, Clemens (Coord.). *Methodenreinheit und Erkenntnisvielfalt*: Aufsätze zur Rechtstheorie, Rechtsdogmatik und Rechtsgeschichte. Viena: Manz, 2013, pp. 391-413.

52 Erlass der Staatskanzlei vom 11. Dezember 1918 [Portaria da Chancelaria de Estado de 11 de dezembro de 1918], Z 1039, abgedruckt in: *LIENBACHER, Georg*. "Der Verfassungsdienst im Bundeskanzleramt". *In*: AKYÜREK, Metin *et al*. (Coord.). *Staat und Recht in europäischer Perspektive*: Festschrift Heinz Schäffer. Viena: Manz, 2006, pp. 427-455 (430, nota 9).

53 Cf. *STOURZH, Gerald*. "Hans Kelsen, die österreichische Bundesverfassung und die rechtsstaatliche Demokratie". *Die Reine Rechtslehre in wissenschaftlicher Diskussion*, 1982, pp. 7-29 (10).

54 *STOURZH, Gerald*. "Hans Kelsen, die österreichische Bundesverfassung und die rechtsstaatliche Demokratie". *Die Reine Rechtslehre in wissenschaftlicher Diskussion*, 1982, pp. 10-11. O esboço é datado com "9 de dezembro". Cf. *SCHMITZ*, Georg. *Die Vorentwürfe Hans Kelsens für die österreichische Bundesverfassung*. Viena: Manz, 1981, S. 308-310.

55 Cf. *KELSEN, Hans*. "Die Stellung der Länder in der künftigen Verfassung Deutschösterreichs". *Zeitschrift für Öffentliches Recht* 1, 1919/1920, pp. 98-122 = HKW 4, pp. 115-146.

56 Cf. *CADORE, Rodrigo*. "Editorischer Bericht 'Die Verfassungsgesetze der Republik Deutschösterreich – Teil 5: Die Bundesverfassung vom 1. Oktober 1920 (1922)'" em HKW 8, pp. 531-533; *OLECHOWSKI, Thomas*. "Hans Kelsens Verfassungsentwürfe". *In*: JABLONER, Clemens; OLECHOWSKI, Thomas; ZELENY, Klaus (Coord.). *Die Verfassungsentwicklung 1918-1920*

und Hans Kelsen. Viena: Manz'sche Verlags- und Universitätsbuchhandlung, 2020, pp. 157-166. Mais recentemente e trazendo novos achados de pesquisa arquival, veja-se: *LEIN, Richard*; *GASSNER, Miriam*. "Neue Forschungen zur Entstehung des B-VG". *Zeitschrift für öffentliches Recht* 79, 2024, pp. 323-346.

57 Três citações: *KELSEN, Hans*. *Österreichisches Staatsrecht*. Ein Grundriß entwicklungsgeschichtlich dargestellt. Tübingen: J. C. B. Mohr, 1923, p. 161 = HKW 10, pp. 29-263 (196 e s.) = DPA, p. 15.

58 Cf. *N.N.* "Dekanswahl". *Wiener Abendpost*, nº 133, 14 jun. 1920, p. 2.

59 A transição se deu com base no § 7 (1) da Verfassungsgesetz vom 1. Oktober 1920, betreffend den Übergang zur bundesstaatlichen Verfassung [Lei Constitucional de 1º de outubro de 1920, referente à transição para a Constituição Federal], BGBl 1920/2 (doravante: Lei Transição Constitucional 1920). Die amtliche Bezeichnung als "Verfassungsdienst" lässt sich erst ab 1945 nachweisen, vgl. *LIENBACHER, Georg*. "Der Verfassungsdienst im Bundeskanzleramt". *In*: AKYÜREK, Metin *et al.* (Coord.). *Staat und Recht in europäischer Perspektive*: Festschrift Heinz Schäffer. Viena: Manz, 2006, p. 432.

60 Übereinkommen vom 18. November 1920 [acordo de 18 de novembro de 1920], impresso em: *SCHMITZ, Georg*. *Karl Renners Briefe aus Saint Germain und ihre rechtspolitischen Folgen*. Viena: Manz, 1991, pp. 157-159 (159). O honorário mensal era de 2.500 coroas, o anual, de 30.000 coroas.

61 Cf. Protokoll der Sitzungen des Verfassungsausschusses, in: Parlamentsarchiv Wien, KNV, Politische Akten, Karton 22, 20. Sitzung am 8. Juli 1920.

62 Cf., por exemplo, *CADORE, Rodrigo*. "Editorischer Bericht 'Die Verfassungsgesetze der Republik Deutschösterreich – Teil 5: Die Bundesverfassung vom 1. Oktober 1920 (1922)'" em HKW 8, pp. 521-555.

63 Sobre isso, veja-se a introdução de Clemens Jabloner, neste volume.

64 *KELSEN, Hans*. *Österreichisches Staatsrecht*. Ein Grundriß entwicklungsgeschichtlich dargestellt. Tübingen: J. C. B. Mohr, 1923, p. 237 = HKW 10, pp. 29-263 (262) = DPA, p. 288.

65 Gesetz vom 25. Jänner 1919 über die Errichtung eines deutschösterreichischen Verfassungsgerichtshofes [Lei de 25 de janeiro de 1919 sobre a criação de um Tribunal Constitucional austro-alemão], StGBl. 1919/48.

66 Kelsen foi nomeado professor extraordinário em 8 de julho de 1918. Cf. PA Kelsen, Z 27211/1918 (nota 1453).

67 Cf. *STOURZH, Gerald*. "Hans Kelsen, die österreichische Bundesverfassung und die rechtsstaatliche Demokratie". *Die Reine Rechtslehre in wissenschaftlicher Diskussion*, 1982, pp. 10 e s.

68 Cf. *N.N.* "Amtlicher Teil". *Wiener Zeitung*, nº 103, 6 maio 1919, p. 1.

69 Cf. PA Kelsen, Z 15646/1919 (nota 1453).

70 StProtNR 1. GP 1961.

71 Cf. *N.N.* "Der Verfassungsgerichtshof". *Arbeiter-Zeitung*, nº 287, 19 out. 1921, p. 3.

72 *KELSEN, Hans*. "Autobiographie (1947)" em HKW 1, pp. 29-91 (67).

73 *OLECHOWSKI, Thomas*. "Der Beitrag Hans Kelsens zur österreichischen Bundesverfassung". *In*: WALTER, Robert; OGRIS, Werner; OLECHOWSKI, Thomas (Coord.). *Hans Kelsen*: Leben – Werk – Wirksamkeit. Ergebnisse einer Internationalen Tagung, veranstaltet von der Kommission für Rechtsgeschichte Österreichs und dem Hans Kelsen-Institut (19.-21. April 2009). Viena: Manz, 2009, pp. 211-230 (228).

74 Sobre o papel de Kelsen como juiz constitucional, de modo conciso, veja-se: *DREIER, Horst. Hans Kelsen zur Einführung*. Hamburg: Junius Verlag, 2023, pp. 52-60. Com detalhes e focando em casos nos quais Kelsen atuou como juiz constitucional: *TECHET*, *Péter*. "Reigen um Kompetenzen. Arthur Schnitzlers 'Reigen' vor dem Verfassungsgerichtshof im Jahre 1921". *Beiträge zur Rechtsgeschichte Österreichs* 12, 2022, pp. 135-154; *TECHET*, *Péter*. "Kultur- und Rechtskampf um das Wiener Krematorium (1922-1924). Ansätze der aktivistischen Verfassungsgerichtsbarkeit in der Ersten (österreichischen) Republik?" *Forum Historiae Iuris*, 2022, pp. 1-48. Disponível em: https://forhistiur.net/2022-05-techet. Acessado em: 11.07.2025; *TECHET*, *Péter*. "Rechtslage im Kinowesen in der Ersten Republik. Zensur- und Länderkompetenzfrage in der Judikatur des Verfassungsgerichtshofes". *Beiträge zur Rechtsgeschichte Österreichs* 13, 2023, pp. 101-118.

75 Cf. *OSTERKAMP, Jana*. "Verfassungshüter ohne politischen Rückhalt. Das tschechoslowakische Verfassungsgericht nach 1920 im Vergleich mit Österreich". *Beiträge zur Rechtsgeschichte Österreichs* 1, 2011, pp. 275-290.

76 Cf. *JESTAEDT, Matthias*. "Integrierte und isolierte Verfassungsgerichtsbarkeit. Eingliederungs- und Verselbständigungsmodell in ihrer Wirkung auf die Verfassungsentwicklung". *In*: JESTAEDT, Matthias; SUZUKI, Hidemi (Coord.). *Verfassungsentwicklung II*: Verfassungsentwicklung durch Verfassungsgeschichte. Tübingen: Mohr Siebeck, 2019, pp. 3-28.

77 Protokoll der Sitzung des VfGH vom 10. März 1921 [Protocolo da sessão do Tribunal Constitucional de 10 de março de 1921], in: ÖStA, AdR, Oberste Behörden: Höchstgerichte 1. Republik, VfGH, Karton 71, E1/21, fol. 113.

78 Cf. *HARMAT, Ulrike. Ehe auf Widerruf?* Der Konflikt um das Eherecht in Österreich 1918-1938. Frankfurt: Vittorio Klostermann, 1999; *OLECHOWSKI, Thomas*. "The Controversy Surrounding Marriage Law in 20th Century Austria with a Special Emphasis on Constitutional Court Decisions Regarding the Dispensation Marriages". *Krakowskie Studia z Historii Państwa i Prawa* 10, 2017, pp. 97-116.

79 Cf. *MERKL, Adolf Julius*. "Der 'entpolitisierte' Verfassungsgerichtshof". *Der österreichische Volkswirt* 22, 1930, pp. 509-511 = Merkl-GS II/2, pp. 21-28; *SEIPEL, Ignaz*. "Entpolitisierung des Verfassungs- und des Verwaltungsgerichtes (1929)". *In*: ______. *Der Kampf um die österreichische Verfassung*. Viena: W. Braumüller, 1930, pp. 218; *FUCHS, Viktor*. "Ein

Kernproblem der Verfassungsreform. Zur Frage der Entpolitisierung des Verfassungs- und des Verwaltungsgerichtshofes". *Reichspost*, nº 272, 2 out. 1929, pp. 2-3.

80 Cf. art. I §§ 58-66 Bundesverfassungsgesetz vom 7. Dezember 1929, betreffend einige Abänderungen des Bundes-Verfassungsgesetzes vom 1. Oktober 1920 in der Fassung des B.G.Bl. Nr. 367 von 1925 (Zweite Bundes-Verfassungsnovelle) [Lei Constitucional Federal de 7 de dezembro de 1929, referente a algumas alterações na Constituição Federal de 1º outubro de 1920, na versão da B.G.Bl. no. 367 de 1925 (Segunda Emenda à Constituição Federal)], BGBl 1929/392. Sobre a reforma constitucional de 1929, veja-se: *OLECHOWSKI, Thomas. Hans Kelsen*: Biographie eines Rechtswissenschaftlers. 2ª ed. Tübingen: Mohr Siebeck, 2021, pp. 467-472.

81 Art. 147 (2) Bundes-Verfassungsgesetz in der Fassung von 1929 [Constituição Federal na versão consolidada de 1929], BGBl 1930/1 – A B-VG 1920 foi republicada após as reformas de 1925 e 1929, respectivamente nos BGBl 1925/367 e BGBl 1930/1, sendo por isso comumente citada como "B-VG de 1925" ou "B-VG de 1929".

82 Art. II § 22 Vorlage der Bundesregierung. Bundesverfassungsgesetz vom ..., betreffend Über- gangsbestimmungen zur Zweiten Bundes-Verfassungsnovelle [Proposta do Governo Federal. Lei Constitucional Federal de ..., relativa às disposições transitórias da Segunda Emenda à Constituição Federal], 383 BlgNR 3. GP.

83 Cf. art. II § 25 (1) Lei Constitucional Federal de 7 de dezembro de 1929, relativa às disposições transitórias da Segunda Emenda à Constituição Federal, BGBl. 1929/393.

84 *KELSEN, Hans*. "Autobiographie (1947)" em HKW 1, pp. 29-91 (76).

85 Duas citações: *MERKL, Adolf Julius*. "Hans Kelsen als Verfassungspolitiker. Zu seinem fünfzigsten Geburtstag am 11. Oktober 1931". *Juristische Blätter* 60, 1931, pp. 385-388 (385) = Merkl-GS III/2, pp. 367-378 (368).

86 Em 18 de setembro de 1922, Kelsen ofereceu um curso de três horas sobre o tema "A Constituição Federal Austríaca" como parte da programação dos chamados cursos internacionais de férias, em Viena, cf. *N.N.* "Ferialkurse über internationale Beziehungen. 7. bis 21. September 1922". *Neue Freie Presse*, nº 20797, 24 jul. 1922, Nachmittagblatt, p. 5; *N.N.* "Internationale Hochschulkurse". *Neues Wiener Tagblatt*, nº 246, 17 set. 1922, p. 6. Em 10 de janeiro de 1923, ele ministrou uma conferência na "Wiener Kaufmännische Verein" sobre o tema "Constituição da Áustria". Cf. *N.N.* "Die wirtschaftlichen Möglichkeiten Oesterreichs". *Der Nachmittag*, 25 nov. 1922, p. 3.

87 Cf. *CADORE, Rodrigo*. "Editorischer Bericht 'Zum Bundesverfassungsentwurf des Tiroler Landtages (1920)'" em HKW 6, pp. 642-668 (649-651).

88 *KELSEN, Hans. Österreichisches Staatsrecht*. Ein Grundriß entwicklungsgeschichtlich dargestellt. Tübingen: J. C. B. Mohr, 1923 = HKW 10, pp. 29-263= DPA, pp. 31-289. Para a implicação mútua entre ensino e pesquisa em Kelsen,

especificamente com relação ao "Esboço", veja: *OLECHOWSKI, Thomas. Hans Kelsen*: Biographie eines Rechtswissenschaftlers. 2ª ed. Tübingen: Mohr Siebeck, 2021, pp. 313 e s.

89 *KELSEN, Hans; FROEHLICH, Georg; MERKL, Adolf Julius. Die Verfassungsgesetze der Republik Österreich*. Mit historischen Einleitungen und kritischen Erläuterungen. Parte 5: Die Bundesverfassung vom 1. Oktober 1920. Viena/Leipzig: Franz Deuticke, 1922 = HKW 8, pp. 25-502.

90 Veja nota 1471, acima.

91 Cf. PA Kelsen, Z 30728/1911 (nota 1453).

92 *KELSEN, Hans. Das Problem der Souveränität und die Theorie des Völkerrechts*: Beitrag zu einer reinen Rechtslehre. Tübingen: J. C. B. Mohr, 1920, p. VII = HKW 4, pp. 235-572 (268).

93 Cf. Vorlesungsverzeichnis der K.u.K. Universität zu Wien im Winter-Semester 1911/12, Viena 1911, S. 6-12 (10).

94 Margarete Kelsen (1890–1973), nascida Bondy, com quem Kelsen se casou em 1912.

95 Sobre os primeiros anos da Escola de Viena, bem como sobre o programa de pesquisa da Teoria Pura do Direito, veja-se: *CADORE, Rodrigo*. "A Teoria Pura do Direito como produto da Escola Jurídica de Viena". *In*: SÓLON, Ari Marcelo *et al*. (Coord.). *Múltiplos olhares sobre o Direito*: homenagem aos 80 anos do Professor Emérito Celso Lafer. vol. 1. São Paulo: Quartier Latin, 2022, pp. 335-385.

96 Cf. *OLECHOWSKI, Thomas. Hans Kelsen*: Biographie eines Rechtswissenschaftlers. 2ª ed. Tübingen: Mohr Siebeck, 2021, pp. 390-395.

97 Cf. *KORB, Axel-Johannes. Kelsens Kritiker*: Ein Beitrag zur Geschichte der Rechts- und Staatstheorie (1911-1934). Tübingen: Mohr Siebeck, 2010.

98 Sobre a participação de mulheres no círculo de Kelsen, veja-se: *GASSNER, Miriam*. "The Distaff Side? Hans Kelsen's Viennese Female Students". *Journal on European History of Law*, vol. 1, 2024, pp. 2-10. Em português: *JABLONER, Clemens*. "As primeiras autoras do Zeitschrift für öffentliches Recht". *Revista Direito e Práxis*, vol. 12, nº 3, 2021, pp. 2297-2322.

99 *KUBEŠ, Vladímir. Hans Kelsens und Franz Weyrs Leben und Werk* (Einige Skizzen). Brno: Masaryk University, 2024.

100 Cf. *JANIK, Allan; TOULMIN, Stephen. Wittgenstein's Vienna*. Nova York: Simon and Schuster, 1973; *SCHORSKE, Carl. Fin-de-Siècle Vienna*: Politics and Culture. Nova York: A.A. Knopf, 1980.

101 Veja-se: *LECOUTRE, François; HERRERA*, *Carlos-Miguel* (Coord.). *Les cercles viennois de l'entre-deux-guerres*. Mont-Saint-Aignan Cedex: Presses Universitaires de Rouen et du Havre, 2022.

102 Cf. *TIMMS, Edward. Dynamik der Kreise, Resonanz der Räume*: Die schöpferischen Impulse der Wiener Moderne. Viena: Bibliothek der Provinz, 2013.

103 Sobre o papel de Kelsen como juiz constitucional, veja-se, acima, II.1.c).

104 Cf. Öffentliche Vorlesungen an der Universität zu Wien, Wintersemester 1925/26, Rechts- und Staatswissenschaftliche Fakultät, pp. 8-13.

105 Cf. Öffentliche Vorlesungen an der Universität zu Wien, Wintersemester 1922/1923, Rechts- und Staatswissenschaftliche Fakultät, p. 10.

106 Carta de Hans Kelsen à editora J. C. B. Mohr (Paul Siebeck) de 4 de maio de 1922.

107 Carta da editora J. C. B. Mohr (Paul Siebeck) a Hans Kelsen de 8 de maio de 1922.

108 Carta da editora J. C. B. Mohr (Paul Siebeck) a Hans Kelsen de 8 de maio de 1922.

109 Cf. *JELLINEK, Walter*. "Revolution und Reichsverfassung. Bericht über die Zeit vom 9. November 1918 bis 31. Dezember 1919". *Jahrbuch des öffentlichen Rechts der Gegenwart* 9, 1920, pp. 1-128.

110 Carta da editora J. C. B. Mohr (Paul Siebeck) a Hans Kelsen de 8 de maio de 1922.

111 Carta de Hans Kelsen à editora J. C. B. Mohr (Paul Siebeck) de 12 de maio de 1922.

112 Carta de Hans Kelsen à editora J. C. B. Mohr (Paul Siebeck) de 12 de maio de 1922.

113 Art. 88 Staatsvertrag von Saint-Germain-en-Laye vom 10. September 1919 [Tratado de Estado de Saint-Germain-en-Laye de 10 de setembro de 1919], impresso em: StGBl. 1920/303

114 Duas citações: Carta de Hans Kelsen a J. C. B. Mohr (Paul Siebeck) de 12 de maio de 1922.

115 Carta de Hans Kelsen a J. C. B. Mohr (Paul Siebeck) de 12 de maio de 1922.

116 Carta de Hans Kelsen a J. C. B. Mohr (Paul Siebeck) de 12 de maio de 1922.

117 Sobre a utilização do "Esboço" como material didático, veja-se também: *OLECHOWSKI, Thomas. Hans Kelsen*: Biographie eines Rechtswissenschaftlers. 2ª ed. Tübingen: Mohr Siebeck, 2021, pp. 313 e s.

118 Carta da editora J. C. B. Mohr (Paul Siebeck) a Hans Kelsen de 20 de maio de 1922.

119 Duas citações: Carta da editora J. C. B. Mohr (Paul Siebeck) a Hans Kelsen de 20 de maio de 1922.

120 Carta da editora J. C. B. Mohr (Paul Siebeck) a Hans Kelsen de 20 de maio de 1922.

121 Carta da editora J. C. B. Mohr (Paul Siebeck) a Hans Kelsen de 20 de maio de 1922.

122 Cf. Carta de Hans Kelsen à editora J. C. B. Mohr (Paul Siebeck) de 1 de julho de 1922.

123 Carta da editora J. C. B. Mohr (Paul Siebeck) a Hans Kelsen de 4 de julho de 1922.

124 Carta da editora J. C. B. Mohr (Paul Siebeck) a Hans Kelsen de 4 de julho de 1922.

125 Carta de Hans Kelsen à editora J. C. B. Mohr (Paul Siebeck) de 18 de julho de 1922.

126 *KAUFMANN, Erich. Kritik der neukantischen Rechtsphilosophie*: Eine Betrachtung über die Beziehungen zwischen Philosophie und Rechtswissenschaft. Tübingen: J. C. B. Mohr, 1921.

127 Carta da editora J. C. B. Mohr (Paul Siebeck) a Hans Kelsen de 23 de agosto de 1922.

128 Duas citações: Carta da editora J. C. B. Mohr (Paul Siebeck) a Hans Kelsen de 24 de julho de 1922.

129 Cf. Carta de Hans Kelsen à editora J. C. B. Mohr (Paul Siebeck) de 6 de setembro de 1922.

130 Duas citações: Carta de Hans Kelsen à editora J. C. B. Mohr (Paul Siebeck) de 6 de setembro de 1922 – ênfase do original não incorporada na tradução.

131 Cf. Verlags-Vertrag zwischen Herrn Professor Dr. Hans Kelsen und der Verlagsbuchhandlung J. C. B. Mohr (Paul Siebeck) in Tübingen vom 11. September 1922 [Contrato editorial de 11 de setembro de 1922 entre o Senhor Professor Dr. Hans Kelsen e a Editora J. C. B. Mohr (Paul Siebeck) em Tübingen].

132 Carta da editora J. C. B. Mohr (Paul Siebeck) a Hans Kelsen de 11 de setembro de 1922.

133 Cada maço de folhas tipográficas ("Bogen") contém 16 páginas.

134 Carta da editora J. C. B. Mohr (Paul Siebeck) a Hans Kelsen de 11 de setembro de 1922.

135 Carta de Hans Kelsen à editora J. C. B. Mohr (Paul Siebeck) de 18 de setembro de 1922 – ênfase do original não incorporada na tradução.

136 Carta da editora J. C. B. Mohr (Paul Siebeck) a Hans Kelsen de 23 de setembro de 1922.

137 Carta de Hans Kelsen à editora J. C. B. Mohr (Paul Siebeck) de 4 de outubro de 1922.

138 Carta da editora J. C. B. Mohr (Paul Siebeck) a Hans Kelsen de 11 de outubro de 1922.

139 Carta de Hans Kelsen à editora J. C. B. Mohr (Paul Siebeck) de 3 de abril de 1923.

140 Em seu currículo anexado ao pedido de habilitação de 1924, junto à Faculdade de Ciências Jurídicas e de Ciências do Estado da Universidade de Viena, Adamovich declara ter redigido, "a pedido do senhor Professor Universitário Dr. Kelsen, os índices remissivos do Comentário à Constituição Federal (Viena, 1922) e da obra Direito Constitucional Austríaco (Tübingen, 1923)" (Curriculum vitae, in: ÖStA, AdR, Bundesministerium für Unterricht, Personalakt Ludwig Adamovich, Z 7346-24, pp. 1-3 (3)).

141 Cf. Carta da editora J. C. B. Mohr (Paul Siebeck) a Hans Kelsen de 2 de novembro de 1922.

142 As duas provas tipográficas corrigidas por Kelsen, correspondentes às páginas 48 e 58, estão preservadas no arquivo da editora Mohr Siebeck (Verlagsarchiv von Mohr Siebeck).

143 Cf. Carta da editora J. C. B. Mohr (Paul Siebeck) a Hans Kelsen de 21 de novembro de 1922.

144 Cf. Carta da editora J. C. B. Mohr (Paul Siebeck) a Hans Kelsen de 30 de novembro de 1922.

145 Cf. Carta de Hans Kelsen à editora J. C. B. Mohr (Paul Siebeck) de 22 de novembro de 1922.

146 Carta de Hans Kelsen à editora J. C. B. Mohr (Paul Siebeck) de 6 de dezembro de 1922.

147 Carta de Hans Kelsen à editora J. C. B. Mohr (Paul Siebeck) de 7 de dezembro de 1922.

148 Protokoll Nr. I, in: Genfer Protokolle vom 4. Oktober 1922 [über den Wiederaufbau Österreichs] impresso em: BGBl 1922/842; Protokoll Nr. II, in: Genfer Protokolle vom 4. Oktober 1922 [über den Wiederaufbau Österreichs], impresso em: BGBl 1922/842; Protokoll Nr. III, in: Genfer Protokolle vom 4. Oktober 1922 [über den Wiederaufbau Österreichs], impresso em: BGBl 1922/842.

149 Duas citações: Carta da editora J. C. B. Mohr (Paul Siebeck) a Hans Kelsen de 9 de dezembro de 1922.

150 Cf. Carta da editora J. C. B. Mohr (Paul Siebeck) a Hans Kelsen de 30 de dezembro de 1922.

151 Cf. Carta da editora J. C. B. Mohr (Paul Siebeck) a Hans Kelsen de 3 de janeiro de 1923.

152 Provavelmente por desatenção, um aspecto específico desse último pedido de Kelsen acabou por não ser atendido: na versão impressa da obra, o termo "Constituição de Dezembro" não aparece entre aspas.

153 Carta de Hans Kelsen à editora J. C. B. Mohr (Paul Siebeck) de 7 de janeiro 1923 – ênfase do original não incorporada na tradução. Compare com: *KELSEN, Hans*. *Österreichisches Staatsrecht*. Ein Grundriß entwicklungsgeschichtlich dargestellt. Tübingen: J. C. B. Mohr, 1923, pp. 22 e 64 = HKW 10, pp. 29-263 (72-111) = DPA, p. 101.

154 Carta da editora J. C. B. Mohr (Paul Siebeck) a Hans Kelsen de 17 de janeiro de 1923.

155 Cf. Börsenblatt für den Deutschen Buchhandel 90, nº 37, 1923, de 13 de fevereiro de 1923, p. 1239.

156 Cf. Carta de Hans Kelsen à editora J. C. B. Mohr (Paul Siebeck) de 7 de fevereiro 1923.

157 Cf. Carta de Hans Kelsen à editora J. C. B. Mohr (Paul Siebeck) de 3 de abril de 1923.

158 Cf. Carta de Hans Kelsen à editora J. C. B. Mohr (Paul Siebeck) de 3 de abril de 1923.

159 Sobre este conflito, em português, veja-se *TANNOUS, Thiago. O Aluno do Aluno: A Controvérsia entre Hans Kelsen e Fritz Sander*, São Paulo 2018.

160 Veja-se a esse respeito: *CADORE, Rodrigo*. "Editorischer Bericht 'Hauptprobleme der Staatsrechtslehre entwickelt aus der Lehre vom Rechtssatze, 2. Aufl. (1923)'" em HKW 9, pp. 546-574 (563-566).

161 Carta da editora J. C. B. Mohr (Paul Siebeck) a Hans Kelsen de 11 de abril de 1923.

162 Carta de Hans Kelsen à editora J. C. B. Mohr (Paul Siebeck) de 6 de setembro de 1923.

163 *KELSEN, Hans. Hauptprobleme der Staatsrechtslehre entwickelt aus der Lehre vom Rechtssatze*. 2ª ed. Tübingen, J. C. B. Mohr, 1923 = HKW 9, pp. 325-350.

164 Duas citações: Carta de Hans Kelsen à editora J. C. B. Mohr (Paul Siebeck) de 18 de dezembro de 1923. Veja também: *CADORE, Rodrigo*. "Editorischer Bericht 'Hauptprobleme der Staatsrechtslehre entwickelt aus der Lehre vom Rechtssatze, 2. Aufl. (1923)'" em HKW 9, pp. 546-574 (567).

165 Duas citações: Carta da editora J. C. B. Mohr (Paul Siebeck) a Hans Kelsen de 23 de dezembro de 1923.

166 Carta de Hans Kelsen à editora J. C. B. Mohr (Paul Siebeck) de 14 de janeiro de 1924.

167 Absatzaufstellung der Werke Hans Kelsen. bis einschl. 10. Dezember 1924 vom 13. Dezember 1924 [Relatório de vendas das obras de Hans Kelsen até inclusive 10 de dezembro de 1924, datado de 13 de dezembro de 1924].

168 *CADORE, Rodrigo*. "Editorischer Bericht 'Die Verfassungsgesetze der Republik Deutschösterreich – Teil 5: Die Bundesverfassung vom 1. Oktober 1920 (1922)'" em HKW 8, pp. 521-531.

169 Seguindo os passos de Kelsen: *MERKL, Adolf Julius. Allgemeines Verwaltungsrecht*. Viena/Berlim: Julius Springer, 1927; *VERDROSS, Alfred. Völkerrecht*. Berlim: Springer, 1937. Veja-se também o compêndio de Kelsen dedicado à Teoria do Estado: *KELSEN, Hans. Allgemeine Staatslehre*. Berlim: Springer, 1925.

170 *SOMEK, Alexander*. "Wissenschaft vom Verfassungsrecht: Österreich". *In*: BOGDANDY, Armin von; VILLALÓN, Pedro Cruz; HUBER, Peter M. (Coord.). *Handbuch*: Ius Publicum Europaeum. vol. 2: Offene Staatlichkeit – Wissenschaft vom Verfassungsrecht. Heidelberg: C. F. Müller, 2007, pp. 637-661 (640, número de margem 5).

171 Cf., por exemplo, *KELSEN, Hans. Österreichisches Staatsrecht*. Ein Grundriß entwicklungsgeschichtlich dargestellt. Tübingen: J. C. B. Mohr, 1923, pp. 161 e s. = HKW 10, pp. 29-263 (196 e s.) = DPA, pp. 206 e s.

172 Para o debate atual em torno de uma dogmática contextual, veja-se, por exemplo: *LEPSIUS, Oliver*. "Kontextualisierung als Aufgabe der Rechtswissenschaft". *JuristenZeitung* 74, 2019, pp. 793-802.

173 *KELSEN, Hans; FROEHLICH, Georg; MERKL, Adolf Julius. Die Verfassungsgesetze der Republik Österreich*. Mit historischen Einleitungen und kritischen Erläuterungen. Parte 5: Die Bundesverfassung vom 1. Oktober 1920. Viena/Leipzig: Franz Deuticke, 1922 = HKW 8, pp. 25-502.

174 Sobre o destino do catálogo de direitos fundamentais, veja-se: *KELSEN, Hans. Österreichisches Staatsrecht*. Ein Grundriß entwicklungsgeschichtlich dargestellt. Tübingen: J. C. B. Mohr, 1923, p. 220 = HKW 10, pp. 29-263 (246 e s.) = DPA, p. 268 e s.

175 Nos seus escritos de juventude, Kelsen usa, com alguma frequência, a expressão "Nomopojetik" para designar a técnica legislativa. Cf. *KELSEN, Hans*. "Über Staatsunrecht. Zugleich ein Beitrag zur Frage der Deliktsfähigkeit juristischer Personen und zur Lehre vom fehlerhaften Staatsakt". *[Grünhuts] Zeitschrift für das Privat- und Öffentliche Recht der Gegenwart* 40, 1914, pp. 1-114 (61) = HKW 3, pp. 439-531 (488). Veja-se a tradução brasileira: *KELSEN, Hans. Sobre o Ilícito de Estado*. Juntamente com uma Contribuição sobre a Questão da Capacidade Delitiva das Pessoas Jurídicas e para a Doutrina do Ato Estatal Eivado de Falha. Préfacio de Fernando Dias Menezes de Almeida. Tradução de Matheus Pelegrino da Silva. São Paulo: Faculdade de Direito, 2025.

176 Cf., por exemplo: *KELSEN, Hans. Österreichisches Staatsrecht*. Ein Grundriß entwicklungsgeschichtlich dargestellt. Tübingen: J. C. B. Mohr, 1923, pp. 34, 73 e 89 = HKW 10, pp. 29-263 (89, 119 e s., 133 e s.) = DPA, pp. 69 e s., 110 e s., 128 e s.

177 Cf. *WIEDERIN, Ewald*. "Denken vom Recht her. Über den modus austriacus in der Staatsrechtslehre". *In*: SCHULZE-FIELITZ, Helmuth (Coord.). *Staatsrechtslehre als Wissenschaft*. Berlim: Duncker & Humblot, 2007, pp. 293-317.

178 *KELSEN, Hans. Österreichisches Staatsrecht*. Ein Grundriß entwicklungsgeschichtlich dargestellt. Tübingen: J. C. B. Mohr, 1923, p. V = HKW 10, pp. 29-263 (46) = DPA, p. 31.

179 Cf. introdução de Clemens Jabloner neste volume.

180 Cf., por exemplo, *KELSEN, Hans. Österreichisches Staatsrecht*. Ein Grundriß entwicklungsgeschichtlich dargestellt. Tübingen: J. C. B. Mohr, 1923, pp. 237 e s. = HKW 10, pp. 29-263 (262) = DPA, p. 289. Veja, também: *KELSEN, Hans*. "Die Verfassung Oesterreichs". *Jahrbuch des öffentlichen Rechts der Gegenwart* 11, 1922 = HKW 7, pp. 351-432 (431 e s.).

181 O resultado da multiplicação do número-base 4 pelo número-chave 1.400.

182 Cf., por exemplo, *ADLER, Franz*. "Literatur und Gesetzesausgaben zum neuen österreichischen und tschechoslowakischen Verfassungsrecht". *Zeitschrift für Völkerrecht* 12, 1923, pp. 530-531; *HERRNRITT, Rudolf*. "Ein neues Buch über die österreichische Verfassung". *Neue Freie Presse*, nº 21126, 4 jul. 1923, Abendblatt, pp. 3-4.

183 Cf. *HENRICH, Walter*. "[Resenha:] Hans Kelsen, 'Österreichisches Staatsrecht'. Ein Grundriß, entwicklungsgeschichtlich dargestellt". *Neue Freie Presse*, nº 21023, 21 mar. 1923, Abendblatt, p. 4; *MERKL, Adolf Julius*. "[Resenha:] Österreichisches Staatsrecht. Ein Grundriß, entwicklungsgeschichtlich dargestellt von Universitätsprofessor Hans Kelsen, Tübingen, Verlag J. C. B. Mohr (Paul Siebeck) 1923, p. 256. *Zeitschrift für Verwaltung* 56, 1923, pp. 83-84.

184 Dessa forma, o "Esboço" de Kelsen é frequentemente citado na seção de "literatura de referência" (ou "bibliografia fundamental") dos comentários constitucionais, veja, por exemplo, *AICHLREITER, Josef W*. "Artikel 139 B-VG". *In*: KNEIHS, Benjamin; LIENBACHER, Georg (Coord.). *Rill-Schäffer-Kommentar Bundesverfassungsrecht*. Viena: Verlag Österreich, 2004.

185 *WIEDERIN, Ewald*. "In aller Nüchternheit: Österreichs erster Verfassungskommentar" em HKW 8, pp. 27-37 (37).

186 Cf. *KNIGHT, Max*. "Erinnerungen an Hans Kelsen". *Aufbau*, 4 de maio 1973, p. 4.

187 *KELSEN, Hans*. *Österreichisches Staatsrecht*. Ein Grundriß entwicklungsgeschichtlich dargestellt. Tübingen: J. C. B. Mohr, 1923, p. 237 = HKW 10, pp. 29-263 (262) = DPA, p. 288.

NOTAS

NOTAS

NOTAS

A Editora Contracorrente se preocupa com todos os detalhes de suas obras! Aos curiosos, informamos que este livro foi impresso no mês de agosto de 2025, em papel Pólen Natural 80 g/m².